权威·前沿·原创

皮书系列为
“十二五”“十三五”国家重点图书出版规划项目

河南蓝皮书
BLUE BOOK OF HENAN

河南文化发展报告（2018）

ANNUAL REPORT ON CULTURAL DEVELOPMENT OF HENAN (2018)

弘扬民族精神和时代精神

主　编／袁凯声
副主编／李立新　杨　波

社会科学文献出版社
SOCIAL SCIENCES ACADEMIC PRESS (CHINA)

图书在版编目（CIP）数据

河南文化发展报告. 2018：弘扬民族精神和时代精神／袁凯声主编. --北京：社会科学文献出版社，2018.9

（河南蓝皮书）

ISBN 978－7－5201－3720－1

Ⅰ. ①河… Ⅱ. ①袁… Ⅲ. ①文化产业－研究报告－河南－2018 Ⅳ. ①G127.61

中国版本图书馆 CIP 数据核字（2018）第 233793 号

河南蓝皮书

河南文化发展报告（2018）

——弘扬民族精神和时代精神

主　　编／袁凯声

副 主 编／李立新　杨　波

出 版 人／谢寿光

项目统筹／任文武

责任编辑／连凌云

出　　版／社会科学文献出版社·区域发展出版中心（010）59367143

地址：北京市北三环中路甲 29 号院华龙大厦　邮编：100029

网址：www.ssap.com.cn

发　　行／市场营销中心（010）59367081　59367018

印　　装／三河市龙林印务有限公司

规　　格／开 本：787mm × 1092mm　1/16

印 张：23.75　字 数：359 千字

版　　次／2018 年 9 月第 1 版　2018 年 9 月第 1 次印刷

书　　号／ISBN 978－7－5201－3720－1

定　　价／98.00 元

皮书序列号／PSN B－2008－106－2/9

主要编撰者简介

袁凯声 研究员，河南省社会科学院副院长，河南大学、河南师范大学硕士研究生导师，中国近代文学研究会理事，河南省文学学会秘书长，主持或参与国家社科基金项目等各类项目6项，发表学术文章七十余篇，出版学术著作7部。近年来从事区域发展宏观战略研究等，参加多项河南省委省政府重大决策课题专项研究，多次参加省重要文件起草工作并担任起草组组长，获得省社科优秀成果奖多项。

李立新 河南省社会科学院文学研究所副所长、研究员。兼任河南省社会科学院中原文化研究中心副主任、河南省姓氏祖地与名人里籍研究认定中心副主任兼秘书长、河南省姓氏文化研究会副会长兼秘书长、《黄河文化》副主编。长期致力于甲骨学殷商史与中原文化研究，在《考古与文物》《中国历史文物》等杂志发表论文50余篇，并编著《中原文化解读》《华夏历史文明传承创新研究》等专著。主持并完成国家社科基金课题一项。连续多年参与河南省委省政府文化建设相关文件的起草工作和省内外文化专题调研活动，对河南文化建设有一定的实践感悟和理论积累。

杨 波 河南省社会科学院文学研究所副所长、副研究员，第二届河南省直青联委员，河南省宣传思想文化战线第六批“四个一批”人才。兼任中国《三国演义》学会理事、河南省文学学会副秘书长等职。主要从事中国古典文学和中原文化研究，已发表《张之象〈唐诗类苑〉编刻考》《从〈纂修四库全书档案〉看乾隆时期的文化政策》《中原人文精神的文化价值和当代意义》等学术论文30多篇，出版《诰命敕命真迹》《菊谱》《千秋一曲舞霓裳》《韩愈集注译》等著作8部，主持并完成国家社科基金青年项目“唐诗类苑研究”，参与完成省部级以上课题“华夏历史文明传承创新区建设的战略布局及发展路径研究”“新农村建设中的豫西窑院文化保存现状及保护对策研究”等7项，科研成果多次获得省部级优秀社科成果奖。

摘　要

2017年，河南文化建设朝着高质量发展的方向不断迈进。全省紧紧围绕党的十九大精神，按照《河南省“十三五”时期构筑全国重要文化高地规划纲要》中提出的战略目标和主要任务，把弘扬民族精神和时代精神作为推动全省宣传思想工作的重要内容，把提升文化软实力作为让中原更加出彩的重要支撑，文化建设保持着良好稳定的发展势头。河南始终坚持文化事业建设与文化产业发展齐头并进，努力推进中原人文精神与社会主义核心价值观的有机结合，深入实施思想道德建设工程，全面开展“三学院三基地”教育培训工作，创新推动文化科技融合示范工程，覆盖全省的省、市、县、乡、村五级公共文化服务网络基本建成，公共文化服务水平不断提升，对外文化交流合作的深度和广度不断加大，体现出大力弘扬民族精神和时代精神的文化自觉与河南担当。2016年文化及相关产业增加值达到1212.80亿元，其中开封市、许昌市文化产业增加值占GDP的比重已经超过5%，打造出一批在国际上愈加响亮的中原优秀文化品牌。在新的历史条件下，河南文化建设将在习近平新时代中国特色社会主义思想指引下，根据国家文化新发展理念适时调整河南的新目标新任务新布局，积极推进“互联网+”与文化建设的深度融合，持续提升文化治理能力，朝着高质量发展的方向不断迈进。

关键词： 河南　中原人文精神　“三学院三基地”

目　录

Ⅰ　总报告

Ⅱ　专题研究篇

Ⅲ　文学艺术与传播篇

Ⅳ　事业产业篇

Ⅴ 区域篇

总 报 告

General Reports

B.1

2017 ~2018年河南文化发展态势分析与展望

河南省社会科学院课题组*

摘 要： 2017 年，河南文化建设朝着高质量发展的方向不断迈进。全省紧紧围绕《河南省“十三五”时期构筑全国重要文化高地规划纲要》中提出的战略目标和主要任务，努力推进中原人文精神与社会主义核心价值观的有机结合，坚持文化事业建设与文化产业发展齐头并进，深入实施思想道德建设工程，全面开展“三学院三基地”培训工作，逐步提升公共文化服务效能，有序推进文化遗产保护工作，创新推动文化产业供给侧结构性改革，不断加大对外文化交流合作，打造出一批

* 课题组长：李立新；副组长：杨波；课题组成员：靳瑞霞、田丹、陈勤娜、卢冰；执笔：杨波、靳瑞霞、田丹。

在国际上愈加响亮的中原优秀文化品牌，体现出新的历史条件下大力弘扬民族精神和时代精神的河南担当。河南文化呈现出良好的发展趋势，一方面来自中原地区的长期文化积淀，另一方面来自新时代党中央明确的发展方向和发展目标。在习近平新时代中国特色社会主义思想指引下，河南文化建设应根据新时代新特征新形势，适时对新目标新任务新布局做出调整，既要紧跟国家文化新发展理念，又要立足本土文化特色。只有不断完善文化治理体系，持续提升文化治理能力，做到“互联网+”与文化建设的深度融合，方能在文化建设过程中赶上潮头，进而实现“构筑全国重要文化高地”的宏大目标。

关键词： 文化高地　中原人文精神　“三学院三基地”

2017年，河南省深入贯彻落实中央有关文化发展的重要文件精神，重点落实党的十九大对文化发展的新要求，全力推进全省文化建设，出台《河南省“十三五”时期构筑全国重要文化高地规划纲要》，紧紧围绕《华夏历史文明传承创新区建设方案》推动五大工程实施。河南省大力推动公民道德建设工程，社会主义核心价值观深入人心，“河南好人”闪耀中原大地，中原人文精神得到进一步弘扬。河南省文化发展迈上新台阶，文化建设整体朝着“又好又快”的方向发展，文化产业在经济发展中的支撑引领作用日益加强，河南省正在朝着全国重要文化高地的目标迈进。

一　2017年河南文化建设情况分析

（一）文化高地建设统率全省文化发展

2017年是“十三五”规划全面展开布局的重要年份，也是坚定文化自信、开创社会主义繁荣兴盛新局面的关键之年。河南省紧紧围绕“构筑全国重要文化高地”的战略目标，从提升全省公共文化服务水平、培育壮大文化产业的支柱作用、推进优秀传统文化传承发展、促进对外文化交流活动广泛开展等几个方面布局部署，全力推进思想理论引领、舆论引导、道德建设、文艺繁荣、公共文化服务提升、支柱产业培育、优秀传统文化传承发展、文化体制改革、人才队伍建设九大工程，为河南省今后一段时期的文化建设提供坚强有力的现实抓手。

构筑全国重要的文化高地是河南省坚定文化自信的表现，也是河南省勇于承担社会主义文化强国建设历史使命的表现。2017 年河南省委省政府出台《河南省“十三五”时期构筑全国重要文化高地规划纲要》（下文简称《规划纲要》），明确了河南省文化高地建设的主要目标和主要任务，确定了文化领域建设的九大工程，这意味着“构筑全国重要文化高地”开始从宏观层面落到实处，意味着河南省文化建设的大格局已经初现端倪。九大工程从文化发展的多个方面做出规划，既是任务也是引导，指引全省文化建设的整体方向。

表 1　河南省全国重要文化高地建设九大工程和主要任务

九大工程	主要任务
1. 思想理论引领工程	1. 习近平新时代中国特色社会主义思想学习研究 2. 推进哲学社会科学创新发展 3. 强化意识形态管理
2. 舆论引导工程	1. 做强做大主流舆论 2. 推动媒体深度融合 3. 发展壮大网上舆论阵地 4. 规范传播秩序
3. 道德建设工程	1. 推进社会主义核心价值观学习实践系统化 2. 加强公民道德建设 3. 深化精神文明创建
4. 文艺繁荣工程	1. 把握正确的创作导向 2. 推出更多优秀文艺作品 3. 推动中原文艺普及 4. 完善评价奖励机制

续表

九大工程	主要任务
5. 公共文化服务提升工程	1. 推进公共文化服务标准化均等化 2. 提升公共文化服务效能
6. 支柱产业培育工程	1. 优化产业结构 2. 壮大文化市场主体 3. 培育新型文化业态 4. 推进文化市场建设
7. 优秀传统文化传承发展工程	1. 建设全球华人根亲文化圣地 2. 建设中国文化遗产保护传承示范基地 3. 建设中华文化“走出去”重要基地
8. 文化体制改革工程	1. 完善文化管理体制 2. 深化文化事业单位改革 3. 健全有文化特色的现代企业制度
9. 人才队伍建设工程	1. 加强干部队伍建设 2. 培养高层次高素质文化人才 3. 加强基层宣传文化队伍建设 4. 完善人才评价激励机制

《规划纲要》将全省文化高地建设的主要目标确立为“巩固马克思主义的指导地位，社会主义核心价值观深入人心，繁荣精神文化产品创作生产，建立现代传播体系，基本建成现代公共文化服务体系，完善现代文化产业体系和文化市场体系，华夏历史文明传承创新区建设成效明显，深化文化宏观管理体制改革”。这一目标是对党的十九大提出“推动社会主义文化繁荣兴盛”的具体落实和细化，河南省文化建设围绕以上具体目标逐步进入实施阶段。

在“构筑全国重要文化高地”整体目标的引领下，2017 年河南省文化建设步入新的历史阶段。在公共文化服务方面，截至 2017 年底，全省共建成 305 个公共博物馆（纪念馆），158 个公共图书馆，205 个文化馆，2398 个乡镇文化站，许昌市成功入选第四批国家公共文化服务体系示范区，焦作市百姓文化超市、鹤壁市淇水亲子故事乐园入选第四批国家公共文化服务体系示范项目，现代公共文化服务建设进入全面提速阶段。在文化产业发展方面，2016 年河南省文化产业实现增加值 1212.8 亿元，文化产业对全省国民经济增长的贡献率逐年提升，文化服务业在文化产业类型中所占的比重不断提高，全省规模以上文化产业企业共3208 家，居中部六省第一位，“双十工程”推动产业提质增效的引领作用愈加明显。在文学艺术方面，123 个项目获得国家艺术资金、省专项资金资助共计 6422 万元，组织了《老街》《焦裕禄》《燕振昌》《蔡文姬》等优秀剧目展演活动，举办第十四届河南省戏剧大赛、第十届杂技大赛，《花儿与歌声》《反腐第一枪》荣获“五个一工程”优秀作品奖，《侠·义——蹦床技巧》捧得中国吴桥国际杂技艺术节金狮奖，《不为天子为良匠》《美人记》分获第十三届中国民间文艺山花奖优秀民间文学作品奖和优秀民间工艺美术作品奖。以上成就既是文化高地建设的重要基础，同时也是在《规划纲要》指导下落实的重要实践，从不同方面推动着河南构筑全国重要文化高地的历史进程。

（二）公共文化服务效能逐步提升

完善基础服务设施网络。2017 年，河南省持续加大公共文化服务设施建设资金投入，开拓“互联网 + 公共文化服务”模式，公共文化服务基础设施的现代科技含量大幅提升，进一步激活了公共文化服务效能。在盘清家底的基础上，通过新建、改建、扩建等多种形式，逐步完善公共文化设施网络。截至 2017 年底，全省共有博物馆 335 个，新增民办及行业博物馆 52 个，公有制艺术表演团体 171 个，文化馆 206 个，公共图书馆 158 个，公共美术馆 7 个，各类场馆数量与上年相比均有不同程度的增加①。为进一步推动公共文化服务均等化、标准化发展，促进基层贡献优质文化资源，全省积极开展县级文化馆总分馆制建设，以县（市、区）文化馆、图书馆为总馆，以乡（镇、街道）、村（社区）基层综合性文化服务中心为分馆的试点工作已经在 26 个单位顺利开展。目前，全省共有基层综合性文化服务中心 2.6

---

① 河南省统计局、国家统计局河南调查总队：《2017 年河南省国民经济和社会发展统计公报》，https：//www.henan.gov.cn/2018/02－28/387734.html，2018－02－28。

万余个，各类职工书屋1.3万家，农家书屋4.6万多个，数字电影广场100多个。

公共文化服务体系示范区（项目）工作取得新突破。创建公共文化服务体系示范区、示范项目，根本目的在于通过推动示范区、示范项目的创建，破解公共文化服务体系建设遭遇的难题，探索支撑现代公共文化服务体系建设的长效机制。自2011年国家级公共文化服务体系示范区、示范项目建设启动以来，河南省共有4个省辖市成功入选国家级公共文化服务体系示范区创建名单，其中郑州、洛阳已成功通过验收；共有8个项目成功入选国家级示范项目（见表2）。河南省自2014年启动省级公共文化服务体系示范区、示范项目创建以来，全省共24个县（市、区）、24个项目成功创建公共文化服务体系示范区、示范项目。这些县（市、区）从地域特色文化出发，借助互联网等新兴技术手段，探索出丰富多彩、独具魅力的公共文化服务形式。如许昌市以三国文化为底蕴，借助创建国家公共文化服务体系示范区的契机，大力强化文化基础设施建设，打造城市书香气质。2017年8月以来，许昌市共建成12个智慧阅读空间，内置图书、报纸、期刊等文献资料，配有阅览桌椅、自助借还机、自助办证机、无线WiFi等设备，24小时免费向公众开放；2017年许昌市智慧空间月均人次超过11万，月均借出图书总量达9100册次；由智慧空间构成的中心城区15分钟电子图书阅读圈极大地丰富了城市居民的精神食粮，从而提升了整座城市的文化内涵。焦作市以“互联网+”为理念，积极搭建“百姓文化超市”，采用“超市式”服务、“菜单化”供应、“订单式”配送的方式打通基层文化服务的“最后一公里”。“百姓文化超市”开展的丰富多彩的文化服务活动，激发了基层群众参与文化建设的积极性，由“送文化”逐渐演变为“种文化”，基层文化队伍不断壮大。鹤壁市以素被称为“中国诗河”的淇河为依托，自2015年以来谋划出一系列文化服务的大文章，已经成功举办连续三届的“淇水亲子故事乐园”活动，以“阅读实现梦想，健康快乐成长”为主题，鼓励学龄前儿童、中小学生“写故事、讲故事、画故事、演故事、唱故事”，目前累计有3万余人次参与到故事乐园活动中，出版了一批优秀的获奖作品集，故事乐园有效地激发了少儿的阅读兴趣，在社会上形成了良好的读书氛围，推动了“书香鹤壁”的建设。这些地市的成功经验在全省乃至全国范围引起了广泛关注，为其他城市创建现代公共文化服务体系提供了现实借鉴。

表 2　河南省国家级公共文化服务体系示范区（项目）名单

入选时间	创建批次	示范区	示范项目
2011 年	第一批	郑州市	1. 南阳市:邓州创建文化茶馆 2. 周口市:周末公益性剧场演出
2013 年	第二批	洛阳市	1. 信阳市:“关爱留守儿童:信阳市平桥区农村公共图书馆一体化建设” 2. 漯河市:“幸福漯河健康舞”项目
2015 年	第三批	济源市	1. 平顶山市:“文化客厅”公益课堂 2. 安阳市:“321”公共文化共建
2017 年	第四批	许昌市	1. 焦作市:百姓文化超市 2. 鹤壁市:淇水亲子故事乐园

全面覆盖的文化惠民活动叫响了一批惠民品牌。文化惠民活动是广大群众参与文化服务最便捷、最直接的方式，其成功与否很大程度上影响着公共文化服务活动的成效。一是“百姓文化超市”式服务更加精准。河南省文化馆借鉴焦作市“百姓文化超市”的服务模式，以“群众点单、精准供给”为宗旨，多维度开展文化扶贫、文化惠民活动。二是“河南省乡村音乐厅”针对性强。省文化馆联合省合唱协会积极组织筹办“河南省乡村音乐厅”，针对基层音乐文化建设的短板，重点向全省贫困县、贫困村人口倾斜，适时有序地开展基层音乐文化志愿服务，以优化公共文化服务产品的供给，提升基层群众的获得感、幸福感。截至 2017 年 12 月，河南省已经挂牌成立 101 家乡村音乐厅，18 个省辖市 109 个村庄有了音乐文化志愿者，受益群众达到 31. 7 万人次。三是“中原文化大舞台”屡有创新。“中原文化大舞台”是河南省另一重要文化惠民品牌，自 2015 年 7 月启动以来，受益群众已经超过 1300 多万人次。经过两年多的发展，2017 年“中原文化大舞台”活动

积极吸取经验，创新演出模式，鼓励市县之间异地互演，重复剧目不再安排演出；提供“菜单式”文化服务，省级单位列出文化总菜单供各市县“点菜”，在文化供给和需求之间实现有效对接；增加电影放映场次，由每年1万多场扩大到1.5万场左右，进一步拓展文化服务覆盖面。四是各地市文化活动异彩纷呈。在省级文化惠民活动的感召下，全省各地市主动整合文化资源，因地制宜推出了一系列丰富多彩的文化惠民活动。许昌市坚持把打造群众文化活动品牌作为丰富群众文化生活的重要抓手，连年组织开展“文明许昌·欢乐中原”文化活动，“魅力许昌·相约周六——古都新韵艺术秀”、广场文化赛事等活动持续开展；“周末百姓剧场”“文峰艺坛新六艺——文化大讲堂”等公益性文化活动得到了基层群众的广泛热爱。鹤壁市形成了“春有樱花节、夏有诗歌会、秋有文博会、冬有民俗文化节”的常态化文化节会格局，保证一年之中文艺活动不间断。围绕民俗文化节、樱花节、文博会等重要时间节点，开展春节戏曲展演周、非遗项目展演周、中部六省花馍大赛等50余项文化活动。2017年鹤壁市“舞台艺术送农民”受益群众演出128场，“中原文化大舞台”演出38场，“戏曲进校园”演出14场，异彩纷呈的文化活动构建了健康、积极的活力文化生态，居民幸福感不断提升。

（三）文艺创作工作全面提升

2017年，河南文艺界深入贯彻落实习近平总书记关于文艺创作的一系列重要讲话精神，坚持以社会主义核心价值观、中国梦为引领，深入实施中原文艺精品创作工程、中原文艺普及工程、中原优秀传统文化传承工程、中原文艺人才培养工程、中原特色文化基地建设工程，创作出一批中原文艺精品，推出了一批中原文艺名家。

多部作品摘得重要奖项。第十四届精神文明建设“五个一工程”获奖名单中，河南省委宣传部荣获组织工作奖，广播剧《反腐第一枪》、图书《花儿与歌声》荣获优秀作品奖。截至第十四届“五个一工程”奖颁布，河南省在该领域的获奖作品已经覆盖电视剧、电影、戏剧、广播剧、图书等多个艺术门类，河南省文艺作品创作整体呈现出全面提升的态势。影视作品方面，由焦作市委宣传部、河南省电影电视家协会联合拍摄的《刻在石磨上的勋章》荣获第31届中国电影金鸡奖最佳美术奖提名；河南本土作家刘震云父女合作的《一句顶一万句》在第四届丝绸之路国际电影节中国电影国际传播突出贡献单元被评为突出贡献影片；河南本土电影《守灵》入围第二十届上海国际电影节展映单元；豫剧电影《子夜惊梦》荣获美国百老汇国际电影奖最佳音乐片大奖，女主演卢玉琴夺得最佳女主角奖；河南电视台公共频道选送的《父亲》获得“第六届中国纪录片学院奖”微纪录片最佳影片提名奖，《失独之殇》在“第十一届中国纪录片选片会”上获得二等奖。新闻媒体出版领域，新闻作品《脱贫大决战》荣获国家新闻出版广电总局2016年度广播电视创新创优节目奖。在2017中国广播电视媒体融合发展年会上，河南电视台都市频道荣获“2016～2017年度融合创新十大品牌影响力省级地面电视节目”，公共频道荣获“2016～2017年度融合创新十大品牌创新力省级地面电视频道”，《百姓调解》被评为“2016～2017年度融合创新十大品牌影响力非上星电视栏目”。河南电视台都市频道在第十二届中国传媒大会上夺得“2016中国十大影响力省级地面频道”和“2016中国传媒融合创新优秀团队”两项金长城传媒奖。河南省在第十一届新闻出版业互联网发展大会上获奖数量位居前列，共计有5个单位奖项、5个项目奖项和1个个人奖项。河南省共有4种出版物、1篇论文入选第六届中华优秀出版物奖，其中，中原农民出版社的《中国乡土小说名作大系》、河南人民出版社的《书学要义》、河南科学技术出版社的《太平圣惠方校注》（10册）获图书奖。其他方面，甘桂芬创作的故事作品《不为天子为良匠》、苗炜的刺绣作品《美人记》在第13届中国民间文艺山花奖上分别获得优秀民间文学作品奖和优秀民间工艺美术作品奖。由文化部主办的吴桥国际杂技艺术节和摩纳哥蒙特卡洛国际马戏节、法国“明日与未来”国际马戏节并称世界杂技三大顶级赛事，在第16届中国吴桥国际杂技艺术节上，经过10位国内外专家的评审，中国河南省杂技集团有限公司的杂技作品《侠·义——蹦床技巧》与俄罗斯、蒙古、朝鲜的3部杂技作品共同摘得最高奖项金狮奖。2017 越南国际舞蹈节上，河南歌舞演艺集团双人舞作品《鸿雁南飞归途》荣获金奖，群舞作品《天香》获得银奖。

“五大工程”齐头并进共发展。中原文艺精品创作工程持续发力，重点项目已成文艺佳作代名词。2017 年，河南省共对 7 部戏剧、7 部电影作品、6 部电视剧作品、10 部图书作品、3 首歌曲、2 部广播剧共计 35 部文艺作品进行资助，在优中取优的基础上推出一批展现中原气派的文艺精品。2017 年度被评为重点项目的戏剧《焦裕禄》《全家福》《灞陵桥》在社会上广受好评，三部作品皆入选第四届中国豫剧节优秀剧目北京展演活动，从现代性的题材到创新性的表现形式，这些优秀剧目唱出了河南省的文化自信。《焦裕禄》艺术性解读了焦裕禄的崇高情怀，截至 2017 年已经巡演 500 余场。《全家福》紧扣反腐主题，改编自河南省真实案例，被誉为“震撼心灵的反腐教材”。《灞陵桥》从博大精深的传统文化中提炼出爱国、礼贤、宽容的优秀美德，以此为基础塑造出全新的、令人信服的曹操形象。这些文艺精品紧紧围绕“弘扬民族精神和时代精神”，秉承戏剧创作的优良传统，以至高、至美的标准打造传世经典，生动展现出中原风貌、河南精神，扛起了中国戏曲现代化发展的大旗。中原文艺普及工程深入实施，“中原文化大舞台”不断创新文化服务供给模式，“舞台艺术送农民”为基层群众奉献了数百场免费精彩演出。中原优秀文化传承工程着力推动文物生态保护，将大遗址保护和遗址公园建设相结合，培育具有地方特色的文化旅游产业，使文物保护与文化惠民有机结合，郑州遗址生态公园、新郑郑韩故城等一批考古遗址公园的建设让古遗址与现代社会实现和谐发展。中原文艺人才培养工程重点推介艺术名家，逐步建立河南艺术名家群。自“河南艺术名家推介工程”实施以来，共计宣传推介了 26 名省内艺术界领军人物，4 名艺术家入选中宣部“四个一批”人才。2016 年河南开始实施青年艺术人才扶持计划，对 45 岁以下优秀青年人才进行扶持，每年选取 1 ~ 3 人并为其提供 30 万 ~ 50 万的创作经费，2017 年度共针对郑娟、郝晓东、刘雯卉三位青年人才举办三场河南省青年艺术人才推介会。中原特色文化基地建设工程是发展壮大民间文艺力量的重要平台，在河南省目前基础较好的书法、绘画、曲艺、杂技、魔术等文艺类型中，采取“一地一品”的发展策略，在全省打造一批特色文化基地，共同推动河南文艺的蓬勃发展。

（四）文化产业规模不断壮大

2017年河南省文化产业继续保持良好的发展态势，全省投资额在千万元以上的在建、拟建项目共计480个。文化创意设计服务业表现抢眼，2017年该领域共计有7.6亿元的融资额流向河南省，在2017年全国省市创意设计服务业资金投资流向排名中位列第7位。2017年河南省电影总票房首次突破20亿元，票房增幅达到26%，以20.18亿元的成绩位列全国各省2017电影票房排行榜第9位[①]，相较于2016年名次上升1位。2017年，河南省文化产业共有3家文化企业、3项重点项目入选2017～2018年度国家文化出口重点企业和重点项目名录。截至2017年7月底，河南省文化产品出口额为8139万美元（不含文化服务出口），同比增长率高达82.86%。文化产业规模不断壮大，为河南文化产业高地建设提供了强有力的支撑。

2016年河南省文化及相关产业增加值达1212.80亿元，年增幅9.1%，比全省GDP增速高1.0个百分点[②]。文化制造业增加值占文化及相关产业增加值的比重达到50.20%，比上年略有下降；文化服务业增加值为446.95亿元，占比达到36.9%；文化批发和零售业增加值为157.23亿元，占比为13%，比上年略有增长。以上数据说明，文化产业类型已经进入调整期，制造业虽然仍然占据半壁江山，但是服务业和批零业正在迎头赶上，所占比例相较2015年皆提高了1.4个百分点。

---

① 中国产业信息网：《2017年全国各省票房及份额排名》，http：//www.chyxx.com/industry/201805/637878.html.2018－05－07。

② 因河南省2017年度文化产业数据尚未公布，这部分内容主要采用2016年相关行业数据，涉及2017年份的最新数据将在行文中明确标出。

表3　2016年河南省文化及相关产业增加值分布及占比情况

类型	数额(亿元)	占比(%)
文化制造业	608.62	50.20
文化批发和零售业	157.23	13.00
文化服务业	446.95	36.90

规模以上文化产业企业呈快速增长态势。2016年，河南省规模以上文化及相关企业共计有3208家，数量位居中部六省首位、全国第六位。规模以上文化及相关产业企业实现增加值796.27亿元，总量比2015年增长8.0%，整体呈现出向上发展态势。规模以上文化产业企业是河南省文化产业发展的中流砥柱，其发展态势、增长幅度基本决定全省文化产业整体发展情况。目前全省规模以上文化产业企业在部分区域呈现集中发展趋势，其引领导向作用日益明显。2016年全省18个省辖市规模以上文化及相关产业企业数量均已超过20家，其中部分地市如郑州、许昌、洛阳、南阳等规模以上文化及相关产业企业数量在200家以上，产业集聚效应明显。举例来看，2017年仅10月份就先后有3个文旅项目在郑州启动，投资累计在240亿元左右。郑州市2015~2017年年签约或落地文旅项目15个，总投资约为2255亿元。2017年8月，河南省印发《河南省旅游产业转型升级行动方案(2017~2020年)》，优化旅游空间结构是其重点任务之一，要求做强郑州大都市旅游圈，重点支持郑州方特欢乐世界、建业·华谊兄弟电影小镇、绿博园、园博园、新郑黄帝故里、新密伏羲山、荥阳孤柏渡、银基文化产业园、巩义竹林长寿山风情古镇等文旅项目建设。郑州作为省会城市，正在积极建设国家中心城市，文化产业企业项目的集聚有利于推动郑州市推动文化产业供给侧结构性改革，为全省文化产业优化结构做出示范。

新兴行业进入发展快车道。从文化产业十大类别分组来看，2016年河南省文化创意和设计服务业在规模以上文化及相关产业企业中法人单位数位于第3位，仅次于文化用品生产和工艺美术品生产的法人单位数，增长率高达37.7%，其营业收入为215.70亿元，较上年增长25.3%。文化艺术服务业、文化休闲娱乐服务业也展现出了较大幅度的增长，两者的营业收入分别增长47.1%和38.6%。文化信息服务业从业人数方面增幅最大，2016年文化信息服务业规模以上文化及相关产业企业期末从业人数为2万余人，增长率高达83.9%。2016年河南省规模以上文化及相关产业企业从业人员共计48.58万人，其中文化服务业从业人员14.01万人，比上年增长21.3%。文化制造业所吸纳的就业人员数量最大，但是相较于2015年占比下降5.4个百分点，文化服务业从业人员占比则提高了3.7个百分点。从文化产业十大分类来看，文化信息传输服务业、文化创意和设计服务业、文化艺术类服务业增速均超过20%，文化服务业在带动就业方面发挥的作用正逐渐增强。

（五）文化遗产保护工作提质增效

2017年河南省文化遗产保护工作有序推进，遗产保护成效及工作质量明显提升。2017年河南省启动《河南省大运河文化带建设文物保护与利用规划（2017~2030）》草案编制工作，梳理出大运河沿线世界文化遗产、全国重点文物保护单位、河南省文物保护单位、不可移动文物的数量及详细信息，加快推进河南段大运河文化带建设。河南博物馆事业在2017年迎来了发展的春天，二里头遗址博物馆奠基开工，中原考古博物院、河南博物院主展馆改造工程继续推进，非国有博物馆进一步规范发展。河南省博物院举办的“中原陶瓷双年展”、郑州博物院的“天工追梦——郑州古代科技文物展”荣获第十四届（2016年度）全国博物馆十大陈列展览优胜奖。着力提升大遗址保护工作的综合效益，对安阳殷墟、隋唐洛阳城、汉魏洛阳故城3处国家考古遗址公园的运营情况进行评估，同时积极推动新郑郑韩故城国家考古遗址公园的申报工作，最终郑韩故城成功获得第三批国家考古遗址公园称号。文物考古发现方面，2017年度全国十大考古新发现活动评选中，新郑郑韩故城遗址、洛阳东汉帝陵考古调查与发掘成功当选。在河南省文物局的指导下，河南省文物考古学会联合《华夏考古》编辑部推出了2017年度河南省五大考古新发现，除上述两大入选全国考古发现的发掘项目外，另有荥阳青台遗址发掘、二里头遗址宫殿区东北部5号基址发掘、宋东京城顺天门（新郑门）遗址发掘三项考古新发现。

非物质文化遗产工作加强传承能力建设，社会影响力进一步扩大。2017年河南省启动了传统技艺抢救保护工程，争取到3700多万元的专项资金，完成了20名省级以上代表性传承人抢救性记录工作。开展非遗传承人群研修演戏培训计划，依托省内相关高校举办了布艺陶瓷、传统戏曲传承人群培训班。在重要节庆期间，举办各种各样的非遗展演活动，扩大非遗社会影响力。2017年河南省分别举办了第八届（淮阳）非物质文化遗产展演活动、第二届老子生日拜典·河南省非物质文化遗产（传统戏剧）展演系列活动、首届晋冀鲁豫传统戏剧展演活动、“唱响新时代——河南稀有剧种北京公益展演周”等一系列非遗活动。经过长期不懈的努力，当前鹤壁浚县古庙会、宝丰马街书会、老子祭祀等非遗展演活动已经成为河南省非物质文化遗产的著名品牌。2017年9月，河南省第四批省级非遗代表性传承人名单公布，此次共评定191人为非物质文化遗产代表性传承人，至此河南省共有省级非物质文化遗产代表性传承人832人。2017年末至2018年开年之际，由李树建戏曲艺术中心发起的“唱响新时代——2018戏曲稀有剧种贺新春互联网公益晚会”，采取全程全媒体网络直播，向大家展示了12个省份共100多个稀有剧种，同时也向大家展现出河南省在传统戏剧保护中取得的成果。从地市情况来看，郑州市于2017年春节期间成功举办了为期一个月的“2017红红火火过大年——非物质文化遗产展演展示”；元宵节期间组织以全市各县（市）区非遗项目及传承人为主的“华夏优秀传统民间文化集中展演”活动，积极推动非物质文化遗产“走出去”；还开展了“春雨工程——中原文化边疆行”活动，甄选出颇具代表性的国家、省、市级非遗项目及展品赴贵州黔东南苗族侗族自治州展出。郑州市加大对非物质文化遗产保护的宣传推介力度，大大提升了文化遗产保护的关注度和美誉度。

（六）中原文化国际影响力日益扩大

对外文化交流合作取得良好效果。2017年河南省积极配合中央外交工作，全年派出团组28批次共计585人开展对外文化交流合作工作。对外交流方面，2017 年春节期间，河南省组织省内优秀艺术团体赴意大利、缅甸、智利、毛里求斯等 20 多个国家执行“欢乐春节”“四海同春”访演活动。2017 年 4 月，应俄罗斯第十四届国际戏剧节“国王戏剧节”组委会邀请，《清风亭上》剧组赴莫斯科进行戏剧表演，受到莫斯科观众、媒体的一致好评。漯河文化交流团赴印度尼西亚进行“中国艺术走进印尼校园”文化交流暨演出活动。为庆祝斯里兰卡与中国建交 60 周年，受斯里兰卡大使馆邀请，郑州歌舞剧院和中岳少林禅拳文化表演团组成河南文化艺术团，先后在斯里兰卡多个地市进行了多场演出，引起当地极大的关注。对外合作方面，2017 年河南省文化厅与斐济中国文化中心对口合作项目全面启动，由河南省少年儿童图书馆承办的“我的科幻童年”中国儿童绘画展在斐济展出。2017 年 5 月，仰韶文化博物馆和罗马尼亚摩尔多瓦国立博物馆正式结为友好博物馆。2017 年 11 月，中国河南博物院与日本奈良国立博物馆举行文化合作交流签约仪式，两家博物馆自 2007 年开展合作以来多次互派研究人员进行学术交流，第三次签署合作协议意味着双方的合作即将迈入新的征程。河南还成功举办了“2017 海峡两岸梅花拳文化交流大会”、中国国际汉字大会、“2017 年海峡两岸（洛阳）河洛文化高峰论坛”、2017“一带一路”河南动漫产业论坛、2017“青年汉学家研修计划”郑州班等活动，这些交流对话活动从不同侧面大大促进了河南文化影响力的提升。

中原文化“走出去”步伐加快。截至 2017 年 12 月，河南省先后有近 10 家文化企业走向国际，在美国、德国、加拿大等国家进行投资。作为文化大省，河南省积极融入“一带一路”建设，将文化交流合作与强化基础设施建设放在同等重要的位置，积极推动中原文化在“一带一路”沿线绽放光彩。河南电影作品、少林功夫在国际上为中原文化赢得了广泛赞誉，电影《一句顶一万句》在第 67 届柏林国际电影节“亚洲璀璨之星”单元拿下“最佳编剧奖”，将中原人朴素的价值观展现给世界观众。2017 年河南省成功举办“感知中国”河南文化走进非洲活动，在毛里求斯举办了中国功夫电影周活动，以《叶问》系列、《少林寺》等为代表的中国功夫电影进入当地院线展映。河南影视集团“罗马尼亚熊猫电影频道”和河南航空港卫视传媒有限公司“中国功夫文化电影周”双双成功入选国家新闻出版广电总局“2017 年度‘丝绸之路影视桥工程’”，这是对中原文化“走出去”成果的充分肯定。在 2017 ~2018 年度国家文化出口重点企业和重点项目中，河南省共有 3 家企业、3 个项目入选（见表 4），成为加快中原文化“走出去”的又一重要渠道。中原文化“走出去”的另一重要措施在于渠道平台的拓展。如开封市根据河南自贸区对开封片区构建国际文化贸易平台的定位，与河南日报报业集团联合，共同搭建中国（河南）自由贸易试验区国际艺术品交易中心，以期构建河南省在国际文化贸易、文化产业“走出去”方面的高端平台，充分发挥交易中心“大通道”的贸易功能，进而推动中原文化走向世界。

表 4　2017 ~2018 年度国家文化出口重点企业和重点项目

文化出口重点企业	1	河南省约克动漫影视股份有限公司
	2	河南省山河柳编文化产业有限公司
	3	中原出版传媒投资控股集团有限公司
文化出口重点项目	1	河南省新华书店发行集团有限公司的“比什凯克中原文化交流中心项目”
	2	河南省杂技集团有限公司的“北美训演基地布兰森大剧院项目展销会”
	3	河南约克动漫影视股份有限公司的“《我是发明家》大型原创系列动画电视剧”

二　弘扬民族精神和时代精神的河南担当

弘扬以爱国主义为核心的民族精神和以改革创新为核心的时代精神是坚定文化自信的深刻要求，是推动社会主义文化繁荣兴盛的深沉内涵。民族精神经过五千多年文明历史的积淀，已经内化成每一位中华儿女内心的呐喊，时代精神则激励着一代又一代中国人民为实现中华民族伟大复兴而不懈奋斗。河南作为中华民族和华夏文明的重要发祥地，在推进社会主义现代化进程中积极开展社会主义核心价值观和中国梦的宣传教育活动，深入实施思想道德建设工程，大力发展“三学院三基地”培训工作，为中国特色社会主义文化繁荣兴盛贡献出河南力量。

（一）深化社会主义核心价值观建设

河南省积极配合党中央工作大局，在全省范围内广泛开展社会主义核心价值观和中国梦宣传教育活动，取得了较好的效果。2017 年，河南省社会主义核心价值观建设以推进社会主义核心价值观入法入规、抓好核心价值观公益广告宣传、抓好示范带动工作为重心。年初，河南省在全省范围建立了社会主义核心价值观主题公园，开设“核心价值观百家讲坛”，推出 60 余个基层单位作为河南省首批核心价值观建设示范点，培养了全国范围内数量最多的“时代楷模”。

社会主义核心价值观融入法治建设是深化社会主义核心价值观建设的重要途径。2017 年 5 月，河南省召开省委常委会会议原则通过了《河南省关于进一步把社会主义核心价值观融入法治建设的实施意见》。在地方性法规、政府规章、公共政策中体现社会主义核心价值观的要求，这是把社会主义核心价值观建设由“软性要求”转变为“硬性规范”，以法规政策的形式使之产生刚性约束力。社会主义核心价值观融入法治建设既是对党中央以法治国和以德治国相结合的具体落实，同时又有助于帮助全社会树立法治信仰，营造守法、敬德的文化氛围，使社会主义核心价值观有效内化为人们自觉遵守的行为准则。

近年来，河南省为宣传社会主义核心价值观，积极拓展文明河南建设的有效载体，自 2013 年以来全省连续组织了五届公益广告征集活动，评选优秀作品 300 多件，使公益广告成为群众容易见、记得住的传播阵地。2017 年，河南省分别举行了 2016 年度公益广告征集颁奖典礼，向社会公示了 2017 年度公益广告征集优秀作品，强化公益广告在弘扬社会主义核心价值观方面的推动作用。同年，河南省首批公益广告创作基地成立，6 家单位分别是河南日报报业集团、河南广播电视台、河南大学、河南师范大学、郑州轻工业学院、舞阳农民画院。公益广告创作基地是提升河南省公益广告创意、设计水平的有效尝试，这在全国仍属于新尝试，有助于河南省推出更多具有中原特色的公益广告，使社会主义核心价值观更加深入人心。

充分发挥典型示范引领带动作用。河南省在全省范围选树道德模范、最美人物等先进典型，并广泛开展模范人物“三巡六讲”的学习宣传活动，以榜样的力量激发人们自觉践行社会主义核心价值观。截至 2017 年，全省各部门累计评选出先进典型人物 200 多万人，共有 18 名河南人当选全国道德模范，14 人和 1 个群体当选“感动中国”年度人物。“三巡六讲”活动在社会上引起了强烈的回应，使得河南省志愿服务越来越成为更多人的日常生活状态。截至 2017 年 11 月，全省共有 760 多万注册志愿者，34751 个志愿服务团体，累计建成“文明使者”服务站 4074 个。在全国学雷锋志愿服务“四个 100”典型名单中，河南省先后有 29 个优秀志愿者、项目、组织、社区成功入选。各省辖市形成了一批具有志愿服务精神的“志愿品牌”，如郑州编外雷锋团、郑州市“老年雷锋团”、许昌老妈妈志愿队、商丘市水上义务救援队等。

（二）深入实施思想道德建设工程

思想道德建设是提升社会文明程度、提高公民文明素养的重要路径。在习近平新时代中国特色社会主义思想指引下，河南省大力推进公民思想道德建设工程，以道德建设深度融入文明城市创建、百城建设提质工程，深化群众性精神文明创建活动，使得全社会的文明程度有了大幅提高。

“河南好人”助推道德高地建设。2017 年底，河南省上蔡县朱里镇拐子杨村党支部书记、村委会主任张全收与方城县广阳镇古城村村民王锋双双被评选为第六届全国道德模范。至此，河南省共有全国道德模范 18 人，数量位居全国第一。共有 845 位河南人荣登“中国好人榜”，其中 2017 年共有 86 人榜上有名到 2017 年底。2017 年中央电视台“感动中国”2016 年度人物揭晓，三入火海的南阳救火英雄王锋成功当选“感动中国”2016 年度人物，成为继胡佩兰、陇海大院、王宽之后河南人连续第四年荣登“感动中国”领奖台。“感动中国”自 2003 年首播以来，15 年间共有 14 位河南人、1 个群体当选“感动中国”年度人物。这些散布在全国各地的“河南好人”，用自身的实际行动不断提高中原道德标尺的高度，切实推动河南省道德高地建设。

文明创建引领新时代美好生活。2017 年在全省文明城市创建工作会议上，提出河南省文明城市创建与百城建设提质工程统筹推进，群众性精神文明创建活动不断向农村、学校、家庭等延伸。百城建设提质工程是河南省深化文明创建的有力抓手，各地市在“以绿荫城、以水润城、以文化城、以业兴城”理念的引领下，城市建设水平不断提高，市民的获得感、幸福感不断提升。截至 2017 年，河南省共有全国文明城市 11 个，共有 199 个村镇入选全国文明村镇，14 个家庭当选全国文明家庭，54 所学校被评为全国文明校园。农村精神文明创建方面，针对部分地方存在的陈规陋习，河南省专门出台了《推动移风易俗树立文明乡风三年行动计划》，在全省各地推进“一约四会”建设，以村规民约、红白理事会、道德评议会、禁毒禁赌协会来约束不良风气。截至 2017 年底，全省 90% 以上的行政村已经完善村规民约，约 3 万个行政村建立“四会”。

（三）开展“三学院三基地”培训工作

焦裕禄干部学院、红旗渠干部学院、大别山干部学院与愚公移山精神教育基地、新乡先进群体教育基地、南水北调精神教育基地被称为河南省党性教育培训的“三学院三基地”。三所干部学院、三个教育培训基地已经成为河南省干部培训的首选。截至 2017 年 7 月，“三学院三基地”共举办培训班 6857 期，共有 42.19 万人次学员接受过培训。焦裕禄干部学院的理念是培养“领导干部的公仆意识”，被中组部确定为全国 13 个地方党性教育特色基地。2015～2016 年，焦裕禄干部学院共举办 5 次中央党校县委书记研修班，共计有 1000 名来自全国各地的县（区）委书记在焦裕禄干部学院接受党性教育培训。在全省党校行政学院系统和“三学院三基地”第十一届优秀科研成果评奖活动中，焦裕禄干部学院荣获优秀科研成果奖一等奖 2 项、二等奖 1 项、三等奖 3 项，干部学院荣获优秀科研组织奖。红旗渠干部学院与焦裕禄干部学院被中央党校评为 12 家党性教育基地，红旗渠干部学院主要弘扬“艰苦奋斗”精神，依托红旗渠、红旗渠纪念馆、扁担精神纪念馆、谷文昌故居，面向全国党员开展红旗渠精神与党性教育、群众路线教育、执政能力建设以及党的先进性纯洁性教育活动。大别山干部学院主要特色为“理想信念”教育，依托鄂豫皖苏区首府革命烈士纪念馆、中共中央鄂豫皖分局旧址等特色教育资源，以大别山精神为主要内涵开展党性教育活动，自建院以来共培训学员 12.5 万人次。2017 年中央国家机关工委《紫光阁》杂志社、河南省委省直机关工委联合大别山干部学院召开了 2017 年全国机关党建工作研讨会。此外，大别山干部学院 2017 年共举办 4 期道德讲堂、3 期大别山讲堂，邀请省内外优秀专家学者讲述道德教育、党性教育的理论知识，有力推进了社会主义核心价值观体系建设、增强党员干部党性修养。

习近平总书记多次强调要赋予愚公移山精神新的时代内涵和精神价值。“两个一百年”奋斗目标的实现，中华民族伟大复兴中国梦的实现，都离不开持之以恒、艰苦奋斗的伟大精神。新时代需要大力弘扬愚公移山精神，使之成为涵养社会主义核心价值观的文化资源。2013～2018 年，愚公移山精神教育基地共举办培训班 1054 期，培训学员 76000 多人，举办省外培训班 34 期。2017 年，济源市政府将每年 6 月 11 日设立为“愚公移山精神纪念日”，并将愚公移山干部学院新校区建设列为 2017 年济源市重点项目，举全市之力促进愚公移山精神发扬光大。新乡先进群体教育基地以弘扬新乡先进群体“心系群众、艰苦奋斗、实事求是、与时俱进、清正廉洁”精神为主题，充分发挥新乡先进典型众多、党建资源丰富、基层组织建设扎实的优势，开展基层党建培训工作。新乡先进群体教育基地在基层党员教育培训方面取得了明显成效，被中组部遴选增补为第二批全国党员教育培训示范基地。2017 年，为进一步宣传弘扬新乡先进群体精神，新乡市与河南日报报业集团共同打造了新闻宣传干部培训基地，进一步拓展了新乡先进群体教育基地的建设，为筑牢基层干部思想防线开辟了新的教育阵地。南水北调精神教育基地位于南水北调中线工程渠首淅川县，2014 年正式开班，以弘扬宣传南水北调精神和开展群众路线特色党性教育为主。南水北调工程孕育和产生了伟大的南水北调精神，在南水北调中线工程中共有40万移民无怨无悔搬离家园，这种顾大局讲奉献的担当精神是当代爱国主义民族精神的集中体现。南水北调中线工程是迄今为止人类历史上规模最大、最为复杂的调水工程，为确保中线工程顺利通水，工程师们以精益求精的工匠精神攻坚克难、锐意创新，这种大胆创新的改革精神是时代精神的鲜明代表。南水北调精神教育基地为传播弘扬这一民族精神、时代精神搭建了传播平台，为激励广大党员干部坚定信念、勇于担当发挥了重要作用。

三　中国特色社会主义新时代
河南文化发展趋势分析

习近平总书记在党的十九大报告中对当前所处时代做出了精准的判断并定位，认为“中国特色社会主义进入了新时代，这是我国发展新的历史方位”。十九大报告以习近平新时代中国特色社会主义思想为中心进行了翔实的阐释和论证，确定其主要可以概括为“八个明确”，即明确了中国特色社会主义总任务，明确了进入新时代后我国社会的主要矛盾变化，明确了当下中国特色社会主义事业的总体布局，明确了面临的全面深化改革的总目标，明确了新时代全面推进依法治国的总目标，明确了中国共产党在新时代的具体强军目标，明确了中国特色的大国外交原则，明确了中国特色社会主义本质等八个大的方面。其中尤其明确了中国特色社会主义事业的总体布局是包括文化建设在内的“五位一体”；对我国社会主要矛盾的变化的论述，在文化建设方面更有振聋发聩之功。当今时代，人民的物质需要已经从基本满足上升为对美好生活的需要，这其中必然蕴含着精神的、心灵的文化滋养的满足感。习近平新时代中国特色社会主义思想将对河南的文化建设起到重要的方向引领、战略指导和动作规范的作用，必然成为河南省进行中国特色社会主义文化创新发展的理论依据与实践指南。在新时代中国特色社会主义思想引导与规范下，河南的文化建设也必将呈现出崭新的发展趋势。

（一）河南文化年度自然发展态势分析

1. 文化服务业势头渐猛，各地产业指标上扬

一是文化信息传输服务就业增幅明显。2016 年全省规模以上文化及相关产业企业从业人员 48.58 万人，比上年增长 5.9%。其中文化制造业企业从业人员占比达到 63.0%，约 30.61 万人。文化批零业和文化服务业企业从业人员占比有所提高，分别比上年提高了 1.7 个和 3.7 个百分点，体现出相关市场需求，显示出较好的发展潜力。按照文化产业分类，2016 年全省从事文化产品的生产和服务企业的人员约 26.59 万人；从事文化相关产品的生产企业的从业人员为 21.99 万人。细分来看，2016 年全省文化信息传输服务人员增速最高，为 83.9%；广播电视电影服务、文化创意和设计服务、文化艺术服务类企业人员紧随其后，增速分别为 34.0%、25.8%、23.2%，均超过 20%；文化用品的生产、工艺美术品的生产、文化产品生产的辅助生产的从业人员分别为 12.99 万人、11.74 万人、8.25 万人，列十大类从业人员前三位。

二是营业收入方面文化艺术服务增速最快。2016 年，全省规模以上文化及相关产业企业实现营业收入 3580.89 亿元，比上年增长 12.6%，其中文化制造业企业营业收入 2652.55 亿元，文化批零业企业 483.87 亿元，文化服务业企业 444.47 亿元，分别比上年增长 9.1%、21.8%、26.5%，占比分别为 74.1%、13.5%、12.4%，文化批零业和文化服务业两者合计占比为 25.9%，比上年提高了 2.4 个百分点。按照文化产业分类，2016 年从事文化产品的生产和服务的规模以上企业实现营业收入 1657.37 亿元，增长 19.2%，占比为 46.3%，占比比上年提高了 2.6 个百分点；从事文化相关产品生产的规模以上企业营业收入达到 1923.53 亿元，增长 7.5%，占比为 53.7%。细分看，全年营业收入最多的是文化用品的生产、工艺美术品的生产、文化产品生产的辅助生产，分别为 1266.22 亿元、1127.24 亿元、566.20 亿元，其余七大类均低于 220 亿元。全年增速超过 20% 的是文化艺术服务、文化休闲娱乐服务、广播电视电影服务、文化创意和设计服务，分

别比上年增长47.1%、38.6%、37.0%、25.3%。营业收入增加最多的是工艺美术品的生产，达到171.25亿元。

三是各地区文化产业企业相关指标上扬。2016年河南省有11个省辖市规模以上文化产业企业个数达到百家以上，其中郑州市、南阳市、许昌市、洛阳市4个地区单位个数均超过300个，达1500个左右，占全省规模以上文化产业企业数的49.8%。10个省直管县中，规模以上文化产业企业数最多的是兰考县，达到64家，占全部省直管县的21.8%；而汝州市、新蔡县、巩义市、永城市、鹿邑县5个市县的企业个数均在20家以上，占全部省直管县的62.1%。全省各地文化产业正积极推进，发展正逐步趋于均衡，布局正逐步趋于合理。2016年全省规模以上文化产业企业从业人员超过3万人的省辖市有郑州、许昌、南阳、洛阳、焦作、开封、商丘等7个地区，从业人员占全省规模以上文化产业企业从业人员的71.5%；从业人员增速较高的是商丘市、周口市、平顶山市，增速分别为42.6%、35.4%、32.1%。省直管县中，兰考县、巩义市、永城市、汝州市规模以上文化产业企业从业人员均超过3000人，合计占全部省直管县的68.1%。2016年全省各省辖市规模以上文化产业企业实现营业收入超过200亿元的有郑州、许昌、南阳、焦作、洛阳、濮阳、开封等7个地区，营业收入合计占全省规模以上文化产业企业营业收入的75.0%。全省各省辖市规模以上文化产业企业实现利润超过20亿元的有郑州市、许昌市、开封市、濮阳市4个地区，占全省规模以上文化产业企业实现利润的59.2%。营业收入增速较快的是鹤壁、平顶山、商丘、周口，分别为88.8%、70.4%、50.4%、32.3%。利润总额增速较快的是鹤壁、商丘、焦作、平顶山、南阳，分别为187.8%、57.9%、53.4%、52.8%、30.7%，均超过30.0%。省直管县中规模以上文化产业企业营业收入超过10亿元的是巩义市、兰考县、汝州市、永城市、邓州市5个直管县，占全部省直管县的86.2%。规模以上文化产业企业实现利润超过亿元的是巩义市、兰考县、永城市、汝州市4个县市，占全部省直管县的84.5%。营业收入增速较快的是永城市、汝州市、鹿邑县，均超过30.0%。利润总额增速较快的同样是永城市、汝州市、鹿邑县三个地区，均超过50%。

2. 文化事业全面稳步推进，势头平缓

一是体系建设项目建设推进明显。2017年，河南省围绕打造“全国重要的文化高地”奋斗目标，各项文化事业稳步推进。在现代公共文化服务体系、文化产业发展体系、现代文化市场体系、文艺产品生产与传播体系、优秀传统文化保护传承体系、对外文化交流合作体系等“六大体系”建设方面，积极推进；在华夏历史文明传承创新区建设、中原人文精神基地与学院建设、基层综合性文化服务中心规模建设、全省戏曲进校园等重大工程建设上，均有所突破。公共文化服务体系建设持续推进。全省约5万个行政村（社区）中已建成综合文化服务中心的近3万个。与此同时，基层文化生活得到创新，全省范围内创建“乡村音乐厅”，近2万名文化志愿者奔赴1000多个贫困乡村，开展艺术培训、戏曲表演等送文化艺术下乡服务，基层文化服务持续推进。在文化项目方面，全省约123个项目获得国家艺术基金、省艺术发展专项资金等资助6422万元；陆续推出原创方言话剧《老街》、脱贫攻坚题材的《重渡沟》《尧山情》等一批优秀文艺展演剧目，产生了一批河南艺术名家。紧密结合国家项目，大运河文化河南段建设启动。组织专门人员梳理出大运河河南段沿线5处世界文化遗产、229处全国重点文物保护单位、600多处河南省文物保护单位、3万多处不可移动文物，及时启动《河南省大运河文化带建设文物保护与利用规划（2017～2030）》草案编制工作，使河南省大运河文化遗产保护维修五年计划编制工作稳步推进，保护维修方案设计正在进行。

二是文化市场方面继续改革，有所拓新。一方面，文化市场综合执法改革逐步深化。坚持贯彻落实中央、省深化文化市场综合执法改革政策，河南省委、省政府成立文化市场管理工作领导小组，召开两次文化市场综合执法改革推进会，并建立改革工作月报制度，就综合执法机构编制安排、执法人员参公、执法经费和执法车辆配备等问题出台相关的指导意见。另一方面，在促进文化消费改革方面，积极推进国家文化消费试点城市建设，推动郑州成为国家文化消费试点城市。郑州市、洛阳市分别拨付2500万元、2000万元专项资金用于文化消费试点工作。河南省配合文化部做好文化消费试点督导组对郑州市的中期督导，参与承办国家文化消费试点城市区域座谈交流活动等相关工作。先行先试，尝试举办首届河洛文化大集，引导全省文化消费工作开展。文化消费对文化生产有导向作用，要重视全省文化消费工作，继续加强引导，从文化市场需求、文化消费着手，引导文化生产，为主流文化产品占有市场保驾护航。

三是非遗保护与对外文化交流进展明显。首先，非遗分类保护工作有序推进。河南省传统工艺振兴计划——传统技艺抢救保护工程座谈会顺利召开，《河南省传统工艺振兴计划》已报请省政府印发。河南省传统技艺抢救保护工程正式启动实施，全年度争取国家、省非遗专项资金 3700 多万元，对 20 名省级以上代表性传承人进行抢救性记录工作。河南省第四批省级非遗代表性传承人 191 人得到评审认定，目前已认定省级传承人达到 832 名。其次，对外文化交流活动也是文化事业繁荣发展的一项重要指标，是文化人才、文化产品、文化资源、文化成果的有效展示手段。河南省积极开展对外文化交流活动，全年共派出团组 28 批次、585 人，接待来访团组 13 批次、342 人；积极与中央文化机构合作交流，完成央地合作计划、“欢乐春节”等文化交流任务；积极承办了文化部第五期非洲武术学员少林寺培训班、文化部 2017“青年汉学家研修计划”河南班培训工作；稳步推进“外交部河南全球推介活动”相关工作。

（二）新时代中国特色社会主义思想对河南文化发展态势的引领分析

1.“美好生活”目标对河南文化建设的引领

一是有助于认清新时代社会主要矛盾的发展变化。新时代中国特色社会主义文化创新需要解决新的文化矛盾，而认清中国国情则是认清一切问题的关键。随着经济文化水平的快速发展，目前，中国社会主要矛盾已经发生了关系全局的历史性变化，制约人民实现美好生活的主要障碍是不充分不平衡的发展。人民对美好生活的需要在物质基本满足的基础上，呈现出多样化、丰富化和高层次化的特点。作为美好生活需要的重要组成部分——精神文化需求缺口越来越大。社会消费层次由中低端加快向中高端转变，人民对精神文化生活的需求向更高层次推进，从而对文化供给提出了新的更高质量的要求。因此，新时代文化建设必须转向主要矛盾，抓住主要矛盾，解决文化精神食粮的供给问题，尽快高层次高质量满足人民过上美好生活的新期待。

二是有助于通过不同环节解决文化发展障碍。作为中部六省之一，中原的崛起最终表现将是文化的崛起。河南既要担负起让全省人民精神文化生活更丰富、文化获得感幸福感更强的时代使命，满足人民过上“美好生活”的愿望，又要主动担负起为全国乃至全球文化创新、满足各国各族人民文化需求而不懈努力的重任。未来河南的文化建设要积极调整方向与内容，以满足人民精神需求为第一目标。具体来说，首先，文化建设要坚持以人民为中心，把人民群众是否满意、满意度为几级，作为评判文化工作质量的第一标准；其次，要重视长期推进文化供给侧结构性改革，调研人民群众的真正需求，进而提供更多更好的针对性强的文化产品和文化服务，使人民群众多层次、多样化的精神文化需求得以有效满足，使他们的文化获得感、幸福感更加易得且持久；再次，要认真分析文化建设领域种种发展不平衡不充分的现象，把解决好文化发展不平衡不充分的问题作为突出任务；最后，要下大力气突破习近平总书记提出的有“高原”缺“高峰”的文艺创作生产窘境，尽快改变全省公共文化服务资源分布不够均衡的现状，以及各地市文化产业结构不合理、相关文化遗产融入现代生活深度不够、文化建设经费投入相对不足、文化人才队伍过于薄弱等突出问题，以解决重点难点问题来助推全省文化发展整体水平的提升，全力以赴满足人民过上美好生活的需求。

2. 乡村振兴战略规划中的文化定位引领

党的十九大提出了乡村振兴战略，并将其作为决胜全面建成小康社会的重要支撑，将其放在全面建设社会主义现代化国家这一重大历史任务的大框架中，表现出对乡村振兴的高度重视。对河南这个传统的农业大省来说，乡村更是全省文化建设中必须面临的挑战。乡村振兴从某种意义上讲就是河南的全面振兴。因此，随着整个社会主要矛盾的变化，乡村振兴中的文化定位也要进一步提升，乡村文化建设也要做出相应调整。具体来说，就是要做到“三个重视”。

一要重视社会主义先进文化的力量。在当前全省乡村的现实环境中，传统文化、地域习俗、民族文化和互联网助推的网络文化等各种形态的文化现象交叉存在，错综复杂。在这样多元化的文化环境中，实施乡村振兴战略必须牢牢把握社会主义先进文化的前进方向。只有形成以社会主义先进文化为主体的乡村思想文化体系，让乡村富起来、美起来，乡民动起来、乐起来，乡村振兴战略才能真正实现。一方面，必须充分利用基层党组织的组织力量和广大基层党员的先锋模范引领作用，积极主动用社会主义先进文化占领乡村阵地；另一方面，要在工作中突出文化为民、文化惠民、文化育民，对农村文化市场加强监管，引导村民举行积极向上的文化活动，在各个环节充分发挥社会主义先进文化的引领作用。

二要重视优秀传统乡土文化的当代转化。十九大报告中明确指出，文化建设必须“深入挖掘中华优秀传统文化蕴含的思想观念、人文精神、道德规范，结合时代要求继承创新”。乡土村落中不同程度地自然沿袭了本土的优秀传统文化，在乡村振兴战略中，必须重视优秀传统乡土文化对乡村的形塑作用，并赋予其崭新的时代内涵，要充分认识和发挥其在乡村建设中的精神凝聚、引导和塑造作用，以及在乡村振兴中的精神支撑和道德引领功能。要坚持在社会主义核心价值观引领下，对乡规民约、族谱家训等文化资源进行整理整合，继承其中的民族传统美德，引导村民形成正确的荣辱观。要发掘和保护全省广大农村丰厚的历史文化资源，着力激活各地乡土文化资源。要加强对当地遗址遗迹、宗族祠堂、田野文物等乡村文化地标资源的开发保护，在乡村建设中“充分体现农村特点，注意乡土味道，保留乡村风貌，留得住青山绿水，记得住乡愁”。还要加大对“三农”题材文艺创作的投入和支持力度，提炼本土文化特色，推出优秀文艺作品，实现文化对村民精神思想的反哺。

三要重视革命文化、中原人文精神在乡村的代代相传。革命文化是革命战争年代前辈先烈们创造的无价精神财富。革命文化中蕴含着老一辈革命家的理想信念，奉献、牺牲、拼搏的精神，具有鼓舞、激励人们奋勇拼搏的强大力量。河南省留存有不少革命文化遗迹、烈士故居遗存，更有著名的红旗渠精神、焦裕禄精神、愚公移山精神等，这是一笔非常宝贵的文化财富。要依托乡村本土红色文化资源，加大红色文化和人文精神的传播，推动红色文化代代相传，采用喜闻乐见的方式传播革命文化，让一代代年轻人在党史、革命史的熏陶中成长，能油然感念党恩、胸有初心。同时，还要扩大乡村革命文化和中原人文精神的教育途径。要在乡村推出优秀红色文艺作品，举办革命文化主题活动，勤讲红色故事，常做红色展览。要构建多级传播体系，推动红色故事广为传颂。要在乡村的中小学及幼教机构推广开展各类红色主题教育实践活动，持续增强乡村红色文化教育的生动性、吸引力和感染力，通过生动活泼的宣传教育途径，让革命文化在乡村中得以传承。要根据受众的不同，选择不同的主题、传达多样内容，精心组织不同的方式方法，实现革命文化从认知到践行，使之在乡村获得有效转化。

3. 开放共享的文化理念对文化建设的引领

一是注重开放的文化建设理念。开放性是未来河南文化建设非常重要的一个维度。十九大报告指出："发展是解决我国一切问题的基础和关键，发展必须是科学发展，必须坚定不移贯彻创新、协调、绿色、开放、共享的发展理念。"这五大发展理念同样适用于文化建设。当前的世界是一个具有多极化特征的世界，经济全球化、社会信息化、文化多样化。开放创新、包容互惠才是正确的发展方式，和而不同、兼收并蓄才是文化文明交流的终极目标，全面、立体、多元的文化交流才能推动世界文明更加和谐地繁荣发展，进而助推国家参与构建和谐美好的人类命运共同体。因此，我们的文化建设必须尤其重视"开放、共享"的发展理念，通过开放促进共享，依靠共享推进自身更好发展。在文化开放方面，河南多年来始终坚持进行海外各类文化交流演出，如 2018 年春节期间，河南省组派 8 个团组赴卢森堡、美国、俄罗斯等 13 个国家，开展各类文化交流演出 52 场次，将中原文化远播海外，让各国人民领略了极富中原特色的文化大餐。文明因勤于交流而多姿多彩，因互相借鉴而得以丰富自身。在多年"走出去"的同时，河南也积极将海外人士“请进来”，邀请相关海外人士来豫进行深度交流。2017 年 7 月，第四届“青年汉学家研修计划”郑州班开班，31 名青年汉学家来自 28 个国家，在河南省进行了为期 3 周的研修，近距离感受到中原文化的博大精深。另外，近年来在登封举办的高层次文化论坛“嵩山论坛”，也吸引了不少文化高层次人才来豫交流研讨，在一定程度上提升了郑州乃至河南的美誉度。

二是重视共享的文化建设理念。开放共享是公共文化未来发展的重要趋势和时代主题。一个国家是否达到真正富强，重要标准之一就是要看人民生活的幸福程度。近年来中国的发展成果更多惠及全民，群众获得感显著增强，这些都源于中国对共享发展理念的坚持。河南的文化建设也要秉持共享文化理念，着眼群众对美好生活的需求，在建设过程中坚持均等化、标准化、公益化原则。目前全省建成的博物馆（纪念馆）、公共图书馆、文化馆（群艺馆）、乡镇（街道）综合文化站、乡村文化大院和农家书屋等已全部实现零门槛免费开放，众多文化信息资源实现共享。

全国文化信息资源共享工程也是一个非常好的文化信息共享工程建设范本。该工程通过现代信息技术，加工整合了全国现有各门类的文化信息资源，对其进行数字化处理，从而实现包括图书文献、地方特色剧目、影片、美术作品、文化史料等优秀文化资源的数字化，达到各地各站点共享的目的。河南省济源市一直以来非常重视文化共享工程，紧紧围绕市级文化信息资源共享工程支中心规范化建设、本地特色资源建设和基层服务点建设三大重点，集中精力、突出服务。目前全国文化信息资源共享工程济源市支中心拥有 20.05TB 的电子资源，商购资源有常用的超星数字图书、中国知网（CNKI）期刊全文库、书生之家及各类视听资料等，自建资源有济源市图书馆馆藏书目数据库、“印象济源”数据库、济源市图书馆“王怀让文学艺术馆”馆藏数字化服务平台、“济图讲堂”讲座视频资源等。充足的文化共享资源可以直接共享给 500 多个下设基层网点，最大限度地通过信息网络服务社会公众。从农村到城市，市民群众足不出户，就能利用到这些丰富的文化资源。

大城市资源相对较多，越往乡村走，越需要大力推进综合文化服务中心建设。通过“建、管、活”的工作思路，建立、提升和完善县、乡、村三级公共文化服务体系和效能建设，使公共文化服务在最大层面最多层级达到共享。要积极推行公共文化服务城乡联动和免费开放机制，高标准规划建设群众文化活动中心及各县区图书馆新馆分馆，探索实行公共文化场馆总分馆制，可在乡镇（街道）设立分馆，积极推行和开展数字服务，打通乡村公共文化服务最后一级台阶，真正下到乡村。文化建设一定要长期秉持共享理念，这不仅有利于文化的繁荣发展，而且将对河南的经济社会发展起到全面的助推作用。

四　中国特色社会主义新时代河南文化建设的对策建议

近年来，河南省连续出台了加快构建现代公共文化服务体系、制定基本公共文化服务实施标准、繁荣发展社会主义文艺、推进华夏历史文明传承创新区建设等一系列推动文化改革发展的政策举措，2015 年、2016 年连续两年全省文化及相关产业增加值超过千亿元，增加值保持着 12% 的增长速度，文化建设进入快车道。在中国特色社会主义新时代下，河南在保持自身文化稳速发展的同时，应抓住历史机遇，积极跟进国家文化发展理念，坚守本土文化特色创新，持续提升网络能力，助推自身凸显于全国文化版图。

（一）积极跟进国家文化发展理念

党的十九大明确定义了中国特色社会主义文化：“中国特色社会主义文化，源自于中华民族五千多年文明所孕育的中华优秀传统文化，熔铸于党领导人民在革命、建设、改革中创造的革命文化和社会主义先进文化，植根于中国特色社会主义伟大实践。”文化建设一定要积极跟进国家文化发展理念的变化，研究其逻辑层次，从而更好地在全省深入推进。

1. 中华优秀文化立场与马克思主义指导地位相结合

首先，坚守中华文化立场不能变。中国传统文化历史悠久，源远流长。

它是中华民族几千年生产生活实践的思想、观念、伦理、价值等的结晶，是世界史上几大文明类型之一。中华传统文化具有明显的地域性和民族性。十九大再次明确重申中华优秀文化的立场，是一个明确的信号。我们应该重新认识并有效利用它，吸取其中具有永恒生命力的精华，为新时代中国特色社会主义文化凝魂聚力。历史上的中国优秀传统文化不仅保障着中华文明的传承，维护过祖国统一和民族团结，形成和丰富了民族精神，同时，对社会和谐与发展起到了十分重要的作用，在当今全球化时代，对全球文化的交流与共处也有着十分重要的意义。河南的文化建设一定要将本土的优秀传统文化资源发掘和利用转化起来。与之相对比，马克思主义则是在西方文明发展基础上形成的思想理论体系。它涉及现代意义上的哲学、政治学、经济学、社会学、民族学等理论内容与价值核心。它同时也是一种价值立场和方法论体系。中国的文化建设在以它作为理论指导时，不能生搬硬套，必须紧密结合本土实际，并不断进行理论创新，进行本土化，因地制宜，与中国传统文化结合起来，才能为我所用。

坚持马克思主义对文化建设的指导，是基于它作为世界观和方法论而言，是要拿来为我们的社会建设服务。然而归根结底，还是要发展中国特色社会主义文化，因此我们要坚守文化的民族性和主体性。不同的民族，以不同的文化样式生活和生存。反过来讲，不同的文化样式基本等同于代表着不同的民族存在。承认中华民族的独特性，就要尊重和维护中华文化的独特性，在肯定中维护和发展中华文化的主体性。十九大强调的“坚守中华文化立场”，一方面对新时代中国特色社会主义文化建设指明了大的原则，另一方面也是向世界宣布中华民族的独立性和独特性。河南的文化建设一定要深刻理解国家层面的文化定位，从而及时指导本省的文化建设健康快速繁荣发展。

2. 提升文化建设在河南崛起中的战略定位

近年来，文化建设在河南的社会经济发展中越来越受重视。“文化发展”在河南各级政府工作报告中，都是被重点圈圈画画的字眼。河南在大力推进经济转型升级和社会发展的同时，将文化事业的发展也排在前列。

如，非常重视扶持和奖励在全国乃至全球范围内有意识“表达中原”和完成“中原表达”的原创文艺精品，有意识多措并举，培育出中原文艺形式和文艺流派，叫响全国。在这种大环境下，河南的文艺工作者辛勤耕耘，才收获了“中原作家群”“中原书风”“中原画派”等，中原戏剧、中原曲艺也呈现出一派繁荣复兴景象。但是，与十九大报告中对文化的重视与定位相比较，河南对文化建设的重视度还不够高。

站位高，才能看得远，才能有更广阔的格局和视野。文化建设在河南经济社会建设中的定位仍需进一步提高。要把文化建设放在“五位一体”的战略地位上来。在过去相当长时间内，相对于经济建设，我们对文化的重要性认识严重不足，在新时代，经济建设已经取得较大成就，文化的先导性作用得以凸显。十九大的文化战略在于描绘出本世纪中叶中国实现民族复兴的鲜明路线。那么，河南的文化战略完全可以规划出中原优秀文化复兴的路线图。

提升文化建设在全省经济社会建设中的战略地位，必须要正确处理一系列文化关系。一方面要“牢牢掌握意识形态工作领导权”，建设社会主义意识形态，另一方面又要“坚持百花齐放、百家争鸣”，全力激发全社会文化创新活力；还要正确处理文化产业和文化事业两驾马车的关系，使人民能过上物质与精神双重丰富的美好生活；要坚持马克思主义的指导和大力弘扬中华优秀传统文化相结合，还要把社会主义核心价值观、思想道德建设、社会主义文艺作为重要内容去培育、发展和践行。

（二）立足本土文化创新，激励文化内容精品生产

新时代中国特色社会主义文化建设应在本省本土特色上做出新文章。首先，我们需要深度理解优秀传统文化现代化转换与马克思主义中国化中原化的互动融合。在现代化初级阶段，我们未免较为注重经济发展与政治推进，而忽略了中国传统文化社会发展价值。如今进入新时代，文化建设就将文化这一大块忽略的部分捡起来，关注传统文化的精神价值创造，通过适当的转化和创新，使之与当今时代社会深度合拍，发挥正面影响，稳固社会精神结

构。河南其实有较多这方面的历史文化资源，如儒家理论、老子思想等，如何经过马克思主义理论指导，达到当代化，成为中原文化特色，一方面成为全省经济社会发展的有力支撑，另一方面成为全省人民群众甚至全国人民精神文化食粮，能融入当代生活的一日三餐衣食住行，成为中原文化的精神印迹和独特符码。比如，近年来方兴未艾的功夫文化已经从中原走向全国，走向世界。历史悠久的豫剧戏曲文化在多措并举后也有复兴之势。这些都是立足于河南本土，挖掘特色，提炼精华，经过当代转换，重新进入广大人民群众的当代生活。

其次，本土文化创新重在抓内容、出精品，要能对社会主义市场经济产生有效回应，并促进其健康发展。马克思主义进入并融入中国现实，一方面给中国带来市场经济，使经济基础发生了深刻变化；另一方面，精神文化方面的滞后带来人文精神的失落。社会主义价值理想和市场经济自身逻辑的矛盾一直存在。时至今日，新时代的河南的文化建设如何应对这种长久以来的矛盾，如何使市场经济在健康轨道上稳步前行？传统文化与市场经济的碰撞，“仁义理想”“经世致用”与“竞争意识”“市场经济”等的微妙关系，如何理解和处理？还是需要下足功夫进行研究梳理。在中国特色社会主义文化背景下，河南文化建设要凸显本土特色，这是一个重要节点，也是一个突破点。站在这一节点，河南的文化建设要重点学习和理解党的十九大报告提出的大力弘扬“劳模精神和工匠精神”，树立劳动光荣的社会风尚、精益求精的敬业精神。这是对文化价值和精神支撑对社会发展的作用的明确化，也是对社会主义市场经济的补充与支持，也为中国特色社会主义文化与社会主义市场经济的互相融合与补充支持发展指出了路径。河南的文化建设要从此处思考，重视文化价值观的本土建构，探寻本土文化价值中能有效引领或补充社会主义市场经济发展的文化内容，以提前应对市场和资本对社会伦理价值观等方面的损毁和冲击。

最后，文化创新最终需要成功进入人民群众生活实践，才算真正成为人民生活的精神文化内容。优秀的成功的文化创新内容，一定是为群众所认可和接受的。可以自上而下地生产，但最终需要融入自下而上的选择。含有价值观的文化内容与人民群众实际生产生活的融入度，是一个文化内容是否优秀的重要的判断标准。因此，文化创新，要讲究走进人民心里，挖掘人民或显或隐的文化需求，进行文化创新。“做得好、做得巧”，才能做出精品，做到人民心坎里。为了融入人民的社会生产生活实践，文化建设就要充分考虑群体的多种需求。只有进行严谨的实事求是的调查研究，对人民日益增长的对美好生活的需要有深入了解，对需求与供给的发展不平衡不充分的关系有深刻理解，才能避免想当然，避免出现闭门造车出门不合辙。也只有在充分调查研究的基础上，尊重艺术创作规律，对人民的合理要求与日常智慧有深刻的艺术表达，才能被群众认同，进而促进精神生产和消费的良性互动。因此，只有扎根群众，熟练掌握与运用艺术创作与生产规律，才能避免文艺创作与群众脱节，才能使精神文化生产占据高原，勇攀高峰，不仅能适应多样化、个性化的群众需求，更能把握时代精神，整个文化建设进入生产与消费的良性循环。

（三）提高网络管理能力，促进互联网与文化产业的深度融合

据河南省 2018 年 5 月发布的《2017 互联网发展报告》，截至 2018 年 4 月底，河南省互联网用户总数破亿，达到 10253.3 万户，居全国第 5 位。从人与人到万物互联，互联网技术的飞速演进正在给人类社会带来急遽变革。互联网与文化的融合必然也会催生出更多文化类新业态、新应用、新场景，最终惠及每一个网民。“互联网 + 文化”已经成为我国在“十三五”阶段新的经济增长点，目前虽然河南的产业互联网具备了基础条件，但是深度融合发展能力亟待提升。据统计，2017 年，河南省虽然有 95.5% 企业通过固定宽带接入（含专线接入）互联网，有超八成上网企业部署了信息化应用系统。但仅有三成左右的企业设置了互联网运维、开发或电子商务、网络营销的专职团队，重视度和融合度都非常欠缺。在未来文化建设规划中河南应从三个方面推动文化与互联网深度融合发展。

1. 大力扶持并引导互联网文化企业发展成长为河南文化产业的支撑点

河南要明确现有的文化创意产业基础现状，找出优势所在，并继续做强

做优，才能对其他领域产生较大的示范、辐射和拉动作用。同时，要使互联网文化产业积极参与融入文化事业和社会公共服务，多措并举，吸纳社会各方资本加入公共网络文化服务体系建设。要以开放、共享、绿色、协调、发展的五大理念为指导，加大网络文化产业在文化信息资源共享工程、公共网络信息库建设中的参与度。同时在全省发掘和树立文化领域的龙头企业，以此盘活区域内文化产业资源，唤醒上下游产业，达到地域性整体繁荣。整个产业链要尽早布局与建设，以便尽早给本地区群众生产生活提供精神与物质文化的双重便利。

2. 重视网络传播的广度、深度和影响力，加强规范网络舆论引导

当前的网络舆论环境不可谓不复杂，各种风潮与资本力量潜隐其中。群众的思想文化观念与心理在不明情况下，极易受其裹挟。互联网文化创意产业必须着力强化网络传播效能，不断加强和发挥社会主义先进文化的引导力。紧抓新媒体，不忽略传统媒体，在当下全媒体语境中，一定要重视文化传播引导能力建设。一方面要抓新媒介产业，诸如电子报刊、网络广播、IPTV、三网融合、移动互联网等，稳固它们在传媒领域的创新引领地位；另一方面也要抓日新月异的新型网络文化元素，包括但不限于网络电视、音乐、文学、多媒体数据库等，对其所产生文化舆论引导力适时规约。强势发挥中原城市群中以郑州、洛阳、开封为代表的具有高集聚性和强传播力的城市影响力，将其塑造成中原城市群的舆论引导代表，打造成中原都市形象传播与重塑的中坚力量。适度推进重点媒体与民间网络议程的合作，尽快形成中原舆论场的内聚力。网络传播中，还要提升政府官方传播的效能，提升政府对网络平台的利用率，发挥其在对民众信息公开、公共服务、舆情引导方面的公信力，树立权威性。

3. 建设促进互联网与文化产业融合的政策环境

要为文化企业提供明确而松紧适宜的政策导向，疏通进出口流通渠道，融资服务便捷，并努力打造形成非垄断的充分竞争市场格局。这些措施一方面为每一家企业的生存发展环境形成良好生态，另一方面，还可以为文化企业生产、文化产品流通、消费者的消费行为提供便利，使人民群众获得良好

消费体验。同时，也要防止决策者的过度干预。干预过度一是会增加企业的成本消耗，消减文化企业的生产发展热情；二是产品服务若非市场所需，也会压抑消费者的购买热情。因此，良好适度的文化产业发展环境应该是为整个文化生产到消费的所有环节服务，从而促进整个文化生态的良性发展。

总之，中国特色社会主义新时代给河南带来了更大的文化发展机遇。河南的文化建设要迎头赶上，保持既有优势，发挥更大潜力，提前布局新型文化业态，让文化成为解决当前社会新的主要矛盾的有力抓手，让人民群众早日过上美好生活。

参考文献

[1] 河南省文化厅：《2017 年省文化厅工作总结》，http：//gov. hawh. cn/content/201801/25/content_ 411053. html。

[2] 陈小平：《汇聚中原更加出彩的磅礴力量——河南省精神文明建设工作综述》，《河南日报》2018 年 6 月 12 日。

[3] 归欣：《美丽乡村绽放中原大地——全省农村精神文明建设工作综述》，《河南日报》2017 年 11 月 24 日。

[4] 陈小平：《与文明同行——河南精神文明建设工作综述》，《河南日报》2017 年 11 月 20 日。

[5] 温小娟：《河南省文艺事业发展综述：铸就中原文化新辉煌》，http：//hen. wenming. cn/jujiaohenan/201806/t20180613_ 4720490. html。

B.2

河南“三学院三基地”红色精神党性教育模式评估报告

河南省社会科学院课题组*

摘　要： 2012年底，河南省立足本土精神资源优势，开始统筹建设红色精神党性教育基地。这些基地包括焦裕禄干部学院、红旗渠干部学院、大别山干部学院、愚公移山精神教育基地、新乡先进群体教育基地、南水北调精神教育基地，被统称为“三学院三基地”。“三学院三基地”建成五年来，在全省乃至全国党性教育培训中发挥了不可替代的重要作用，使广大学员坚定了理想信念，增强了“四个意识”，为推进中国特色社会主义伟大事业，实现中华民族伟大复兴的中国梦提供了强有力的精神动力。要坚持以习近平新时代中国特色社会主义思想为引领，坚持党校姓党，突出政治引领；加快硬件建设，提升培训能力；深化交流合作，整合教育资源；着力队伍构建，优化人才结构；强化理论研究，做好基础支撑；加强组织领导，提供坚强保证；切实提高党性教育的培训能力和水平。

关键词： “三学院三基地”　党性教育　精神资源

* 课题组长：李立新；副组长：陈东辉、杨波；课题组成员：张沛、郭嘉儒、田丹、李中阳；执笔：陈东辉、李立新。

伟大的事业孕育着伟大的精神，伟大的精神推动着伟大的事业。毛泽东指出，人是要有一点精神的。邓小平说，没有一股气呀、劲呀，就走不出新路好路。习近平总书记多次强调，伟大的事业需要伟大的精神。河南是中华文明的重要发祥地。在这片火热的土地上，上演了一幕幕荡气回肠的英雄赞歌，成就了一桩桩彪炳史册的伟大事业，孕育了许多历久弥新的宝贵精神财富。2012 年底，河南省立足本土精神资源优势，开始统筹建设红色精神党性教育基地。这些基地包括焦裕禄干部学院、红旗渠干部学院、大别山干部学院、愚公移山精神教育基地、新乡先进群体教育基地、南水北调精神教育基地，被统称为“三学院三基地”。“三学院三基地”建成五年来，在全省乃至全国党性教育培训中发挥了不可替代的重要作用，使广大学员坚定了理想信念，增强了“四个意识”，为推进中国特色社会主义伟大事业，实现中华民族伟大复兴的中国梦提供了强有力的精神动力。

一　河南“三学院三基地”基本情况报告

在中共河南省委组织部的统筹谋划和所在地党组织的努力推动下，河南“三学院三基地”先后建成并投入使用。由于各地的实际情况不同，“三学院三基地”的筹建模式也有差别。有的是在单独划拨土地上建设的新校，有的是在市委党校基础上发展起来的。尽管具体情况各有差别，但“三学院三基地”传承弘扬红色精神的定位和追求是相同的。它们凭借自身精神资源优势在党性教育方面发挥了积极作用。

（一）焦裕禄干部学院的基本情况

焦裕禄干部学院位于开封兰考县。兰考是焦裕禄同志工作过的地方，是焦裕禄精神的发祥地。自穆青等人的长篇通讯《县委书记的好榜样——焦裕禄》在《人民日报》发表以来，兰考就成为全国宣传学习焦裕禄精神的主阵地。习近平总书记深受焦裕禄精神的影响，他在福建任职时曾写下《念奴娇·追思焦裕禄》来表达对焦裕禄同志的思念和赞颂之情。2009 年 4

月，习近平同志视察兰考时指出，“焦裕禄同志用自己的实际行动，塑造了一个优秀共产党员和优秀县委书记的光辉形象，铸就了亲民爱民、艰苦奋斗、科学求实、迎难而上、无私奉献的焦裕禄精神”，并作出“要结合新的实际，大力弘扬焦裕禄精神”的重要指示。为了贯彻落实习近平同志重要指示精神，在中央组织部的大力支持和省委组织部的直接领导下，焦裕禄干部学院于2013年8月建成。

焦裕禄干部学院选址在兰考县城东北部，位于“焦桐”东侧。学院占地面积185亩，建筑总面积3.9万平方米，拥有现代化的教学设施和一流的师资力量，可同时容纳700人学习培训，300人住宿。焦裕禄干部学院的基本定位，是打造以弘扬焦裕禄精神为主题的全国党员领导干部党性教育培训基地。学院坚持“接地气、创特色”的办学理念，以与焦裕禄同志相关的实物、实景、实事为载体，开发了焦陵、焦裕禄同志纪念馆、焦桐、张庄、东坝头黄河、中州民族乐器厂等10多个现场教学点，直观展现焦裕禄同志“心中装着全体人民、唯独没有他自己”的公仆情怀，凡事探求就里、“吃别人嚼过的馍没味道”的求实作风，“敢教日月换新天”、“革命者要在困难面前逞英雄”的奋斗精神，艰苦朴素、廉洁奉公、“任何时候都不搞特殊化”的道德情操。学院以焦裕禄同志的后代和焦裕禄时代的亲历者为重点，开发了互动课程、音像教学等，实现与学员面对面互动交流。

焦裕禄干部学院坚持面向全国，培训对象以市厅级和县（市、区）党政正职干部为主体，兼及其他党政领导干部、企业经营管理者、专业技术人员等。学院坚持以“行动学习法”培训理念为支撑，创新开发了蹲点调研、体验式教学、拓展训练、情景模拟、案例剖析、互动研讨等教学形式，使学员在学中干与干中学深度融合中有效掌握实际工作方法和技巧。学院采取“菜单式”选课、“模块式”组课的课程开发模式，能较好地满足各个层次、各种类型的培训需求。学院还与中央党校、中国浦东干部学院、中国延安干部学院、中国井冈山干部学院等充分合作，开发了高端名家的专题教学。目前，学院已经被中组部确定为全国13个地方党性教育特色基地之一，是国家公务员局8个培训基地之一。

（二）红旗渠干部学院的基本情况

红旗渠干部学院位于太行山东麓的安阳林州市。林州地处豫、晋、冀三省交界处，是“人工天河”红旗渠的故乡。红旗渠是林州人的“生命之渠”和“幸福渠”。20世纪60年代，十万林县（今林州市）人民在县委的领导下，以“重新安排林县河山”的决心，历经10年时间，在太行山的悬崖峭壁上建成了全长1500公里的被誉为“世界第八大奇迹”的红旗渠，孕育形成了“自力更生、艰苦创业、团结协作、无私奉献”的红旗渠精神。2011年3月，习近平同志在参加十一届全国人大四次会议河南代表团审议时指出，红旗渠精神是我们党的性质和宗旨的集中体现，历久弥新，永远不会过时。2013年5月，刘云山同志参观红旗渠纪念馆和引水干渠时强调，自力更生、艰苦创业的红旗渠精神十分珍贵，要结合新的实践不断发扬光大。在省委组织部和安阳市委的共同努力下，红旗渠干部学院于2013年8月建成。

红旗渠干部学院总投资1.9亿元，占地170亩，建筑总面积6万余平方米，可同时容纳500余人学习培训。红旗渠干部学院紧紧围绕林州特有的红旗渠精神资源、丰富的红色旅游资源和自然人文资源，按照突出“特色性、时代性、参与性”要求，精心打造了7大类30多个实践教学课程，排了三天、五天、七天等不同时长的培训套餐。学院突出体验式教学特色，采用课堂教学、现场体验、互动访谈、观摩考察、分组研讨、主题教室、案例教学等教学模式，保证了培训的灵活性、针对性和实效性，使学员能够充分感悟红旗渠精神的深刻内涵和时代价值。

红旗渠干部学院围绕“立足河南、面向全国、走向世界”的发展目标，建成了国际交流中心并于2017年6月开始运营使用。近年来，学院着力打造红旗渠精神培训中心、宣传中心、研究中心、资料中心，开展学习贯彻十九大精神、“不忘初心，牢记使命”教育、红旗渠精神与理想信念教育、党性教育、群众路线教育、“两学一做”学习教育等主题培训，被确定为中央国家机关爱国主义教育基地、国防大学现地教学基地、中组部全国组织干部学院现场教学基地、国家公务员局公务员特色实践教育基地、河南省委组织部干部教育培训基地，形成了以红旗渠精神教育为主题的品牌效应。

（三）大别山干部学院的基本情况

大别山干部学院位于信阳市新县。大别山是中国革命的重要发源地和主要活动区域之一，是中国革命走向胜利的战略转折地。新民主主义革命时期，中国共产党在大别山区建立鄂豫皖特区苏维埃政府，创立了鄂豫皖根据地。新县是鄂豫皖苏区首府所在地。无数革命先烈在这片土地上，以对党的事业无限忠诚之心，在坚定理想信念的支撑下用热血捍卫了信仰的尊严，甚至用生命接力，矢志不渝，谱写了“28 年红旗不倒”的英雄史诗，孕育形成了“对党忠诚、坚定信念、服务大局、勇于担当”的大别山精神。习近平总书记在大别山区考察时特别强调要大力弘扬大别山精神。他说，打好脱贫攻坚硬仗，必须继续发扬大别山精神。在省委组织部的统筹规划下，信阳市充分发掘和利用大别山红色资源，于 2013 年建成了以党性教育为特色的大别山干部学院。

大别山干部学院总规划面积 696 亩，分三期建设。一期工程占地 188 亩，建筑面积 5.1 万平方米，2015 年 3 月建成投入使用，可同时容纳 500 名学员培训。二期工程占地 129 亩，建筑面积 4.4 万平方米，可同时容纳 300 名学员培训。香山校区占地 30 亩，建筑面积 1 万平方米，可同时容纳 180 名学员培训。学院全部建成后，年培训能力在 4 万人次以上。大别山干部学院开发出专题类、现场类、访谈类、体验类、情景类等 11 大类、138 门课，形成了特色鲜明的课程体系。学院以专题讲授、现场体验、情景再现、案例解读、互动交流等灵活多样的形式开展培训，为了营造红色氛围学院还创设了红色场景，将“动起来”体验与“静下来”思悟有机结合，让党性教育走进历史，走进现实，走进心灵，让学员从革命历史中汲取正能量，从而树牢“四个意识”，坚定“四个自信”和“两个坚决维护”，收到了入脑入心的效果。

大别山干部学院的发展定位是，以大别山“28 年红旗不倒”的革命历史为主线，以弘扬“对党忠诚、坚守信念、服务大局、敢于担当”的大别山精神为主题，以理想信念教育为核心，建成立足河南、服务全国，对党员干部进行理想信念、革命传统和党史党风党纪教育的特色党性教育基地。近年来，学院坚持“特色立院、开放办院、人才兴院、质量强院”的办院理念，紧盯建设一流干部学院的发展目标，全面提升党性教育能力和水平，逐渐形成了具有鲜明特色的党性教育品牌。目前，学院已经被国家行政学院、国防大学等确定为现场教学基地，被中央编办确定为培训合作点。

（四）愚公移山精神教育基地的基本情况

愚公移山精神教育基地位于济源市。愚公移山是《列子·汤问》中的一个寓言故事。1945 年 6 月，毛泽东同志在中共七大闭幕词中引用这个故事，并赋予其新的内涵，号召全党全国各族人民发扬愚公移山精神，坚持抗日救国，“下定决心，不怕牺牲，排除万难，去争取胜利”。愚公移山也由寓言故事上升为民族精神，成为中华民族宝贵的精神财富。习近平总书记多次强调传承和弘扬愚公移山精神。他在 2016 年 12 月 30 日召开的全国政协新年茶话会上，号召全国人民大力弘扬愚公移山精神，大力弘扬将革命进行到底精神，在中国和世界进步的历史潮流中，坚定不移把我们的事业不断推向前进，直至光辉的彼岸。2013 年 3 月，在省委组织部的统筹规划和省委党校的帮助指导下，济源市依托市委党校加挂牌子，成立了愚公移山精神教育基地。

愚公移山精神教育基地所依托的济源市委党校占地面积 80 余亩，仅有 200 个床位。实践中，这样的规模远远不能满足旺盛的培训市场需求。2016 年，济源市投资 4900 万元新建了 2 号学员楼，新建面积 1.6 万平方米。目前，学院建筑面积 3.6 万平方米，可同时容纳近 600 人培训学习。为了推动红色党性教育事业的发展，济源市启动了愚公移山教育基地新校区建设项目。他们将“三线建设”的闲置资源，也就是一家机械厂的旧址，改造建设成为教育基地新校区。按照有利于彰显“愚公移山”精神品牌特色、有利于教育基地现场教学需要、有利于教育基地长远发展的原则，新校区一期占地500亩，可同时容纳800人学习培训，二期规划占地1000亩，培训规模将达到同时容纳1500人。2018年9月，新校区一期将建成并投入使用。

愚公移山精神教育基地以弘扬新时期愚公移山精神为宗旨，以打造党员干部特色培训品牌为重点，开展集党性、党史、党风、革命传统教育为一体的特色培训。基地通过采取专题教学、现场教学、访谈式教学、体验式教学、激情教学、音像教学等多种教学模式，引导激励党员干部坚定理想信念，强化宗旨意识，求真务实，艰苦奋斗。近年来，愚公移山精神教育基地的影响力和辐射力明显增强，对省内外的培训学员都具有较强的吸引力。

（五）新乡先进群体教育基地的基本情况

新乡先进群体教育基地位于新乡市。在社会主义建设和改革开放的伟大实践中，新乡市涌现出了史来贺、吴金印、郑永和、刘志华、裴春亮、范海涛、耿瑞先、张荣锁等享誉全国的先进人物，形成了典型辈出、群星灿烂的独特现象，孕育了新乡先进群体精神。习近平同志曾先后接见过刘志华、裴春亮，对他们带领群众艰苦奋斗，和群众一起走上富裕小康道路的先进事迹给予了高度评价。2013年8月，习近平总书记对史来贺的事迹做出批示。他强调：“史来贺的事迹和精神很感人，在这次教育实践活动中，可集中宣传一批各类党员干部正面典型人物，使大家学有榜样，行有示范。”为了学习弘扬新乡先进群体精神，发挥新乡先进群体的典型示范带动作用，在省委组织部的统筹谋划下，新乡先进群体教育基地于2015年4月挂牌成立。

新乡先进群体教育基地与新乡市委党校合署办公，同时仅能容纳130人学习培训，存在接待能力不足的问题。为了有效解决这一问题，新乡市投资9900万元启动了教育基地二期工程建设，建成后将增加300个床位，培训条件将大大改善。同时，新乡先进群体教育基地还在唐庄镇启动了乡镇党委书记培训基地建设，一期建成后可同时容纳200人学习培训。近年来，新乡先进群体教育基地依托当地红色资源优势，紧扣先进群众精神的丰富内涵和时代价值，突出“可看可信可学管用”，采取现场教学、课堂教学、实践教学、情景教学等多种教学形式，以弘扬“信念坚定、心系群众、艰苦奋斗、实事求是、清正廉洁”的先进群体精神为主题，取得了激励培训学员奋发有为的效果。

新乡先进群体教育基地坚持“开门办学、开放办学”，按照“先进人物对话时代、身边事教育身边人、问题导向破解难题、可看可信可学管用”的特色定位，着力推进党性教育课程建设。目前，新乡先进群体教育基地已与中央党校、浦东干部学院、全国党建研究会、河南省委党校、河南省社会主义学院等多家机构签订了合作框架协议，是中央党校新乡党建联系点、全国党建研究会新乡党建联系点、河南省社会主义学院现场教学基地。2018年6月，新乡先进群体教育基地被中组部授予全国党员教育示范基地。

（六）南水北调精神教育基地的基本情况

南水北调精神教育基地位于南阳市。南阳是南水北调中线工程渠首所在地。作为中华人民共和国成立以来规模最宏大、持续时间最长的建设工程，从1952年金秋十月毛泽东主席提出大胆而又浪漫的设想，到2014年隆冬时节“一泓清水润京津”梦想成真，南水北调工程规划建设过程中，留下了许多感天动地、可歌可泣的故事，孕育了荡气回肠、催人奋进的伟大精神——南水北调精神。在南水北调中线工程正式通水时，习近平作出重要指示：“南水北调工程，是实现我国水资源优化配置、促进经济社会可持续发展、保障和改善民生的重大战略性基础设施。经过几十万建设大军的艰苦奋斗，南水北调工程实现了中线一期工程正式通水，标志着东、中线一期工程建设目标全面实现。这是我国改革开放和社会主义现代化建设的一件大事，成果来之不易。”为了传承弘扬南水北调精神，2014年5月南水北调精神教育基地正式开班办学。

南水北调精神教育基地位于南水北调中线工程渠首所在地——淅川县丹阳镇。教育基地占地205亩，建筑面积约为5万平方米，可同时容纳500人学习培训。南水北调精神教育基地坚持立足南阳，面向河南及中线工程受水区，开展南水北调精神和党的群众路线为主的特色党性教育。其办学理念是“坚持政治引领、特色化教学、项目化管理、市场化运行、精细化服务”，主要培训对象为党政领导干部，并面向社会开展各类培训。目前，教育基地已经打造出中线工程、移民迁安、生态发展、官德文化、红色文化、历史文化六大类 31 个教学点，取得了学员满意、同行认可的办学效果。

二　河南“三学院三基地”教育特色分析

五年来，在中共河南省委组织部的坚强领导下，“三学院三基地”立足河南精神资源优势，把党性教育培训作为主业主责，全面宣传党的十八大、十九大精神，深入贯彻习近平新时代中国特色社会主义思想，培训呈现出自身特色。可以把“三学院三基地”的教育特色概括为“四个坚持”。

（一）坚持紧扣党性教育主题

习近平总书记指出，党性是党员干部立身、立业、立言、立德的基石，党性教育是共产党人修身养性的必修课，是共产党人的“心学”。古人说：“种树者必培其根，种德者必养其心。”党性教育具有固根培元的作用。增强党性修养，坚定理想信念，必须强化党性教育。近年来，“三学院三基地”紧扣党性教育开展学习培训。一是全面贯彻党性教育的理念。大别山干部学院为把红色资源优势转化为党性教育优势，确立了党性教育具体化、生动化、实效化“三化”的教育理念，通过激情课、现场课、红色故事会等形式激发党员干部学习兴趣，提高教学效果，实现了党性教育目标与效果的有机统一，真正做到了让党员干部不仅感动“一阵子”，更受用“一辈子”。红旗渠干部学院坚持“党校姓党、干教姓党”的原则，坚持把党性教育贯彻在教育培训全过程。新乡先进群众教育基地采取“三围三分”的方法将党性教育理念融入培训教学活动中。“三围”就是围绕中央精神、围绕省市委中心工作、围绕学院需求；“三分”就是分模块、分层次、分对象，也就是说，设置专门的党性教育模块，按照不同层次、不同对象的学员，有针对性地设置党性教育课程。二是紧扣党性教育开发课程。焦裕禄干部学院紧扣党性教育设计了专题、现场、互动、影视剧、体验和廉政教学“六位一体”的课程体系，开发了“做焦裕禄式的县委书记”“焦裕禄在兰考的475天”“学习焦裕禄精神，做合格党员”“切实落实两个责任，构建坚强政治堡垒”等10门专题课程。红旗渠干部学院围绕锤炼党性开发了“弘扬红旗渠精神——学习杨贵的优良作风”“林州文化与红旗渠”“弘扬红旗渠精神，做合格共产党员”“习近平治国理政的新理念新思想新战略”“学习贯彻党的十九大精神”等理论课。大别山干部学院针对当前党员干部在党性修养、担当精神等方面存在的问题，开发了“弘扬大别山精神，加强党性修养”“大别山勇于担当的革命传统及其现实启迪”等专题课。三是紧紧围绕增强党性开展教学。红旗渠干部学院为了增强学员党性，将传承精神与锤炼党性紧密结合起来，精选教学内容，给学员开展了“红旗渠精神与党的建设”“红旗渠精神与群众路线”“红旗渠精神与基层组织建设”等教学活动。新乡先进群体教育基地开展了“新时期农村基层组织建设问题”“乡镇党委书记的榜样吴金印”“乡镇党委如何加强自身建设”“农村基层党建的新乡实践”等教学活动。南水北调精神教育基地为了增强党性开展了以官德为主题的教学活动。

（二）坚持突出精神资源优势

河南拥有丰富的精神资源。“三学院三基地”就是依托这些优秀精神资源建立起来的。在培训活动中，他们始终坚持突出精神资源优势，下大功夫在弘扬传承优秀精神上做文章，努力把精神资源转化为党性教育的良好素材。一是着力传承弘扬优秀精神。“三学院三基地”坚持把传承弘扬优秀精神作为其赖以生存发展的根本，突出了优秀精神特色在办学中的核心地位。焦裕禄干部学院突出传承弘扬亲民爱民、艰苦奋斗、科学求实、迎难而上、无私奉献的焦裕禄精神。红旗渠干部学院突出传承弘扬自力更生、艰苦创业、团结协作、无私奉献的红旗渠精神。大别山干部学院突出传承弘扬对党忠诚、坚守信念、服务大局、敢于担当的大别山精神。愚公移山精神教育基地突出传承弘扬下定决心、不怕牺牲、排除万难、去争取胜利的愚公移山精神。新乡先进群体教育基地和南水北调精神教育基地为了突出精神资源优势，分别请专家学者对相关精神进行研究总结。二是注重挖掘精神背后的感人故事。焦裕禄干部学院聘请焦裕禄的女儿焦守云讲述焦裕禄不为人知的感人事迹。焦守云讲述她最喜欢帮父亲买烟，因为一盒烟2毛5分钱，有时没零钱，可以赚5分钱零花钱，能偷偷买糖吃；回忆起焦裕禄为了止疼，点烟来烧自己胳膊、肚子，以转移肝部疼痛的知觉，这些故事从不同角度增强了焦裕禄精神的感染力。红旗渠干部学院聘请任羊成、李改云等先进人物讲述他们参与修渠的故事。任羊成讲到虎口崖除险的场景时说，当他快要扑进凹檐，一块石头掉下来砸在他的嘴上，三颗牙齿横在嘴里，一阵麻木，鲜血顺着嘴角流下来，他取掉牙齿，忍着剧痛完成任务。李改云讲为救郭焕珍脱离险境，自己被埋到碎石里。这些精神背后的生动故事，让人更为真切地感受到精神的伟力。三是文化建设突出优秀精神元素。为了让学员在培训中时刻感受到优秀精神，“三学院三基地”在校园文化建设中着重体现优秀精神元素，让学员在不知不觉中受到优秀精神的浸润和影响。焦裕禄干部学院在校园和周边区域，系统展示红色文化刻石铭文、书画摄影、焦裕禄精神和焦裕禄名言。大别山干部学院以刻石、文化橱窗等形式展示了革命先烈的英雄事迹，凸显了大别山精神元素。红旗渠干部学院发挥融媒体中心在校园文化建设中的独特作用，在学院网站、手机App客户端等媒体上，创设了培训动态、知识百问、劳模故事、学员园地、培训花絮等特色栏目，通过传统媒体和新兴媒体相结合、线上交流与线下交流相结合，使学员随时感受到红旗渠精神，形成了红旗渠精神无处不在、无时不有的校园文化体系。

（三）坚持彰显地域文化特色

“三学院三基地”分布在豫东、豫西、豫南、豫北等地区，有的位于一望无际的平原，有的坐落在连绵起伏的大山深处，地域虽不同，精神却同在。作为最基础、最持久、最深沉的力量，文化是精神产生的土壤，不同的地区有不同的地域文化。在教学培训和课程设计中，“三学院三基地”分别立足区域文化优势，坚持彰显地域文化特色，收到良好效果。一是彰显开封文化特色。焦裕禄干部学院依托开封丰富的文化资源，开办了“开封文化客厅”，让学员感受开封悠久厚重的历史文化。通过讲述包拯、欧阳修、苏轼等人的事迹，加深学员对廉政文化的了解，增强了领导干部廉洁从政的思想自觉和责任自觉。通过参观刘少奇在开封陈列馆，重温了刘少奇同志对党性修养的要求，加强了党性锻炼。二是彰显林州文化特色。林州地处豫、冀、晋三省交界处，深受中原文化、燕赵文化、三晋文化的影响，形成了“山里人生性犟，后面来的要往前面放”的地域文化。红旗渠干部学院依托这种文化，通过参观扁担精神纪念馆、谷文昌故居、谷文昌纪念馆，聆听“我为人民挑货担，跋山涉水心里甜”，坚定了学员的初心，增强了联系服务群众意识。三是彰显大别山文化特色。大别山文化最显著的优势是红色文化、革命文化、将军文化。大别山干部学院依托这一文化优势，建成了刘邓大军千里跃进大别山纪念馆，并充分利用鄂豫皖苏区首府革命博物馆和鄂豫皖苏区将帅馆，让学员在教学中接受革命文化的熏陶，收到了以文化人的效果，坚定了党员干部的理想信念。四是彰显济源文化特色。济源，即济水之源，济水为四渎之一。济源是一个历史文化底蕴深厚的地方，济渎庙就位于济源。在这里产生了许多传奇人物和神话故事，形成了独具特色的文化。愚公文化是济源文化的亮丽名片。愚公移山精神教育基地依托愚公文化，开设了“愚公移山与传统文化”等课程，激励党员干部形成了咬定目标、苦干实干的精神品质。五是彰显新乡文化特色。新乡是一片拥有厚重历史的土地。在这里，发生过对历史进程有重大影响的牧野之战、张良刺秦、陈桥兵变等事件，形成了奋勇争先的牧野文化。新乡先进群体教育基地依托牧野文化资源，开发了比干庙等教学点，使学员更加深刻地体会“忠诚”的丰富内涵，促使党员干部把爱党、忧党、兴党、护党落到实处。六是彰显南阳文化特色。南阳文化底蕴深厚，范蠡、张衡、张仲景、诸葛亮、彭雪枫等都是南阳人。他们以各自的方式报效国家，展现了赤诚爱国的情怀，孕育了大爱报国的南阳文化。南水北调精神教育基地依托南阳文化设计课程，开设了南阳汉画馆、荆紫关水文化遗址、彭雪枫纪念馆、内乡县衙等教学点。

（四）坚持运用实感教学模式

实感教学模式是相对于讲座教学模式而言的，包括现场教学、互动教学、体验教学、影视教学等。“三学院三基地”和传统党校培训最大的不同就是大量运用实感教学模式，使学员身临其境，在真切感受中接受教育，提升思想意识。一是坚持运用现场教学模式。焦裕禄干部学院开设了现场教学课程，在兰考县展览馆讲述焦裕禄光辉的一生，让学员了解兰考历史和焦裕禄事迹；在焦裕禄陵园带领学员拜谒焦裕禄墓，引导学员争做焦裕禄式的好党员好干部；在焦桐广场讲述焦桐的故事，让学员感受焦裕禄的坚强党性和公仆情怀；在黄河东坝头让学员了解“三害”形成的原因，学习焦裕禄迎难而上和敢于担当的品格。红旗渠干部学院开设了现场教学课程“当代红旗渠精神在林州”，让学员在考察红旗渠经济开发区、调研林州基层党建示范点的过程中感受红旗渠精神对林州发展的巨大影响。大别山干部学院开设了包括列宁小学、“红田”惨案遗址在内的箭厂河乡革命旧址群，王大湾会议旧址、许世友将军故里、红安县七里坪长胜街等现场教学点。二是坚持运用互动教学模式。焦裕禄干部学院开发了互动式的访谈教学，邀请与焦裕禄共同战斗过的几位老人向学员讲述焦裕禄的故事，与学员面对面进行互动交流。比如，曾与焦裕禄一起治风沙、斗内涝、除盐碱、种泡桐的雷宗江老人。学员们通过和他交流仿佛回到了几十年前的峥嵘岁月，更加深刻地感受到了焦裕禄的人格魅力和为民情怀。红旗渠干部学院聘请了模范妇女营长李改云、除险英雄任羊成、最小的修渠人张买江，面对面与学员交流访谈，让大家深切地感受“百万大军战太行”的火热场景。新乡先进群体精神教育基地设计了学员与先进模范面对面交流的课程。三是坚持运用体验教学模式。焦裕禄干部学院在保留当年沙丘风貌的基础上开发治理“三害”劳动体验课程，建设了焦裕禄精神体验教育区、张庄治沙体验区、高空攀岩拓展培训区、野营区、查风口探流沙体验区、民兵打靶体验区、农耕文明体验区和休闲文化区，让学员以实地参与的方式，感受焦裕禄当年带领兰考人民治理“三害”时战天斗地的革命精神。红旗渠干部学院开发了抬“太行石”、打“开山锤”、推“民工车”、走“水长城”、吃“民工饭”、重走“扁担路”、走“红飘带”“水长城”、观摩红旗渠咽喉工程——青年洞等实践课程。愚公移山精神教育基地开设了重走朱德出太行小道的体验课程。四是坚持运用影视教学模式。红旗渠干部学院设计了《巍峨山碑·杨贵篇》影视教学。新乡先进群体教育基地打造了情景教学剧《旗帜颂》，演出了 128 场，近 4 万名学员观看。学员们普遍反映，这种党性教育直观生动感染力强，潜移默化教育性强，角色转换挑战性强，情景交融沟通性强。

三 河南“三学院三基地”取得的成效分析

五年多来，河南“三学院三基地”在习近平新时代中国特色社会主义思想引领下，不断优化课程设计，提升管理能力，改进教学水平，在党性教育方面发挥了不可替代的作用，取得了显著的教育成效。

（一）教育培训效果显著

在“三学院三基地”接受培训的学员都有一个共同感受，就是接受了精神洗礼，党性增强了，信念坚定了。河北基层的干部在焦裕禄干部学院培训后说，通过学习进一步确立了向焦裕禄同志学习的“风向标”，增强了向先进典型学习和争当先锋的热情。他们要在学习中践行十九大精神，深入领会习近平新时代中国特色社会主义思想的丰富内涵，学以致用，发挥好模范带头作用。河南襄城的学员在新乡先进群体精神教育基地实地感受裴春亮、史来贺、张荣锁等同志心系群众、战天斗地、艰苦创业给当地带来的可喜变化后，被他们的崇高精神所感动。学员普遍反映接受培训后，开阔了视野，增长了见识，认清了差距，提高了认识。他们表示，要以新乡先进群体为榜样，密切联系群众，不断开拓创新工作思路，努力推动当地高质量发展。大别山干部学院的学员重走“志仁小道”，聆听英雄故事，对革命先烈们的党性修养和革命信念钦佩不已。他们参观鄂豫皖苏区首府革命馆和鄂豫皖苏区将帅馆后，心灵感到震撼，对苏区人民群众做出的牺牲肃然起敬。回到工作岗位后，他们时刻想着以身作则，为其他同志树立榜样，保持艰苦朴素的工作作风，不奢侈浪费，不盲目攀比，全心全意为人民群众办实事、办好事。

（二）教材开发成果丰硕

为了传承弘扬先进精神，增强学员党性修养，“三学院三基地”非常注重教材开发工作。焦裕禄干部学院构建了《做焦裕禄式的县委书记》《纪实焦裕禄》《讴歌焦裕禄》《学习焦裕禄》和《焦裕禄精神读本》“1+5”教材体系，出版了《永恒的丰碑》《做最好的党员》《跟焦裕禄学做县委书记》等参考教材。目前，他们正在编写《从黑暗到光明——焦裕禄的青少年时代》《学习焦裕禄精神，推进全面从严治党》《焦裕禄精神口袋书系列》《兰考扶贫经验、扶贫模式》等教材。红旗渠干部学院出版了《红旗渠的故事》《红旗渠日志》《历久弥新的红旗渠精神》《杨贵与红旗渠》等教材。大别山干部学院编印了《大别山革命简史》《大别山革命回顾》《大别山革命记忆》《大别山革命风范》《大别山革命英烈》《大别山革命根据地经济（土地革命时期）》《走读大别山》《彪炳史册的大别山精神》等教材。愚公移山精神教育基地编辑出版了《专题教学》《现场教学》两本教材和《愚公移山精神学习辅导材料》。新乡先进群体教育基地编印了《共产党人的楷模史来贺》《乡镇党委书记的榜样吴金印》《中华女杰刘志华》《勤政廉政的表率许福卿》《增收致富先锋耿瑞先》《当代愚公张荣锁》《和谐发展领路人梁修昌》《新时期的道德模范裴春亮》《勇担社会责任的典范范海涛》等教材。南水北调精神教育基地出版《南水北调精神初探》《南水北调中线工程与南阳》《南水北调中线工程与水文化》《南水北调移民书记日记选》《历史的见证》《我的南水北调》《我从淅川来》《南水魂》等书籍。

（三）合作交流亮点纷呈

为了把党性教育任务完成好，“三学院三基地”积极开展国际国内合作，推动先进精神“走出去”，增强了先进精神的影响力。红旗渠干部学院坚持传承弘扬红旗渠精神，在讲好中国故事上下功夫，不断深化国际合作交流，建立了涉外培训长效机制。学院成立了国际交流中心，组建了涉外培训项目团队，研发了涉外现场教学课程，汇编了专题培训教材，通过成立研学小组、设立专项课题、开展专题研究、进行外事礼仪培训等方式方法，积极探索涉外培训新模式，形成了以红旗渠精神为特色的涉外课程体系。截至2017年12月，红旗渠干部学院共举办涉外培训班次11个，培训外籍学员300余名。2017年，红旗渠干部学院成为中联部命名的全国16家外国政党培训重点合作院校之一。大别山干部学院积极开展省际合作，与湖北红安干部学院、安徽金寨干部学院进行强强联合，在现场观摩课、红色革命资源等方面建立了合作共享机制。大别山干部学院的学员也可以到红安、金寨实地学习交流，他们能够更加全面完整地了解大别山的革命斗争史，更加深刻地领会大别山精神。焦裕禄干部学院组织教师分批到濮阳农村党支部书记干部学院、济宁政德干部学院、百色干部学院、嘉兴市委党校、哈密市委党校等地进行教学交流学习和党性教育，提升自身的素质能力。

（四）品牌效应初步形成

经过五年的持续努力，“三学院三基地”红色党性教育培训不仅形成了规模，产生了规模效应，而且逐渐发展成为享誉全国的培训品牌，形成了品牌效应。目前，组织党员干部到“三学院三基地”接受培训，必须提前三个月以上联系，否则很难排上课程。希望到焦裕禄干部学院学习培训的最多，需要提前九个月联系。据统计，截至2017年7月31日，焦裕禄干部学院共承接培训班次1861个，培训学员105977人次。其中培训省部级干部245人次，厅局级干部5252人次，县处级干部33970人次。承接中央党校4期省部级、7期厅局级和10期县委书记培训班。红旗渠干部学院共办班1618期，培训学员96303人次，涉及包括港澳台在内的34个省区市，其中省外办班896期，培训学员43657人次。大别山干部学院仅在2017年就承接各级各类培训班612个，培训省内外学员35102人次，其中中直单位班次39个，外省班次173个。愚公移山精神教育基地、新乡先进群体教育基地、南水北调精神教育基地也吸引了省内外大批党员干部前去接受学习。让人欣慰的是，这种品牌效应不仅在国内产生了积极影响，在国际上也得到了高度认可。坦桑尼亚的学员在红旗渠干部学院接受培训后说：“参观了林州人民依靠双手修建的红旗渠，让我明白一个国家可以做很多事情，你们国家的人民有统一的思想、统一的纪律，这种统一的思想和纪律经过教育对国家的发展非常有帮助。”良好的培训效果也吸引更多国家的学员到“三学院三基地”接受培训。

四　河南“三学院三基地”发展对策建议

尽管“三学院三基地”定位准确，在党性教育方面发挥了巨大作用，发展势头迅猛，但是由于刚刚起步，在工作实践中还存在着许多问题。这些问题需要在发展的过程中，采取具有针对性的措施来逐步解决。必须牢固树立问题意识，坚持问题导向，坚持以习近平新时代中国特色社会主义思想为引领，切实提高党性教育的培训能力和实践水平。

（一）坚持党校姓党，突出政治引领

“三学院三基地”是党的培训机构，必须毫不动摇地坚持习近平总书记提出的“党校姓党”原则。要坚持一切教学活动、一切科研活动、一切办学活动都坚持党性原则、遵循党的政治路线，在思想上政治上行动上自觉同以习近平同志为核心的党中央保持高度一致。要牢固树立“四个意识”，在大是大非面前立场坚定、旗帜鲜明，始终做到政治上坚定清醒，思想上同心同向，行动上不偏不松。要规范讲课内容，严把上课政治关，对已有课程和现场教学点进行梳理，突出党性教育主题，努力产生形成良好政治生态的培训效果。

（二）加快硬件建设，提升培训能力

硬件设施是教育培训的基础工程。实事求是地讲，原有的教学场所、住宿条件已经制约了“三学院三基地”的发展。目前，愚公移山精神教育基地、新乡先进群体教育基地的新校区建设正在进行中，焦裕禄干部学院也启

动了二期工程建设。省委组织部要根据党性教育的需求，做好“三学院三基地”培训能力的顶层设计，协调当地政府支持进行硬件建设。尤其是学术中心、客房、教学楼、餐厅的建设，这些场所直接决定了培训机构的接待能力。同时，也要顺应大数据时代的要求，加强信息化建设，切实提升信息教学能力。

（三）深化交流合作，整合教育资源

和平、发展、合作、共赢是当今世界的潮流。国与国之间需要交流合作，培训机构也需要交流合作。作为党性教育培训机构，“三学院三基地”要进一步探索建立合作交流机制，加强与省内外党校教育机构的合作。一方面，“三学院三基地”要在省委组织部的领导下，加强内部合作交流，整合优质党性教育资源，形成党性教育培训整体效应，扩大河南党性教育的社会影响力。另一方面，要坚持“走出去”和“请进来”相结合，组织培训工作人员“走出去”学习省外党性教育培训先进经验，请省外同行到“三学院三基地”观摩指导，通过合作交流不断提升教学水平和培训能力。

（四）着力队伍构建，优化人才结构

提升党性教育水平，队伍建设是关键。当前，“三学院三基地”培训队伍建设存在着一些亟须解决的问题。比如，师资力量薄弱问题。总体上看，六家培训基地都存在师资力量不足问题，很大程度上依靠外聘专家上专题课。一方面，要加大人才引进力度，建立常态化的人才引进机制，吸引刚毕业的硕士和博士研究生到学院任教，为党性教育充实新鲜力量，使人才结构不断优化。另一方面，加大对现有师资队伍的培训力度，建立师资培训长效机制，让教师在学习培训中不断提高理论水平和素质能力。与此同时，要坚持事业留人、平台育人、待遇暖人的方针，稳定现有师资队伍。

（五）强化理论研究，做好基础支撑

从“三学院三基地”五年来的运转情况看，存在着理论支撑不足问题。

精神资源是“三学院三基地”的独特资源，也是其赖以生存发展的根本。但这些精神的内涵是什么，有些还没有达成共识，需要进一步深化研究。红旗渠干部学院、大别山干部学院、新乡先进群体教育基地、南水北调精神教育基地，与省社科院合作对相关精神进行深入研究，形成了理论研究成果，为教育培训提供了一定的理论支撑。但是，同新时代新形势的要求相比，同学员的需求相比，理论支撑还相对薄弱。一方面，要依托省内国内高水平研究机构，采取切实可行的措施，深化相关基础理论研究；另一方面，要建立自己的研究队伍，以便开展常态化研究工作。

（六）加强组织领导，提供坚强保证

组织领导对于“三学院三基地”的发展至关重要，必须清醒地看到“三学院三基地”组织领导方面存在的问题，这些问题包括领导班子不健全、行政规格较低等。一方面，要提高政治站位，以高度负责的态度，配齐建强“三学院三基地”班子，保证学院正常高效运转。另一方面，要参照百色干部学院、遵义市行政学院等党性教育机构，提升“三学院三基地”机构规格。百色干部学院是相当正厅级的财政全额拨款事业单位，遵义市行政学院是参与公务员管理的副厅级事业单位。建议提升“三学院三基地”的行政规格，将这六家机构上升为副厅级党性教育机构，以便它们更好地开展党性教育培训工作。

专题研究篇

Special Researches

B.3
传承焦裕禄精神 强化领导干部公仆意识

张　沛*

摘　要： 焦裕禄精神是我们党宝贵的精神财富，也是新时代坚持和发展中国特色社会主义的强大精神力量，有着十分丰富的内涵，集中体现在三个方面：为民是焦裕禄精神的本质所在，务实是焦裕禄精神的核心所在，清廉是焦裕禄精神的关键所在。焦裕禄精神是中华民族精神的有机组成部分，传承焦裕禄精神既是涵养社会主义核心价值观的有效载体，也是加强新时代党的作风建设的力量源泉。进入新时代，广大党员干部要大力传承弘扬焦裕禄精神，不断强化公仆意识，坚持人民立场永不动摇，锤炼党的作风永不停息，坚定理想信念永不褪

* 张沛，河南省社会科学院政治与党建研究所研究实习员，主要从事马克思主义理论研究。

色，为实现新时代党的历史使命不懈奋斗。

关键词： 焦裕禄精神　领导干部　公仆意识　新时代

历史的天空中，总有一些响亮的名字，犹如恒星闪耀着永恒的光辉，给人以启迪奋进的力量。焦裕禄同志是人民群众的好公仆，党员干部的好榜样。尽管他离开我们已经50多年了，但焦裕禄精神却跨越时空、历久弥新。2014年3月17日，习近平同志在兰考县调研指导教育实践活动时指出："焦裕禄精神同井冈山精神、延安精神、雷锋精神等革命传统和伟大精神一样，过去是、现在是、将来仍然是我们党的宝贵精神财富，我们要永远向他学习。"① 河南是焦裕禄精神的发源地，在新时代传承弘扬好这笔宝贵精神财富，是我们义不容辞的责任。广大党员干部要牢记嘱托、不辱使命，传承弘扬焦裕禄精神，不断强化公仆意识，团结带领亿万中原儿女砥砺前进，奋力书写新时代中原更加出彩的新篇章。

一　焦裕禄精神的丰富内涵

2009年4月1日，习近平同志在与兰考县干部群众座谈时指出："焦裕禄同志用自己的实际行动，塑造了一个优秀共产党员和优秀县委书记的光辉形象，铸就了亲民爱民、艰苦奋斗、科学求实、迎难而上、无私奉献的焦裕禄精神。"② 焦裕禄精神是我们党性质和宗旨的集中体现，也是亿万人民心中永不磨灭的伟大丰碑。焦裕禄精神有着十分丰富的内涵，从根本上讲，集中体现在为民、务实、清廉三个方面。

---

① 《深学　细照　笃行——习近平总书记在兰考调研指导党的群众路线教育实践活动纪行》，《河南日报》2014年3月20日。

② 习近平：《结合新的实际大力弘扬焦裕禄精神》，《求是》2009年第10期，第4页。

（一）为民是焦裕禄精神的本质所在

为民，就是亲民爱民，心系百姓。这是我们党的根本宗旨，也是焦裕禄精神的本质所在。焦裕禄经常说："一个共产党员，以什么态度对待群众、关心群众，这不是什么方法问题，而是为人民服务的思想纯不纯、战友感情深不深的问题。"① 他要求"党员干部要在群众最困难的时候，出现在群众面前，在群众最需要帮助的时候，去关心群众、帮助群众"②。风雪漫天，他带领县机关的同志一天走访9个村子，看望几十户生活困难的老贫农。群众没有衣穿，他随手把自己的衣服脱下来送给群众。在慰问梁孙庄无依无靠双目失明的老大娘时，他发自内心的一句话"我是您的儿子"，让老人潸然泪下。焦裕禄同志之所以被誉为县委书记的好榜样，之所以深受百姓爱戴，成为亿万人民心中永不磨灭的丰碑，最根本的原因就是他始终心系人民群众，俯首甘做人民公仆。情为民所系，权为民所用，利为民所谋，焦裕禄把为人民服务作为自己最大的人生追求，用他短暂而辉煌的一生，深刻践行了党的群众路线，生动诠释了中国共产党人爱民、亲民、为民的本质特征。

（二）务实是焦裕禄精神的核心所在

务实，就是科学求实，艰苦奋斗。这是我们党最根本的思想路线，也是焦裕禄精神的核心所在。空谈误国，实干兴邦。党员干部能否坚持务实作风，在实践中能否真抓实干，是党的各项工作能否顺利推进的关键。无论是在洛阳矿山机械厂当工人，还是在兰考县做干部，焦裕禄始终坚持求真务实的工作作风。他常说："办法还得从人民群众中寻找。"1962年12月，在风沙、洪水、盐碱"三害"最严重的时刻，焦裕禄临危受命出任兰考县委书

① 博山焦裕禄纪念馆：《焦裕禄的80则贴心话》，人民日报出版社，2017，第3页。

② 焦国栋：《为民务实清廉是弘扬焦裕禄精神的着力点》，《学习论坛》2013年第8期，第5页。

记，勇敢地走上了别人都不愿去的工作岗位。一辆自行车、一双铁脚板，在兰考工作的475天，焦裕禄足迹遍布全县大大小小的村庄、沟壑。他常说：“吃别人嚼过的馍没味道。”为了彻底根除“三害”，焦裕禄从全县抽调干部、技术员和有丰富经验的农民，组成除“三害”调查队，对全县盐碱地面积、分布情况和地下水位进行全面调查。每当大风卷起漫天黄沙，焦裕禄就往风里跑，去查风口、探流沙；越是暴雨倾盆，焦裕禄就越往雨里钻，去追洪水，看流向。焦裕禄带领调查队的同志们历时100多天，跋涉5000余里，完成了对全县所有沙、碱、涝面积分布等情况的勘察测量，掌握了大量第一手资料，并在广泛总结群众经验的基础上，制定出了治理“三害”的科学方法和具体步骤，带领兰考人民奋力改变贫困落后的面貌，为党和人民创造出实实在在的政绩。

（三）清廉是焦裕禄精神的关键所在

清廉，就是清正廉洁，无私奉献。这是我们党的核心理念，也是焦裕禄精神的关键所在。焦裕禄同志是清正廉洁的典范。在担任兰考县委书记期间，面对侄子要他解决工作问题的请求，焦裕禄坚决不搞特殊、不开绿灯。他在回信中写道：“国家安排人员是有计划的，我不能利用自己的职权给自己的亲属安排，不能带头违反党的政策。”[①] 焦裕禄的大女儿焦守凤初中毕业后，本来有机会安排一份体面的工作，但焦裕禄却把她送到了酱菜厂，并叮嘱厂领导：“不能因为是县委书记的女儿，就给她安排轻便活，要和其他进场的工人一样对待。”[②] 因为儿子看了一场“白戏”，焦裕禄专门起草了《干部十不准》，狠抓党员干部作风建设，坚决防止领导干部特殊化。县里一位管财政的干部主张把县委办公室装潢一下，焦裕禄坚决反对说：“坐在破椅子上就不能革命？灾区面貌还没有改变，还大量吃着国家的统销粮，群众生活很困难。富丽堂皇的事，不但不能做，就是连想也很危险。”[③] 常修为政之德，

---

① 博山焦裕禄纪念馆：《焦裕禄的80则贴心话》，人民日报出版社，2017，第170～171页。

② 《学做一棵焦桐　扎根人民沃土》，《河南日报》2014年3月24日。

③ 焦国栋：《为民务实清廉是弘扬焦裕禄精神的着力点》，《学习论坛》2013年第8期，第7页。

常思贪欲之害，常怀律己之心，焦裕禄用他的一言一行，生动诠释了共产党人的先进性和纯洁性。

二　焦裕禄精神的时代价值

2014 年 3 月中旬，习近平总书记在兰考调研时提出："要特别学习弘扬焦裕禄同志'心里装着全体人民，唯独没有他自己'的公仆情怀，凡事探求就里、'吃别人嚼过的馍没味道'的求实作风，'敢教日月换新天'、'革命者要在困难面前逞英雄'的奋斗精神，艰苦朴素、廉洁奉公'任何时候都不搞特殊化'的道德情操。"① 这一精准概括赋予了焦裕禄精神新的时代内涵。焦桐不语，精神长青。焦裕禄同志已经离开我们 50 多年了。50 多年来，焦裕禄精神跨越时空、历久弥新，不因岁月尘封而失色，不因时代变迁而黯然，至今仍具有直指人心、触动灵魂的力量，闪烁着耀眼的时代光芒。

（一）焦裕禄精神是伟大民族精神的有机组成部分

一个国家、一个民族往往具有独特的人文精神，这种精神深深根植于其国家或民族的文化传统之中，并在此基础上形成有别于其他国家或民族的文化习惯和人文精神。《易经》中有这样一句经典言论："关乎天文，以察其变；观乎人文，以化成天下。"纵览古今，一个国家、一个民族的兴盛或衰落，往往与民族精神的繁荣或衰败直接相关。回首来时路，伟大的中华民族精神推动着中国历史的每一次进步，书写着中华民族的每一个成就。正如习近平总书记所说的那样："有这样伟大的人民，有这样伟大的民族，有这样伟大的民族精神，是我们的骄傲，是我们坚定中国特色社会主义道路自信、理论自信、制度自信、文化自信的底气，也是我们风雨无阻、高歌行进的根

---

① 《深学　细照　笃行——习近平总书记在兰考调研指导党的群众路线教育实践活动纪行》，《河南日报》2014 年 3 月 20 日。

本力量！”[①]

焦裕禄精神是伟大民族精神的有机组成部分，二者具有内在的一致性。2014 年 3 月，习近平总书记重访兰考时说：“虽然焦裕禄离开我们 50 年了，但焦裕禄精神是永恒的。”[②] 焦裕禄精神之所以能散发出巨大的历史震撼力和时空穿透力，根源在于它继承和弘扬了伟大民族精神。焦裕禄精神中蕴含的公仆情怀、求实作风、奋斗精神和道德情操是对伟大民族精神的生动写照，也是诠释弘扬伟大民族精神的鲜活教材，是激励我们干事创业的精神之魂、信仰之根、力量之源。进入新时代，大力传承和弘扬焦裕禄精神，不仅能够为我们抵御“四大考验”和“四大危险”提供强大精神支撑，也能增强中国人民的民族自信心和民族自豪感，汇聚起开创新时代中国特色社会主义事业新局面的磅礴伟力。

（二）焦裕禄精神是涵养社会主义核心价值观的有效载体

社会主义核心价值观是凝聚中国力量的思想道德基础。习近平总书记强调：“培育和弘扬核心价值观，有效整合社会意识，是社会系统得以正常运转、社会秩序得以有效维护的重要途径，也是国家治理体系和治理能力的重要方面。历史和现实都表明，构建具有强大感召力的核心价值观，关系社会和谐稳定，关系国家长治久安。”[③] 社会主义核心价值观是凝聚中国人民共同价值追求的思想道德基础，而焦裕禄精神所蕴含的理想信念和价值取向则是社会主义核心价值观的鲜明写照。所以说，焦裕禄精神是涵养社会主义核心价值观的有效载体。

伟大的事业需要伟大的精神，伟大的精神推动伟大的事业。当前，全体中华儿女正团结在以习近平同志为核心的党中央周围，为全面建成小康社

① 《习近平：在第十三届全国人民代表大会第一次会议上的讲话》，《光明日报》2018 年 3 月 21 日。

② 《习近平在兰考调研指导党的群红路线教育实践活动纪行》，《河南日报》2013 年 3 月 20 日。

③ 《习近平谈治国理政》，外文出版社，2014，第 163 页。

会、实现“两个一百年”奋斗目标、实现中华民族伟大复兴的中国梦而奋斗。焦裕禄精神犹如一种神奇的催化剂，在社会实践中发挥着集体认同和激励导向作用，为社会主义核心价值观提供了源源不断的精神滋养，成为新时代进行伟大斗争、建设伟大工程、推进伟大事业、实现伟大梦想的强大精神动力和精神支撑。

（三）焦裕禄精神是加强新时代党的作风建设的力量源泉

党的作风是党的性质、宗旨的集中体现，也是党的创造力、战斗力和凝聚力的重要内容。党的十九大报告明确指出：“加强作风建设，必须紧紧围绕保持党同人民群众的血肉联系，增强群众观念和群众感情，不断厚植党执政的群众基础。凡是群众反映强烈的问题都要严肃对待，凡是损害群众利益的行为都要坚决纠正。”① 这为我们加强新时代党的作风建设提供了重要遵循。

密切联系群众是中国共产党的优良传统和独特优势。毛泽东同志曾把密切联系群众同理论联系实际、批评和自我批评一起确立为我们党的三大作风。习近平总书记指出：“我们的党是在同人民群众的密切联系中成长、发展、壮大起来的。人民是党的力量之源和胜利之本。没有人民的支持，党就不可能生存和发展，就一事无成。因此，密切联系群众是我们党的最大优势。”② 一切为了群众是我们党全部理论和实践的根本出发点和落脚点，也是焦裕禄精神的根本出发点和落脚点。习近平在兰考县调研指导党的群众路线教育实践活动时指出：“我之所以选择兰考作为联系点，一个重要的考虑就是因为兰考是焦裕禄同志工作和生活过的地方，是焦裕禄精神的发源地。我希望通过学习焦裕禄精神，为推进党和人民事业发展、实现中华民族伟大复兴的中国梦提供强大正能量。”③ 焦裕禄同志一生亲民爱民、艰苦奋斗、

① 《习近平在中国共产党第十九次全国代表大会上的报告》，《人民日报》2017 年 10 月 18 日。

② 习近平：《始终坚持和充分发挥党的独特优势》，《求是》2012 年第 15 期，第 2 页。

③ 习近平：《做焦裕禄式的县委书记》，中央文献出版社，2015，第 32 页。

科学求实、迎难而上、无私奉献，他的一言一行无不印证着全心全意为人民服务的根本宗旨，无不印证着密切联系人民群众的优良作风。所以说，传承焦裕禄精神，既是我们党推进群众路线教育实践活动的有效抓手，也是新时代党的作风建设的力量源泉。

三　传承焦裕禄精神，强化领导干部公仆意识

焦桐不语，精神常青。焦裕禄精神发源于河南，是河南人民的宝贵精神财富。开启新时代、踏上新征程，焦裕禄精神依然是鼓舞亿万中原儿女团结一心、开拓进取的强大精神动力，依然是激励各级党员干部立德修身、甘为公仆的榜样标杆。我们要继续高举弘扬焦裕禄精神的火炬，鼓舞激励广大党员干部以焦裕禄精神为镜，不断强化公仆意识，以鲜明的人民立场、过硬的工作作风和坚定的理想信念，奋力谱写新时代中原更加出彩的新篇章。

（一）传承焦裕禄精神，坚持人民立场永不动摇

坚持人民立场就是要以人民为中心，全心全意为人民谋利益。人民性是马克思主义最鲜明的品格，人民立场是中国共产党的根本政治立场。我们党的根基在人民、血脉在人民、力量在人民。在 90 多年的奋斗历程中，我们党始终把人民放在心中最高的位置，把人民的利益和福祉作为党的核心价值追求。党的历史实践充分说明，与人民风雨同舟、生死与共，是我们战胜一切困难和风险的根本保证。习近平总书记在纪念马克思诞辰 200 周年大会上的讲话中指出："我们要始终把人民立场作为根本立场，把为人民谋幸福作为根本使命，坚持全心全意为人民服务的根本宗旨，贯彻群众路线，尊重人民主体地位和首创精神，始终保持同人民群众的血肉联系，凝聚起众志成城的磅礴力量，团结带领人民共同创造历史伟业。"①

---

① 《习近平在纪念马克思诞辰 200 周年大会上的讲话》，《人民日报》2018 年 5 月 4 日。

焦裕禄精神作为新时代中华民族宝贵的精神财富，其“心中装着全体人民，唯独没有他自己”的公仆情怀，充分彰显了以人民为中心的价值理念。

我们传承焦裕禄精神，就要传承焦裕禄同志对群众的那股亲劲，坚持人民立场永不动摇，在践行党的性质宗旨中强化公仆意识。广大党员干部要像焦裕禄同志那样，尊重人民主体地位，全心全意为人民服务，充分了解群众所需，把群众的冷暖安危放在心上，把群众意愿作为自己的奋斗目标，发自内心地为百姓办实事、解难题。要充分发挥人民的首创精神，密切联系群众，在人民群众中汲取力量。各级领导干部要像焦裕禄同志那样，扑下身子、沉下心来、深入基层，到重点工作的一线去、到矛盾和问题最集中的地方去，放下身段真心诚意向人民学习请教，紧紧依靠人民群众力量，解决关系群众切身利益的实际问题，让群众多受益、真满意，真正做到为官一任、造福一方。

（二）传承焦裕禄精神，锤炼优良作风永不停息

习近平总书记说：“党的作风就是党的形象，是观察党群干群关系、人心向背的晴雨表。党的作风正，人民的心气顺，党和人民就能同甘共苦。”[①]党的作风是共产党人世界观、人生观、价值观的集中体现，也是理想信念、思想作风、综合素质的重要反映。优良的作风建设直接彰显了中国共产党的政治本色，也是我们不忘初心的重要标志。党的十八大以来，以习近平同志为核心的党中央把贯彻执行中央八项规定、加强作风建设放在突出位置上来抓，做出了一系列重大决策部署，开启了一场正风肃纪、激浊扬清的作风变革，令党风政风和社会风气焕然一新，党心民心为之一振，开辟了党的作风建设的新境界。在取得巨大成果的同时，我们也必须清醒认识到，“四风”问题出现了新变种新动向，具有反复性顽固性，主要表现在：一些基层党组织软弱涣散的问题还没有得到根本解决，一些领导干部“不怕群众不满意，

① 《习近平在庆祝中国共产党成立95周年大会上的讲话》，《人民日报》2016年7月2日。

就怕领导不注意”的官本位思想仍然存在，部分领域中的不正之风迟迟难以纠正。在新的时代条件下，我们要破解全面从严治党的难题，就需要继续传承焦裕禄精神，切实加强党的作风建设。

空谈误国，实干兴邦。新时代更需要传承焦裕禄同志凡事探明就里、科学求实的工作作风。要始终把责任扛在肩上，把实干当作最好的语言，坚持讲真话、重实情、出实招、求实效。只要有利于党和人民的事、有利于国家长远发展的事，不管多难都要担当起来、落实下去，要以“功成不必在我、建功必须有我”的胸怀主动作为，率先垂范，履职尽责，真正把求真务实融入自己的工作和生活中，带领党员干部服务地方经济发展。

新时代更需要传承焦裕禄同志知难而进、迎难而上的奋斗精神。习近平总书记强调：“中华民族伟大复兴，绝不是轻轻松松、敲锣打鼓就能实现的。”①“为有牺牲多壮志，敢教日月换新天。”走进新时代，踏上新征程，面对复杂艰巨的改革发展稳定任务，广大党员干部要像焦裕禄同志那样，在困难面前逞英雄，以昂扬的精神状态和踏实的优良作风带领广大群众锐意改革、迎难而上，以敢做善成的勇气和舍我其谁的豪气在挑战中寻求发展机遇，勇敢承担起为党工作为人民造福的历史重任。

（三）传承焦裕禄精神，坚定理想信念永不褪色

法国哲学家萨特曾经说过：“世界上有两种东西是亘古不变的，一是高悬在我们头顶上的日月星辰，一是深藏在每个人心底的高贵信仰。”对个人而言，理想信念是指引方向的灯塔、修身立业的压舱石；对政党而言，理想信念是立身之本、正气之魄、力量之源。中国共产党 90 余载波澜壮阔的奋斗历程，就是无数共产党员孜孜不倦追求理想信念的过程。习近平总书记指出：“坚定理想信念，坚守共产党人精神追求，始终是共产

① 朱志明等：《青年人要做经得起实践磨砺和检验的时代新人》，《光明日报》2018 年 6 月 15 日。

党人安身立命的根本。对马克思主义的信仰，对社会主义和共产主义的信仰，是共产党人的政治灵魂，是共产党人经受住任何考验的精神支柱。”①作为新时代的共产党人，广大党员干部要学习焦裕禄同志艰苦朴素、廉洁奉公、“任何时候都不搞特殊化”的坚定信念，筑牢政治灵魂，挺起精神脊梁。

只有坚定理想信念，才可能练就“金刚不坏之身”。我们要坚定理想信念永不褪色，不断加强党性修养，自觉强化学习教育，夯实廉洁从政的思想基础，筑牢拒腐防变的思想道德防线；要严明政治纪律和政治规矩，提高廉洁自律能力，时刻谨记“立身不忘做人之本、为政不移公仆之心、用权不谋一己之利”，坚决同消极腐败现象做斗争，正确行使人民赋予的权力，始终保持共产党人高尚品格和廉洁操守；要不忘初心，牢记使命，在时代的浪潮和改革的洪流中乘风破浪、奋勇争先，不断强化责任意识和担当精神，在大是大非面前敢于亮剑，在挑战危机面前无所畏惧，在失误挫折面前敢于担当，保持蓬勃朝气、昂扬锐气、浩然正气，永不懈怠、努力奋斗，努力创造经得起实践、人民和历史检验的实绩，为实现新时代党的历史使命而不懈奋斗。

参考文献

[1] 习近平：《结合新的实际大力弘扬焦裕禄精神》，《求是》2009 年第 10 期。

[2] 习近平：《始终坚持和充分发挥党的独特优势》，《求是》2012 年第 15 期。

[3] 赵素萍：《大力弘扬焦裕禄精神的领导力　扎实推进“四个河南”“两项建设”》，《领导科学》2014 年第 9 期。

[4] 焦国栋：《为民务实清廉是弘扬焦裕禄精神的着力点》，《党建学习论坛》2013 年第 8 期。

[5]《习近平在庆祝中国共产党成立 95 周年大会上的讲话》，《人民日报》2016 年 7 月 2 日。

---

① 王文娟：《汲取立志智慧　坚定理想信念》，《中国纪检监察报》2018 年 6 月 14 日。

［6］《深学　细照　笃行——习近平总书记在兰考调研指导党的群众路线教育实践活动纪行》，《河南日报》2014 年 3 月 20 日。
［7］习近平：《习近平谈治国理政》，外文出版社，2014。
［8］习近平：《做焦裕禄式的县委书记》，中央文献出版社，2015。
［9］何香久：《焦裕禄传》，河南文艺出版社，2013。
［10］博山焦裕禄纪念馆：《焦裕禄的 80 则贴心话》，人民日报出版社，2017。

B.4

弘扬红旗渠精神
坚持艰苦奋斗优良作风

郭嘉儒*

摘　要： 作为中华民族精神的重要组成部分和中华民族的宝贵精神财富，红旗渠精神具有非常丰富的文化内涵，激励着一代又一代中华儿女为建设美好家园而艰苦奋斗。在中国特色社会主义进入新时代的今天，红旗渠精神仍然具有十分重要的时代意义。新时代坚持传承弘扬历久弥新的红旗渠精神，可以为实现中华民族伟大复兴的中国梦提供强大的精神动力。

关键词： 红旗渠精神　新时代　中国梦

20世纪60年代，河南林县人民在悬崖峭壁上修筑成“人工天河”红旗渠，并把这种敢闯敢干的豪迈气概和罕见壮举凝聚成举世惊叹的红旗渠精神，用汗水和鲜血筑起一座不畏艰险、艰苦奋斗的丰碑，谱写出一首中华民族发展壮大的绚烂诗篇。周恩来总理曾非常自豪地对国际友人说：“新中国有两大奇迹，一个是南京长江大桥，一个是林县红旗渠。”作为中华民族精神的重要组成部分，作为中华民族的宝贵精神财富，红旗渠精神的文化基因已经深深地融入中原儿女的骨髓里，流淌在中华儿女的血液中。传承弘扬历久弥新的红旗渠精神，可以为实现中华民族伟大复兴的中国梦提供强大的精神动力。

---

* 郭嘉儒，河南省社会科学院政治与党建研究所研究实习员，主要从事马克思主义理论研究。

一　红旗渠精神的丰富内涵

20 世纪 60 年代，为解决林县人民世世代代吃水难的问题，全县人民在县委的带领下，在极为艰难的条件下团结一心，众志成城，开山劈水，引漳入林，在崇山峻岭中修筑起长达 1500 公里的红旗渠。红旗渠的建成彻底改变了当地百姓的生产生活条件，成为林县人民的“生命渠”“幸福渠”。林县人民这种不畏艰险、艰苦奋斗的精神凝结为一座精神丰碑，红旗渠精神也成为中华民族的宝贵精神财富。1990 年 3 月，林县县委和林县人民政府发布《关于宣传、继承和发扬红旗渠精神的决定》，将红旗渠精神概括为“自力更生、艰苦创业、团结协作、无私奉献的精神”。红旗渠精神内涵丰富，历久弥新，激励着一代又一代中华儿女为建设美好家园而艰苦奋斗。

（一）自力更生

自力更生，不仅是林县人民修筑红旗渠的生动写实，而且是红旗渠精神最真实的描绘。修建红旗渠这样一个浩大的工程，对林县而言无疑是一个艰巨考验，但林县人民以顽强的意志，不断克服重重困难，谱写了一首可歌可泣的壮美史诗。

在物质匮乏的年代，修筑红旗渠急需的各种物资都非常短缺。林县人民发扬革命老区的光荣传统，没有消极地等待国家的救助支持，而是自力更生、勤俭节约，硬是依靠自己的力量完成了工程修建。他们积极倡导“节约光荣、浪费可耻”的良好风尚，形成了“自己动手、丰衣足食”的良好氛围，充分激发了大家干事创业的干劲斗志，渠修得越来越好、越来越快。广大人民群众自备口粮，自带工具，成群结队，齐上工地。他们宁愿埋头苦干，也不愿靠天吃饭；宁愿自力更生寻找物资，也不愿苦苦等候政府补给；他们集中所有人力物力修建红旗渠，全家老少齐上阵的场景比比皆是，硬是凭着这股拼劲，把红旗渠建设成举世闻名的水利工程。在温饱问题都难以解决的年代，这项总投入 6865. 64 万元的工程，其中上级政府财政拨款只占14.94%，剩下的款项全靠林县人民想方设法筹集出来，其难度之大可想而知。在修渠过程中，共计削平山头1250座，打通隧道211个，架设渡槽151座，堆砌土石方1696.2万立方米。这些惊人的数字是林县人民用艰苦卓绝的奋斗和牺牲换来的，更是林县人民付出血与汗的真实见证。

（二）艰苦创业

红旗渠能够修建成功的根本原因，离不开中华民族吃苦耐劳、勤劳勇敢的美德，离不开中国共产党一贯坚持的艰苦奋斗的优良作风，离不开林县人民不畏艰险、敢于突破的决心、勇气和毅力。作为中原人文精神的重要构成，红旗渠精神与焦裕禄精神相类似，都是为了改变艰苦的生活现状而探索出的创新之路或创新之举。这种敢于突破现状的勇气和意识，是焦裕禄精神和红旗渠精神的共同内涵，也是非常可贵的精神动力。林县县委书记杨贵在刚上任时，就抱着改变现状的坚定决心，用这种敢于突破现状的思想武装人民群众的头脑，让群众认识到：只有敢于突破，才能解决千百年来困扰林县的用水问题，才可以让子孙后代过上幸福的生活。这种从思想根源上的转变，对于林县人民而言无异于一次蜕变，也坚定了他们艰苦创业的决心和无怨无悔的信念。

在确定修渠后的整整十年间，林县人民都是在寒风酷暑中度过，在石头和钢钎及铁锤的敲击声中度过，在艰难困苦的条件下度过。三万多名党员、团员和民兵冒着生命危险，流血流汗，冲锋陷阵，有人甚至把宝贵的生命奉献给了红旗渠建设事业。这里每天都上演着震撼人心的故事，每天都有积极向上的力量鼓舞着人们为红旗渠的建设倾尽全力。十年间，没有一个人贪污建设款项一分一厘，没有一个人挪用建设物资一丝一毫。林县人民就是凭着昂扬向上的斗志、艰苦创业的精神和不屈不挠的意志，铸就了红旗渠这一震惊世界的伟大工程，谱写了一曲可歌可泣的壮美乐章。红旗渠人民这种艰苦创业、积极进取的精神，在不同的历史时期激励着人们勇往直前、奋斗不息。

（三）团结协作

红旗渠得以成功修建的保障，主要包括四个方面的内容。首先，基于共同目标之上的团结协作精神。红旗渠这样一个跨区域的大型水利工程的修建，需要调动的人员、资金和物资数量都是非常庞大的，其中离不开不同人、不同区域之间的强力配合、团结协作，离不开社会各界的大力支持。这种众志成城的团结精神产生了无坚不摧的巨大力量，进而保证了红旗渠工程的成功修建。其次，注重发挥集体的强大力量。社会主义制度的优越性就是能够集中力量办大事，集体主义的价值观引领人民为了集体的利益暂时牺牲个人利益，形成人人为我、我为人人、团结互助、荣辱与共的良好局面。红旗渠正是在社会主义的制度框架下、在集体主义的号召下才得以成功修建的。一方有难八方支援的强大力量最终克服了这项艰巨工程的挑战，红旗渠最终耸立在崇山峻岭之间。再次，科学高效的部署协调工作。在工程规划实施的整个过程中，林县县委充分发挥总揽全局、协调各方的作用，使得参与修渠的人员、物资、资金和各方力量得到妥当安排和有效协调，保证了工程的顺利推进和成功修建。最后，广大党员干部充分发挥模范带头作用。在红旗渠修建过程中，县领导班子与民工同吃、同住、同劳动、同商量、同学习，党员干部始终坚持带好头做表率，始终跟群众一起奋战在工程一线，县委书记杨贵还曾因劳累过度和饥饿晕倒在工地上。对于林县县委在建设红旗渠过程中发挥的领导带头作用，《人民日报》曾先后两次对此发表社论，进行充分肯定和高度赞扬，表彰其为马克思列宁主义的领导核心。广大党员干部在县委的带领下，冲锋在前、任劳任怨、忘我工作，用榜样的力量带动广大人民群众，以昂扬的斗志和饱满的激情投入到工程建设中去，整个工地充满了比先争优、比学赶超的正能量，从而为红旗渠的成功修建提供了强大的保证。

（四）无私奉献

红旗渠的成功修建还得益于广大干部群众无私奉献的精神。正面价值观的正确引导，仁义善良的传统美德，不计个人得失的全局观念，都是林县人民制胜的法宝。从工程开工之初，全县就集中将最优的人力、物力、财力送上前线。林县共计50万人口，参加工程建设的就达到30万人；在粮食紧缺的状况下，县里将3000万斤储备粮及多年节约下来的300万元，悉数投入工程建设；参与工程建设的人员，无论是领导干部、技术人员还是普通民工，都不计报酬、全力以赴，争着到最艰苦的岗位上去。在将漳河水引至林县的过程中，虽然很多乡镇、村庄并不能从工程中受益，但他们依然毫无保留地将自己的人力、物力和财力投入到工程建设中，因为他们知道，要改变一穷二白的落后面貌，必须团结一致、众志成城，必须舍小家为大家，只有这样才能取得共同的胜利。林县人民为了大局利益牺牲个人利益、小家利益、局部利益乃至宝贵的生命，这种无私奉献的精神和高度的大局观念同样震撼人心。

二　弘扬红旗渠精神的时代价值

五十多年来，红旗渠精神被一代代人传颂和学习，在时代的进程中不断丰富和发展，已经成为中华民族精神的重要组成部分，激励着一代代中华儿女努力奋进。习近平总书记强调："红旗渠精神是我们党的性质和宗旨的集中体现，历久弥新，永远不过时。"中国特色社会主义进入新时代，虽然我国的经济水平和社会条件已经发生了深刻变化，但是红旗渠精神所包含的自力更生、艰苦创业、团结协作、无私奉献精神，仍然具有重要的时代价值。

（一）中国建设成果和人民精神风貌的充分诠释

红旗渠从建成之日起，就是展现中国建设成就与人民精神风貌的一扇窗户。周恩来总理在1968年出席一次外事活动谈话时指出，第三世界的朋友来华访问时，可以让他们深入了解一下红旗渠的修建是怎样发扬自力更生、艰苦创业精神的。从此之后，红旗渠就成为外国友人访华的重要一站，很多人都被红旗渠精神深深打动。面对日渐崛起的中国，国际上总有一些不太友好的杂音出现。习近平总书记指出："要精心做好对外宣传工作，讲好中国故事，传播好中国声音。"这就需要当地好好挖掘能彰显民族精神的中国故事，不断提升中华民族的凝聚力、影响力和软实力。红旗渠精神是对中国精神的生动诠释，是讲述中国故事和传播中国声音的重要载体。因此，向世界人民讲述红旗渠精神，向世界展示中国建设的成果和中原人民的精神风貌，让世界更加了解中国、了解河南，是时代赋予河南的历史使命。当然，这种展示不能仅仅局限于对外交流，要让人民更多地了解民族历史和民族精神，持续增强民族自信心和自豪感，不断激发全国人民的爱国热情，让人民群众以更加昂扬的斗志和更加饱满的热情，积极投入到实现中华民族伟大复兴的中国梦的伟大征程中。

（二）中国共产党性质与宗旨的集中体现

习近平总书记强调："红旗渠精神是我们党的性质和宗旨的集中体现，历久弥新，永远不会过时。"中国共产党是无产阶级政党，党的宗旨是全心全意为人民服务，党从成立之日起就将共产主义确立为远大理想，将马列主义确立为自己的指导思想，写在旗帜上。而习近平总书记"人民对美好生活的向往，就是我们的奋斗目标"这一表述，就是对党的性质与宗旨的集中概括。他在庆祝中国共产党成立 95 周年大会上的讲话中还指出："一切向前走，都不能忘记走过的路；走得再远，走到再光辉的未来，也不能忘记走过的过去，不能忘记为什么出发。"①因此，要不忘初心，牢记使命，始终把人民群众扛在肩上、放在心里，把人民群众的需求作为新时期最重要的责任。千百年来林县人民饱受水资源缺乏的困扰，林县县委把解决群众的用水问题作为自己的责任和使命，面对困难毫不退缩，带领人民坚定地走上了修建红旗渠的坎坷道路，最终以顽强的意志和不屈不挠的精神战胜各种困难，使红旗渠成功修建。这一举动充分体现了党的性质和宗旨，体现了中国共产党始终将人民群众的需求作为最重要

① 《习近平在庆祝中国共产党成立 95 周年大会上的讲话》，《人民日报》2016 年 7 月 2 日。

的责任和使命，这也正是红旗渠精神历久弥新、永不过时的深层次原因所在。

（三）中国共产党传承优良传统和作风的保证

首先，坚持一切从实际出发、理论联系实际、实事求是的原则，这是红旗渠精神的精髓所在。在红旗渠修建过程中，林县县委克服重重困难，从实际出发制定出切合实际的工程方案，密切联系群众，充分发挥人民群众的积极性和主动性，是对理论联系实际原则的生动诠释。其次，党的作风建设的核心是密切联系群众。红旗渠精神实质上就是党领导人民群众的开拓性实践活动。红旗渠精神最核心的内涵就是将人民群众的利益置于至高无上的地位，让人民群众充分发挥自身的智慧和力量，是对马克思主义唯物史观的深入践行。林县县委书记杨贵曾说过："'为了人民'堪称是整个'红旗渠精神'的灵魂。"① 中国特色社会主义进入新时代，仍然需要始终保持与人民群众的血肉联系，坚持在红旗渠建设中时刻依靠人民、尊重人民的光荣传统，将人民放在至高无上的地位。再次，始终坚持艰苦创业的优良作风。艰苦创业是中国特色社会主义伟大事业成功的关键，也是红旗渠能够成功修建的关键。中国共产党从成立之日起就始终坚持艰苦创业的优良作风，并将其贯彻在各项事业之中。红旗渠精神就继承和发扬了这一优良作风，自觉摒弃了不思进取、安于现状、骄奢淫逸的错误思想，对于新时代我们党继续发扬艰苦创业、无私奉献、敢于创新的作风，具有重要的示范作用。最后，始终保持党的先进性与纯洁性。习近平总书记将艰苦奋斗和保持同群众血肉联系等作风作为好干部的标准，强调领导干部要严守中央"八项规定"标准，在生活和工作中勤俭节约，充分发挥领导带头作用，永葆拒腐防变的共产党人本色。红旗渠修建过程中，党员干部吃苦在前、享乐在后，勤俭节约等优良作风都是党的先进性和纯洁性的真实写照。

① 路建新：《弘扬红旗渠精神　传承艰苦奋斗优良作风》，《长治日报》2007年4月14日。

（四）民族精神与时代精神的光辉典范

我国经过40年的改革开放取得了辉煌的成果，以爱国主义为核心的民族精神和以改革创新为核心的时代精神之重要性也更加凸显。在改革开放进入“攻坚期”和“深水区”的今天，只有大力弘扬民族精神和时代精神，才能汇聚起实现中华民族伟大复兴中国梦的强大力量。首先，红旗渠精神是民族精神的光辉典范。中华民族在5000多年的历史发展中形成了璀璨的民族精神，并成为增强民族向心力和凝聚力的核心。在民族精神滋养下的林县人民勤劳勇敢、甘于奉献，为了家乡建设不惜牺牲自己的利益甚至生命。30万林县人民下定决心、矢志不渝，为了红旗渠建设十年如一日地在山间抡锤挥斧。党员干部始终冲在工程的最前面，广大群众不计一切代价支援工程建设，这种自力更生、艰苦创业的团结奉献精神共同谱写了一曲感人至深的爱国爱家的华章，它们已经成为民族精神的重要组成部分，成为民族的宝贵财富。其次，红旗渠精神是时代精神的光辉典范。在红旗渠修建过程中形成的红旗渠精神，成为林县人民的精神引领，在改革开放的大潮中进一步推动了林县人民不断前进。红旗渠的修建也培养了为数众多的能工巧匠，他们对林县的发展发挥了巨大作用。有了这些能工巧匠的支持，在改革开放的大潮中，林县得以从农业经济向工业经济迈进，在“十万大军战太行”之后，相继书写出“十万大军出太行、富太行、美太行”的壮美篇章，建设起经济发达、生态宜居、环境优美、人民安居乐业的美好家园。

三　新时代要坚持弘扬红旗渠精神

中国特色社会主义进入新时代，红旗渠精神是推动人们在新时代干事创业的精神动力。河南省委书记王国生在调研红旗渠时指出：“红旗渠精神是新时代干事创业的动力源泉。要深入学习贯彻习近平新时代中国特色社会主义思想，大力弘扬红旗渠精神，凝聚奋进新时代、让中原更加出彩的强大动力。”① 红旗渠精神是中华民族精神的重要组成部分，是实现中华民族伟大复兴的中国梦、让中原更加出彩的强大动力。

（一）新时代弘扬红旗渠精神必须始终坚定理想信念

红旗渠的成功修建和红旗渠精神的形成是人民群众坚定理想信念的伟大成果。在条件极为艰苦的情况下修建红旗渠，既要解决人、财、物紧缺的压力，又要顶住各方质疑与舆论压力，其难度可想而知。但是在如此艰难的条件下，林县人民是如何矢志不渝、最终成功的呢？正是由于他们始终坚定理想信念不动摇。这种强大的理想信念，不仅包括普通群众坚持修渠引水梦想的期盼和坚守，而且包括党员干部对我国社会主义建设事业的信心与忠诚。在国际形势瞬息万变、经济全球化迅猛发展、价值多元化不断加剧、社会信息化水平日益提高的状况下，我们也面临着前所未有的机遇与挑战。我们党面临着四种复杂的、长期的、严峻的考验，即执政考验、改革开放考验、市场经济考验和脱离群众考验，与之相对应的是四种严峻形势，即全党面临着精神懈怠危险、能力不足危险、脱离群众危险和消极腐败危险。中国特色社会主义进入新时代，我们弘扬红旗渠精神就必须高度重视思想建设，把思想建设摆在首位。必须以党性教育作为切入点，将红旗渠精神学习与党的历史回顾结合起来，推动党员干部和广大群众在认真学习党的建设经验和教训的基础上，不断加强改造自己的主观世界，增强中国特色社会主义道路自信、制度自信和理论自信，以坚定的理想信念为中华民族伟大复兴中国梦提供强大的精神动力。

（二）新时代弘扬红旗渠精神必须自觉践行社会主义核心价值观

红旗渠精神全面地诠释了社会主义核心价值观的内涵。在红旗渠修建的过程中，林县党员干部冲锋在前、不畏艰险，特别是县委领导，既要在劳动

① 朱殿勇、刘勰：《红旗渠精神是新时代干事创业的动力源泉》，《河南日报》2018年4月23日。

中率先垂范、身先士卒，又要在口粮标准上低于普通群众，有些同志甚至为之献出了宝贵的生命。正是由于领导干部这种无私奉献的精神，充分激发出林县人民热爱家乡、热爱集体、为了修渠不怕流血牺牲的献身精神。习近平总书记在2014年青年节期间与北大师生的座谈会上指出："每个时代都有每个时代的精神，每个时代都有每个时代的价值观念。"[①] 新时代中华民族伟大复兴中国梦的实现进入关键时期，更要坚持倡导富强、民主、文明、和谐的价值目标，倡导自由、平等、公正、法治的价值取向，倡导爱国、敬业、诚信、友善的价值准则。在培育和践行社会主义核心价值观过程中将传承和弘扬红旗渠精神作为重要载体，通过对红旗渠精神的深入了解和把握，使社会主义核心价值观内化于心、外化于行。通过弘扬红旗渠精神将社会主义核心价值观融入群众的日常生活，成为人们日用而不觉的行为习惯，逐渐凝聚实现中华民族伟大复兴中国梦的强大力量。

（三）新时代弘扬红旗渠精神必须激发全社会创新创业热情

林县人民修建红旗渠的光辉历史是一段激情燃烧的岁月，广大党员干部群众从内心油然而生时不我待、只争朝夕的干事创业热情，战胜了修渠的重重困难，红旗渠成为林县人民奋勇争先、不甘落后的竞技舞台。这场重整河山的奋战，不仅充分激发了林县人民创新创业的激情、灵感与韧劲，而且坚定了他们攻坚克难、不畏艰险的勇气。习近平总书记指出："我们的目标越伟大，我们的使命越艰巨，就越需要所有人拧成一股绳去干事创业。"[②] 习近平总书记明确揭示了干事创业和成就伟业的内在关系，更阐明了激发全社会干事创业热情和创新动力对于实现中华民族伟大复兴中国梦的重大意义。在新的历史时期，广大党员干部应将红旗渠精神作为不断前行的标杆与旗帜，主动践行中央要求的"既严以修身、严以用权、严于律己，又谋事要实、创业要实、做人要实"规范，旗帜鲜明地反对形式主义、官僚主义、

① 习近平：《习近平谈治国理政》，外文出版社，2014，第168页。

② 习近平：《在全国政协新年茶话会上的讲话》，《人民日报》2015年1月1日。

享乐主义和奢靡之风，始终做到清正廉洁、谦虚谨慎、不骄不躁、艰苦奋斗，以昂扬的斗志、饱满的激情、理性的思维、务实的行动，进而引领全社会形成自强不息、朝气蓬勃、干事创业的浓厚氛围，为实现中华民族伟大复兴的中国梦做出新的贡献。

参考文献

［1］中共中央宣传部：《习近平新时代中国特色社会主义思想三十讲》，学习出版社，2018。

［2］中共中央宣传部：《习近平总书记系列讲话重要读本》，学习出版社，2016。

［3］习近平：《习近平谈治国理政》，外文出版社，2014。

［4］丁同民、郑中华、王军：《历久弥新的红旗渠精神》，人民出版社，2015。

B.5

传承大别山精神 坚定理想信念不动摇

卫绍生 袁漱寒*

摘 要： 大别山精神是中国新民主主义时期鄂豫皖根据地在长期的革命斗争实践中形成的革命精神。大别山精神蕴含的坚定信念、牺牲奉献、勇于担当、永跟党走的精神内涵，不仅与井冈山精神、长征精神、延安精神、西柏坡精神一道成为中华民族宝贵的精神财富，而且与焦裕禄精神、红旗渠精神一起，成为激励亿万中原儿女建设经济强省、打造“三个高地”、实现“三大提升”的重要精神动力。传承弘扬大别山精神，要处理好地方与全局、个体与整体、历史与现实的关系，课堂内外相结合，理论与实践相结合，历史与现实相结合，个体与整体相结合，为河南更加出彩提供精神支撑。

关键词： 大别山精神 理想信念 时代意义 传承弘扬

位于鄂豫皖交界处的大别山，是中国新民主主义革命时期鄂豫皖革命根据地所在地。这里是中国革命的重要发源地，也是中国共产党领导的人民军队的发源地，从这里先后走出了红四方面军、红二十五军、红二十八军和新四军第四支队、第五师等红色武装。在这片土地上，诞生了200多位将军，新县、金寨、红安等都是有名的将军县。在长达28年的革命斗争中，大别

---

* 卫绍生，河南省社会科学院文学研究所研究员，主要从事中国文学和文化学研究；袁漱寒，河南大学外语学院教师，主要从事葡萄牙语和比较文化学研究。

山不仅一直是重要的革命根据地，而且形成了具有历史意义与时代价值的大别山精神。如今，大别山精神与井冈山精神、长征精神、延安精神、西柏坡精神等一道，成为中华民族宝贵的精神财富。在河南，大别山精神与焦裕禄精神、红旗渠精神一起，成为激励亿万中原儿女建设经济强省，打造“三个高地”，实现“三大提升”的重要精神动力。在共筑中国梦的新时代，继承与弘扬大别山精神，具有特殊的时代意义。

一　大别山精神的内涵与意义

大别山精神是中国新民主主义革命时期，始终坚持在大别山根据地的干部群众在艰难困苦的条件下浴血奋战形成的，是无数革命先烈用鲜血和生命铸就的。在新民主主义革命的28年间，鄂豫皖根据地有数十万民众投身革命，为中国革命的胜利付出了巨大牺牲，河南新县、湖北红安、安徽金寨牺牲最多，被称为“村村有烈士，户户有红军”。鄂豫皖根据地不仅坚持28年红旗不倒，而且为中国革命的胜利作出了重大贡献，为党和国家培育了一批重要领导干部。从这里走出了董必武、李先念两位共和国主席，培育了徐向前、王树声、陈赓、彭雪枫等36名军事家，先后走出了500多位开国将军，其中有中将、上将、大将，也有元帅。在鄂豫皖革命斗争中形成的大别山精神，是中华民族宝贵的精神财富。

为继承和弘扬大别山精神，有关方面对大别山精神作了深入研究，对大别山精神的内涵作了不同概括。2012年8月，在“大别山精神”总结宣传工作座谈会上，河南省军区政治部副主任刘春辉认为，“大别山精神”是顾全大局、勇挑重担的精神；是艰苦奋斗、战胜一切困难的精神；是实事求是、一切从实际出发的精神；是齐心协力、精诚团结的精神；① 信阳市于2012年11月30日召开的“大别山精神”研究成果专家座谈会，把大别山

① 《“大别山精神”总结宣传工作座谈会召开》，https：//baike. sogou. com/v73619371. htm?fromTitle。

精神概括为“坚守信念、胸怀全局、团结一心、勇当前锋”;[①] 安徽省六安市概括为“坚贞忠诚、牺牲奉献、万众一心、永跟党走”；安徽省金寨县则概括为“坚贞忠诚、无私奉献、克勤克俭、自强不息”。[②] 此外一些研究者基于各自的研究心得，也对大别山精神作了不同概括。如国防大学李力钢概括为“对党忠诚、甘于奉献、前赴后继、勇往直前”；中共安徽省委党校施昌旺概括为“坚定信念、威武不屈、众志成城、勇当先锋”；安徽省社会科学院研究员汪谦干概括为“信心坚定、团结协作、依靠群众、坚韧不拔、勇于创新”；此外，还有“信念坚定、英勇顽强、团结一心、甘于奉献”“意志顽强、意识先进、品质质朴、行动果敢”“坚贞忠诚、无私奉献、永跟党走”等表述。[③] 梳理有关大别山精神的相关表述可以发现，这些表述都是想用最为凝炼的语言来概括大别山精神的丰富文化内涵，大同小异，只是着重点有所不同而已。其中大家关注度相对比较集中的有“坚定信念”“无私奉献”“团结一心”等范畴。结合大别山革命根据地28年的发展历程来看，信阳市和六安市的概括似乎更为恰贴一些。

大别山精神是在革命战争年代形成的，对中国革命的胜利发挥过重要作用。在建设中国特色社会主义的今天，大别山精神作为中华民族宝贵的精神财富，在实现中华民族伟大复兴的中国梦进程中，仍具有重要的现实意义。其一，大别山精神所蕴含的坚定信念，对新时代中国共产党人具有示范和激励作用。榜样的力量是无穷的。大别山儿女在革命战争年代，无论顺境还是逆境，无论失败还是胜利，都始终坚定理想信念，对新时代的共产党人坚定信念、不忘初心，具有很强的示范作用。其二，大别山精神表现出来的牺牲奉献精神，在当今社会仍具有强大影响力，对激励人们为实现中华民族伟大复兴的中国梦而甘于吃苦，乐于奉献，有很强的现实意义。其三，大别山精

---

① 《信阳市：“大别山精神”研究取得初步成果》，https：//www. henan. gov. cn/zwgk/system/2012/11/08/010344446. shtml。

② 《六安市确定“大别山精神”表述语》，https：//www. sohu. com/a/120660407_ 114967。

③ 参见《坚贞忠诚、无私奉献、永跟党走——凝炼概括大别山精神》，http：//www. 360doc. com/content/16/0607/12/33327712_ 565755307. shtml。

神蕴含的团结协作精神，是大别山根据地 28 年红旗不倒的重要精神动力，也是激励人们为实现中华民族伟大复兴的中国梦而团结奋斗的重要精神来源。其四，大别山精神最为核心的精髓是永跟党走。在 28 年的革命斗争中，大别山远离党中央所在地，既需要独立自主，更需要坚定地永跟党走，与党中央保持一致。其间虽然经历了许多挫折，但永跟党走这样一条基本原则没有变，故而虽经受挫折却依然能够从胜利走向胜利。在建设中国特色社会主义的今天，对党忠诚，永跟党走，依然是坚持中国特色社会主义道路的重要保障和强大动力。

二　大别山精神的传承与弘扬

习近平总书记指出："理想信念就是共产党人精神上的'钙'，没有理想信念，理想信念不坚定，精神上就会缺'钙'，就会得'软骨病'。"① 为了更好地继承和弘扬中国革命的宝贵财富——大别山精神，中共河南省委组织部于 2013 年创建了大别山干部学院，重点开展革命传统教育、理想信念教育和党性锻炼教育，重点培训党政领导干部、企事业单位高管。学院秉持"理论教育是根本，知识教育是基础，党性教育是关键"的培训原则，把传承弘扬"坚守信念、胸怀全局、团结一心、勇当前锋"的大别山精神作为教学活动的重要内容，精心设计了一系列红色基因教育内容，让大别山精神通过教学培训浸润更多人的心灵，内化为更多人的行动，从而得到更好的传承与弘扬。

大别山干部学院所在地信阳市新县，曾经是鄂豫皖根据地所在地，是著名的将军县，在新民主主义革命时期，当时人口尚不足 10 万的新县，总计有 5.5 万人为革命事业献出了宝贵的生命。震惊国人的"红田惨案"就发生在这里。1927 年 11 月，中国共产党领导的黄麻起义失败后，国民党第十二军教导师的一个营在新县地主清乡团的配合下，于 1927 年底至 1928 年初

① 《习近平谈治国理政》，外文出版社，2014，第 15 页。

的两个月内，先后把300多名共产党员和革命群众杀害在箭厂河乡列宁小学旁一块不到30平方米的稻田里。这些共产党员和革命群众面对敌人的威逼利诱和严刑拷打，坚守信念，大义凛然，保守秘密，勇于牺牲，没有一人背叛革命。他们用生命和鲜血谱写了一曲对敌斗争的壮歌。烈士的鲜血染红了稻田，后人因之称为“红田惨案”。为了“把红色资源利用好、把红色传统发扬好、把红色基因传承好”，突出大别山干部学院的办学定位，彰显学院培训特色，学院在教学内容、培训模式等方面精心设计，用心谋划，形成了鲜明的办学特色，在社会上产生了广泛影响。

首先是教学内容丰富多彩。大别山干部学院围绕大别山精神设置了一系列具有鲜明特色的教学内容。学院把培训内容概括为“十个一”：听一堂大别山精神专题课，学唱一首大别山革命歌曲，吃一顿红军饭，听一场红色故事会，走一段红军路，重温一遍入党誓词，访谈一位红军后代，进行一次社会实践活动，看一场舞台剧《红色大别山》，感受一回绿色生态文明。每期培训班，学院都会聘请专职或兼职教授向学员讲授大别山革命历史和大别山精神的专题课，从理论上讲清楚鄂豫皖根据地28年红旗不倒的内在逻辑与历史必然，讲清楚大别山精神产生的历史渊源和文化渊源，讲清楚大别山精神的时代价值与当代意义。这是培训的基础，也是培训的重点。其他教学内容则是从不同侧面对理论教学的必要补充，如学唱大别山革命歌曲、听红色故事会、访谈老红军后代、重走红军路等，则是通过人物、场景、内容的转换，让学员对大别山革命历史和大别山精神有更加深刻的感悟和理解，从而增强传承弘扬大别山精神的自觉性。

其次是培训模式多种多样。干部培训不同于正规的学校教育，其重点不在于传授知识，而在于革命精神的传承和党性锻炼。因此，大别山干部学院注重培训形式的多样化，课堂教学、现场教学、情景教学、案例教学、体验式教学、访谈式教学等，只要有利于学员接受大别山革命历史、传承弘扬大别山精神的教学形式，都可以用之于教学。在课堂教学之外，现场教学是主要形式，鄂豫皖苏区首府革命博物馆、鄂豫皖苏区首府革命烈士纪念馆、中共中央鄂豫皖分局旧址、列宁小学、“红田惨案”遗址等，都承载着厚重的大别山革命历史，是现场教学的重要内容。如鄂豫皖苏区首府革命烈士纪念馆的现场教学，突出的是大别山精神中的坚定理想信念，传承革命精神，让学员认识到大别山精神的永恒价值，并自觉传承和弘扬；中共中央鄂豫皖分局旧址和红四方面军总部旧址的现场教学，让学员了解到在革命斗争的艰苦岁月，鄂豫皖根据地进行的艰难探索；“红田惨案”遗址的现场教学，不仅让学员了解到大别山革命斗争的残酷性，而且意在让学员传承革命烈士坚定信念、勇于牺牲的革命精神；走“志仁小道”的体验式教学，则通过讲述先烈故事，重走红军当年走过的路，教育学员继承先烈遗志，自觉增强党性修养。此外，舞台剧《红色大别山》、红歌竞唱等情景教学，《大别山的儿子》《挺进中原》等音像教学，《大别山劲松——刘明榜》《大别山满门忠烈一家人》等访谈式教学，都彰显了大别山干部学院教学模式的多样化，收到了很好的教学效果。

最后是教学效果比较显著。作为河南省委组织部重点建设的干部学院，大别山干部学院凭借丰富的教学内容和多样的培训模式，吸引了河南省和全国各地的干部职工来这里参加培训，赢得了学员的广泛赞誉。有资料显示，自 2013 年开班以来至 2017 年 5 月中旬，学院已累计培训学员 1761 期，参加培训的学员多达 11 万人次。从 2016 年 3 月 3 日中国社会科学网的一则报道，可以看出大别山干部学院在干部培训中受欢迎的程度：“新春伊始，大别山干部学院干部培训工作出现开门红，陆续承接了河南省妇女儿童活动中心党员干部研修班、郑州市惠济区农村干部培训班、上海警校大别山革命传统教育培训班、河南省知识产权局系统领导干部加强党性教育培训班、河南省国土资源厅业务培训班、信阳市驻村第一书记及任职村党组织书记示范培训班等 7 个班次，培训学员 972 人次。另外，还有 210 余班次已经提前进行了预约，6 月份之前的培训班次全部排满。”① 随着大别山干部学院教学内容的不断丰富，培训模式的不断创新，教学效果的持续提升，来这里接受革命

① 《大别山干部学院 2016 年干部培训工作出现开门红》，http：//orig. cssn. cn/dzyx/dzyx_mtgz/201603/t20160303_ 2896962. shtml。

传统教育和理想信念教育的党员干部越来越多，在传承弘扬大别山精神中发挥着越来越重要的作用。

三　传承弘扬大别山精神应处理好几个关系

大别山精神是中华民族宝贵的精神财富，是激励人们为实现中华民族伟大复兴的中国梦而努力奋斗的精神动力。大别山革命根据地 28 年的发展历史证明，只要坚定理想信念，不忘初心，勇于奋斗，永跟党走，就一定能够战胜一切艰难险阻，不断从胜利走向胜利。大别山干部学院是传承弘扬大别山精神的重要阵地，在传承弘扬大别山精神方面发挥了十分重要的作用。但是，大别山精神是中华民族的宝贵精神财富，传承弘扬大别山精神不仅仅是大别山干部学院的事情，也不仅仅是信阳、河南的事情，而是关系到中国革命精神传承弘扬的大事情，也是实现中华民族伟大复兴中国梦的必然要求。因此，传承弘扬大别山精神，要处理好地方与全局、个体与整体、历史与现实这样几个关系。

一是处理好地方与全局的关系。大别山精神是鄂豫皖根据地在新民主主义革命时期形成的。从其产生地来看，与河南、湖北、安徽三省有直接关系。所以，鄂豫皖三省在传承弘扬大别山精神方面既有得天独厚的地理优势，又是义不容辞的责任。为了传承弘扬大别山精神，鄂豫皖三省充分利用大别山老区的革命历史资源，建立了纪念堂、纪念馆等，河南在新县建立了大别山干部学院，湖北在红安建立了红色教育基地，安徽把金寨县革命烈士陵园建成全国青少年教育基地。各地依据各自的革命历史资源，共同努力传承弘扬大别山精神，成效也非常明显。但是，如果放在当时全国这个大局来看，鄂豫皖根据地在整个新民主主义革命进程中到底处于什么样的地位，对中国革命的胜利发挥了怎样的作用？都是需要深入研究和细致比较的问题。这些问题搞清楚了，大别山精神的历史意义和当代价值才比较容易讲清楚。

二是处理好个体与整体的关系。新民主主义革命时期，大别山根据地是一个相互联系的整体。如今，为了传承弘扬大别山精神，鄂豫皖三省才分别在红安、新县、金寨建立了红色教育基地。由于行政区划隶属的关系，三地目前在教学上虽然互有合作，但更多的是各自为战，以宣传当地的红色历史为主，必要时才涉及整个鄂豫皖根据地。把大别山革命根据地作为一个整体，甚至把当时中国的红色根据地联系起来作为一个整体进行统一考察和观照的比较少。所以，学员经过培训之后，感觉对当地的革命历史了解得相对比较详细，而对大别山根据地其他一些地方的情况则不甚了了。另外，如果把新民主主义革命时期的红色根据地作为一个整体来看，大别山精神与长征精神、延安精神、西柏坡精神相比，它的特殊之处在哪里，独特性在哪里，不要说一般的参观者，即使是接受过培训的学员也很难作出比较。大别山精神是新民主主义革命时期中国革命精神的重要组成部分，在新民主主义革命和社会主义建设及改革开放过程中，都有其不朽的价值。因此，只有处理好个体和整体的关系，才能比较全面地理解大别山精神对中国革命和建设的价值与意义，把握大别山精神对改革开放新时代的价值与意义。

三是处理好历史与现实的关系。大别山精神是鄂豫皖根据地在新民主主义革命 28 年的奋斗史中形成的，是鄂豫皖根据地无数志士仁人抛头颅洒热血铸就的。因此，毫无疑问，大别山精神是一个历史性概念。传承弘扬大别山精神，不仅需要了解大别山精神形成的历史过程，了解鄂豫皖根据地浴血奋斗的艰难历程，而且需要理解大别山精神的丰富内涵，了解它对中国革命曾经发挥的重要作用。当然，了解大别山精神发展形成的历史及其丰富内涵，是为了在建设中国特色社会主义的当下，更好地继承好弘扬大别山精神，让大别山精神转化为人民群众为建设富强、民主、文明、和谐的现代化国家而奋斗的精神动力，转化为实现中华民族伟大复兴的中国梦的精神力量。因此，需要找到大别山精神历史与现实的内在联系，厘清大别山精神与中国特色社会主义建设的逻辑联系，处理好历史与现实的关系，使新民主主义革命时期形成的大别山精神成为具有新时代特质的改革开放精神的重要滋养，成为人们为建设中国特色社会主义而努力奋斗的精神动力。

四　传承弘扬大别山精神的建议

传承弘扬大别山精神，就要牢牢抓住大别山精神的实质，坚定理想信念不动摇；就要不忘初心，永跟党走；就要勇于牺牲，乐于奉献；就要团结协作，步调一致。传承弘扬大别山精神，就是要把大别山干部学院的学校培训和社会教育相结合，继承大别山革命优良传统，传承弘扬大别山精神，为实现河南省第十次党代会提出的打造“三个高地”、实现“三大提升”的发展目标增添精神动力。为此提出如下建议。

其一，传承弘扬大别山精神，要课堂内外相结合。新县大别山干部学院建立以来，通过丰富多彩的教学内容和培训形式，先后培训干部十多万人。单独来看，这是一个不小的数目。但是，无论相对于一亿多人口的河南省，还是相对于鄂豫皖三省甚至全国来说，这都是微不足道的。传承弘扬大别山精神首先应该是党员干部，但并不局限于党员干部。大别山精神是中国革命的精神财富，需要更多的人传承弘扬。因此，传承弘扬大别山精神一定要把课堂内外结合起来，以大别山干部学院作为培训党员干部的重要基地，有计划地对党员干部进行轮训，让更多的党员干部了解大别山精神，自觉地传承弘扬大别山精神；同时，一定要让大别山精神走出课堂，走出培训基地，进入农村，进入社区，进入社会，让更多的人了解大别山革命斗争的历史，了解大别山革命根据地的历史贡献，了解大别山精神的精髓。可以借助现代科技手段，把大别山革命斗争的历史画卷形象化，把大别山革命精神系统化，把大别山精神的时代价值直观化，以此来教育和影响更多的人，让更多的人自觉地加入到传承弘扬大别山精神的队伍中来。

其二，传承弘扬大别山精神，要理论与实践相结合。大别山精神是对新民主主义革命时期鄂豫皖根据地革命斗争历史的提炼与总结，一旦上升到精神层面，则更多地属于理论范畴。因此，传承弘扬大别山精神，就面临着理论与实践如何相结合的问题。这既是大别山干部学院教学实践中的问题，也是传承弘扬大别山精神应予解决的问题。按照马克思主义的观点，理论源于实践，又反过来指导实践。大别山精神源于革命斗争实践，并在革命斗争实践中不断激励和鼓舞着革命群众为了理想信念而不懈奋斗。那么，这样一种具有历史规定性的革命精神，在建设中国特色社会主义的今天，如何在传承弘扬的基础上，转化为推动中国特色社会主义建设的精神动力，进而实现精神变物质呢？唯一的途径就是理论与实践相结合，把大别山精神与全省人民建设经济强省、打造“三个高地”、实现“三大提升”的发展目标结合起来，与改革开放的鲜活实践结合起来，内化为精神动力，转化为自觉行动，激励更多的人为实现中华民族伟大复兴的中国梦而努力奋斗。

其三，传承弘扬大别山精神，要历史与现实相结合。大别山精神与井冈山精神、长征精神、延安精神、西柏坡精神等一样，都是中国新民主主义革命时期的产物，属于中国革命精神范畴。这样一种具有鲜明历史特色的革命精神要获得新的生命与活力，必须与新的时代相结合，与建设中国特色社会主义相结合，与实现中华民族伟大复兴的中国梦相结合，一句话，必须与当下的社会现实相结合。因此，传承弘扬大别山精神，就是要传承弘扬其坚定信念精神内核，坚定建设中国特色社会主义的理想信念；就是要传承弘扬其牺牲奉献精神，为建设中国特色社会主义乐于奉献，勇于牺牲；就是要传承弘扬其勇于创新的精神，在改革开放的实践中大胆探索，积极进取；就是要传承弘扬其永跟党走的坚定性，与党中央在思想上、政治上、行动上保持一致。总之，传承弘扬大别山精神，就是要紧密结合社会现实，对大别山精神进行创造性转化和创新性发展，使之与新时代的改革开放精神同频共振，一脉相承。

其四，传承弘扬大别山精神，要个体与整体相结合。大别山精神既鲜明地体现在大别山根据地每一个革命群众身上，又是鄂豫皖根据地革命斗争精神的集中体现，同时也是中国革命精神的重要组成部分，是个体与整体相结合的产物。因此，传承弘扬大别山精神，就要把个体与整体结合起来，不仅每一位来大别山干部学院接受培训的党员干部应自觉地学习大别山革命英烈坚定理想信念、勇挑革命重担、勇于牺牲奉献、永远紧跟党走的革命精神，通过个人的努力来传承弘扬大别山精神；同时，还应通过学员在其所在单位宣传大别山精神，并带领身边的人学习大别山精神，进而传承弘扬大别山精神。通过这种个体与整体的结合，就会形成传承弘扬大别山精神的浓厚氛围，让大别山精神在人们的日常工作生活中得到传承弘扬。个人在单位中属于个体，而不同的单位在整个社会中也属于个体。通过个人带动单位，通过单位带动周边的人，进而带动整个社会。通过这样一种个体与整体相结合的形式，可以进一步扩大大别山精神的影响范围，使传承弘扬大别山精神成为整个社会的自觉行动，从而使大别山精神在个体和整体层面都能够得到很好的传承弘扬，为在实现中华民族伟大复兴的中国梦进程中河南更加出彩提供精神支撑。

参考文献

[1]《习近平谈治国理政》，外文出版社，2014。

[2] 大别山干部学院编《大别山干部学院丛书》，豫内资信文广信通字［2014］3号。

[3]《大别山干部学院学报》第一卷（第1期、第2期），河南省连续性内部资料［审信阳连］00017号。

B.6 愚公移山精神的文化内涵与当代价值

卢　冰*

摘　要： “愚公移山”是中国古代著名的寓言故事，历代不断被援用和阐释，晚清时成为激励国人奋发有为、抵御列强的文化资源。在中共七大闭幕式上，毛泽东所作题为《愚公移山》的报告，号召人们学习愚公移山精神，成为新民主主义革命时期号召大家团结一心以争取革命胜利的重要精神力量。党的十八大以来，习近平总书记也在不同场合多次提出要继续学习愚公移山精神。在中国特色社会主义建设新时期，愚公移山精神被赋予了新的内涵，在推动新时期脱贫攻坚、加快生态文明建设及反腐倡廉等方面，仍然是共产党人团结奋进、开拓进取、不断前行的精神力量。

关键词： 愚公移山精神　文化内涵　当代价值

愚公移山的故事出自先秦典籍《列子》，主要讲述了一位名叫“愚公”的老者，因王屋、太行两座大山阻挡出行，于是不畏艰难，带领乡人挖山不止，感动天帝，最终天帝派山神将这两座大山移走的故事。这个故事作为中国传统文化资源，不断被后人援用和阐释。在新民主主义革命时期，被赋予反帝反封建的革命意向；在新时期，成为砥砺国人开拓进取的革命创业精神。

---

* 卢冰，河南省社会科学院文学研究所助理研究员，研究方向为图书史与明清文化。

一　愚公移山精神的历史传承与丰富内涵

（一）愚公移山精神的历史传承

愚公移山的故事出自先秦道家典籍《列子》，书中征引愚公移山的例子用以阐发道家超然物外、不计功利的宇宙观和人生观。晋代玄学兴盛，张湛在为此书作注释时曾说愚公以“天地为一朝，亿代为瞬息；忘怀以造事，无心而为功；在我之与在彼，在身之与在人；弗觉其殊别，莫知其先后”。唐代道教兴盛，对愚公移山故事的解读，也都是从道教的层面来理解。宋代理学兴起，愚公移山的意义逐渐由道家的精神超越层面转向儒家的经世致用层面。

晚清以降，列强入侵，民族危亡，面对西方列强的入侵，中国的传统文化遭受前所未有的冲击，国人在师夷长技的同时，也注重对传统文化资源的重新发掘与利用。在这种前所未有的危机下，愚公移山的故事重新被曾国藩、丁日昌等人提起，以坚定国人锲而不舍寻求富强、追求民族自立的信念。

1945 年，中国共产党第七次全国代表大会在延安召开。毛泽东在闭幕式上作了题为《愚公移山》的讲话，号召全国党员同志学习愚公移山的精神，挖掉帝国主义和封建主义这两座压在人民头上的大山，愚公移山精神成为新民主主义革命时期号召民众团结一心以争取革命胜利的精神力量。其实早在 1938 年、1939 年，毛泽东在抗大演讲时就已经援引过愚公移山的故事来激励听众，直到中共七大的报告，毛泽东才全面阐释了愚公移山精神，建构了愚公移山的政治隐喻。中华人民共和国成立后，又与《为人民服务》《纪念白求恩》作为“老三篇”在社会上普及，成为经典的革命文献，后来还被收入了语文课本。

中华人民共和国成立之后，帝国主义、封建主义这两座大山已经基本被挖掉，面对战后恢复国民经济的当务之急，愚公移山的意义转向了动员人民群众从事生产建设工作。1957 年 10 月 9 日，毛主席在《山东省莒南县厉家寨大山农业社千方百计争取丰收再丰收》这份报告上，挥笔写下了“愚公移山，改造中国，厉家寨是一个好例”的批语。1995 年，毛泽东《愚公移山》发表 50 周年之际，江泽民同志亲自题写“愚公移山、坚忍不拔、开拓进取、振兴中华”。

进入 21 世纪，习近平总书记也在多个场合引用愚公移山的故事。2015 年 3 月 6 日，习近平总书记在参加十二届全国人大三次会议江西代表团的审议时表示：“作为一名老区干部，一定不负党和政府的期望，立下愚公志、打好攻坚战，决心带领老区人民与全国人民同步奔小康，为原中央苏区振兴发展书写新的荣光。”同年 11 月 28 日，习近平总书记在中央扶贫开发工作会议上强调：“我们要立下愚公移山志，咬定目标、苦干实干，坚决打赢脱贫攻坚战，确保到 2020 年所有贫困地区和贫困人口一道迈入全面小康社会。”2016 年 12 月 30 日，习近平在全国政协新年茶话会上号召全国人民大力弘扬愚公移山精神，大力弘扬将革命进行到底精神，在中国和世界进步的历史潮流中，坚定不移把我们的事业不断推向前进，直至光辉的彼岸。2017 年 1 月，习近平在中央纪委第七次全会上再次引用毛泽东《愚公移山》的讲话，强调干工作要“下定决心、不怕牺牲、排除万难、去争取胜利”，明确提出“要锲而不舍、挖山不止、坚决铲除腐败这个最致命的污染源，努力打赢反腐败这场正义之战，为营造政治上的青山绿水不断努力”。同年 11 月，习近平在第 25 届 APEC 峰会上，借用愚公移山的典故号召亚洲国家要消除隔阂、合作共赢，构建“互联互通”的新型伙伴关系；在参加十二届全国人大三次会议江西代表团审议时，又提出“立下愚公志、打好攻坚战”，共同努力全面建成小康社会。2018 年 3 月，习近平在第十三届全国人民代表大会第一次会议上的讲话中指出，几千年来中国人民始终心怀梦想、不懈追求，“不仅形成了小康生活的理念，而且秉持天下为公的情怀，盘古开天、女娲补天、伏羲画卦、神农尝草、夸父追日、精卫填海、愚公移山等我国古代神话深刻反映了中国人民勇于追求和实现梦想的执着精神”，具有坚定不移的理想信念，认为“山再高，往上攀，总能登顶；路再长，走下去，定能到达”。

在新时期，习近平总书记在多个场合提到要大力学习愚公移山精神，指出在推进社会主义现代化建设的过程中，愚公移山精神在面对脱贫攻坚、治理生态、铲除腐败等问题时，依然是共产党人团结奋进、开拓进取的精神力量。

（二）愚公移山精神的文化内涵

愚公移山精神之所以能世代流传，在新民主主义革命时期和社会主义现代化建设过程中都发挥着重要的作用，就在于愚公移山的丰富内涵适应了不同时期的社会需求，成为鼓舞中华民族不断前行的精神动力。在推进社会主义现代化建设的进程中，我们依然要大力弘扬愚公移山精神，因为愚公移山精神保留着中华民族开拓进取、敢为人先的优良传统，象征着中华民族锲而不舍、持之以恒的奋斗精神，体现了中国人民团结奋斗、齐心协力的创业历程。愚公移山精神的主要内核，可以概括为三个方面。

一是开拓进取、敢为人先。创新是民族进步的灵魂，是国家兴旺发达的不竭动力。社会的发展总会不断带来新的问题，每个阶段我们都会遇到不同的挑战，因此我们不能囿于传统模式和固有思维，要敢于打破常规，大胆实践，鼓励创造性思维。中国特色社会主义发展道路，是中国共产党领导中国人民开创的一条中国式的现代化道路；中国特色社会主义道路，是中国人民从中国的国情出发，开拓出来的一条不同于他国模式的道路。当前中国特色社会主义进入了新时代，我国社会主要矛盾发生变化，我们要深刻领会这一变化，从实践出发，不断创新发展思路，不断创新工作机制，敢于创新勇于创新，不断探索新时期各项工作的新模式。新乡市南李庄村的党员积分管理制度、干部考评制度和文明户认领制度随着前来学习考察的团队走出了新乡，被多个地方学习采纳。这些来自基层的管理方式也是在实践中不断学习，依据本村实际而逐步摸索创建的。

二是锲而不舍、持之以恒。无论是革命年代还是现代化建设时期，我国都面临着各种严峻考验。毛泽东主席在七大报告中强调：“首先要使先锋队觉悟，下定决心，不怕牺牲，排除万难，去争取胜利。”无论个人的成功还是国家的进步，都有赖于持之以恒的精神。中华民族的伟大复兴不可能一蹴而就，需要几代人长时期持续不断地努力奋斗才能实现，因此持之以恒的精神就必不可少。只有认定目标，日积月累地努力，坚持不懈地奋斗，才能达成目标。当前我国面临的脱贫攻坚、反腐败等重任无不是重大考验，需要广大党员群众埋头苦干，坚韧不拔，一步一个脚印地克服一个个困难，解决一个个难题，才能不断推进我国各项事业的进步。

三是团结奋斗，齐心协力。毛泽东说过："我们宣传大会的路线，就是要使全党和全国人民建立起一个信心……还必须使全国广大人民群众觉悟，甘心情愿和我们一起奋斗，去争取胜利。要使全国人民有这样的信心：中国是中国人民的，不是反动派的。"中国共产党从成立之初就特别擅长发动群众，走群众路线，团结一切可以团结的力量，才赢得革命的胜利。能否团结各方力量一致奋斗也是对党员干部执政能力的重大考验，只有不断提高群众工作能力、密切党群干群关系、全心全意为人民服务，才能在党的各项工作中取得突出成效。

二　河南弘扬愚公移山精神的具体实践

愚公移山故事中的王屋山，位于豫、晋两省交界处的河南省济源市。济源地处河南西北部，北依太行，西踞王屋，是愚公移山故事的发祥地。2009年9月9日，中国民协组织专家经过实地考察后，授予济源市"中国愚公文化之乡"的称号。济源市委市政府组织一批专家学者反复探讨研究，最终把愚公移山精神阐释为"敢想敢干、开拓进取、坚韧不拔、团结奋斗"，并将其确定为济源市的城市精神。

20世纪最能体现毛泽东"愚公移山改造中国"巨大号召力的两大事件，是50年代济源县的蟒河综合治理和60年代林县（今林州市）红旗渠建设工程。其中红旗渠工程于1960年动工，以漳河水为源，在山西省境内的平顺县石城镇设坝截流，将漳河水引入林县，历时十年，于1969年成功完成修建。红旗渠的建成，改善了林县人民的生存环境，解决了56.7万人和37

万头家畜吃水问题，54 万亩耕地得到灌溉，粮食亩产由 100 公斤增加到 1991 年的 476 公斤，被林州市人民称为“生命渠”“幸福渠”。①

中华人民共和国成立后，济源市大力弘扬愚公移山精神，积极治理蟒河、建设五小工业、引沁济蟒渠、深山建水库，为济源当地的经济和社会发展奠定了坚实的基础。近年来，济源市强力实施工业强市、开放带动、科技兴市、文化立市、三产富市五大战略，经济和社会发展均呈现良好的态势。1996 年，全市国民生产总值达到 43. 3 亿元，综合经济实力在全省名列前茅；财政收入 3. 73 亿元，位居全省县和县级市之首。1996 年底，河南省委、省政府根据济源经济和社会发展状况，批准济源市从 1997 年 1 月 1 日起实行省直辖体制，列入全省 18 个省辖市行列。可以说济源市自身的发展就是愚公移山精神的生动实践。

为了更好地弘扬愚公移山精神，济源市还着手保护、开发了“愚公村”“愚公井”“愚公庙”等文化遗址，每年农历三月三前后主动对外推广愚公庙会——“搬山节”，使愚公文化广为人知。围绕着愚公移山精神这一主题，济源市还举行了各种活动来宣传、弘扬这一伟大精神，1995 年、2005 年济源市委、市政府两次在中央党校举办高层理论研讨会，纪念毛泽东《愚公移山》发表 50 周年、60 周年。

愚公移山精神不仅属于济源，属于河南，也属于全中国。围绕愚公移山精神，济源市和河南省也先后开展了一系列纪念活动。2013 年 6 月 25 日，在毛泽东同志《愚公移山》一文发表 68 周年之际，河南省愚公移山精神研究会第一次会员代表暨成立大会在愚公故里济源市举行，由毛泽东嫡孙、军事科学院战略部副部长毛新宇担任荣誉会长。中共河南省委省政府还将愚公移山精神和焦裕禄精神、红旗渠精神一起列为促进中原崛起的三大精神，并对全省红色资源进行整合，建立了焦裕禄干部学院、红旗渠干部学院、大别山干部学院以及愚公移山精神教育、新乡先进群体教育和南水北调党性教育基地，形成了“三学院三基地”的党性教育培训体系。

① 《愚公文化篇》，http：//www. jiyuan. gov. cn/zjjy/whjy/201601/t20160128_ 287178. html。

2013 年 3 月，济源市委按照河南省委的要求，依托市委党校建立了愚公移山精神干部学院，承担着大规模培训党员干部、有针对性地提高干部素质、积极锤炼基层干部工作作风等方面的培训任务，为深度挖掘新时期愚公移山精神的丰富内涵和时代价值开展了有效探索。

愚公移山精神教育基地自成立至今，共举办培训班 1054 期，总人数为 76408 人。其中省外培训班 34 期，1054 人；省内市外培训班 856 期，49788 人；市内培训班 164 期，25186 人。① 愚公移山精神教育基地设置了丰富多彩的教学模式，包括课堂教学、现场教学、访谈教学、研讨教学、实践教学、音像教学、体验教学、激情教学等。

其中现场教学有愚公移山精神展览馆、愚公移山故事发祥地——王屋山、小浪底爱国主义教育基地、愚公渠、济水文化苑、留庄英雄民兵营纪念馆、朱德出太行小道、水洪池——十年修一路等，通过实地参观，可以让学员亲身感受到先辈创业的艰难，激发学员投身于社会主义现代化建设的热情。音像教学包括赞歌、地方戏、电视剧等形式。以愚公移山为主题，济源市创作了丰富多彩的文艺作品，并获得了国家级、省级等多个奖项，1995 年创作的现代豫剧《王屋山下》，获得文化部文华新剧目奖等大奖；大型抒情寓言剧《愚公移山》，获河南省第十一届戏剧大赛“河南文华大奖”。此外还有根据愚公移山故事改编的 40 集神话电视连续剧《王屋山下的传说》，河南省非物质文化遗产“王屋琴书说愚公”（王屋琴书是济源独有的原生态曲种）等文艺作品，都以不同的艺术形式传播着愚公移山的精神，展示着愚公故里的精神风貌。2005 年中央电视台拍摄了七集大型纪录片《走遍中国·山水济源》，展现了济源人改造家乡的豪情壮志。

三　传承愚公移山精神的对策建议

近年来，习近平总书记在济南军区调研、2014 年 APEC 峰会、全国两

① 参见《愚公移山精神教育基地“党性教育网上展馆”》，http://www.ygysgbxy.com.cn/index.asp#tskc。

会江西代表团审议等多个场合，多次重提愚公移山精神，赋予了愚公移山精神新的时代内涵，愚公移山精神已成为贯彻落实“四个全面”战略布局、实现中华民族伟大复兴的坚实思想基础和强大精神动力。《国务院关于支持河南省加快建设中原经济区的指导意见》明确指出，发扬愚公移山精神、焦裕禄精神和红旗渠精神，全面增强开放意识、市场意识、机遇意识和创新意识，树立中原发展新形象。每一位基层的党员干部，都要发挥党员带头模范作用，深入学习愚公移山精神，深刻领会愚公移山精神在新时期的内涵，并用以指导具体的工作实践。

（一）坚定理想信念

党的十八大以来，以习近平同志为核心的党中央把党建工作摆在首位，坚定不移地推进从严治党，党风党纪为之一振，但也应清楚看到反腐败的困难。习近平在多个场合反复强调党员领导干部要坚定信念，号召广大党员干部要坚持共产主义的理想信念，经受起考验与历练，维护好自己的形象。2016 年 10 月 21 日，习近平在纪念红军长征胜利 80 周年大会上的讲话中指出：“长征胜利启示我们：心中有信仰，脚下有力量；没有牢不可破的理想信念，没有崇高理想信念的有力支撑，要取得长征胜利是不可想象的。”①《中共中央关于深化文化体制改革推动社会主义文化大发展大繁荣若干重大问题的决定》也指出，“没有全民族精神力量的充分发挥，一个国家、一个民族不可能屹立于世界民族之林”。愚公移山之时就信念坚定，坚信一定能把山移走：“虽我之死，有子存焉；子又生孙，孙又生子；子又有子，子又有孙；子子孙孙无穷匮也，而山不加增，何苦而不平？”在学习愚公移山精神时，也要学习他这种有志竟成的信念。

（二）坚持群众路线

党的群众路线是我们党的根本工作路线，也是我们党的根本的领导作风

---

① 《习近平谈长征胜利启示：心中有信仰　脚下有力量》，央广网，2016 年 10 月 21 日，http：//news. cnr. cn/special/longmarch/dh/zbzy/20161021/t20161021_ 523211759. shtml。

和工作方法。“一切为了群众、一切依靠群众，从群众中来、到群众中去”，短短 24 个字，是对中国共产党一贯坚持的优良作风的生动呈现。人民群众是历史的主体和创造者。愚公移山之时，也是动员了家庭成员和邻人，号召大家共同劳动，移走大山。在革命战争年代，中国共产党的领导人已经清醒地认识到只有依靠群众，发动群众，团结一切可以团结的力量，才能取得胜利。要加强党的作风建设，就必须保持党同人民群众的血肉联系，增强群众观念，不断厚植党执政的群众基础。凡是群众反映强烈的问题都要严肃认真对待，凡是损害群众利益的行为都要坚决纠正。正如新乡刘庄党委书记史来贺生前曾说过的：“牌子、名声不值一个钱，能给群众办几件好事，比啥都值钱。”他坚持和群众同吃同住同劳动、遇事同商量，赢得了群众的信赖，也为各项工作提供了群众基础。

（三）坚持实干兴邦

“空谈误国，实干兴邦”，这是习近平同志在阐述“中国梦”时特别强调的 8 个字，也是千百年来人们从治国理政的历史经验教训中总结出来的重要结论。毛泽东把愚公移山精神概括为“下定决心，不怕牺牲，排除万难，去争取胜利”。在确定了目标之后，就要不怕难，不空想，实事求是地朝着目标前进。新中国的建立，是无数革命先烈用鲜血奋斗出来的；社会主义现代化建设，也是无数劳动者用汗水换来的。正是因为一代代人的埋头苦干和接力奋斗，中华民族的伟大复兴才展现出如此光明的前景，伟大的“中国梦”才越来越接近现实。只有脚踏实地苦干才能实现中国梦的伟大目标。学习愚公移山精神，就是要学习这种锲而不舍、持之以恒的韧劲。

综上所述，愚公移山的寓言故事，经过历代不断援用和阐释，在晚清时成为激励国人奋发自强、抵御列强的文化资源。至中共七大，毛泽东在闭幕式上作了题为《愚公移山》的报告，愚公移山精神成为新民主主义革命时期号召大家团结一心以争取革命胜利的精神力量。在新的历史时期，习近平总书记在多个场合也提到要大力学习愚公移山精神。作为愚公文化之乡的济源积极响应党中央学习愚公移山精神的号召，建立了愚公移山精神干部学院和愚公移山精神教育基地，并采取丰富多彩的教学形式，将课堂教学与课外实践相结合，培训了众多的党员干部。在新的历史时期内，广大党员干部应进一步理解把握愚公移山精神的深刻内涵，坚持理想信念，坚持群众路线，坚持实干兴邦，让愚公移山精神成为推动共产党人团结奋进、开拓进取、不断前行的精神力量。

参考文献

[1] 白阁:《愚公移山精神的时代价值》,《济源职业技术学院学报》2012 年第 1 期。

[2] 周游:《"愚公移山" 寓言在现代中国的阐释与运用（1936 ~ 1976)》,《中共党史研究》2016 年第 1 期。

[3] 雷禹:《从"愚公移山精神" 到 "中国梦" 的逻辑进路》,《湖南人文科技学院学报》2016 年第 3 期。

[4] 张红克:《简析习近平愚公移山精神重要论述的两个维度》,《济源职业技术学院学报》2018 年第 1 期。

B.7

新乡先进群体的精神内涵与社会功能

李中阳*

摘　要： “新乡先进群体”是对中华人民共和国成立以来河南省新乡市涌现的一大批先进基层党员干部典型的统称，因其群体性和延续性而备受关注。这一群体以基层党员干部为主，具有群体性的结构特征、鲜明的时代实践特征以及传承延续的发展特征，包含了对党忠诚的人生观、为民服务的价值观等丰富精神内涵，具有价值整合、导向、凝聚等重要社会功能。

关键词： 新乡先进群体　基层党员干部　为人民服务

十九大报告指出，文化是一个国家、一个民族的灵魂。中华人民共和国成立以来，特别是改革开放以来，河南省新乡市相继涌现出史来贺、吴金印、裴春亮等一大批基层党员干部的先进代表，形成了“新乡先进群体”现象。“新乡先进群体”虽然所取得的业绩不尽相同，但其精神内涵与中国特色社会主义核心价值观一脉相承，对于河南乃至全国的思想道德文化建设工作都具有较高的价值示范作用。深入分析研究“新乡先进群体”的精神内涵及其社会功能，对于发展中国特色社会主义文化、推进河南实现构筑全国重要文化高地的战略目标都具有重要的参考价值。

---

* 李中阳，河南省社会科学院政治与党建研究所研究实习员，主要从事马克思主义理论研究。

一 “新乡先进群体”的实践特征

马克思的实践观认为，实践是人的感性活动，实践是包括精神活动在内的一种非单一物质互动，在实践过程中人们可以把自己的主观意志强加于客观对象从而改造世界。“新乡先进群体”的精神内涵也是在实践中产生的社会群体现象，是一种精神实践的产物。因此，分析“新乡先进群体”的精神内涵，首先应从其实践特征出发进行抽象分析。

（一）身份特征：基层党员干部

从实践主体属性看，“新乡先进群体”具有一个共同的身份属性，即基层共产党员干部。“新乡先进群体”实际是从县级以下各基层党支部书记或基层党组织负责人中比较得出的基层党员干部先进典型的统称，“新乡先进群体”精神产生的首要实践特征，就是其实践主体进行实践活动的感性出发点是基于他们自身的身份角色、职能定位、工作业绩。从这个角度出发，“新乡先进群体”精神之所以能够诞生，是基于史来贺、吴金印等一大批基层党员干部对自己身份属性的高度荣誉感与认同感，他们在党中央的领导下，时刻以一个基层党员干部的标准要求自身，履行党员干部职责，切实贯彻落实党的思想路线、政治路线、群众路线，在建设中国特色社会主义事业中表现突出并赢得群众的认可与赞扬。史来贺生前曾多次说过：“当干部就得‘干’字当头，干活不怕掏力，真心实意给群众造福，这样才会说话有人听，办事有人跟。不这样，在群众面前就过不了关。”① 这一身份特征在社会主义建设视域下赋予的实践内涵属性就是党性。与此相对应，由于他们肩负特殊职责，工作在紧密联系群众的第一线，是贯彻党的群众路线的最主要力量，因此这一身份特征还赋予了他们在社会主义建设视域下的实践人民性。因此，“新乡先进群体”作为基层党员干部实现了党性与人民

---

① 戴鹏、王明浩：《共产党人的楷模——史来贺（下）》，《人民日报》2003 年 9 月 15 日。

性的统一，体现了“新乡先进群体”的精神内涵与社会主义先进文化的统一。

（二）结构特征：群体性与广泛性

群体性和广泛性是“新乡先进群体”的实践主体结构特征，是“新乡先进群体”不同于其他先进精神的最显著标志。一方面，“新乡先进群体”的实践结构具有群体性特征。“新乡先进群体”中不仅有5位以上中央号召学习的先进人物和两位被评为全国“双百”的先进人物，还有4位“全国优秀共产党员”、5位“全国优秀党务工作者”。此外，还有省级典型100多个，市（地）县级典型1000多个①。中华人民共和国成立以来，许多地区都出现过许多光辉的先进事迹和先进人物，但其中一些先进人物因特殊的历史局限，未能把握住时代的脉搏，不能做到与时俱进而被时代被人民抛弃，慢慢地被世人遗忘，或者因律己不严、骄傲自满而最终未能持久。在新乡这样一个小区域内，不同时期先后涌现出大量的先进模范，并形成英模辈出、群星灿烂、相互学习、相互影响、相互促进、相互超越的“先进群体”现象，这在全国范围内都是十分难能可贵的。实践主体结构的群体性是“新乡先进群体”的独特实践优势，群体发展和生成过程是个体之间在实践中相互学习相互模仿的过程，有一个由量变到质变的过程。“新乡先进群体”精神的群体性特征，生动地说明新乡地区的基层党组织之间已经完成了由个体精神输出向群体精神生产模式转变的过程，已经由个体的单一实践转变为群体共同以某一个感性目的为实践目标的群体性实践。另一方面，“新乡先进群体”的实践结构还具有广泛性特征。从职级上看，先进典型包含了县级、乡镇、社区等各个层次基层党支部的各个职级党员干部；从职业上看，有事业有成建设家乡的，有一开始就从事基层党务工作的老党员干部；从业绩上看，先进典型的事迹各不相同，有带领群众炸山开路的张荣锁，还有带领群众勤劳致富的史来贺、吴金印，他们身上的闪光点不

---

① 王明科：《试论“新乡先进群体”的精神内涵与社会功能》，《中州学刊》2017年第1期。

同，内容广泛，层次丰富，赋予了“新乡先进典型”更加完整丰富的精神内涵。

（三）行为特征：历史性与时代性

马克思的实践观认为，人的实践活动是社会历史性的，即实践活动是由处于一定社会关系中的人作为实践主体在一定社会条件下进行的实践活动，并随社会条件发展而发展。从这个角度出发，“新乡先进群体”精神产生所经历的实践过程，其行为特征具有鲜明的历史性与时代性。一方面，其实践内容具有鲜明的时代性。通过深入学习分析“新乡先进群体”的事迹可以发现，张荣锁带领群众劈山筑路时期正是90年代党中央号召群众勤劳致富的时期，刘志华带领京华人建设“乡村都市”的时期也正是80年代初乡镇企业蓬勃发展时期。作为党的基层干部，他们都紧跟时代发展导向，找准当时存在的最迫切问题，把群众最急需、最渴望的事情当做自己奋斗的主要目标去做，及时回应群众需要，担负起时代发展重任，带领群众做出一番光辉业绩。另一方面，其实践行为的客观社会条件具有鲜明的时代性。“新乡先进群体”的诞生，离不开社会主义制度这一时代背景条件。1949年中华人民共和国成立和1956年社会主义制度确立，是“新乡先进群体”诞生的先决时代条件。自此以后，实现“共同富裕”的奋斗目标、贯彻以人民为中心的发展思想，得到了人民群众的拥护和支持。吴金印带领群众修筑梯田、许福卿带领群众修建水渠，都离不开群众的广泛参与，这些实践活动离开了社会主义制度条件都难以实现。“新乡先进群体”紧跟时代步伐、求富裕谋发展的历史实践过程，决定了“新乡先进群体”精神内涵的时代属性和价值属性。

（四）发展特征：传承性与延续性

传承与延续的发展实践特征是“新乡先进群体”最宝贵的特质。与其他一些地方“先进现象”的昙花一现不同，“新乡先进群体”现象在时代变化发展中一直经久不衰，并且在新的历史时期焕发出生机活力，其中一个重要原因就是由于老一辈先进典型与新时期先进典型之间的言传身教、实践指导和思想传承。裴春亮从小就是听着村头广播里史来贺的故事长大的，而史来贺、吴金印、张荣锁等先进模范就出现在裴村周围，随着乡亲们的口头传播给予他成长过程中很大影响；史世领更是从小受其父亲史来贺书记言传身教。很多新时期先进典型都深受老一辈先进党员干部影响，希望自己能够像他们一样继承优秀传统，带领群众过上好日子。马克思主义发展观认为，联系是事物发展的基本条件。“新乡先进群体”中的每一个先进个体作为一种精神主体，具有其完整独特的信念系统，是这种信念促成了每一个先进个体对实践的感性认知并指导实践发展；而在长期的实践过程中，每一个先进个体又不是孤立存在的，而是相互联系、相互影响的，并在联系影响的过程中，将前人的思想、理论、理想、信念、道德、情感、意志等精神因素，通过持续的影响产生辐射效能并不断放大，进而形成群体行为和群体效应，从而使得区域的群体精神风貌整体得到塑造和提升。“新乡先进群体”的传承与延续性特征，使得目前新乡区域性基层政治生态呈现出互相学习、互相影响、相互超越的良好精神风貌。

二　“新乡先进群体”的精神内涵

马克思主义哲学认为，“精神”是人在特定历史条件下通过实践形成的认知，是人主观上思维、意识和观念等因素的综合体①。“新乡先进群体”的精神内涵就是指“新乡先进群体”中各位先进典型在基层岗位长期奋斗过程中形成的人生观、价值观、实践观、义利观的集合，是一种宝贵的基层党员干部的奋斗经验和精神财富，是新乡先进人物奋斗历史的一种具化、集中体现。主要体现在以下几个方面。

（一）全心全意为人民服务的人生观

人生观是人们在实践中形成的对于人生目的和意义的根本看法，是个体

① 徐海峰：《马克思精神观研究》，辽宁大学博士学位论文，2016。

精神内涵的核心部分。人生观不仅决定了人们的人生目标和人生道路方向，也决定了人们的价值取向和生活志趣。中国共产党人始终把全心全意为人民服务的人生宗旨作为广大共产党人的高级人生志趣，而基层党员干部是党的群众路线的执行者，是党的各项路线、方针、政策的落实者，也是中国共产党人人生旨趣的直接践行者。纵观“新乡先进群体”中的各个先进基层党员干部，无一不把全心全意为人民服务作为自身的人生旨趣和职业信条，他们在自己的职业生涯中深刻阐释了全心全意为人民服务的人生志向和精神追求。一方面，“新乡先进群体”始终坚持心系群众、为民服务，刘庄村原党委书记史来贺曾说过：“党领导人民走社会主义道路，就是让大家都过上好日子。如果群众过不上好日子，那就是咱共产党人没本事。”① 另一方面，“新乡先进群体”始终坚持扎根基层、依靠群众、服务群众，许多先进典型即便得到上级的提拔机会，仍然坚持留在基层为群众服务，淡泊名利，只为百姓谋福利，例如，新乡卫辉市唐庄镇党委书记吴金印就在乡镇干了31年，其间多次放弃组织上调他到上级机关工作的机会，几十年如一日坚守其镇党委书记的职责。新乡先进典型用自己的现实事迹诠释了“新乡先进群体”全心全意为人民服务人生旨趣的精神内涵，始终把自身作为党全心全意为人民服务宗旨的践行者，这种理想选择和实践导向也是形成“新乡先进群体”精神内涵最为重要的核心。

（二）对党忠诚、坚守信念的价值观

价值观是指个人对客观事物及对自己的行为的主观综合评价，价值观决定了一个人内在的价值倾向和行动原则，是精神内涵的核心理念。对于广大共产党人来说，对党忠诚、坚守共产主义坚定信念就是中国共产党人最应坚守的价值观。“新乡先进群体”中的每一个先进典型，都始终坚持共产主义坚定信念、坚守全心全意为人民服务的价值宗旨，坚持“听党话、跟党走”，坚持党的领导，一生都对党忠诚毫不动摇。刘庄村原党支部书记史来

---

① 李杰、王明浩：《共产党人的楷模——史来贺（上）》，《人民日报》2003年9月15日。

贺就曾经说过："共产党员的称号是奉献，不是索取。"正是抱着这样的信念，史来贺带领全村群众把刘庄村建成了远近闻名的"中原首富村"。裴寨村党支部书记裴春亮也说过这样朴实的话语："你是党员，你就是和别人不一样，走的路要正，做的事要公平。"① 于是，他带领裴寨村群众建成了现代化裴寨社区。个体价值观的形成过程是一个坚守自身信仰并不断实践的过程，是经历肯定、否定、再肯定的实践过程之后深化认识并将个体的理想信念与行为素质升华为精神内涵的过程。"新乡先进群体"在实践中通过坚定贯彻落实党的方针政策路线，对共产主义理想信念有了深刻肯定的认识。无论是朴素的话语表达，还是多年的基层实践，都体现出他们对共产主义理想信念的实践认知过程。他们将共产主义理想信念与自身价值观交融统一，做到了价值取向向个人精神内涵的朴素转化，完成了自身共产主义价值观的塑造。对党忠诚、坚守信念的价值观，是"新乡先进群体"精神内涵形成的重要前提，也是其价值观的最核心理念。

（三）实事求是、与时俱进的发展观

个体的发展观是行为实践过程中的重要行为指导，它通过影响个体对事物变化发展的认识来指导实践，是个体精神内涵形成的重要动力。马克思主义发展观是唯物辩证法的一个总特征，具体到方法论来讲，就是既要坚持与时俱进，培养创新精神，又要按客观规律办事，实事求是。作为广大基层党员干部的先进代表，"新乡先进群体"始终坚持马克思主义关于发展的基本观点，切实以科学发展的眼光看问题，准确把握时代脉搏，使实事求是、与时俱进的发展观成为"新乡先进群体"精神内涵形成的重要动力。一方面，作为先进基层党员干部的代表，"新乡先进群体"在工作实践中始终坚持实事求是的思想路线。他们立足于当地实际情况，提出的任何一个解决问题的方案都立足于对当地村庄、乡镇、社区村情、镇情、区情的准确把握。例如，唐庄党委书记吴金印在上任之初就坚持翻山越岭实地考察，"一天翻五

① 纪雅林、王汉超：《日子过好了　村官怎么当》，《人民日报》2010 年 7 月 7 日。

六座山、七八天穿烂一双鞋”，因地制宜提出发展思路，最终带领唐庄人民走向小康。另一方面，“新乡先进群体”始终坚持解放思想、与时俱进的思想路线，紧扣时代脉搏，体现了基层先进党员干部的发展大智慧。特别是像史来贺、吴金印等老典型，在几十年实践探索中始终保持先进本色，思想上不僵化、不退缩，展现了与时俱进的发展眼光。刘庄原党委书记史来贺在“文革”期间顶住政治压力，带领全村人办起机械厂、面粉厂、冰糕厂等在当时被称为“资本主义的苗”的一系列加工厂，使刘庄形成了全面发展、五业兴旺的新格局，改革开放后刘庄百姓无一不佩服老书记超越常人的发展眼光。作为马克思主义发展实践理论的两大方面，实事求是和与时俱进在“新乡先进群体”精神内涵形成的实践过程中得到充分的彰显。

（四）无私奉献、清正廉洁的义利观

义利观是指个人对于“义”与“利”关系的根本看法，它包含了个人利益与集体利益的关系和物质利益与道德原则的关系双重内涵①。义利观是个体精神内涵形成的重要保障。中国共产党自成立以来，始终强调个人利益应服从于民族利益和人民群众利益，党的干部无论何时都不应把个人利益放在首位，崇尚“无私奉献、清正廉洁”的义利观。从老一辈先进典型史来贺、郑永和、吴金印，到新一代典型裴春亮、范海涛等，“新乡先进群体”始终坚守作为一名基层党员干部的义利操守，清正廉洁、克己奉公，坚持个人利益小于集体利益，得到了广大群众的尊敬。吴金印在担任唐庄镇党委书记时，唐庄决定采购60万棵山楂树苗，一位客商曾找到吴金印，企图以每棵五分的“好处费”拿到经销资格，结果被吴金印一口回绝：“拿人民的钱财换取‘好处费’，不成了吸血鬼?”虽然吴金印带领唐庄人民走上小康路，但吴金印自己却依然清贫如故，依然坚持廉洁朴素的生活作风，受到群众敬仰。自掏3000万元帮群众盖别墅的新时代先进典型裴春亮，其格言就是

① 覃俏丽：《儒家的义利观及其价值》，中国共产党新闻网，http：//theory.people.com.cn/GB/49157/49164/5043867.html，2006－11－15。

"做个有钱人，不如做个值钱人"。他们始终遵循集体利益大于个人利益、群众利益高于自身利益的义利关系，把群众利益和集体利益摆在首位，生动地诠释了一名优秀的共产党员应有的义利操守。"新乡先进群体"通过自己的言行赢得了人民群众的信任和支持，自然能够占据社会主义建设中的道德高地，进而产生辐射效应。从这个方面来看，坚持"无私奉献、清正廉洁"的义利观也是"新乡先进群体"精神内涵得以形成的道德保障。

（五）艰苦朴素、真抓实干的作风观

作风观是指对应保持什么样的实践作风的系统认识和根本看法，是个体精神内涵形成的重要基础。长期以来，中国共产党始终坚持艰苦朴素、求真务实的作风观，为取得革命、建设、改革的伟大胜利奠定了重要基础，艰苦朴素、真抓实干也已经成为优秀党员干部的共性特征。习近平总书记曾指出："大量事实证明，一个地方的工作，成在干部作风，败也在干部作风；一个地方的事业，兴在干部作风，衰也在干部作风。"① 党员干部的作风观对于社会主义建设有基础性作用，基层党员干部是否具有优良工作作风，甚至会直接影响基层地区发展。"新乡先进群体"在几十年形成、发展过程中，表现出强烈的艰苦朴素、真抓实干的工作作风。如回龙村党委书记张荣锁带领村里干部群众苦干三年，劈开九座山头，在绝壁上修建了8公里的盘山公路与1000余米的悬崖隧道，打通了河南通往山西的"生存路、团结路、致富路"，铸就了自力更生、艰苦奋斗的"回龙精神"；刘庄原党委书记史来贺，从20世纪50年代初期开始带领群众平地改土，用20年时间改造750余块"保收田"并发展多项产业，带领刘庄人民走上了富裕之路；等等。"新乡先进群体"始终坚持艰苦朴素、真抓实干的优良作风，既有利于广大党员干部在社会主义建设中能够保持戒骄戒躁、踏实笃行，又有利于赢得群众的信任爱戴，凝聚人心，是形成"新乡先进群体"精神内涵的重要基础。

---

① 《论群众路线——重要论述摘编》，中央文献出版社、党建读物出版社，2013，第126页。

三 “新乡先进群体”的社会功能

辩证唯物主义认为，精神对物质实践具有能动的反作用，一种精神一旦完成，必将指导实践并产生积极的现实意义。“新乡先进群体”经过多年的持续发展，精神文化内涵不断丰富，逐渐成为与社会主义先进文化一脉相承的一种精神现象。近年来，社会各界对“新乡先进群体”现象的关注程度不断提高。深入分析“新乡先进群体”精神的社会功能，在新时代具有更加重要的意义。

（一）凝聚功能

“新乡先进群体”精神具有强大的凝聚功能，是团结群众的重要力量。马克思认为，科学理论作为一种精神力量，能推动人们在实践中创新。一个地区某一种精神内涵的形成，是经过了广大人民群众对其“肯定—否定—肯定”的认知过程并经由实践检验而形成的共性认识。先进的精神内涵不仅包含了能够科学指导实践的对事物本质和规律的认识，而且包含了被人民群众肯定的共同理想，这种共同理想一旦产生，就能够形成强大的社会凝聚力并用以指导实践。“新乡先进群体”精神的凝聚功能主要体现在两个方面。一是把人民群众凝聚在中国特色社会主义共同理想中。作为党的基层党员干部，他们亲身感受群众疾苦，为人民群众能过上好日子而辛勤奔波，以艰苦奋斗、无私奉献的精神带领人民群众勤劳致富，改变了家乡贫穷落后的面貌；他们严格要求自身，始终坚持勤俭朴素、清正廉洁的作风观、义利观，受到了人民群众的广泛尊敬和肯定，切实扩大了党在基层的影响力和向心力，让人民群众亲眼看到党组织有真作用、能信赖、可依靠，愿意在党的领导下同基层干部一起为全面建成小康社会而奋斗。二是把人民群众凝聚在实现共产主义远大理想中。实现共产主义是全体中国共产党人的远大理想，而对共产主义远大理想的坚定信仰，则来自对马克思主义科学理论的真正领悟和深入把握。作为党的基层党员干部的先进代表，“新乡先进群体”通过带领群众不断探索真理、把握历史变化规律，取得了一次又一次建设事业的成功，生动体现了辩证唯物主义与历史唯物主义的内在统一，使人民群众感受到共产主义是科学的、先进的、可以实现的，从而对建成共产主义充满信心，为实现共产主义远大理想而继续奋斗。

（二）引领功能

一种精神内涵一旦形成，就会对物质实践产生能动的反作用，这种实践方法如果被广泛认可，肯定其科学性与先进性，就会引导更多个体参与实践，产生引领效应。最新有关统计数据显示，截至2016年12月31日，中国共产党共建立基层组织451.8万个，全国8138个城市街道、31819个乡镇、97911个社区（居委会）、550636个建制村已建立党组织，覆盖率均超过99%①。面对如此庞大的基层党组织和基层党员干部数量，如何引领指导基层党员干部贯彻以人民为中心的指导思想，需要深入发掘先进群体的精神内涵及引领作用。“新乡先进群体”精神不仅集中体现了马克思主义科学理论内涵的先进性与科学性，也集中展现了中国共产党人作为中国人民和中华民族先锋队的先进属性。一方面，“新乡先进群体”精神内涵来自基层党员干部的先进代表性。无论是其全心全意为人民服务的人生观还是对党忠诚、坚守信念的价值观，都深刻体现了基层党员干部的先进精神和优良作风传统，集中代表了基层党员干部的优秀品质，具有强烈的典型性。另一方面，“新乡先进群体”精神内涵的引领功能，又来自其超越性。“新乡先进群体”来自普通党员干部，但他们的思想境界又高于一般基层党员干部，他们以更加超越性的发展眼光和更加无私奉献的精神建立起更高大、更丰满、更崇高的优秀基层党员干部形象，为广大基层党员干部提高自身提供了目标。这些都说明“新乡先进群体”精神内涵具有指导新时期基层党员干部实践的作用。

---

① 中共中央组织部：《2016年中国共产党党内统计公报》，共产党员网，http：//news.12371.cn/2017/06/30/ARTI1498810325807955.shtml，2017-6-30。

（三）推进功能

马克思主义唯物历史观认为，社会存在决定社会意识，社会意识对社会存在具有能动的反作用。从这个角度讲，“新乡先进群体”精神的科学性与先进性，决定了其能够对推进基层发展乃至于推进全面建成小康社会产生重要作用。目前，社会主义建设已进入决胜全面小康关键时期，“我们比历史任何时期都更接近、更有信心和能力实现中华民族伟大复兴的目标”[①]。全面建成小康社会的重点在基层，难点也在基层，而基层能否实现小康又关系到中华民族伟大复兴的基础，没有广大基层群众的全面小康，中国梦也无法实现。多年的工作实践表明，建设基层最关键的问题，就在于能否有一个好的带头人。一个好的带头人不仅能够带领群众共同致富，更能营造出积极向上、健康良好的发展环境。作为优秀基层党员干部的先进代表，“新乡先进群体”不仅严格贯彻落实好党的各项方针政策，切实发挥基层堡垒作用，更时刻牢记为人民服务的工作宗旨，有力地推动着基层地区迅速发展、紧扣时代脉搏。在新时期社会主义基层建设中，“新乡先进群体”的精神内涵对于进一步完善基层公共设施建设、提高基层群众生活水平、改善基层发展面貌具有巨大的推进作用。

（四）建设功能

“新乡先进群体”精神对构建新时代农村文化氛围、建设新时代乡贤文化具有重要的建设功能。乡贤文化是中华民族优秀的传统文化，实质上是一种榜样文化、精英文化和先进文化，是发展新时代中国特色社会主义的重要文化资源。[②] 党的十九大报告提出，要加强农村基层基础工作，健全自治、法治、德治相结合的乡村治理体系[③]，这就需要在新时期在遵循文化发展规

① 习近平：《决胜全面建成小康社会　夺取新时代中国特色社会主义伟大胜利——在中国共产党第十九次全国代表大会上的报告》，人民出版社，2017。

② 冯思淇：《新时代乡贤文化建设的实践逻辑——以新乡先进群体为例》，《河南科技学院学报》2018 年第 1 期。

③ 习近平：《决胜全面建成小康社会　夺取新时代中国特色社会主义伟大胜利——在中国共产党第十九次全国代表大会上的报告》，人民出版社，2017 年 10 月 18 日。

律的基础上培育新乡贤文化，把完善乡村基层治理与满足农民群众对美好生活的需要协调统一。“新乡先进群体”是新时期优秀乡贤文化的代表，一方面，“新乡先进群体”是农村致富的带头人，像裴春亮、范海涛等人都是新时期产业领域的成功人士，他们不仅有先进的技术和生产管理经验，更对家乡有割舍不断的感情，他们在取得成功后又躬身家乡带领群众共同勤劳致富，共享发展成果，展现了共享的乡贤文化；另一方面，“新乡先进群体”是农村治理的参与者，其共同特征就是“坚持村集体民主制度，遇到集体大事都由村民代表民主表决并在全村公开，同时又创造文明评议制度引导村民孝老爱亲，对淳化乡风作出突出贡献，为基层带来了现代法治观念和高尚的道德品质”。因此，“新乡先进群体”精神作为基层先进文化的代表，对新时期乡村文明建设和新乡贤文化的构建发挥着重要的建设作用。

参考文献

［1］习近平：《决胜全面建成小康社会　夺取新时代中国特色社会主义伟大胜利——在中国共产党第十九次全国代表大会上的报告》，人民出版社，2017。

［2］《论群众路线——重要论述摘编》，中央文献出版社、党建读物出版社，2013。

［3］徐海峰：《马克思精神观研究》，辽宁大学博士学位论文，2016。

［4］王明科：《试论“新乡先进群体”的精神内涵与社会功能》，《中州学刊》2017年第1期。

［5］中共中央组织部：《2016年中国共产党党内统计公报》，共产党员网，http：//news. 12371. cn/2017/06/30/ARTI1498810325807955. shtml。

B.8
南水北调精神光耀千秋

陈勤娜*

摘　要： 伟大的工程孕育伟大的精神。南水北调工程是人类历史上规模最宏大、持续时间最长的饮用水调水工程，是国家科学统筹协调、库区移民舍家为国、移民工作干部牺牲奉献、工程技术和建设施工人员创新求精的伟大产物。南水北调工程所孕育造就的精神，体现了“大国统筹、人民至上、创新求精、奉献担当”四个层面的内涵。它们既紧密联系又相互贯通，共同构成了完整的南水北调精神系统，并且与南水北调工程交相辉映，光耀千秋。

关键词： 南水北调精神　大国统筹　人民至上　创新求精　奉献担当

一　寄寓梦想的世纪工程

水是生命之源，水利是国家的命脉，南水北调工程是我国治水史上的一大创举。据《黄河规划志》记载：“1952 年 10 月下旬，毛泽东主席亲临黄河视察，听取治黄工作汇报。毛泽东主席听到黄委会主任王化云汇报黄委会委员对黄河源及从通天河引江入黄的查勘情况时插话说：‘南方水多，北方水少，如有可能，借一点来也是可以的。’”[①] 这段话概括了我国南多北少的

---

* 陈勤娜，河南省社会科学院文学研究所助理研究员，主要从事中国文学和文化学研究。

① 黄河水利委员会等编《黄河规划志》，第六篇《南水北调规划》，河南人民出版社，1991，第 449 ~ 450 页。

水情，也开启了中国跨流域调水修筑新时期中华水网的梦想。2014 年 12 月 12 日，世界级水利工程南水北调中线一期工程正式通水。习近平总书记指示："南水北调工程是实现我国水资源优化配置、促进经济社会可持续发展、保障和改善民生的重大战略性基础设施。"李克强总理批示："南水北调是造福当代、泽被后人的民生民心工程。中线工程正式通水，是有关部门和沿线六省市全力推进、二十余万建设大军艰苦奋战，四十余万移民舍家为国的成果。"

南水北调中线工程的建成通水来之不易。从 1952 年秋毛泽东主席提出将南方水调往北方的伟大设想，到 2014 年冬丹江水终于成功调入京津，凝聚着一代又一代人半个多世纪的坚持努力。1958 年至 1959 年，在生产力水平非常低下、科学技术比较落后、施工工具极端简陋的艰难条件下，十几万农民工靠着一腔热血，肩扛手提，昼夜施工，终于"腰斩汉江"，顺利完成丹江口水利枢纽截流工程。1964 年至 1974 年，建成丹江口大坝工程和陶岔渠首枢纽工程，实现了灌溉、发电、防洪等功能，为后来的跨省工程打下基础。由于当时生产力水平低下，施工方式原始，有 2880 名干部民工在工地受伤致残，141 人牺牲。进入 21 世纪，随着社会发展和人口持续增长，我国北方的水资源危机日益严重，2002 年，南水北调的伟大工程重新提上日程。经过大量严密的调查论证，2005 年丹江口大坝加高工程开工建设，同时开始进行大规模的移民安置工程、生态保护工程、输水总干渠工程和受水供水配套工程，至 2014 年底，人类历史上规模最宏大、持续时间最长的饮用水调水工程终于梦想成真。

二　南水北调工程的基本内涵

伟大的工程孕育伟大的精神。在南水北调工程规划建设的过程中，产生了无数可歌可泣的中国故事，铸就了特色鲜明的国家与民族精神。南水北调工程是国家科学统筹协调、库区移民舍家为国、移民工作干部牺牲奉献、工程技术和建设施工人员创新求精的伟大产物。经过大量的调查和深入的分析，我们认为，伟大的工程所孕育造就的精神，应当体现四个层面的内涵，根据它们的内在联系，我们把这种精神内涵综合表述为“大国统筹、人民至上、创新求精、奉献担当”，这四个层面内涵丰富、层次分明，既紧密联系又相互贯通，共同构成完整的南水北调精神系统，并且与南水北调工程交相辉映，光耀千秋。

（一）大国统筹

南水北调中线工程是国家科学统筹协调的宏伟工程。从 1952 年开始，南水北调工程的规划论证持续了长达半个世纪。其间共举办 110 多次专家学者会议，召集 6000 多人次，各级人大代表、政协委员提出大量建议观点，专家学者经过了层层审查论证，可以说，南水北调总规划凝聚了国家和民族的智慧。2002 年，国务院批复同意《南水北调工程总体规划》，南水北调工程开始进入实施阶段。

南水北调工程分别从长江下游、中游、上游取水，形成东线、中线和西线三条纵向调水线路，与长江、淮河、海河、黄河四条横向河流交叉连接，形成“三纵四横”的现代中华水网。其中东线工程主干线全长 1467 公里，从长江下游扬州附近取水，利用京杭大运河故道及平行河道，贯通洪泽湖、骆马湖、南四湖、东平湖，出东平湖后，一路向北穿过黄河输水到天津，一路向东通过胶东地区输水到烟台、威海。东线工程不仅解决了黄淮海平原东部地区、胶东半岛、华北沿津浦线地区的严重缺水问题，还通过一系列严格的治污措施，彻底改变了东线沿线的水环境。中线工程全长 1432 公里，输水总干渠工程从丹江口水库淅川县陶岔渠首闸引水，沿唐、白河流域西侧，过长江流域与淮河流域的分水岭方城垭口后，经黄淮海平原西部边缘，在郑州西孤柏嘴穿过黄河，随后继续沿京广铁路西侧北上，至北京团城湖，全长 1277 公里。天津干渠自河北省徐水县西黑山村总干渠分水，向东至天津外环河，全长 155 公里。中线工程解决了华北地区尤其是京津地区的严重缺水问题。西线工程规划在长江上游的通天河、雅砻江和大渡河筑坝建水库蓄水，在巴颜喀拉山开凿隧洞输水，将长江水调入黄河上游，旨在解决青海、宁夏、甘肃、陕西、内蒙古、山西六省（自治区）的严重缺水问题。目前囿于技术不成熟、地质条件复杂、自然环境恶劣等难点，尚未开工建设。

南水北调中线工程艰巨复杂，贯通长江、淮河、海河、黄河四大流域，跨越湖北、河南、河北、陕西、北京、天津六省市，穿越 27 条铁路、40 多条河流，涉及水利、国土、建设、环保、铁路、电力、电信等诸多部门，只有中央政府实施国家统筹，才能够总揽全局，协调解决好各种矛盾和问题。在实际的工程建设中，中央政府的国家统筹作用确实发挥得淋漓尽致，从南水北调的战略构想提出，到大规模的勘察、规划、论证，再到工程的开工建设，都是由国家统筹协调解决。国务院南水北调办公室主任鄂竟平概括南水北调的规划论证过程是“两个 50、两个 100”，即南水北调的论证，前后持续了 50 年，提出了 50 多种方案，中央层面召开了 100 多次会议，前后邀请了 100 多位院士参与论证。可以说，国家统筹是南水北调工程建设得以实施和推进的前提和关键。以“大国统筹”的概念来表述南水北调工程的国家精神，不仅因为它朗朗上口，更在于它彰显了改革开放以来我们国家实力的强大。

“大国统筹”这一国家层面的南水北调精神有其特定内涵，一是保持定力、责任担当。南水北调工程前后经过了半个世纪，在这期间并非一帆风顺，面对前进路上的种种困难挫折，我们必须保持政治定力，不屈不挠，勇往直前。同时，还要有责任担当，行使国家集中统一的权力，拥有坚持科学统筹、总揽全局的能力。二是尊重规律、科学谋划。党和政府注重把握客观规律，组织多方专家调查研究，协调多部门、多地区进行勘测、规划、设计，体现了实事求是的优良作风和尊重客观规律的科学精神。三是统筹兼顾、综合协调。南水北调工程的实施和推进异常艰巨复杂，不仅要综合协调多区域、多部门，还要对工程建设与经济社会发展、生态环境保护、移民搬迁安置等一系列重大关系进行正确认识和妥善处理，必须统筹兼顾各方面的利益。党和国家站位全局，把工程建设作为一个有机整体，以系统的方法谋划全局，使工程各方面互相协调支撑，立足当下放眼未来，平衡好各方利益。大国统筹精神在南水北调精神中居于核心地位，是整个南水北调精神的精髓。

（二）人民至上

习近平总书记说：“我们共产党人的最高利益和核心价值是全心全意为人民服务，诚心诚意为人民谋利益。”[①] 坚持人民立场、人民情怀、人民的主体地位，归结起来就是人民至上，这是我党始终坚持的根本宗旨，贯穿于南水北调工程建设的全过程。南水北调工程的重大决策，是因为人民所需。由于自然和历史的原因，华北地区长期以来持续处于缺水危机中，制约了社会经济的发展，带来一系列生态问题，威胁到人们的生存环境，没有更好的方式方法可以从根本上改变这一处境。南水北调工程的实施，滋润了沿途大地，改善了中原地区的水资源环境，将清澈甘甜的丹江水运输到京津地区，优化了我国的水资源，促进了京津冀豫地区的经济社会可持续发展。党和政府协调推进的南水北调工程的建设实践，跟南水北调工程的重大决策一样，也体现了人民至上的理念和原则。在国家有关部门编制的《南水北调中线工程规划》中，始终贯穿了人民至上的理念和原则。规划的目的是“解决京津华北地区城市缺水问题，缓和城市挤占生态与农业用水的矛盾，基本控制大量超采地下水、过度利用地表水的严峻形势，遏制生态环境继续恶化的趋势”；规划的原则是“坚持可持续发展战略，正确处理经济发展同人口、资源、环境的关系，改善生态环境和美化生活环境，实现水资源优化配置”。[②] 字里行间，始终以人民至上为宗旨。

推进南水北调中线工程建设，移民的搬迁安置是难中之难，也是重中之重。中国自古有安土重迁的观念，穷家难舍，故土难离，移民工作千头万绪，要让群众满意非常困难。国务院实施开发性移民方针，不仅按照前期补偿的原则，确保移民能够搬得出，还结合后期扶持的原则，注重搬出移民稳

---

① 习近平：《扎实做好保持党的纯洁性各项工作》，《十七大以来重要文献选编》（下），中央文献出版社，2013，第 824 页。

② 长江水利委员会：《南水北调中线工程规划（2001 年修订）》，《中国水利》2003 年第 2 期。

得住，使搬迁后的移民生活得到妥善安置。除此之外，移民干部还做了大量细致入微的疏导工作。南水北调中线工程，湖北、河南两省共需迁安移民34万人，仅淅川县就有16万人。河南省委省政府提出“四年任务，两年完成”，迁安工作时间之短、强度之大，前所未有。然而，这项艰难的任务如期圆满完成，整个搬迁过程和谐平安，广大移民干部就是靠人民至上的理念破解了重重困难。河南省委省政府概括移民工作的精神实质就是“心中永远装着移民群众”。广大移民干部在说服移民群众时，不仅坚持原则以理服人，还细致入微以情动人。办移民所期盼的事，不给移民留遗憾。采取上下联动，分工协作，解决移民的搬迁安置问题，移民干部“走尽迁家万户，想尽千方百计，说尽千言万语，吃尽千辛万苦”，为工程顺利推进付出了大量心血和汗水。

人民至上也是南水北调工程的建设者所坚守的最高标准。南水北调中线工程是改善和保障民生的一项重大工程，事关中国发展战略全局，建设者们秉持人民至上的理念和原则，以对人民高度负责的态度，把工程质量和施工安全放在首位，努力钻研技术难题，将质量作为工程的核心任务，加强质量管理，不负党中央的重托和人民群众的殷切期望。

（三）创新求精

正是本着对人民高度负责的态度，南水北调工程的建设者们才能够打破各种条条框框，创新施工技术模式，强化组织管理，改革体制机制，体现出一种革故鼎新、精益求精、止于至善的创新求精精神。南水北调工程的建设有许多技术性难题，有一些甚至是世界级的，技术人员和施工人员群策群力、攻坚克难，创新性地解决了一个又一个难题。南水北调工程中有世界首创的设计施工，如位于平顶山鲁山县的沙河渡槽，堪称规模最大、技术最复杂的控制性工程之一，槽身采用U型双向预应力结构、现场预制架槽机架设施工的方法，是全世界首例大流量渡槽设计施工。南水北调工程中还有管理和技术的双重创新，如湍河渡槽可谓其中的典范，采用造槽机施工、原位现浇技术施工，施工工艺设备史无前例，整个工程中包含着一个又一个复杂的创新工艺。在管理方面，湍河渡槽工程为了保质保量赶工期，建设方葛洲坝集团倾力投入，拿储备资金垫资，对员工实行绩效奖励，组织安排百日竞赛、决战四季度等有效提高工作效率的竞赛活动，每周、每月、每季度还进行考核评比，实施合理奖惩，全力调动施工人员的积极性。若是论起南水北调工程中技术含量最高、施工难度最大的工程，当数穿黄工程，它让长江和黄河这两条中华民族的母亲河，在郑州孤柏嘴会面，完美地实现江河立交。建设者采用盾构技术，克服了竖井挑战、盾构机始发、质构机管片拼装、旋转接头损坏、误差控制等一系列难题，用自己的聪明才智，迎来了黄河两岸的贯通。

南水北调工程从工程规划、建设管理到施工作业，建设者们注重每一个细节，为了完美的工程质量殚精竭虑、精雕细琢，体现了精益求精的职业态度。南水北调工程的总规划，历经了50余年的论证，提出了50多种方案，召开了100多次中央层面的会议，前后有100多位院士参与论证，与会专家多达6000多人次，可以说是中华民族智慧的结晶。在工程管理方面，创新性地实行政府行政监管、工程建设管理和决策咨询三位一体的体制，分别由国务院南水北调办、项目法人和专家委员会从三个层面对工程进行协调、指导、监督和检查，除了常规的质量管理，还采用不定期巡查的“飞检”制度，突击检查施工现场，确保工程质量。在施工作业方面，工作人员可谓精雕细琢，以一丝不苟的工作作风，打造精品工程。如南水北调中线总干渠禹州长葛段，需穿过四个缺乏开采资料的煤矿采空区，而且这些采空区原来的充填灌浆处理工程还没有相应的技术规范，可以说是一个世界级的技术难题。施工时首先做试验确定施工工艺参数和灌浆施工参数，对空洞进行填充，确保凝固强度，保持地层的稳定。为了顺利完工，禹长段投入加倍的钻机，凿了2000个左右的孔洞，灌注17万余吨砂浆，施工人员在其间精雕细刻，加厚渠道混凝土衬砌，采用加强土工膜，对切缝进行加密处理，施工人员注重每一个细节，终于将禹长段干渠建成优质工程。

（四）奉献担当

南水北调的梦想成真，是广大党员干部和人民群众奉献担当的结果，是他们发挥中华民族无私奉献、敢于担当的优良传统的成就，大爱无疆的库区移民、任劳任怨的移民干部、满腔热血的建设者们，都做出了可歌可泣的奉献和牺牲。为了保障南水北调工程的顺利通水，淅川县前后经历了三次大规模的移民搬迁，广大移民群众舍家为国的无私奉献、大爱无疆的担当精神感人至深。几十万移民为了南水北调工程的实施，为了国家的发展大计，为了京津华北地区的不再干涸，忍痛舍弃了苦心经营的家园，挥泪告别了祖辈生活的故土，忍着兄弟姐妹的骨肉离散，义无反顾地响应党和国家的号召，到异地他乡开辟新的生活。仅淅川一县，50 年间先后动迁了 36.6 万人，新增淹没 144 平方公里，3 个集镇 36 家工矿企业，淹没造成的静态损失约 90 亿元。为了保证水质，2004 年以来先后关停了 127 家企业，炸毁了 100 多座小钒窑。这些统计数据真切地反映了淅川人民甘于奉献、勇于担当的精神境界。

做好移民迁安工作，不仅靠移民舍家为国的情怀，还离不开关心、支持、帮助移民的干部的努力，他们秉承“不怕困难、勇于担当、鞠躬尽瘁、无怨无悔”的精神，营造良好氛围，圆满完成党和国家交付的艰巨而光荣的任务。广大移民干部始终坚持人民至上的理念和原则，将移民群众的利益和安危放在心上。他们日夜奋战在移民迁安第一线，废寝忘食奋不顾身，跋山涉水走家串户，对移民政策进行宣讲、落实、执行和维护，耐心说服群众。他们的工作讲方法，在省、市、县、乡建立起逐级分包制度，推进工作进度，先是进行探索移民工作方法和规律的试点工作，再组织大规模的移民搬迁。移民干部勇于负责，敢于担当，对移民群众一时的误解和过激言行，骂不还口打不还手，终于赢得了乡亲的支持和信任。他们细致入微以情动人，想移民之所想，办移民之所盼，不给历史留遗憾，把移民当亲人，倾情服务，谱写了一曲奉献担当的华美乐章。

南水北调不是一般意义上的调水工程，所有参与建设的规划、施工、管理人员，团结协作、共同努力，攻坚克难、精益求精，为了工程的顺利通水，付出了无数的辛劳与汗水。南水北调工程从提出、考察、论证、规划、开工到通水持续半个多世纪，从2002年中线工程确定总规划到2014年底通水就历时12年，建设者们远离故土亲人，他们把工地当作家，将满腔热血洒在工程上，为了圆泱泱大国新世纪水网梦，无怨无悔地贡献自己宝贵的青春。

三　南水北调精神的文化渊源和内在联系

“参天之木，必有其根。怀山之水，必有其源”，南水北调精神的形成，有其深厚的文化渊源。南水北调中线的源头丹淅之地，在中原文化的影响下，形成了以家国情怀为主要内容的孝义文化，崇尚孝行，重视情义，讲究谦让，在这里得到了很好的继承和发展，淅川人民为了工程的顺利实施，顾大局讲奉献，体现了这里人民的宽阔胸怀和文化品格。南阳古属楚地，也是东汉的龙兴之地。楚风汉韵共同浸润着这片土地，形成了自强不息、心系国家、大义担当的文化精神，以人民为大，国家至上，家国情怀世代传承。河南是中原地区的主体，中华民族和华夏文明的发祥地与起源地，兼容并蓄的中原人文精神生生不息，担当意识世代相传，大爱无疆代代传承，家国情怀一脉相承，创新精神千年永续，艰苦奋斗砥砺后人。南水北调精神的主要内涵，都孕育在华夏文明的主流文化精神中，如古人所云：“民为重，社稷次之，君为轻。”始终将人民利益作为一切事情的出发点，倡导创新求精的工匠精神，勇于奉献，敢于担当。楚汉文化、中原文化、华夏文明共同表现出来的民本思想、奋斗精神、忧患意识、大局观念，是当代人文精神的历史滋养，成为南水北调精神的活水源头。

大国统筹、人民至上、创新求精、奉献担当，是南水北调精神的基本内涵。这些精神要素之间具有明显的层次性和逻辑性，并且具有深入的内在联系。南水北调精神是多种精神要素的集合体：从国家层面来看，是统筹协调、共建共享的国家精神；从社会层面来看，有舍家为国、无私奉献的移民精神，有知难而进、忠诚担当的移民干部精神，还有创新求精、追求卓越的建设精神。从国家精神的角度体现的是人民至上，从社会层面的角度反映的是大爱报国。它们在本质上是辩证统一的，具有高度的内在一致性，人民至上与大爱报国完美统一。南水北调工程的顺利实施和推进，从国家层面来说，负有通盘筹划、周密协调的责任，从相关的行政区域、行业部门来说，要相互协作、密切配合，国家统筹与区域协作高度契合。南水北调中线工程遵循共建共享的重要原则，即由沿线各方共同参与、共同建设、共同享有，既反映了工程的根本目的，又指明了工程建设的基本路径。同时，它又始终以市场机制作为资源配置的基本方式和主要手段，遵循客观经济规律要求，实现资源优化配置。共建共享与市场机制相辅相成，深度融合，共同推动了南水北调工程的建成。在南水北调工程实践中，既坚持科学求实的品格，又秉承开拓创新的精神，尊重客观规律，保障工程质量，锐意探索，破解技术难题，科学求实与开拓创新在南水北调精神中高度统一，交相辉映。

南水北调工程的顺利实施是我国综合实力的一次集中展现，体现了当代中国的经济实力、科技水平和社会主义制度优越性，雄厚的大国实力是新时期水网梦圆梦的必要条件和物质基础。多层面多维度的南水北调精神，大爱无疆是最具有感染力和号召力的精神内涵，数十万移民、移民工作者、工程建设者以博大的胸怀和崇高的境界，为工程做出了感人至深的无私奉献，大爱无疆可以说是整个南水北调精神的核心和灵魂。南水北调工程的建设施工过程中，大国工匠精神得到了弘扬和彰显，居于南水北调精神的关键地位。大义担当在南水北调工程中熠熠生辉，为统筹协调的国家精神、舍家为国的移民精神、忠诚担当的移民工作精神、创新求精的建设精神提供强大的内在支撑。南水北调精神是新时代我们党、国家和民族的宝贵精神财富，为增强中国特色社会主义的“四个自信”提供强大支撑，它是道路正确的有力证明，理论正确的现实印证，制度优越的再次彰显，文化先进的魅力映现。极大地丰富了社会主义核心价值观，为践行新发展理念提供了成功典范。南水北调伟大精神必将光耀千秋！

参考文献

[1] 中共中央文献研究室：《十七大以来重要文献选编》，中央文献出版社，2013。
[2] 黄河水利委员会：《黄河规划志》，河南人民出版社，1991。
[3] 刘道兴等：《南水北调精神初探》，人民出版社，2017。

文学艺术与传播篇

Literature, Arts and Communication

B.9
2017年河南小说发展态势分析

郭海荣*

摘　要： 2017年，随着河南文化建设的大力推进，河南小说创作稳步发展。老中青作家同步发力，创作出不少优秀小说作品，获奖众多，成绩斐然。但河南小说创作仍然存在城市感较弱、题材挖掘不足、网络小说质量不够理想等问题。河南文学界对此也进行反思，在小说与生活的关系方面进行有益探索，加大青年人才培养力度，尤其是网络作家的扶持与培养，为河南小说的健康发展打下基础。

关键词： 河南　小说创作　小说作品

* 郭海荣，河南省社会科学院文学研究所助理研究员，研究方向为中国现当代文学。

近年来，河南小说创作始终稳步发展，省内外豫籍作家的小说创作数量颇丰，在保持自身优势的同时，也努力开辟新的文学空间，提升文学豫军的国内外影响。从类别上说，长篇小说佳作频出，中短篇小说质量过硬，网络小说发展迅速；从文学获奖方面，虽然数量不少，但有分量的文学大奖稍嫌不足，相较于此前整体较为平淡；在文学活动上，除了加强学习，同时也加大了与国内外文学界的对话交流。

一 小说创作成绩斐然

（一）佳作频出引人瞩目

近年来，河南小说创作佳作频出，身居外省市的河南籍作家与本土作家均有力作推出。长篇小说方面，知名作家刘震云于2017年推出《吃瓜时代的儿女们》，这是作家继《我不是潘金莲》后历时五年推出的又一部力作。作品延续了刘震云的一贯风格，从人物关系入手，表达小人物的欲望、挣扎、无奈和妥协，并由此透视社会逻辑荒诞的一面，引发读者思考，呈现出一种有责任感的写作态度。该书首印高达90万册，甫一上市即登上畅销书排行榜，成为文学界热议的话题。资深作家阎连科的长篇小说《速求共眠》，2017年首发于《收获》杂志。作品以作者拍电影的亲身经历为底本，以“非虚构”的方式，通过夸张且荒诞的手法来书写社会各阶层的生存困境和精神困境，反思经济急速发展背后隐藏的深层问题。赵兰振的《夜长梦多》是近年来省外河南作家带来的一部惊喜之作。作者以南塘三十年变迁为主线，讲述当地村民在家族、阶级、两性间的矛盾与纠缠，以穷尽乡村众生相的笔墨写出“一部令人震撼的乡村变迁史诗”，文学界对此著评价颇高，周大新更是认为这部作品“惊心动魄，气息迷人”①。知名学者梁鸿的首部虚构长篇小说

① 《赵兰振新书〈夜长梦多〉问世　沉潜17载讲述乡村故事》，中国文明网，http://www.wenming.cn/book/srss/201606/t20160606_3420147.shtml。

《梁光正的光》，描写了一位农民精彩曲折的奋斗史和情感史，将个人的小逻辑放置在历史的大背景下，写出人物性格与命运间的复杂勾连。

省外豫籍作家佳作不断，省内作家也成绩不俗。李佩甫的《平原客》是其对快速变化中的河南平原的另一种解读，作者的视野在持续观照底层人民的同时，也加强了对平原精英的观察与思考，从极富张力的冲突中表现变革社会中人性的复杂。作为河南中青年作家的代表，乔叶近年来创作成绩喜人。从《最慢的是活着》到《拆楼记》《认罪书》，再到最新出版的《藏珠记》，乔叶以平均一两年一部长篇的节奏，快速高效地修建她的文学大厦。与其他严肃作家不同的是，乔叶的作品较少执着于某一类题材，她视野开阔，题材来源广泛，有着明显的时代感。她的作品能够抓住社会热点和读者喜好，与读者形成有效共振。其新作《藏珠记》就是在影视作品及网络穿越作品影响下成书的，她围绕时间来构筑故事的底色与基础，利用食物烘托氤氲的俗世气息，通过爱情使人物获得曲折的救赎之路，通过对日常伦理的基本遵循，构建了一个介于多种叙事视野下的独特作品。赵大河的长篇小说《侏儒与国王》将故事背景放在春秋战国时期，通过新奇苍凉的笔法、丰富深厚的叙事容量，通过一个时代畸人的遭遇写出大时代下的命运悲凉。郭昕的《驯风记》通过几个农村子弟进城的遭遇，书写时代变迁下的城乡矛盾、精神冲突，体现作者对社会的观察与思考。

与过去作家们普遍希望通过长篇小说来奠定自己文坛地位不同，近年来中短篇小说由于能迅速捕捉时代变化的脉搏，而颇受作家青睐。2016 以来，河南中短篇小说创作保持平稳发展的态势。据不完全统计，河南省作家共出版中短篇小说集 10 余部，其中邵丽的短篇小说集《挂职笔记》《礼拜六的快行列车》、墨白的短篇小说集《记忆是蓝色的》、奚同发的小说集《雀儿问答》和谢复生的小说集《城市的月亮》是其中的佼佼者。在省内外各级刊物上发表中短篇小说作品 50 余篇，其中在《人民文学》《当代》《十月》等重要文学期刊发表小说 10 余篇，多篇被《小说选刊》《小说月报》《中篇小说选刊》《北京文学》等刊物选载，其中近 10 篇获得各类文学奖项，成为河南近年来文学创作的一大亮点。小小说是新时期以来河南文学的另一个亮点。河南是中国小小说创作的中心，以《百花园》《小小说选刊》为平台成长起来的小小说文学图景长势喜人，培养出孙方友、张晓林、赵文辉等小小说名家。其中孙方友的《陈州笔记》等笔记体小小说在业界颇负盛名。

河南网络小说保持着良好的发展态势。据统计，河南有活跃的网络文学作家270余人，其中代表性作家十余人，庚新、度寒、一念、慕歌、柳下挥等均为各文学网站“大神”级作家。他们多为80后、90后作家，多以兼职创作为主，并逐渐呈现职业化写作的发展趋势。网络作家的收入差别较大，大神级作家一部作品的收入往往在百万元、千万元以上，2017年，河南信阳籍网络作家柳下挥凭借2600万元的版税位列作家榜第八位①，河南南阳网络作家寒川子曾凭借《战国纵横：鬼谷子的局》收入360万元，位列年度作家收入第51位。不过多数网络写手还很难仅依靠网络创作来维持体面的生活，有些不知名的作者每月仅能收入几百元，而且工作十分忙碌，压力很大，所以网络作家更新换代的速度很快。但由于近年来网络文学发展十分迅猛，对年轻作者的虹吸效应十分明显，因而不断有新鲜血液注入，据河南网络文学学会统计，自学会成立之后，每年大约新增40多名网络作者，成为河南作协最具吸引力的分支学会。河南网络小说的题材主要集中在玄幻、历史和言情几个方面，庚新的历史小说《曹贼》《悍戚》《宋时行》《恶汉》等小说均曾入起点小说排行榜前列，其中《恶汉》的点击量超过千万。度寒的言情小说《枪火皇后》《誓不为后》《朕的笨丫头》《捡到呆萌小助理》等作品在网络上拥有相当人气，其中《枪火皇后》出版上市后一度蝉联当当网古代言情新书榜榜首。一念是掌阅旗下百万级作家，他的《都市奇门医圣》《都市鬼谷医仙》长期占据掌阅文学销售榜前十，繁体字版出版后在海外华人世界影响颇大，在繁体花蝶榜销量名列前茅。

（二）各类获奖彰显实力

河南作家整体实力较强，作品水平较高，在各类文学奖项上颇有斩获。

---

① 资料来源：http：//baijiahao. baidu. com/s？id = 1597861415941808973&wfr = spider&for = pc。

著名作家刘震云先后获“埃及文化最高荣誉奖”“摩洛哥国家文化最高荣誉奖”，以表彰他的作品在摩洛哥和阿拉伯世界产生的巨大影响。邵丽的《大河》荣获《北京文学》2017年优秀作品，乔叶的短篇小说《零点零一毫米》获得第十四届“作品奖”，王晋康《天父地母》获得2017年度京东科幻图书奖。河南青年作家赵红都的《英式下午茶》入选中国小说学会2017年度中国短篇小说排行榜，赵红都也是本次入选排行榜唯一的河南作家。赵大河是近年来成果丰硕的河南中青年作家，他的中篇小说《把黑豆留下》收入《2016年中国中篇小说精选》、中篇小说《灼心之爱》收入《2016中国年度中篇小说》，中篇小说《马戏团》获蔡文姬文学奖、中篇小说《把黑豆留下》获金盾文学奖。河南作家在各类全国性文学奖项上不断取得佳绩，既是文学豫军整体实力的展现，也是河南文化强省建设在文学建设中不断推进的结果。

2016年5月，河南省文学最高奖项“杜甫文学奖”揭晓，获奖的长篇小说作品有李天岑的《人伦》、程韬光的《碧霄一鹤——刘禹锡传》、柳岸的《浮生》，中篇小说有李清源的《苏让的救赎》、孙瑜的《危险时请敲碎玻璃》、赵瑜的《我们的精神生活》，短篇小说有安庆的《扎民出门》、赵大河的《浮生一日》、陈宏伟的《一次相聚》，小小说有张晓林的《书法菩提》、赵文辉的《苦水玫瑰》，网络文学的获奖作品是庚新（刘峰晖）的《宋时行》，这是杜甫文学奖首次将小小说和网络小说纳入视域，展现出河南文坛的自信与开放。这些获奖作品既与时代紧密关联，又有丰富的思想内涵，同时又能充分展现中原深厚的人文精神，是河南省文艺事业优秀成果的一次集中展示。

“莽原文学奖”由河南省纯文学期刊《莽原》主办，在2016年颁布的获奖作家作品中，河南省作家张乐朋（《王琴的资格楼》）、赵俊杰（《钟实》）、田君（《周末快递》）获中篇小说奖，寒郁的《我们都很孤独》获短篇小说奖。2017年度莽原文学奖中篇小说奖颁予子弋的《择日宣判》，乔叶的《说多就没意思了》、李清源的《准提庵街的钉子户》、李立的《江湖再见》获短篇小说奖。本土期刊的本土奖项为河南省作家的成长起到了很好的发展促进作用。随着河南文学整体实力的提升及杂志的发展，莽原文学奖也从最初重点推出优秀河南作家作品，对本土作家进行扶持、遴选和促进，逐步发展为全国性文学作品奖，这必然对河南文学的发展起到良好的推动作用。

（三）文学活动丰富多彩

近年来，河南文坛盛事不断，活动频频。首先是加强了对青年作家的关注。2016 年 6 月，河南省作协、河南省文学院主办“中原八金刚”作品研讨会，对安庆、尉然、宫林、张运涛、赵文辉、李清源、陈宏伟、南飞雁等 8 位青年作家进行命名，同时对以他们为代表的青年作家群体的作品创作及未来发展进行研究讨论。这是河南省继 2004 年推出文学豫军“五朵牡丹”这一文化品牌之后，又一次对青年作家进行集体命名和推介。2017 年 7 月，河南省青少年作家协会、中原作家群自媒体联合举办的首届“河南青年作家 30 强”评选活动揭晓，马叛、薛峰、邹相、梦情、陈少华、卢姣姣、尚攀、马原、兰青、李柏林、齐云柯等众多 80 后、90 后作家上榜。8 月，“河南青年作家高峰论坛”在河南省文学院举行，40 多位青年作家参加了此次文学交流活动。同月，20 多位青年作家参加“河南省青年作家批评家论坛”，与评论家当面交流，既从理论层面把握文学发展的脉搏，又对个体创作有了进一步认识。河南文坛对年轻作家的大力推动，既是由这些年轻作家的文学创作已逐渐崭露头角，文坛必然的更新换代所致，同时也是出于当下一种必然的文学焦虑：随着传统文学阵地的不断收缩，如何将优秀青年作家吸纳与留守在纯文学阵营？

其次，作家作品研讨会接连举行。2016 年 9 月，李天岑长篇小说《平安夜的玫瑰花》研讨会在郑州举行，论坛吸引了省内外众多作家评论家到会，对李天岑的文学创作及河南文学发展进行研讨。2016 年 11 月“先锋文学暨张鲜明文学创作研讨会”在开封召开，会议围绕张鲜明新作《寐语》为切入口，对其包括散文、诗歌在内的整体写作进行综合研究讨论，并由此观照河南文学的发展变化。

此外，河南文坛还逐步加强与省外作家的联系，不仅自己“走出去”，同时也吸引文坛大家们“走进来”，观察河南、了解河南、书写河南。2017

年5月，河南省文联主办的“喜迎十九大中原更出彩”著名作家看河南采风活动顺利举行，包括刘醒龙、邱华栋、金仁顺、裘山山、鲁敏、陆春祥、葛水平等在内的20多位知名作家走进中原、触摸中原、感受中原，河南厚重的历史文化和蓬勃的发展活力吸引着作家们的目光，他们纷纷表示要用笔书写河南，为河南代言。

（四）学习交流次第进行

习近平总书记在十九大报告中提出要“加强文艺队伍建设，造就一大批德艺双馨名家大师，培育一大批高水平创作人才”。为提高河南作家整体水平，尤其是青年作家写作能力，河南省文联与鲁迅文学院联合举办了鲁迅文学院河南研修班，为河南作家提供思想交流和经验分享的高端平台。2016年9月，为期12天的鲁迅文学院河南研修班在河南省文学院举办，依托鲁迅文学院强大的师资力量和组织能力，为河南青年作家进行了一次针对性强的学习提升。阎晶明、邱华栋、刘庆邦、叶梅、孟繁华、胡平、张清华等众多名家前来授课，并和学员们面对面沟通交流，加深了他们对文艺事业的认识。河南省文联、作协、文学院还在鲁院课题和教学安排之外，积极聘请小说、诗歌、散文等领域的专家为学员授课辅导，努力提高学员们的学习效果。

为深入学习贯彻党的十九大精神和习近平关于文艺理论的重要思想，省内各地市文联积极组织开办学习培训，以提高基层作家的思想水平和业务能力。驻马店市将对基层文艺工作者的培训纳入日常工作，定期开展培训。2017年11月，第五期驻马店市文艺骨干培训班如期举办，对来自全市各县区500余名基层文艺骨干进行培训。2017年11月，周口市为深入贯彻落实党的十九大精神、加强地方作家队伍建设，提升作家创作水平，举办了作家“学习党的十九大报告暨创作培训班”，来自全市的近100名作家及文学爱好者参加了培训。培训班在学习十九大报告的基础上，主要围绕作家看待和理解世界的能力以及写作能力技巧的提升展开，举办了“好作品是怎么练成的”“小说的文学性”“作家的看家本领”“中国精神与时代表达”等系列讲座，对作家如何讲述中原故事和中国故事进行深入探讨。

（五）网络作家正式统一管理

网络文学经过近二十年的野蛮生长，已经发展成当下最大的文学场域。这里有最多的写作者、最广泛的读者、最丰沛的资本投入以及无数年轻的后备力量。为加强对这一文学场域的引导和管理，2016 年 8 月 2 日，河南省网络文学学会成立暨第一次会员代表大会在郑州召开。大会选举何弘为河南省网络文学学会会长，刘峰晖（庚新）为秘书长，乔叶、陈宏伟、冻凤秋、李啸、张富领、刘峰晖（庚新）、吴元成、甘海晶（度寒）、卢瑞芳（苏迷凉）、寇彬（小小羽）、刘少军（豫西山人）、李小静（仙人掌的花）、高阳（疯流财子）、刘强（九哼）等当选副会长①。大会商定了网络文学学会的组织构成，并通过《河南省网络文学学会章程》，要求河南网络文学作家积极参与网络文明建设，共同建造积极、健康、创新、有序的网络文学环境，同时加大对网络文学的理论探讨，加强对个体作家作品的创作研讨，为河南网络作家尤其是新手创造上升通道。河南省网络文学学会的成立，必将对河南省网络文学发展起到十分积极的促进作用。

二　小说创作特点突出

经过几十年几代人的努力，中原作家整体创作水平明显提高，社会认可度较高，但是仍然存在着城市感较弱、题材挖掘不深、网络小说数量质量均不够理想等现实问题。

（一）乡土味强，城市感弱

河南是传统的农业大省，千百年来的农耕文明深深滋养着生长在这片土地的每一个人。作为土生土长的中原作家，天然地受到农耕文化的影响并必

---

① 资料来源：http：//www. hnwy. org. cn/index. php？ m = content&c = index&a = show&catid = 22&id = 1089。

然会在其创作中加以表达，由是乡土文学写作也成为河南文学的一大传统。纵观河南近现代文学的发展历程，可以很明显地看到民国时期的作家更多地关注乡土生活中的农人与苦难抗争的现实，中华人民共和国成立以后，中原作家更多地关注与生活抗争的苦难历程、乡土文化中的人民以及急速变革下乡土文明的变化。从张一弓、田中禾、张宇、李佩甫等老一辈本土作家，到刘震云、阎连科、李洱、邵丽、乔叶、梁鸿等中生代作家，再到蔚然、宫林、安庆、赵文辉、柳岸、八月天等年轻作家，都延续了中原乡土文学的传统，无论题材发生什么变化，乡土都是其作品背后的宏大底色。李佩甫曾认为其长篇小说《生命册》描写的是“背着土地行走”的知识分子的心灵史①。从某种意义上讲，“背着土地行走”正是当下河南文学的真实写照。

虽然乡土文明滋养了一代代河南作家，但从另一方面看，它也影响了河南作家对城市的准确表达。尤其在社会高速发展、城镇化进程加速推进的当下，过于浓重的乡土气息在一定程度上影响了作家们对城市的理解和把握，中原作家对现代城市的理解还有待加强。

（二）选材丰富，挖掘不足

以关注现实为基础进行文学创作是河南作家一以贯之的创作传统。河南丰厚的历史文化及快速变革的现代生活为作家们提供了丰富的文学素材，这也成为河南作家佳作不断的一个重要原因。邵丽正是因为到地方挂职，通过细心观察和认真体悟，才写出《明惠的圣诞》《挂职笔记》《第四十圈》等优秀作品；乔叶的《拆楼记》正是在对家乡拆迁深度观察的基础上创作出来的；张一弓《远去的驿站》《阅读姨父》等作品，将亲身经历的改革开放之初中原乡土社会的变迁融入历史深处，才成就一代名家；墨白正是在颍河的河道里生长耕种，熟知这方天地的种种，才构筑了“颍河镇”这一独有的文学世界。就连网络作家刘伟鹏，也在网络小说里构筑了他的“新郑”地图。正是基于深厚的生活积淀、敏锐的观察能力以及独特的表达能力，文

① 资料来源：http：//blog. sina. com. cn/s/blog_ 543420db0100yh4i. html。

学豫军这些年在国内外影响逐步提高，使河南成为中国文学的一方重镇。

但是，文学与现实的关系从来都不是简单对等的。现实生活中事件的复杂性往往远超人们的认知。再加上网络信息的轰炸式传播，普通读者通过新闻网站在短时间内就可以获得海量信息，小说的社会作用无疑被部分地削弱。许多河南作家，尤其是年轻一代的作家往往基于生活经验进行写作，缺乏宏大的视野和哲学的认知，使自己的作品浮于生活表面，对已掌握的丰富素材不能充分挖掘，成为他们今后成长道路上的一大障碍。

（三）网络小说数量质量不够理想

随着网络时代的全面到来，网络文学也日益成长为最具规模、最具生长力的文学样式。截至2017年6月，中国网民人数为7.51亿，网络文学用户规模达到35255万，较2016年底增加了1936万，占网民总体的46.9%，其中手机网络文学用户规模为32668万，较上一年底增加2291万，占手机网民的45.1%。受文学追求、个人兴趣、资本吸引等诸多因素影响，网络作家人数急剧扩大。早在2013年，在网络上发表作品的人数就已经高达2000万，注册网络写手近200万。2017年，仅晋江文学网站年内活跃签约作家数量就已经超万人，年产小说数万部。

目前，河南省网络学会共有网络作家270余人，“大神”级网络作家20余人，在市场上有影响力的作品（点击量超百万）的作品百余部，历史上共有庚新和柳下挥两位网络作家登上作家排行榜。与传统作家相比，河南网络作家的人数和作品数量都颇具规模，但在当下网络文学这样规模的文学市场面前，河南省网络作家整体明显偏弱，与网络文学比较发达的浙江、江苏、湖南等地相比，差距还比较明显。

三　推动河南小说稳健发展的对策建议

（一）深入生活，扎根生活

2014年10月15日，习近平总书记在文艺工作座谈会上的讲话中指出：

"文艺创作方法有一百条、一千条，但最根本、最关键、最牢靠的办法是扎根人民、扎根生活。"① 这一说法指出文学创作的关键，只有扎根人民，才能了解人民，了解生活，才能在作品中有血有肉地反映普通人物的喜怒哀乐，才能表达潜藏在日常表象下的生活本真，才能真正创造出人民喜闻乐见的文学作品。

现代化进程中的中国社会日新月异，人民的生活迅速发生变化，价值判断、社会认知、情感表达、交往方式等诸多方面都有所改变，对以现实主义创作为主流的中原作家来说，唯有经常深入生活，深入群众，了解不同阶层、不同地域、不同职业、不同性格群众的日常生活，才能准确反映时代要求、使作品真正与时代相连。但深入生活"不能庸俗化，也不能照搬过去老作家下基层的方法。光靠与群众同吃同住同劳动不行，人民群众的需求已经跟过去大不一样"②，而是使自己的生活下沉，接受生活的浸泡，毕竟"作家深入生活的深度，就是作品的深度；作家认识生活的高度，就是作品的高度；作家深入生活的质量，就是作品的质量"③。

（二）加强学习，提高理论素养

小说是作家将人生经验以个性化的方式加以表达的作品，它必然要求作家加强对人生人性的观察理解，要求作家具备高超的写作技能。当下传统文学逐步收窄，读者数量下降，阅读欲望不强，与作家的作品吸引力不足有很大关系。目前河南一些年轻作家的写作主要依靠个人生活经验进行，难以对当下经验进行理论总结提升，文本的创新意识和创新能力仍有欠缺，对生活的认识不够深入，对日新月异的生活无法把握。河南省文联副主席何弘曾发问："为什么读者不喜欢看？你对生活的理解程度，超过读者了吗？你的想

---

① 《习近平在文艺工作座谈会上的讲话》，新华网，http：//www. xinhuanet. com/politics/2015 - 10/14/c_ 1116825558. htm。

② 邵丽：《生动的故事和丰富的情感从何而来》，中国作家网，http：//www. chinawriter. com. cn/news/2015/2015 - 11 - 09/257397. html。

③ 《深入生活是作家的另一种功夫》，《河南日报》2015 年 11 月 16 日。

象力超过读者了吗？你的经验范围超过读者了吗？”① 而作者能力的提高必然伴随着感性水平的提高及理论素养的提高，唯有如此，才能碰触到读者的兴奋点，才能给读者以启迪。

虽然不能对每一位作家应当如何学习给出具体的意见，但走出河南的豫籍作家应当可以作为可供模仿学习的方向。茅盾文学奖给刘震云的《一句顶一万句》的授奖辞说：“（作品）建立了极尽繁复又至为简约的叙事形式……对中国人的精神境遇做了精湛的分析。刘震云继承了‘五四’的文化反思精神，同时回应着中国古典小说传统，在向着中国之心和中国风格的不懈探索中，取得了令人瞩目的原创性成就。”② 准确道出刘震云的个体文化内涵及努力方向。李洱被认为是“自觉地质疑了现代文学以来的乡土叙事传统，掉转方向，使乡土由想象和言说的对象变为想象和言说的主体，恢复了乡土中国的喧哗、混杂，恢复了它难以界定的、包孕无穷可能性的真实境遇”③。此外，阎连科、周大新、梁鸿等作家也都有类似想法的表述。他们在深入了解脚下这片土地的基础上，通过不断学习，努力提高理论素养，超越了这片土地，并以更精准的方式描摹书写。

（三）加强对网络作家的扶持与培养

国家对网络文学颇为重视，习近平总书记在文艺工作座谈会上特别关注两位网络作家，并在此后多次讲话中表达对网络工作的关切。此后中国作协积极吸纳网络作家加入，并在鲁迅文学院开设专期培训班，但总的来说，目前网络作家及网络作品仍存在很多问题。具体到河南，目前网络作家整体数量偏少，作品质量偏弱，网络作品仍然存在色情、暴力、价值导向存在偏差等诸多问题。网络作家的写作大多处于自发自觉状态，缺乏系统的理论学

---

① 何弘：《小说家的想象力远赶不上生活的精彩程度》，河南作家网，http：//www. hnwriter. com/BookInfo. aspx？ Bid =907》。

② 《刘震云获奖感言：文学离我们并不遥远》，新浪网，http：//book. sina. com. cn/news/a/2011 -09 -19/2329291153. shtml。

③ http：//culture. 163. com/editor/030303/030303_ 70975. html.

习，文字表达能力还有所欠缺，写作技巧仍有很大提升空间，这些都需要长期系统的培养才能见效。要深入了解网络小说的创作生产销售方式，关注网络作家的生产生活方式、思想特点，有针对性地开展文学培训班、作者作品研讨会、采风等，加强对他们的学习培养。此外，河南网络作家中“大神”级作家数量偏少，多数作家的读者竞争力不足、市场接纳度不够，所以要加强对网络作家的扶持与培养，通过加强他们对文学的认知，提升其社会责任感，帮助他们创作出更多更好的作品。

B.10

2016 ~2017年河南诗歌散文发展报告

靳瑞霞*

摘　要： 近两年来，河南诗歌与散文稳步向前发展。诗集与散文集各有名家新作推出，单篇作品的数量庞大到难以计数，诗歌类活动丰富多彩。但从奖项与作品影响来看，河南诗人与散文作家在国内相关奖项获得方面仍有待提升，作品创作中有“高原”缺“高峰”的现象依然存在。党的十九大召开后，河南诗人与散文作家一定要以习近平新时代中国特色社会主义思想为指引，明确自身的创作方向，奋力攀登创作高峰。

关键词： 河南文学　诗歌　散文

2016 ~2017 年，河南诗歌与散文获得了持续稳步发展。诗歌散文创作非常繁荣，单篇作品数量庞大，诗集与散文集的出版也频有名家新作。各种研讨会、朗诵会、诗会、年会等热火朝天。奖项方面，国内相关奖项上虽也不乏河南作家身影，但竞争力不够。在省内奖项设置上再添新丁。整体来看，习近平总书记所称的文艺创作有“高原”缺“高峰”的现象依然存在，整体存在感略下滑，偏弱。2017 年 10 月，中国共产党第十九次全国代表大会召开，习近平总书记提出了“中国特色社会主义新时代”思想论断，关于“新时代”的论断对当今文艺思想有深远影响，也将会对河南文学的发展产生重要导向作用，指引河南作家奋力攀登文学高峰。

---

* 靳瑞霞，河南省社会科学院文学研究所助理研究员，研究方向为文艺学。

一　河南诗歌散文发展现状

（一）相关体裁创作持续繁荣

2016年以来，河南的诗歌创作依然保持了旺盛的生命力，既有诗歌界名家诗集频频面世，也有较多的业余诗歌创作人员发表和出版自己的新作。老诗人领衔，2016年3月，河南著名诗人高旭旺出版最新的第十三本诗集《还乡》。该诗集主要收录了诗人近两年来以拆迁大环境为主题创作的多篇诗作，通过拆迁导致的家园丧失，表现其中的诸事诸物、人心百态，以及诗人的审视与观照。河南著名诗人高春林的诗集《神农山诗篇》出版。中青年诗人中有河南著名诗人简单的爱情诗集《十二月的白色情歌》出版。诗人李志胜诗集《音乐中的瓜》入选“中国诗人”丛书，并得以出版。开封市诗人雷黑子的诗集《河脊汀芷》《风骨指数》出版并举行研讨会。青年作家邹相第二部禅诗集《素心若荷》出版。河南90后诗人也小荷尖尖，渐露头角。2017年底，河南90后诗人成喆的诗集《你的眼睛是一片海》出版。另外，河南诗歌理论评论在全国闯出一匹黑马——商丘夏邑诗歌理论批评家夏汉进入全国诗歌批评界视野，出版诗歌理论集《语象的狂欢》，反响良好。

河南散文创作态势一如既往，队伍呈复合型，有很多是著名小说家和诗人兼任，如河南文学终身成就奖获得者、著名作家南丁85岁推出的新作《半凋零》，引起河南省文学界广泛关注。而著名豫籍小说作家刘庆邦推出的一部长篇非虚构作品《我就是我母亲》，则将这种散文与小说作品上的复合“进行到底”。该作品上部与下部以散文日记体记录母亲住院以及病重辞世的最后日子；书后则附刘庆邦的短篇小说《后事》，两种文体彼此呼应，在阅读上形成互补。本土散文名家王剑冰2017年出版散文集《或天涯，或咫尺》，文风清新明丽又耐人寻味，情感清纯真挚，满布乡韵、乡恋、乡思与乡愁，展现了作者对故乡故土故人的深情系念。著名作家冯杰出版小品式散文集《水墨菜单》一书，文画结合，魅力独特。附有其独特印记的“新小品”成为当代散文里一种创意形式。其他还有作家任崇喜的散文集《节气》《花信》、余永亮的散文集《温软的心》、慕容莲生的行旅散文《没有猫到不了的地方》、青年作家邹相的第六本著作《且听风吟》、河南省文学院签约作家秦湄毳的《如花的青春，如歌的爱》、作家李愫生的新书《在喧嚣的世界，安静地爱》等出版。另外，河南评论家刘军的散文评论渐成气候，值得关注。

（二）相关内容会议形式多样

诗歌类会议品类丰富，主要有黄河诗会、诗歌作品研讨会、专场诗歌朗诵会等。黄河诗会由河南诗歌学会创办，创始于1986年。迄今为止该诗会已经成为全国文学界持续时间最长、传播范围较广的文学活动，有力地推动了中国诗歌创作的传播与发展，在全国产生了较大影响。2017年11月17日第二十一届黄河诗会于南阳召开。中国作协诗歌委员会主任叶延滨、中国诗歌学会副会长杨克等100多位来自省内外的诗人和诗歌评论家、编辑参加了本次诗歌盛会。本届诗会活动内容丰富，包括开幕式、“新诗百年与河南诗歌的身影”诗歌论坛、“中国著名诗人走进南阳”诗歌笔会、省诗歌学会年会等活动。全省诗人响应诗会号召，一致认为创作中要认真贯彻党的十九大精神，自觉坚持“为人民创作、为时代而歌”的“二为”创作导向，创作出更多经得起历史和人民检验的好作品。河南诗歌界还经常举办专场诗歌朗诵会，将诗歌以声音的形式传递给民众。2018年3月30日晚，河南著名诗人张鲜明的一场专场朗诵会——“寤寐以歌——张鲜明诗歌专场”朗诵会在河南艺术中心举行。本次专场朗诵分为“老家”“灵思”“歌唱”三个篇章，朗诵了诗人的14首诗。这些诗既有清醒的昂然放歌，又有梦中的低吟浅唱；既有对时代、祖国、人民的激情赞颂，又有对厚土、故乡、亲人的深情思恋；既有对人生价值、存在意义、世界本质的理性思考，又有对人性、灵魂、梦幻的解析或拷问。著名朗诵艺术家于同云深情演绎的《高与低》，把现场气氛推向高潮。诗歌的“歌”之古义得以演绎与传播。

河南散文方面也经常针对作家作品举行研讨会、散文年会等。2016 年初，在河南省文学院召开了《半凋零》研讨会。《半凋零》是河南文坛曾经的组织者领导者、著名老作家南丁 85 岁时推出的新作。李佩甫、田中禾、张宇、夏挽群、何弘、乔叶、冯杰、张鲜明等 30 多位河南知名作家、评论家参加并进行了深入研讨。《半凋零》的主题其实是南丁老人对好友老友的回忆与纪念。它用文字将一个个河南老作家、老艺术家人文形象生动地展现在读者面前，达到“记录一段历史，缅怀一段岁月”的效果。整部作品感情真挚，品质高雅、清新，散发出温暖人心的力量。该研讨会对河南文坛有凝聚和指引作用。

散文方面还周期性举办总结性年会和创作型年会。2017 年 12 月 17 日，河南省散文年会在南阳召开。著名散文家周同宾、王剑冰、廖华歌等 80 余人参加了散文年会。会上，各位作家、编辑、评论家围绕散文在新时代新气象下的“作为”主题进行了认真而热烈的发言，探讨了当下散文新作为的途径和前景，并结合各自的创作情况，表示在以后的创作实践中，多出精品力作，推动散文创作在新时期的深入发展。2018 年 5 月 18 日至 19 日，河南省散文学会 2018 年创作年会在中牟官渡桥村召开，省评论家协会名誉主席、省散文学会名誉会长孙荪，省作协副主席、省散文学会会长王剑冰，省作协副主席、光明日报驻省记者站站长刘先琴、河南大学文学院副教授刘军等来自全省各地 70 余名作家、评论家以及文学爱好者齐聚一堂，围绕河南散文的现状与发展进行研讨。

（三）相关文学奖项再添新丁

两年多来，全国文学界关于诗歌与散文的大奖并不算多，但河南诗歌与散文还是有所斩获。诗歌类河南著名诗人高旭旺的诗歌作品《还乡》（诗集）入围第二届昌耀诗歌奖“诗歌创作奖”自然投稿诗人名单。该评奖活动遴选范围极广，是面向海内外汉语诗人公开征集参赛作品的。2016 年 5 月，第二届杜甫文学奖揭晓，河南诗人高金光的《人间呼吸》、诗人吴元成的《花木状》、作家温青的《天堂云》获得诗歌奖。《莽原》2017 年度文学奖揭晓则显示，10位作家分获6个类别的奖项，董林的《画框中的远方》获得诗歌奖。另外，在2017年举办的第二十一届黄河诗会上，省诗歌学会授予单占生、孔祥敬、青青三位诗人“中原诗歌突出贡献奖”。

散文方面，2018年4月14日，中国李庄杯第十四届十月文学奖颁奖会在宜宾李庄古镇举行。中国文联副主席胡占凡、中国作协副主席李敬泽应邀出席。《十月》主编陈东捷、四川省作协主席阿来以及其他来自全国各地的40余位作家、诗人参加活动。经过评委会严谨、公正的评选，最终，散文奖由豫籍著名作家刘庆邦的《陪护母亲日记》和余华的《爸爸出差时》获得。河南省在这两年的冰心散文奖上也屡有斩获。2016年6月18日，第七届冰心散文奖（2014年至2015年度）揭晓，《南阳晚报》记者张燕的散文作品《打开一扇窗，等你》获得散文单篇作品奖，这也是河南省该年度唯一获奖作品。时隔两年，2018年6月23日，第八届冰心散文奖颁奖典礼上，洛阳市作协主席赵克红以作品《回望故乡》获得散文单篇奖，为河南省争得荣誉，并成为该市首位获得冰心散文奖的作家。

2016年5月，阿慧（李智慧）的《羊来羊去》、韩晓民的《民间记忆》和郑毅（叶灵）的《秦淮水骨》三篇作品获得第二届杜甫文学奖散文杂文奖。同年6月，由全国杂文学会联谊会主办的“鲁迅杂文奖”揭晓，河南同时有两位杂文家获奖。著名杂文家陈鲁民的作品《帝王的“快意”很可怕》获得金奖，杂文家李俊瑶的作品《从〈蜗居〉到〈孔子〉》获得银奖。《莽原》2017年度文学奖中，杨东明的《讲给天国里的南丁》获得散文随笔奖。

河南文学界值得一书的还有一件盛事。2017年11月，河南文学界又多了一个奖项——南丁文学奖。为纪念南丁先生对河南文学力量的毕生扶持，也为了促进当代中原作家群创作的繁荣兴盛，经南丁先生亲属授权，瓦库文化传播股份有限公司出资，以南丁为奖项名称设立南丁文学奖。据悉，南丁文学奖每年评选一次，授予最近一年来创作出最优秀文学作品的在豫或豫籍作家，奖金不低于10万元。南丁文学奖将始终坚持以人民为中心的创作导向，坚持导向性、权威性、公正性，旨在奖励有文学理想和情怀、对人类发展和社会进步有精神层面的贡献的优秀作家。评选范围限于评奖时在世的在河南省内生活、工作的作家和在河南省外工作、生活的河南籍作家；凡评奖年度内有文学作品首次公开发表、出版的上述范围作家均可参评，作品不受体裁限制。相信这一奖项对河南诗歌和散文界是很好的激励。

二　河南诗歌散文发展特点

近年来，河南的诗歌散文创作发展态势平稳，总体表现出“三强三弱”的特点，简述如下。

（一）民间性强，时代感偏弱

这一判断同时适用于诗歌与散文。民间性强体现在两个方面，一个是全民参与性强。诗歌与散文不同于小说，对叙事性上要求可高可低，技巧性不强，几乎人人可写。与此同时，诗歌与散文在情感倾诉甚或发泄方面，具有天然的抒发优势。因此，全民参与性在诗歌与散文上体现得非常明显。人人可写，人人能写，人人总有那么一段想要抒发情感的时候，于是人人都是潜在的诗人或散文作者。一个明显体现是，诗歌类和散文类的征文大赛比其他文学体裁都要偏多。仅以省诗歌学会曾经牵头组织实施的就有“绿色旅游·和谐舞钢”诗歌（楹联）大赛、三苏杯全国诗歌大赛、焦裕禄颂诗歌大赛、开封菊花诗歌大赛、洛阳牡丹诗歌大赛等。2018 年人民日报·健康时报持续推进的“让世界倾听河南”河南十八地市诗歌征稿及朗诵活动，也是轰轰烈烈，广为传播。在全国上下开展学习党的十九大精神之际，以“厚重河南、风雅河南、大美河南”为主题的诗歌征文大赛，显然是向所有的中原儿女敞开了表达情感的大门。散文与诗歌略同，征文大赛也较为常见。

人人可参与，但诗歌散文的整体质量并不能因数量的堆积而提升。优秀的诗歌对写作者的要求其实非常之高。诗歌如马新朝《幻河》之厚重磅礴，高旭旺《还乡》之沉思潜郁；散文如周同宾、王剑冰、冯杰、鱼禾之乡土、艺术、叙事之各有所长，但都有对时代的体察与感知。习近平总书记在党的十九大报告中指出，“中国特色社会主义进入了新时代”，那么这个新时代的时代特征有否或者如何体现在诗歌创作中？我们的诗人或散文作者有否抓住时代的风云激荡或潜流暗涌？这都是在全民性参与的基础上需要优化提升诗歌散文写作者对时代的感知力和表现力的。目前来看，优秀者寡。多数作品题材狭窄，局限于青春美文、行旅见闻或一点个人的人生感悟。所以，要提倡写作者“深入生活，深入人民”，真切感受时代脉搏跳动之主旋律或不和谐之音，用作品反映出来，才能抵达或接近文艺精品的创作与生产。

（二）网络性强，存在感偏弱

网络性强指河南诗人诗歌在网络平台的活跃度较高。中原诗歌创作有着较为庞大的群体，这一群体既存在于各种朗诵会、诗会、笔会中，也存在于诗歌网站、诗歌论坛、诗人博客、微信公众号等与网络相关的建设上。河南诗人在与网络新媒体的对接上并不落后，很多诗人创建了自己的诗歌博客或网站，甚至出了网络版的诗集。河南诗歌方面的网站则有河南诗歌网、河南诗人网（《河南诗人》网刊）、中原诗词网、中原作家网等。其中前两个网站是专门的当代诗歌网站。栏目设置分门别类，从诗歌自身出发，有诗歌批评，有诗歌创作；从诗人出发，有诗歌群落，有诗人社团，有名家介绍，有新秀推介，还有诗人访谈；从诗歌类活动出发，有大赛征文，有诗歌朗诵，有诗歌研讨等。河南诗人网甚至还开设了“卖场”，网售与诗歌有关的书籍、音像制品、诗会 logo 服饰等。另外，诗歌学会和散文学会以及河南文学院等单位都在新浪建有专门博客，对本学会相关作家作品以及相关活动进行及时规整。河南文学院还建有微信公众号。著名的诗人散文家也都有相关新媒体平台，发布自己的创作信息或文学活动信息。整体来看，河南诗歌散文因体裁的长短随意灵活，比小说作品更利于网络平台生产、存放或转载，因此，网络活跃度较强。

但是，从作品质量和作者层次来看，河南诗歌散文创作存在感偏弱。这个存在感偏弱，一是指整体作者群落在全国文坛的影响偏小。河南诗歌创作群体规模庞大，河南诗歌网有“地方诗歌”栏目，分为十八个地市的诗歌，如郑州诗歌、开封诗歌等。河南诗人网则以中原诗群为题，将全省诗人群落划分为十八个地市诗群，如郑州诗群、开封诗群等。看似群落遍布全省，无一遗漏。但任何一个诗人群落在全国文坛或诗坛上的影响力还是偏小的。没有特别核心的影响力，辐射范围太小。散文没有这么多群落，但大致可以分为郑州散文和南阳散文两个群落，规模稍集中一点，影响力更加不够。二是指优秀作家数量的下降。自2016年年初至年底，河南文坛老作家中张一弓、马新朝和南丁老先生相继离世，诗歌与散文的天幕失落三星，令人慨叹。一批写作新星和实力派写作者因求学或工作等原因，离开河南，也使河南诗歌散文实力受到影响。三是指诗歌散文精品数量的偏少。作家最终要以作品说话，诗人和散文家要以诗歌作品和散文作品呈现实力。在作品方面，精品数量还是有所欠缺。从“高原”到“高峰”还需要实力作品面世。

（三）地域性强，思想性偏弱

地域性强，指河南作家笔下的诗歌散文作品，天然地带着乡土中原的烙印。河南是乡土散文的重镇所在，乡土写作是中原的正宗文统，在散文和诗歌上都有鲜明呈现。河南散文出现了两位在乡土散文写作上堪称典范的人物：南阳的周同宾和长垣籍的冯杰。一人“躬耕在南阳”，一人“细作在郑州”，各守一方，缠绵乡土记忆书写。周同宾笔下的土地与人，是作家个人对时代车轮的忠实记录；冯杰笔下的北中原呈现出独特的诗性，是诗与散文的绝佳融合，构建了文学的诗性原乡所在。王俊义、王新华、阿慧等人，前后相随，走的也是乡土散文写作的道路。虽然还有恪守艺术散文写作正统的散文名家王剑冰、坚持叙事探索的作家鱼禾、开启自然笔记系列的作家青青，还有小品文写得极好的老作家郑彦英等。诗歌方面王绶青、高旭旺、高金光、艺辛、陈俊峰、邓万鹏、张鲜明、杨炳麟、吴元成、汗漫、温青、高春林、罗羽、森子、海因、简单、衣水、西屿、刀刀、王东东、蓝蓝、杜涯、萍子、扶桑等，也都在各自的题材领域辛勤耕耘。但乡土性无可否认是河南诗歌散文呈现出的较为完整和连续的一个地域特征，在全国文坛获得认可。

乡土性特征之外，河南诗歌散文的整体写作思想性偏弱。诗歌散文的写作在全国的整体态势基本延续了20世纪90年代的热潮，各种体式的创作齐头并进，河南文坛也是如此，诗歌散文在阅读市场上依然潜力巨大。但思想性的缺失，意味着高峰太少，每年的散文年选和诗歌排行榜单尽管也是丰富多彩，不过，能够让作家、评论家、读者三个群体交口称赞、过目不忘的作品还是不多。归根结底，不管是散文还是诗歌，写好一部作品，最终考查的是写作者对外部世界和人心走向的洞察力和感知力。作品最终呈现出来的就是写作者自身这样的承载力。你先有什么，才可能依此来产出什么。自身没有的，绝对产出不了。批评家唐晓渡曾指出："诗人的洞察力来自他思想的穿透力，而真正具有穿透力的思想，是和人格的力量、行为的力量并行且相互支持的，还需要得到广阔的思想文化资源的滋养。这些是发生在文本之外的。"一个悖论是，当代中国现实本身的复杂性是前所未有的，然而作家个体的能力显然不能适应于此，在穿透现实和有效运用传播手段方面显得无力。河南诗歌散文写作群体亟须在洞察力与敏锐性方面加以关注提升。

三　推动河南诗歌散文稳步发展的建议

当前河南诗歌散文发展中存在的问题，必须尽快加以解决。那么，怎样才能使作品贴近时代，增强作品的时代感？怎样提升作品的存在感？又如何提高作品的思想性？归根结底，人才素质是总纲。抓住人才，留住人才，挖掘利用好人才，是保持并壮大河南诗歌散文界有生力量的根本。在这一点上，河南省作协与河南省文学院做出了积极的探索，先后有针对性地面向全省举办了一些青年作家批评家论坛、文艺评论家培训班，并与鲁迅文学院合办了河南研修班等，效果良好。今后，相关单位或部门应该再扩充一下内容，丰富一下形式，形成一项长期坚持下去的培训制度。随着实力派作家年龄渐长，要着力加强青年甚至青少年作家梯队的培养。诸如河南省青作协推出的"河南青年作家三十强"活动，就是对青年写作人才的遴选和重点推介培养。河南诗歌散文在培育好相关人才梯队的同时，还要注意以下几个问题。

（一）深入生活，扎根人民，增强作品时代感

诗歌和散文写作一样需要深入生活，扎根人民。只有深入生活、扎根人民，深切体会当今时代火热真实而又复杂的生活和不同层次普通大众的心理，才能在创作中找到较为立体的时代感，进而表现出时代感的骨骼与肌理，而不是闭门造车。在脱贫攻坚的乡村现场，在全面建成小康社会的企业第一线，在深化改革的最前沿，在广大最普通劳动者的生产生活中，到处都需要作家的身影。豫籍作家刘庆邦的“根据地”是煤矿。2016年，他入选中国作协定点深入生活项目，到河南省沈丘县刘庄店镇刘楼村深入生活。刘庆邦感叹道：“生活是煤，我们只有到生活的矿井中去，才能挖出煤来。生活同时也是火，只有到火热的生活中去，才能采到火种，才能把煤点燃，使之熊熊燃烧，发光发热。”诗歌与散文的写作者，到人民中去，到生活中去，向人民和生活学习，倾心书写人民，反映人民心声，必须成为中原作家的自觉追求。通过定点深入生活、挂职锻炼、驻村驻户等活动，在群众中找到属于自己的文学“根据地”，对时代和社会的整体把握能力必然会得到显著提高，时代感自然而然得到外化。

河南作家们要紧紧跟随十九大报告的文艺精神，创作倾向上要坚持“二为”方向和“双百”方针并举，保障创作沿着正确的轨道前进。在创作方向上要深刻理解“四个讴歌”。习近平总书记指出，文艺工作者应当“不断推出讴歌党、讴歌祖国、讴歌人民、讴歌英雄的精品力作”。中国共产党作为带领中国人民站起来、富起来、强起来的坚强领导核心，在96年的历史征程中创造了辉煌历史和现实奇迹。新时代的创作者们一定要在历史感中找到时代感，只有出于灵魂深处的真挚、内心感情的融通，才能形成感人的精神力量和恒久的艺术魅力。

（二）重视新媒体，积极推广宣传，提升作品存在感

这既是针对诗歌和散文学会组织机构而言，也是对创作者个人而言。网络与手机的普及给人们带来了前所未有的便利，博客、微博、网络论坛、网

络空间等也使得文学作品的传播更加便捷及时。继博客微博占领 PC 端之后，微信甫一出现就迅速霸屏，技术的洪流以一种让人目不暇接的速度席卷而来。诗歌与散文写作者如何应对？一方面，要摆正态度，无论是纸媒还是网媒抑或公众号的传播，都是一种传播载体，一种传播手段。另一方面，要相信“打铁还需自身硬”。既要坚持创作的第一要务是把内容做好，把诗歌、文章写好，也要以积极的态度迎接新技术的到来，学会运用新技术新媒体，将其作为优秀作品传播的平台。

与传统的诗歌传播与阅读方式比较而言，微信具有天然优势。它突破了纸媒传播诗歌的单调，方式多样且具综合性，可以囊括文字、音频、图像、视频等，将其整合在一篇文件里推送出去。读者在通过诗歌公众号平台欣赏时，既能欣赏相关配图中所传达的意境，又能在聆听中感受诗歌语言的精美绝伦。这种综合性的阅读形式是朝向立体多维方向发展的，“诗歌对语言的要求非常高，诗歌语言所蕴含的人类经验和想象能力超过了其他文类。融合各种元素的阅读方式能加深人们对诗歌语言以及对我们使用的汉语的理解，更能刺激我们的文化想象”。微信写诗、读诗平台的建立，向人们展示了一种新媒体对传统文体的修改方式。另外，微信朋友圈所构建的一对多和多对一的即时性、交互性以及便携性，均使得微信平台在诗歌层面更具传播优势。中原诗人及散文家要重视新媒体自媒体的传播作用，让优秀的内容以更好的方式及时有效传播到最大范围，从而提升作品的存在感。

（三）增强理论素养，开阔创作视野，提高作品思想性

这是针对个人创作者而言。思想，是指作家渗透在作品的艺术构思中、融合进艺术形象里的一种有价值的观念。诗歌与散文作品的思想主要可以归纳为文章对社会问题的洞察、对历史现象的穿透、对国民性中负面因素的针砭、对人物灵魂的审视以及对“普世价值”的深度理解等。如果这些方面都能做到，文章的思想必然达到了一定的高度。作品的内容与思想血肉相连，思想不是单纯的材料、立场、观点，还与各种文学要素共同构成作品的肌理甚至骨骼。散文的思想不都是在重大主题的反思和抒写当中，也可以从

微小角度切入，既要有独特角度，又要有全人类的眼光，思想才能产生。

要提高诗歌散文写作的思想性。首先，要加强文学理论素养。要学习文学理论和美学，提高文学修养；学习唯物辩证法和历史唯物辩证论等相关哲学著作，提高辨别力。只有熟练掌握理论武器，才能准确把握社会生活和文学素材的真伪，才能使作品中表达的观点不会失之偏颇，从而占据高位，抓住本质。其次，要积极深入社会实践，处处留心观察生活，“世事洞明皆学问，人情练达即文章”。创作者都要做“三派”，即“实践派”“实干派”“实力派”。要做到真正去实践，搞清脉络去实干，然后才可能成为写作的“实力派”。总之，文学创作就是一个不断观察、学习、思考、提炼，进而不断进步和提高的过程。诗人和散文作家不仅需要“深入生活”，沉潜于外部环境的风吹草动，而且需要经常反观自身，提高自身写作素养，把二者有机地结合起来，作品的思想性才能得到质的飞跃。

B.11
2017年河南戏曲研究报告

郭海荣*

摘　要： 近年来，河南省加强精品剧目改编、推广加强戏曲人才保护培养、提高戏曲知识普及力度、加快传统戏曲创新发展、建立全国合作交流机制等，积极推进河南戏曲“走出去”。针对存在的人才整体匮乏、消费市场萎缩、题材创作保守、表现形式不够多样等问题，可以通过进行戏曲改革创新、提高演员综合水平、加大政府扶持力度、加强与现代技术融合等方式，提升表演水平、提高戏曲的感染力、扩大传播范围，以吸引更多年轻观众加入。

关键词： 河南戏曲　戏曲创新　精品剧目　戏曲人才

豫剧是河南土生土长的剧种，清朝乾隆年间产生于河南开封一带。在长期的向外流传过程中，豫剧与不同的地域文化结合，逐渐形成了祥符调、豫东调、豫西调、沙河调四大声腔体系，先后涌现出常香玉、陈素真、崔兰田、马金凤、阎立品、樊粹挺、杨兰春、王基笑等一大批豫剧艺术名家。20世纪五六十年代，豫剧推出了《花木兰》《穆桂英挂帅》《朝阳沟》等一批经典剧目，唱响了大江南北，走进了千家万户。特别是创演于1958年的豫剧现代戏《朝阳沟》，至今已演出近5000场，演员已更替到第四代，被翻译成多种文字，外文版本就有20多种，成为一个时代的文化符号。

* 郭海荣，河南省社会科学院文学研究所助理研究员，研究方向为中国现当代文学。

一　河南戏曲发展现状

豫剧是我国最大的地方剧种之一。目前，豫剧分布于全国13个省市，有专业院团162个，民营院团1300多个，从业人数达10万之众。据腾讯、百度的大数据统计，目前全国关注豫剧的人数超过3.5亿，豫剧的从业人数、剧团数量、流布区域等均在全国地方戏剧中名列前茅。近年来，河南省在提高戏曲的数量、质量和扩大戏曲的社会影响力等方面，做了大量扎实而有成效的工作。

一是加强精品剧目改编推广。河南豫剧历史悠久，经典剧目丰富。《花木兰》《五世请缨》《对花枪》《铡美案》《大祭庄》《拷红》《三上轿》等传统经典剧目依然有着深厚的群众基础，在名家新秀的各类演出中始终深受好评。除了对传统经典豫剧曲目的传承创新，河南豫剧各团体还努力向历史深挖、向现实靠近，积极打造新的豫剧经典，先后推出《程婴救孤》《香魂女》《常香玉》《村官李天成》《苏武牧羊》《焦裕禄》等一系列新剧目，在国内外获得广泛好评，收获了众多荣誉。豫剧《程婴救孤》《朝阳沟》《铡刀下的红梅》《清风亭上》《香魂女》《常香玉》《村官李天成》《苏武牧羊》《珠帘秀》《斗笠县令》《山城母亲》《风雨故园》《陈蕃》《都市阳光》等剧目，先后荣获“文华”奖、国家舞台艺术精品工程十大精品剧目奖、中宣部“五个一工程”奖、全国优秀保留剧目大奖、中国戏剧节优秀剧目奖等国家级奖项，充分展示了豫剧的创新能力和社会影响力。其中《程婴救孤》初次在首都长安大剧院演出即获得巨大成功，作为中华人民共和国成立后第一个登上美国百老汇剧院的剧目，开创了中国地方戏在百老汇演出的先河。2016年10月，由河南豫剧院三团推出的大型豫剧现代戏《焦裕禄》，荣获第十五届“文华大奖”，饰演焦裕禄的贾文龙同时摘取“文华表演奖”桂冠，河南省也成为全国唯一的戏剧剧目连续六次获得“中国艺术节大奖”和五次“文化大奖”的省份。

二是加强戏曲人才保护培养。人才是戏曲发展的基础和保障，河南始终加强对人才的培养和使用，从尊重戏曲名家、推出青年演员、培养未来人才几个方面保证戏曲人才的梯队建设。

河南戏曲名家荟萃，优秀艺术人才层出不穷。多年来，河南始终坚持对戏曲名家的宣传推广工作，并以此为抓手，提高豫剧在国内外的知名度和影响力。2016 年 10 月 15 日，郑州图书馆“天中讲堂”成功举办“纪念人民艺术家常香玉大师诞辰 93 周年名家荟萃唱响豫剧”；2017 年 9 月 3 日，中国戏曲学院成功举行“马金凤从艺 90 周年暨马派艺术研讨会”。这两次研讨会除了舞台展演，都围绕豫剧在当下的传承保护等内容进行了重点研讨。

河南剧协加大对中青年戏曲名家的宣传力度，推出了一批杰出艺术人才。在中国戏剧“梅花奖”“文华表演奖”等国家级奖项的评选中，豫剧演员表现出色，王惠、田敏、刘晓燕、徐俊霞、陈新琴、李树建、楚淑珍、刘雯卉、张艳萍等先后获得中国戏剧“梅花奖”，李树建、汪荃珍、王惠、李金枝、贾文龙分别获得“文华表演奖”和中国艺术节优秀表演奖，其中贾文龙荣获第 11 届中国艺术节“文华”表演奖第一名。2016 年以来，河南剧协先后多次举办河南艺术名家推介活动，对金不换、丁建英、李杰、杨帅学、吴素真、刘雯卉等中青年戏剧人才进行专场推介及专场演出，产生了良好的社会效果。中青年戏曲名家不仅为河南争得荣誉，也成为推动河南豫剧事业繁荣发展的中流砥柱。

河南始终加强对戏曲人才的培养，坚持戏曲教育从娃娃抓起、从源头抓起。自 2004 年开始举办河南省少儿戏曲小梅花大赛，培养少年儿童对河南传统戏剧文化节的兴趣及专长，为河南戏曲提供新鲜血液。2017 年第 13 届河南少儿戏曲小梅花大赛成功举办，大赛共选取金奖 12 人、银奖 10 人、铜奖 20 人、优秀奖 38 人，充分展示了河南省少儿戏曲教育取得的丰硕成果。在第 21 届中国少儿戏曲小梅花荟萃评比中，河南省剧协推荐的 5 名小选手均获得金奖，其中 4 人荣获“金花十佳”称号，少儿戏曲人才的不凡实力为豫剧的未来发展提供了坚实的人才保障。

三是提高戏曲知识普及力度。戏曲的成长需要丰厚的现实土壤，民众对戏剧知识的关注和接受是戏剧进一步发展的根本。河南戏剧界非常重视普及戏曲知识，积极举办戏曲进校园、进基层、进社区系列活动，先后举办多次戏曲名家专题讲座活动。2017年，河南戏剧名家先后在“郑州七中名家讲堂”、郑东外国语“励耘大讲堂”等地作了《戏曲——最美的中国声音》《戏曲——民族艺术的瑰宝》等系列专题戏曲知识讲座，受到广大听众的热烈欢迎。河南大学、郑州大学、河南师范大学、封丘蒋寨戏曲小学、郑州东关小学等学校也纷纷邀请戏剧名家进校开展戏曲教育，普及戏曲知识，向广大学子传播优秀传统文化，提升学生对戏曲艺术的感知和审美能力。郑东新区蒲公英小学更是将戏曲学习融入日常学习中，校内开设戏曲兴趣班，邀请老师对学生进行日常戏曲辅导，既丰富了学生的课余生活，也为豫剧的进一步发展提供了新的土壤。为提高乡村艺术教师的专业技能，帮扶乡村打造一支高水平的艺术教师队伍，河南省文联还开展了“文艺助力精准扶贫”活动，并在光山县进行“乡村艺术教师培训项目”，为来自光山县21个乡、镇、村近200所中小学的480余名专、兼职艺术教师进行了专业培训，在提升他们专业技能和教育水平的同时，也推动了边远贫困地区艺术教育事业发展。为丰富社区文化生活，2017年6月16日，河南省戏剧家协会与河南省社区教育服务指导中心签订合作协议，将在社区进行艺术演出、专家授课及学习交流，在丰富社区文化生活的同时，也将戏曲在基层的根脉扎深扎实。

四是加快传统戏曲创新发展。随着数字技术及网络技术的快速发展，人们的审美需求及信息来源发生了重大变化。作为一个古老的剧种，豫剧必须在新时期进行适当的传承创新，在前人传授的豫剧基础技能和基本剧目的基础上进行改良和创新，增加这种艺术形式的科技含量和创新因子，使豫剧在快节奏的现代语境下能够有所增益。一是加强了对传统剧目的创新改造。《梵王宫》是豫剧陈派的经典花旦戏，由豫剧大师陈素真于1937年创演后久唱不衰，但是新世纪以来由于多种原因不再受到观众追捧。2017年，河南豫剧院青年团对这一剧目进行改编，努力使之与当代价值判断、审美选择、观赏喜好相吻合，并采用新的声光电等舞台技术，在保证该剧目精髓的基础上对其加以改进，使之成为青春版《梵王宫》，受到观众的热烈欢迎。二是创造了新的与时代关系密切的新剧目。第十四届河南戏剧大赛在驻马店举办，共有包括《全家福》《皇家驿站》《焦裕禄》等在内的43部新创剧目进入决赛，新剧的推出极大地吸引了观众目光，43场演出观众高达5.4万多人次，盛况远超预期。三是加强了戏剧的创新实验。实验豫剧《无事生非》的出现是2017年豫剧界的一大尝试。该剧“在尊重莎士比亚原作精神的基础上，在音乐上做了由南方剧种黄梅戏的曲牌体到北方剧种豫剧板腔体的转变，由零散的黄梅小调转为豫剧大段的抒情宣叙，运用板式丰富的音乐唱腔表达莎翁剧作语言的性格化以及动作性特征”①，以河南戏曲的形式，表现剧中人物的情绪、欲望等内在心理，充分扩展了表演空间，探索了东西方戏剧艺术由形式到内容的融合，成为不可多得的一次实验。

除了在内容上加大创新，在传播途径上豫剧也加快了信息化、数字化、网络化进程，满足了当代观众的观看和交流需求。一是建设了专业豫剧网站，如河南豫剧网、河南戏曲网等，网站设有包括豫剧、曲剧、梆子、越调等几大戏剧类目在内的视频，同时还有戏曲伴奏、戏曲常识、器乐教习、名家演唱等板块来提高戏迷的欣赏水平，《回龙传》《朝阳沟》《对花枪》等点击量均已经超过25万人次，极大地扩大了传播范围。为提高剧团影响力，多家豫剧团也开设了自己的网站，目前主要有豫剧剧院剧团网站、河南小皇后豫剧团网站、台湾豫剧团网站、新郑市豫剧团网站等，成为豫剧网络传播和戏迷交流的一大阵地。二是加强对手机电视、IP电视、移动电视的推广使用，提高观众的自由选择权，扩大传播范围。三是加强对社交媒体的推广。博客、微博、微信、QQ、贴吧是中国现代社会新的网络社交手段，同时也是宣传的重要途径，目前和豫剧有关的微信公众号有224家，QQ豫剧群十多个，百度豫剧吧发帖数高达56万多帖，活跃用户近1.5万人，这些都为豫剧传播交流提供了较好的沟通平台，满足了观众多层次、多样化、个性化的观看、交流需求。2017年“晋冀鲁豫传统戏剧展演活动”就加强了对新媒体的使用，包括新华网、央广网、新浪网、映象网、商都网等在内的

① 《当莎士比亚遇上豫剧：实验豫剧〈无事生非〉登台亮相》，https://www.henandaily.cn/content/wenhua/yje/2017/0815/59831.html。

全国多家网站进行了专题报道，此外还通过直播平台和微信平台对展演活动进行全程网络直播，网上直播观众共计158余万人次[①]，取得良好的社会效果。

五是建立全国合作交流机制。为提升豫剧的创新发展能力，促进豫剧在全国的传播推广，形成全国豫剧一盘棋的良好局面，河南豫剧院、河南剧协心系全国豫剧发展，既管好脚下又兼顾天下，多次到外省调研豫剧在当地的生存状况，尽最大努力对其进行帮扶。河南豫剧院多次派主创人员帮助新疆石河子市豫剧团创排《我的娘我的根》，帮助新疆生产建设兵团豫剧团创排《天山人家》，邀请石河子市豫剧团到河南参加黄河戏剧节并在河南巡演；派专人到河北沙河市，帮助组建沙河市豫剧团；派主创人员和主要演员帮助西安市豫剧团创排《秦豫情》，并到河南巡演。为了加强全国豫剧院团的交流合作，在河南省文化厅和河南豫剧院的积极运作下，成功举办了第四届中国豫剧节和两届“中国豫剧优秀剧目北京展演月”，推出了一大批在全国叫响的豫剧精品剧目；成功举办“首届晋冀鲁豫传统戏剧展演活动”，探索以演出促发展，建立晋冀鲁豫传统戏剧保护联动机制；举办了全国豫剧人才培训班，为来自全国的豫剧青年才俊进行了系统的培训；举办第二届“中国豫剧院团工作交流协调会”，共有来自全国十多个省市的120多个院团360多人参加，为促进全国豫剧的发展献计献策，这标志着全国豫剧交流合作、协同发展的大格局已经基本形成，必将促进豫剧在全国的繁荣发展。

六是推进河南戏曲“走出去”。豫剧的生命需要广泛的土壤，需要从河南“走出去”，进入更大市场，获得更大的认可和接受。一是加强国内的交流合作。2017年8月，文化部艺术司、中共河南省委宣传部、河南省文化厅、（河南）中华豫剧文化促进会联合举办的“第四届中国豫剧节”正式拉开帷幕，入选的30台剧目分别在北京长安大戏院、河南艺术中心两个剧场演出。2017年10月，河南省文化厅与中国艺术报社联合主办“河南稀有剧

① 《首届晋冀鲁豫传统戏剧展演活动综述》，http：//www. mcprc. gov. cn/whzx/bnsj/fwzwhycs/201803/t20180301_ 831308. html。

种北京公益展演周”，包括花鼓戏、嗨子戏、皮影戏等在内的河南稀有剧种首次集体登上梅兰芳大剧院，向国内外观众展示稀有剧种的独特风采。河南原创近代曲剧《阿Q与孔乙己》在2017年第十九届上海国际艺术节上大放异彩，小剧场豫剧《伤逝》在2017年第三届上海小剧场戏曲节上广受好评，展示了当代河南戏曲的独特魅力。二是加强了海外的合作交流。2016年10月豫剧《程婴救孤》在美国参加第三届“跨越太平洋——中国艺术节”交流演出，并入围“土星奖”评选活动，2017年7月，豫剧《聂小倩》在比利时那穆尔省参加第十一届那穆尔国际戏剧节，通过与各国艺术家的广泛交流，提升了豫剧的制作传播理念，加强了海外观众的理解与合作。

二　河南戏曲发展存在的问题分析

虽然河南戏曲的发展取得一定成就，但是从历史来看，目前河南戏曲与盛时存在较大落差，后续发展仍然存在很多严重问题亟待解决。

一是人才整体匮乏。人才是行业发展的基础和保证。与京剧等其他大剧种相比，豫剧名家大师数量不多、人才老化、人才梯队不衔接的现象非常明显。豫剧从业人员由于学习的特殊性，文化水平整体相对较低，据统计，豫剧从业人员大学本科的约为25%，中专学历的约为65%，占比最高，其余少部分有自幼拜师学艺入行的，有半路出家入行的，学历多为中学以下。虽然学历并不能代表个人的真正水平，但无疑文化基础薄弱必然会影响豫剧文化底蕴的传承与体现，同时对豫剧创新、豫剧市场研究、豫剧文化发展都会产生较大的约束。人才匮乏和人员老化也是制约豫剧发展的突出问题。戏剧行业不景气已经成为社会的共识，这必然会影响年轻从业人员的选择。目前豫剧人才队伍老化现象极为突出，一些地方剧团团员年龄均超过40岁，很多艺人年逾古稀却仍然招不到年轻弟子。目前豫剧从业人员人才流失严重、人才培养不足、人才队伍匮乏、人才梯队断档、整体素质不高等问题比较突出，人才总体数量、人才梯队建设、人才素质培养等方面短时间内难有成效。

二是消费市场萎缩。任何剧种的生存发展都需要相当数量的消费者群体来支撑。但是随着现代文化娱乐消费方式的变化，人们的审美眼光和消费需求发生重大改变。虽然豫剧流传数百年，在中原大地有着深厚的群众基础，但在当下的消费模式下也出现消费市场萎缩、经济效益不够理想的困境。虽然中老年戏迷主体还保持相当数量，但这一受众的消费能力和消费观念相对保守，他们更倾向于免费看戏、电视看戏、网络看戏等方式，并不构成真正的市场消费主体。年轻人更愿意选择流行消费模式，年轻戏迷数量日渐萎缩，观赏意愿较低。消费市场的萎缩和观众的老化，导致豫剧院团的生存发展存在很大问题。

三是题材创作保守。豫剧发展的关键在于剧目的编创，传统的豫剧剧目大多是根据历史故事、民间传统、地方典故等改编创作而成，这些剧目时代久远，随着时代的发展与人民生活方式的变化，它们表现的内容、情感与价值已经很难满足当代观众需求。而新编剧目很多创作观念相对陈旧，仍然沿袭传统剧目的编创风格，有些主创人员不能真正深入生活、扎根人民，在创作反映当前社会深刻变革、解决社会深层矛盾的作品时，不能准确把握时代脉搏，个别人还在使用10年前甚至20年前的生活积累，从而导致塑造的人物形象缺乏真实感和时代感。尽管豫剧有许多作品获得国家级大奖，但就豫剧创作的内容来看，真正能够反映时代风貌和人民诉求的作品还相对较少，有数量缺质量、有奖杯缺口碑的问题依然存在。

四是表现形式不够多样。目前豫剧创作存在着题材内容单一、艺术风格单调、表现手法传统等问题。采用大历史叙述方式的政治戏过多，从历史寻找题材的历史剧过多，表现家长里短充满喜剧风格的剧目较少，表现时代变化的剧目较少。豫剧与新技术、新业态、新媒体的融合程度不高，舞台表现方式较为传统质朴，没能充分利用现代技术打造新型舞台环境。此外，豫剧的传播方式比较单一，主要还是依靠舞台表演、电视传播、网站传播等方式，还没有实现与互联网的良好对接。

三　推进河南戏曲稳健发展的对策建议

针对现有的各种问题，河南可以通过进行戏曲改革创新、提高演员综合水平、加大政府扶持力度、加强与现代技术融合等方式，提升表演水平、提高戏曲的感染力、扩大传播范围，以吸引更多年轻观众加入。

一要进行戏曲改革创新。河南戏曲来源于中原大地，深厚的中原历史文化影响并塑造了河南戏曲的文化品格，同时也使它们更容易被地方观众接受，这是河南戏曲的文化根基所在，同时也为其赢得长久的生命力。但是随着时代的发展变化，社会环境与传统戏剧出现的文化基础发生很大变化，当年创作出经典剧目的艺人，他们正是把握住了当时的时代要求，创作出能与当时观众产生情感共振的剧目，才造就豫剧的历史辉煌。从历史看，豫剧经过两次重要改革，民国初期范粹庭根据社会需求对豫剧进行艺术化改革，丰富了豫剧唱腔，增加了豫剧的生活化色彩和感染力。中华人民共和国成立后通过引入现代戏唱腔，对传统豫剧进行改良，出现了包括《穆桂英》《花木兰》《朝阳沟》《倒霉大叔的婚事》等一大批经典剧目，这两次改革扩大了豫剧的群众基础，使豫剧的传播范围扩大到包括西藏、新疆、台湾等在内的十多个省区市。我们今天的戏曲创作要将传统艺术与现代生活紧密结合起来，将视角对准现实生活内在蕴藏的文化内涵，选取生活中的典型情节，塑造出真实感人的艺术形象，通过这些艺术情节和艺术人物来表现反映时代风貌的文化精神，从而与现代观众产生情感上的共鸣。

二要提高演员的综合水平。首先，要提高演员的文化水平。作为一门表演艺术，河南戏曲对演员的文化素质有较高的要求，但现阶段演员整体文化水平偏低，这就要求加强对他们进行文化培训，努力提高其知识文化水平，使其增强对剧本和人物的理解，同时避免在舞台上出现错字别字现象，提高戏曲的艺术表现魅力。其次，要提高演员的业务水平。在当前风气影响下，一些演员内心浮躁，忽视了戏曲本身的基本功，舞台表现能力下降，无法有效表现出豫剧之美。“台上一分钟，台下十年功”，一个演员在舞台上的艺术表现力需要长时间的学习与锻炼、改进与提高才能获得，这就要求戏曲剧团与演员个人形成专业学习氛围，提高演员的演出水平。再次，演员要在继承的基础上追求自己独特的个人风格。豫剧的几大流派正是演员们当年在学习与演出时，结合自身特色发展出的具有个人魅力的艺术表现方式，是豫剧昔日繁荣的表现。作为新时期的演员，首先应该学习借鉴，但不能因此止步不前，而是要结合自身特点努力追求个人风格。

三要加大政府扶持力度。文艺的发展离不开国家的支持，尤其在当下河南戏曲发展的困难时期，更需要政府从政策、资金、人才培养方面给予扶持。随着经济的发展，政府有能力以更为积极的政策来帮助戏曲的发展，要给予剧团更大力度和更为灵活多样的扶持方式，通过保底买戏等方式客观上维持一个基本的消费市场，剧团在基本生存有保证的基础上可以大力提高创作创新能力，大胆进入市场以换取更大的生存空间。要给予豫剧传承人资助和相关政策保证，提高他们的工资、福利等方面待遇，放宽职称评定，方便其获得现实的经济回报。要加大力度保护好现有的经典戏剧。对于有较高历史文化艺术价值的剧目，政府应给予非物质文化遗产保护政策，同时通过技术手段保存好现有经典戏曲资料，为后代留下宝贵遗产。

四要加强与现代技术融合。传统豫剧的实景演出方式受环境影响较大，不利于它的现代传播。在电视时代，河南电视台的梨园春节目是豫剧拥抱现代传媒最为成功的案例，同时也提高了豫剧的社会影响力，提升了社会消费意愿，培养了大批年轻观众，为豫剧与现代媒介的结合提供了很好的借鉴。网络时代，河南戏曲界要借鉴梨园春的成功经验，以更加开放和包容的态度加强与技术的合作，在切实了解当代观众精神需要的前提下，开展有针对性的创新工作。要建设网络交流平台，积极探索能够双向或多向交流的演出方式，使观众能积极参与其中。要利用 BBS、贴吧等平台，开展戏曲知识普及，加强专业演员与普通观众的交流；要利用网络短视频平台，打造最具吸引力的 15 秒短视频，吸引年轻人眼球；通过网络直播平台直播戏剧现场表演，突破时空限制，扩大观众群体，开辟河南戏曲新的发展空间。

B.12
2017年河南电影产业研究报告

李　娟*

摘　要： 近年来，河南电影产业精品力作增多，发展态势良好；类型日趋多元，内容丰富多彩；体制改革深化，产业融合发展；合作交流加强，发展平台拓展。但是，与全国先进省份相比，与现实需求相比，河南电影产业在发展规模、竞争力与利润等方面，均存在一些问题与不足：产品质量亟待提高，产业融合力度不够，电影企业竞争力不强，人才培养和队伍建设力度不大等。河南电影产业的发展要增加投入，加强引导；繁荣创作，打造精品；培育企业，加强推介；培养人才，打造队伍。

关键词： 电影产业　产业融合　精品力作　人才队伍

党的十九大报告明确提出，要繁荣文艺创作，坚持思想精深、艺术精湛、制作精良相统一，加强现实题材创作，不断推出讴歌党、讴歌祖国、讴歌人民、讴歌英雄的精品力作，推动文化事业和文化产业发展。2017 年以来，河南的电影产业在全国电影产业飞速发展的大背景下，大力推动精品力作创作，凭借自身优势加强资源整合，不断提升在全国范围内的行业竞争力，对于带动河南文化产业发展，推动构筑全国重要的文化高地建

---

* 李娟，河南省社会科学院中原文化研究杂志社副社长、副研究员，主要从事文艺理论与电影评论研究。

设，起到了重要作用，也成为增强文化自信、实现文化繁荣兴盛的题中应有之义。

一 河南电影产业发展现状

党的十八大以来，河南针对电影产业的发展，在政策、剧本、节目、资金等方面采取了一系列扶持措施，不断加大对精品创作的扶持力度。在文化产业朝气蓬勃发展的当下，河南电影作为一股新兴力量逐渐进入国人视线。具体表现为以下几方面。

（一）精品力作增多，发展态势良好

近年来，河南围绕建设华夏历史文明传承创新区这一战略定位，把握机遇，推动文化资源优势转化为文化发展优势，取得了令人瞩目的成就。2017年，河南电影在创作生产与营销传播等方面均表现不俗，呈现出较好的发展态势。尤其是河南文化体制改革的顺利推动，为河南电影产业的提速发展注入了强大动力。河南电影产业积极探索发展之路，主动培育文化市场主体，摸索出了一条适合本土发展的产业之路，河南电影作为一股新兴力量进入了国产电影市场。其中，《叶问2》开创了河南拍摄商业大片的先河，不仅在国内取得了较好的成绩，而且在法国公映首周票房一路飙升至第二名。“河南制造”的《不是闹着玩的》在全国火热上映，《一句顶一万句》在第67届柏林国际电影节“亚洲璀璨之星”单元荣获“最佳编剧奖”。河南要打造全国性的文化高地，需要加快区域的文化发展，建设有影响力的文化强省，毫无疑问要大力发展文化产业，包括电影产业在内的文化产业实现跨越发展，就必须有重要电影精品做支撑。在国家新闻出版广电总局举办的“夏衍杯”优秀电影剧本评选中，《美丽的夹竹桃》荣获“潜力电影剧本”奖。红色主旋律电影《刻在石磨上的勋章》喜获第31届中国电影金鸡奖最佳美术奖提名，这在河南电影史上是第一次获此殊荣，而该片还荣获2017年河南省“五个一工程”奖的第一名。在第四届中国科普作家协会优秀科普作

品奖颁奖大会上，河南电影集团、海燕出版社联合出品的中小学生公共安全教育系列电影科教片《呵护生命　平安成长》中的《怎样预防中小学生意外伤害》荣获优秀科普作品银奖。文艺是时代前进的号角，最能代表一个时代的风貌，最能引领一个时代的风气，电影作品作为文艺形态中的重要组成内容，在引领社会主流价值取向，提升民众艺术审美品位等方面，肩负着重要的职责。由中共河南省纪律检查委员会、中共河南省委宣传部联合摄制，郑州报业集团、河南郑大文化传播有限公司等出品的反腐影片《第一大案》在北京人民大会堂举办首映仪式，该作品荣获河南省第十一届精神文明建设“五个一工程”入选作品奖、省级高成长服务业专项引导资金拟扶持文化产业项目，2016 北京青年影展最佳编剧奖、最佳故事片奖和组委会推荐重点影片，受到社会各界广泛关注。《守灵》成为唯一入围第 20 届上海国际电影节的河南作品，而主旋律电影剧本《陈独秀逆流到重庆》，在重庆第七届全国电影剧本征集活动中获得优秀提名奖。

（二）类型日趋多元，内容丰富多彩

随着《中华人民共和国电影产业促进法》由全国人大常委会通过并公布，中国电影产业的发展进入了快车道，电影行业也逐渐进入产业链条的完善和磨合期。河南的电影市场也是如此。微电影和民间小投入制作电影逐渐增多，电影类型更加多元化，内容呈现丰富多彩的样态。电影纪录片《大国粮仓》和现实主义电影《中原人家》都以河南文化为特色，融入地方文化元素，为观众呈现出鲜活的地方生活风貌。《石榴花开》由河南导演执导，郑州星海电影文化传媒有限公司、河南奥斯卡电影院线联合出品。《新郎新娘入洞房》由河南新农村数字电影院线有限公司携手郑州僖禧文化传播有限公司打造，打开了河南农村电影喜剧故事片的市场，戏曲电影故事片《王宝钏》也引起了业内的关注，大型系列电视片《老家河南》在淮阳开机。随着电影类型的多元化，微电影的创作制作逐渐增多，并取得较好的效益。河南首部反映创业者的系列微电影《走出来的修行》以“赢在起点，专注前行”为主题，借助品牌宣传引起社会各界广泛关注。公益微电影

《母爱的味道》以情动人，受到观众好评。《我不赖》入选全国法院第四届十佳微电影，而河南各级法院共摘得 11 项大奖。微电影《陈钱兄弟》以姓氏文化为主题。中国首部考古题材的网络大电影《殷商传奇之再生缘》，由考古专家全程参与影片的剧本创作和后期处理，弥补了盗墓题材悬疑剧在考古学逻辑上的欠缺。该片是郑州考古研究院继《剪纸上的郑州》《九鼎传奇》《考古公益广告》《如是漫说》等作品之后在公共考古学传播方式上的创新尝试。此外，2017 年第三届“根亲中国”微电影大赛得到了中国电影家协会的大力支持，并与郑州市委宣传部、郑州市文联共同主办，大赛面向中国大陆以及港澳台地区征集网络电影、微电影、微短片、微剧本等作品，得到了业内的积极响应。中原大学生微电影节由河南省高等学校戏剧与电影学类专业教学指导委员会和河南大学出版社主办，河南大学、河南工业大学、河南师范大学、黄河科技学院等十几所高校协办，微电影节设立奖项和奖金，并通过举办中原大学生微电影节颁奖晚会，鼓励和支持有梦想的优秀参赛大学生。

（三）体制改革深化，产业融合发展

河南省在文化产业发展方面，坚持做好顶层设计和整体布局，围绕打造文化产业发展高地，先后制定出台了《关于大力发展文化产业的意见》《河南省建设文化强省规划纲要（2005～2020 年）》《关于加快文化资源大省向文化强省跨越的若干意见》《关于加快发展服务业的若干意见》《华夏历史文明传承创新区建设方案》《关于申报河南省文化产业发展基金扶持项目的通知》《关于批转河南省文化产业发展战略重点方案的通知》等一系列重要政策，为文化产业发展提供优惠政策和有力的资金支持。随着河南文化体制改革不断步入深水区，河南广播电影产业积极推进事企分开，实行事业和企业分开运行。河南人民广播电台、河南电视台先后成立了专门的台控、台管、台属的文化企业，并努力使其真正成为市场主体，河南省电影制作集团、河南省文化电影集团逐渐成为全省电影产业骨干企业。河南在文化体制改革方面的顺利推动与深入发展，为河南电影产业发展注入了强大动力，他

们积极探索产业发展之路，主动培育文化市场主体，摸索出了一条适合河南本土发展的产业之路。目前，河南电影制片单位已经增长到300家左右，电影产业的发展成绩值得关注。河南投资集团有限公司与河南广电传媒控股集团有限责任公司，将在云计算大数据产业和广电媒体行业积极开展战略合作，结合河南投资集团在大数据产业园区建设、政务服务平台、投融资能力等方面的优势，共同拓展云资源、大数据、媒体等领域市场，推动河南电子政务服务平台建设。随着信息科技的飞速发展，河南的广电产业运营在“互联网+”的技术支撑下加强多媒体融合，紧密结合互联网的新技术、新趋势，适应新的消费群体。正是把握了行业的发展趋势，积极加强业态融合，河南的电影产业市场活力得到了有效激发。此外，河南积极利用高新技术改造传统传媒产业，大力发展网络广播电影、手机广播电视、移动多媒体广播电视；发展壮大河南电影制作集团、河南有线电视网络集团、河南文化电影集团等龙头传媒企业；大力推进河南文化电影集团上市。

（四）合作交流加强，发展平台拓展

近年来，中国电影业进入繁荣发展的黄金期，创作活力持续增强，电影市场生机盎然。2017年全年票房达559.11亿元，同比增长13.45%；其中，《战狼2》以56.8亿元的票房成绩打破了国内票房纪录；2018年第一季度，中国电影继续交出漂亮的成绩单：大年初一单日票房达12.61亿元，创世界单日票房新纪录；第一季度单季票房破200亿元，刷新了世界电影史上单季度国家电影市场的纪录。河南的电影市场同样也进入快速发展时期，2017年，河南省电影票房达19.01亿元，同比增长18.75%，高于全国平均增幅近6个百分点，在全国各省、区、市排名第9，比上年提升了一个位次，是近年来排名最高的一次。2017年，河南省新增影院81家，银幕508块，座位61384个，其中新增银幕数在全国排名第5，电影产业规模实现了较大提升。河南与国内高端电影企业展开广泛合作，建业·华谊兄弟电影小镇是建业集团与华谊兄弟合作之后的首个电影实景文化旅游项目，这是建业集团进军文化旅游产业的开篇之作，也是华谊兄弟实景娱乐首度进军中原市场，该项目总投资逾150亿元，总体规模约2000亩，将打造成为休闲娱乐旅游综合商业街区。此外，洛阳市创建了首个电影主题公园——洛阳会盟银滩电影主题公园，该主题公园以电影文化为主题，将依托洛阳银滩休闲农业观光园独有的自然风光，将其打造成集旅游观光、电影拍摄、文化传播等于一体的景区，计划拍摄《爱她就带她来洛阳》《小小包青天之狸猫换太子》《神笔马良》《唐僧前传》《镜花缘》五部电影。河南电影产业积极实施"走出去"工程，让世界各国特别是欧美等国家的观众有机会了解真实的中国，通过塑造健康、积极的中国形象，展示与传播在各项重大问题中的中国立场与中国观点。2017"感知中国"河南文化走进毛里求斯暨中国功夫电影周，由河南电影集团、河南航空港卫视具体承办，引起了国际社会的广泛关注。河南文化电影集团与中影数字巨幕（北京）有限公司，在西安奥斯卡中国巨幕国际影城召开战略合作发布会，双方就建设高端巨幕影院达成战略协议，未来3年河南文化电影集团将在全国范围内新建15个中国巨幕影厅。全国高校首个校园电影院线开映仪式在铁道警察学院举行，作为电影院线进校园工程的首批签约高校之一，铁道警察学院由此成为全国公安高等院校中第一个、河南省134所高校中第一个将校园院线作为加强和改进大学生思想政治工作的新方式、新平台。

二　河南电影产业发展中存在的问题与不足

虽然近年来河南省电影产业发展取得了不俗的成绩，自制小成本电影也逐步发展起来，电影文化产业不仅发展势头良好，而且为经济结构调整和文化发展都产生了一定影响。但由于长期以来经营性产业和公益性事业区分不清晰，影响制约了电影产业发展。与全国先进省份相比，与现实需求相比，河南的电影产业无论是规模还是竞争力与利润方面，都存在着一系列问题与不足，亟待改进。主要表现在以下几方面。

一是产品质量亟待提高。近年来，河南的电影创作、发行和传播呈现出总体向好、稳步推进的态势。具体来看，创作题材多样，内容丰富，好作品不少，但思想性、艺术性、观赏性能够在全国有较前排名、较好口碑和收视率的现象级作品并不多见。在电影市场发展较为红火的表象下，还存在创作方面急功近利、粗制滥造、重经济利益轻艺术价值，重营销轻创作、重宣传轻口碑、IP争夺白热化等不良倾向，作品的表达能力不强等问题不容忽视。而在资本涌入、技术日新月异、跨界融合更迭的背景下，市场规则和创作理念受到冲击，电影创作需要在喧嚣复杂的经济环境中，坚守电影文化的艺术性和生产力，深挖电影艺术的文化内涵和思想底蕴，使河南的电影作品有“高原”有“高峰”、有数量有质量。

二是产业融合力度不够。国产电影产业的运营方式需要在深入调研的基础上，在观念、体制、机制等方面进行系统转型，需要与电影产业市场进行无缝对接，最大限度地释放文化市场的活力。与此同时，产业融合对电影业提出了严峻的挑战，电影业的价值链将根据产业融合的需要，经历分解后再重构的过程。通过重新布局电影产业，让互联网基因渗透到电影产业链的各个环节，推动电影产业链由完整向高效进化。河南的电影产业在传统媒体与新媒体融合方面，依然存在很大的发展空间，在某些领域只能说是刚刚进入起步阶段，整体竞争水平还不高，需要谋划进行转型，寻找适合自身发展的道路。

三是电影企业竞争力不强。电影产业是集合生产创意内容为主、面向市场满足消费者的综合性文化产业，具有高创意、高投入、高风险等特点。提升电影产业的竞争力需要从电影的创作生产、融资制片、发行传播、产品开发等各个方面优化，而成熟且具有较大影响力的电影企业成为产业的重要因素。近年来，河南电影已经备案的电影制作企业，包括河南电影电视制作集团有限公司、河南少林寺电影有限公司、河南欢娱视线电影制作有限公司、河之南（河南）电影文化传媒有限公司等，共计300多家电影企业从事专业电影制作与发行。虽然企业数量不少，但是由于企业在品质和口碑方面的欠缺，河南电影市场的真正受欢迎程度并不突出，培育优秀的电影企业任重而道远。

四是人才培养和队伍建设不强。人才是产业发展的关键要素，目前河南的电影产业在人才培养和队伍建设方面依旧比较薄弱，在一定程度上存在重视人才引进工作而轻视人才培养工作的现象，对于电影产业领域的人才培养支持力度不够。引进电影产业方面高层次人才的计划较为缺乏，也缺乏长远的培养规划。电影产业人才队伍不稳定，梯队打造不明显，高层次人才缺乏发挥作用的空间，电影人才的成长环境和氛围并不浓厚。与河南作为人口资源发展大省的国内地位相比，河南在电影产业方面的支持投入力度并不算大，电影创作生产还存在有“高原”缺“高峰”等现象，需要进一步增加对电影产业相关人才培养的资金投入、政策支持，不断有效提升相关人才培养的数量与质量。

三　河南电影产业发展的对策与建议

新媒体强势崛起、多媒体不断融合改变着传统电影市场格局，河南电影产业经过近年来的发展，在艺术创作与产业经营发展方面不断推动融合媒体平台新布局，提升电影产业的自身竞争力，探索出了符合区域特征的电影产业发展之路。面对国内电影产业发展迅猛、竞争日趋激烈的格局，河南电影产业需要更加积极深入探索推动产业发展的相关策略，具体有以下思考与建议。

（一）增加投入，加强引导

河南电影产业的发展需要进一步增加资金投入，加强相关政策的扶持与引导。电影行政管理部门需要根据河南发展的外部环境与内生动力，切实研究电影市场出现的新问题并制定本地电影产业发展规划。要积极探索与推动现代化的电影制片、项目等管理运行机制。电影院线的建设与改造，可以采取借助贷款贴息或补助扶持等政策给予帮扶。积极鼓励社会各界资助电影产业的发展，以专项基金为载体，通过市场运作的手段，促使国产电影的创作生产走上良性循环的道路。建议积极探索研究符合河南实际的电影产业优惠政策，进一步通过财税政策调节并加大对电影企业进入市场运营的力度，积极设立专项资金加大对农村影片、实用科教片及儿童影片的重点扶持与长期扶持。设置专门的奖项，并严格评奖标准，规范评奖程序，完善表彰奖励办法，对电影创作生产进行正面积极引导。

（二）繁荣创作，打造精品

电影产业发展必须繁荣电影文学创作，打造电影精品。要把握正确的创作导向，坚持大力发展先进文化，以饱满的艺术热情讴歌新时代的崭新实践，引导电影创作贴近实际、贴近生活、贴近群众，推出不负时代的优秀电影作品。要始终坚持文艺的思想性与艺术性，坚守文艺审美理想，保持文艺的独立价值，坚持社会效益和经济效益相统一，创作出符合时代要求的优秀电影作品。与此同时，要创新电影创作观念，加强电影创作的相关研究与经营，完善电影的选题和项目论证立项，探索新的艺术表现形式，大胆创新并积极实践。要充分借鉴电影理论与实践的先进经验和成果，不断开拓电影的新境界。作为引领电影创作生产的重要环节——电影评论的质量需要提升，电影评论与批评不能沦落为软广告与献媚大众娱乐的文字，需要进一步规范电影的严肃评论，增强学术性与独立性。要立足于自身的理论阐释系统，更加规范批评理论范式，更加强调其逻辑性、严肃性与学术性，为电影作品的打造及电影产业的发展提供良性、健康的引导。

（三）培育企业，加强推介

电影产业的发展需要培育知名的电影文化企业，企业的质量最终决定电影产业的发展水平，尤其是骨干型企业对产业的走向起着关键性作用，要设置长期的战略目标和发展规划，将打造骨干电影文化企业作为重点工作推动。要积极培养电影文化企业的创新能力、研发能力和竞争能力，使电影文化产业从目前小、散、弱、差的困境中逐渐摆脱出来，步入发展的快车道。要部署实施一批涉及电影产业的重点文化产业园区和基地建设，形成聚集效应。与此同时，要借助电影节、文化产业节等交流项目，加强本土电影的对外宣传和推介，加强探索电影产业与新媒介多种合资、合作经营模式。积极整合文化资源、产品和服务，加快电影院线建设。积极扶持优秀电影进入国内外主流院线，逐渐在国内外电影市场中形成影响力，支持电影产业在海外参展和宣传等市场开拓活动，为企业“走出去”提供通关便利与政策支持。要积极鼓励高水平的电影主创团队、电影机构在相应国际组织中发挥建设性作用，组织对外传播电影文化精品。

（四）培养人才，打造队伍

要加强电影文化人才的培养与队伍建设，不断探索建立科学的文化人才培养机制，加大对相关人才电影创作与营销能力的培养与支持。要积极营造电影文化人才队伍交流学习的良好氛围，调动人才的积极性与创造性，建立人才定期学习培训、调研考察、挂职锻炼等培养制度，通过实践培养人、使用人，多给他们创造深入基层、深入生活的机会，使他们有更多的机会在实践中经受锻炼，增长才干。河南电影产业的发展，要下大力气引进高端文化创意人才及文化创意团队，通过制定人才引进机制，畅通吸引文化创意人才的通道。要通过邀请世界顶尖级文化创意大师参与各项活动，以吸引全世界的文化创意人才聚集，并为河南营造良好的文化创意氛围。同时，要不断加强和改善对创意人才及创意队伍的科学化管理，促进人才合理、有序流动，从而推动电影产业的全面发展。要根据电影市场的实际情况构建结构合理、层次分明的人才培养体系，不断优化人才队伍结构，提高人才队伍的整体素质，构建结构合理、层次分明的文化人才梯队。

参考文献

［1］李娟：《河南省宣传思想文化人才培养现状与对策研究》，《郑州航空工业管理学院学报》（社会科学版）2017 年第 6 期。

［2］胡祥：《票房高歌猛进　精品力作不足》，《光明日报》2016 年 1 月 4 日。

［3］张祝平：《建设“郑州国际文化创意产业园区”问题研究》，《山西青年》2015 年第 11 期。

B.13

2017年河南新闻舆论传播研究报告

田　丹*

摘　要： 传播力、引导力、影响力、公信力是新闻舆论的四大生产力要素。尊重新闻舆论传播规律，高度重视传播手段建设和创新，是习近平总书记关于新闻舆论工作的重要论述。2017年，河南省新闻舆论战线积极探索新闻舆论传播规律，在加速推进媒体融合，全面提升主题报道、新闻评论质量，持续改进舆论监督报道等方面下大功夫，使社会矛盾得到化解，社会舆情整体呈现出稳定趋势，新闻舆论传播的特点也逐渐明晰。本文通过分析河南省新闻舆论传播的趋势，提出做好新闻舆论传播工作的建议，以期为营造健康向上的舆论环境奠定基础。

关键词： 新闻舆论　舆论传播　媒体融合

一　2017年河南省新闻舆论传播现状分析

新闻舆论即媒体舆论，“是借助于新闻传媒的力量而形成的舆论”①。新闻舆论是社会舆论的重要组成部分，做好新闻舆论传播工作是发挥好新闻媒

---

* 田丹，河南省社会科学院文学研究所研究实习员，主要从事新媒体研究。

① 丁柏铨、任桐：《“新闻舆论的传播规律”初探》，《新闻记者》2017年第12期，第4～13页。

体舆论引导功能的必由之路。《河南日报》是全省新闻舆论战线的主阵地，在引导社会舆论方面发挥着不可替代的主力军作用。但是，以《河南日报》为代表的河南传统媒体的议题设置能力遭遇到新媒体带来的严重考验，与此同时，网络新闻舆论则成为社会舆情中新闻舆论的主要构成力量。

（一）传统媒体新闻舆论传播“四力”大幅提升

传播力、引导力、影响力、公信力是新闻舆论的四大生产力要素，从根本上决定了新闻舆论能否被公众接受并起到舆论引导作用。传播力可以视为新闻媒体基于自身的业务能力在新闻传播实践中形成的新闻传播方法，能够对一定范围内的目标受众产生影响。新闻媒体传播的新闻作品是新闻舆论形成的载体，因此新闻媒体的传播力是新闻舆论形成的基础。引导力是新闻舆论传播的核心，具体指的是新闻媒体主动设置新闻议题引导受众对公共事件进行思考的能力。媒体的知名度、权威性以及受众认可度都是影响新闻舆论引导力发挥的重要因素。影响力通常指新闻媒体生产的新闻作品在社会舆论中引起的关注度、受众接受程度，影响力是传播力、引导力共同作用的结果。公信力实质上是受众对新闻媒体真实性、权威性的信任程度，代表着新闻媒体和受众之间的信任关系，秉持新闻真实性原则进行新闻报道、开展舆论监督的新闻媒体，其在民众中的可信度高。

2017 年，以《河南日报》为代表的传统媒体，积极探索新闻舆论传播规律内涵，其新闻舆论传播的传播力、引导力、影响力、公信力有了较大幅度的提升。一是紧紧围绕党的十九大和新时代推动河南省高质量发展等重大主题，《河南日报》推出了一系列主题报道。“五大理念引领发展”“砥砺奋进的五年”等重大报道全年推进；十九大召开前夕推出十篇大型系列述评《牢记嘱托　出彩中原》，全方位报道了十八大以来河南省经济发展、脱贫攻坚、深化改革等领域取得的一系列成就。这些报道叙述语言平实而又不失生动，评论话语权威兼具气魄，在互联网上取得了良好的传播效果，全网累计阅读量超过 3.3 亿人次，增强了《河南日报》的影响力和公信力。二是在日常新闻报道方面常有亮点。《河南日报》围绕习近平总书记调研河南时提出的打好“四张牌”的指示，以“四大攻坚战”“米字型高铁网”为报道主题，持续推出了特刊“兰考脱贫纪”、报告文学《兰考春光奏鸣曲》以及“返乡下乡创业助力脱贫攻坚”系列报道，其中“脱贫攻坚日记”与“春江花月夜　最忆是杭州”荣获第二十七届中国新闻奖二等奖。

在新闻舆论方面，《河南日报》秉持重大事件迅速发声的原则，导向鲜明，推出了一系列具有思想重量的评论。《融入“一带一路”　中原大地飞歌》《丝路闪光彩　中原更出彩》聚焦“一带一路”倡议，全方位解读省委省政府中心工作；对于重大民生热点问题采取“重点报道 + 专栏报道 + 评论”的模式，在新闻产品中着重突出处理，以民间文化保护与传承、农民工讨薪、电商脱贫为主题的深度调查报道，在社会上取得了良好反响；在舆论监督方面主动设置议题，如实反映河南省全面发展过程中面临的现实难题，如《村民何时不再望桥兴叹》《投资上亿元　停工近四年——通许一高新校区荒芜一片》《安阳汽车客运市场乱局待解》等报道，事实翔实，精准发问，促进问题较好地得到解决。舆论监督有力度，新闻评论有深度，新闻媒体有担当，使得《河南日报》在全国省级党媒中脱颖而出，在受众中具有较强的传播力和引导力。

（二）新闻媒体超级议题设置能力面临重大考验

超级议题设置能力，指的是将“重大舆论事件、议题的创造、传播、发酵、放大、‘议题转弯’、二次炒热、二次发酵、二次放大、收尾等各环节提前策划组织，确保每一个环节可控”① 的能力。受众的注意力被引向特定的事件或问题，这是新闻传播的最终结果，同时也是新闻媒体议程设置功能发挥作用的结果。新闻舆论传播也存在议程设置功能，新闻媒体经常通过连续、多角度的新闻报道来增加某一新闻事件在公众心中的重视程度。伴随着互联网的快速发展，传统新闻媒体正在遭受来自新媒体、自媒体的巨大挑

① 《2017 年中国互联网舆情研究报告》，中国网，http：//zjnews. china. com. cn/yuanchuan/2018 - 01 - 04/138792. html。

战。互联网正在进入“下半场”，移动互联网入口争夺进入主战场，短视频、直播快速崛起，新媒体营造热议话题、传统媒体跟进、各种网络势力推进舆论发酵的时代已经到了尾声，舆论传播即将进入移动舆论场统领时代，媒体竞争趋于白热化。在这种情况下，新闻舆论传播是否能够形成超级议题，将是对新闻媒体议程设置能力的重大考验。超级议题的舆论传播是一个持续过程，确保每一个环节在新闻媒体可控范围内保持全网热度，这是新闻媒体舆论传播对新技术、新平台的应对之策。由《人民日报》客户端推出的 H5 产品《快看呐！这是我的军装照》在全网获得 10 亿浏览量，便是超级议题设置的成功案例。

截至 2016 年底，河南省网民人数达到 4110 万人，网民规模仅次于广东省、江苏省、山东省，位居全国第四位。数量庞大的网民群体对新闻舆论传播引导力、影响力的发挥是个不小的挑战。2017 年，河南省传统新闻媒体加快了媒体融合发展，《河南日报》建成了自主研发的融媒体中心，用户过千万的新媒体已经建成 4 个，立体式的传播矩阵初步形成。《河南日报》率先在全国省级党报中推出“新闻 + 政务”的模式，为全省部分官方新媒体平台提供全方位托管服务，成效明显。截至 2017 年 12 月，河南省在新浪微博平台共开通政务微博 12951 个，在今日头条上共有 7361 个政务头条号，两者数量皆居全国首位。《河南日报》客户端在 2017 年召开的世界移动互联网大会上被评为“最具公信力新媒体”，这是对河南省新闻界媒体融合方面工作的肯定。但是河南省新闻舆论传播面对的形势依旧十分严峻，新媒体数量多而不强，影响力有限，在超级议题设置、热点舆情回应方面仍有较大提升空间。2017 年河南省热点舆情排行前 300 的舆论事件中，负面舆情事件占比达到 58.67%，其中 91 个极具敏感性的政务舆情未及时得到回应。①

（三）网络舆情成为社会舆情主要构成

根据中国互联网络信息中心发布的第 41 次《中国互联网络发展状况统

① 东方今报社舆情研究中心：《2017 年河南热点舆情大数据》，《东方今报》2018 年 1 月 16 日。

计报告》，截至 2017 年 12 月，中国互联网网民规模达 7.72 亿，互联网普及率比 2016 年上升 2.6 个百分点，高达 55.8%。2017 年底我国约有 7.53 亿人次的手机网民用户，手机上网的人群占比达到了 97.5%。规模庞大的用户群体助推互联网逐渐主导社会舆论走向，网络舆情逐渐成为社会舆情的主体。2010 年前后，网络媒体与传统媒体的互动对网络舆情的形成具有重要的推动作用，网络媒体披露、曝光热点舆情事件，传统媒体尤其是权威媒体跟进，舆情事件在全国、全网范围达到爆点。彼时，舆论的主导权尚在传统媒体把控之中，到 2017 年这种态势已经反转，在重大舆情事件中，以微博、微信为代表的社交媒体已是舆情发酵的主要渠道。

2017 年河南省网络舆情整体呈现出趋于稳定的态势。社会类舆情事件在热点舆情 TOP300 排行榜中依旧占比较大，其中公安机关等职能部门舆情频发，其中微博用户发布的“女生疑被老师强奸”事件由于回应不及时、警方通报持续被质疑已经成为典型案例。在引起媒体舆论普遍关注后，涉事女生改口承认欺骗了媒体和大众，这一事件被认为是 2017 年全国最具反转性的负面舆情事件。虽然周口警方未能在第一时间做出妥当的处置，但是舆论事件自身的发展部分弥补了恶性舆论效果的影响。其他社会类舆情事件得益于涉事主体、政府、企业有效应对，收到了较好的舆论效果。如 2017 年 3 月焦作温县警方利用“@平安温县”的微博账号发布通报，称某电信诈骗团伙在审讯中有人死亡，经调查是刑讯致死，已由司法机关立案侦查。温县警方在更大规模的负面舆情形成前，依法办事主动公开，彰显出职能部门的政务自信、传播自信，社会类舆情在各部门的有效应对下并没有对整体社会舆情造成根本性的破坏。

二　河南省新闻舆论传播的特点

简单梳理 2017 年河南省热点舆情事件，可以发现半数热点舆情事件首发于自媒体，传统新闻媒体设置议题、引爆舆论的功能逐渐旁落，互联网正在掌握社会舆论的主导权。与此同时，传统新闻媒体加大与新媒体融合力度，媒体之间深度融合的效果逐渐显现，传统新闻媒体依托政策、资源和品牌优势，在舆论引导力方面不断发展壮大，在新闻舆论传播格局中攻下一个重要阵地。

（一）热点舆情事件多首发于自媒体

2017 年，河南省热点舆情中通过自媒体进行曝光的舆情事件占比达到 52%，其中新浪微博、微信成为主要首发平台。2017 年新浪微博携手短视频全面回归舆论江湖，与微信公众号形成分庭抗礼之势。微博是大部分网民揭露事情始末的首选平台，其瞬间扩散能力有利于快速形成热点话题，因此成为网民表达诉求的首要阵地。微信公众号在情绪调动方面强于微博，流量大 V 推出的文章更具情绪煽动性，再加上订阅者在朋友圈的二次传播，很容易加速热点舆论事件的进一步发酵，因此成为左右舆论发展的重要平台。2017 年河南省两大极具反转性的热点舆情事件“谎称遭老师强奸”“出不起彩礼跳河自杀”，都是先由微博舆论场爆出，引发全网关注后，再由权威媒体或职能部门的官方账号进行通报澄清。再如 2017 年 6 月 7 日，河南省驻马店一女子被撞遭二次碾压身亡的视频在新浪微博率先爆出，相关舆情在 6 月 8 日达到顶峰，“@新京报”发布的相关微博传播量达到 1169 次，影响人数达 35154.77 万人次。随后《重庆晚报》《华西都市报》等媒体针对该事件发表了新闻报道，光明网、中国新闻网等网络媒体进行了点评报道，进一步推动了该事件在微博舆论场持续发酵。此外，“洛阳王城公园篮球场之争”“郑州社保局蹲式窗口”等热点话题都是网民通过自媒体账号在互联网公布然后形成热点舆情，无论是作为首发平台还是左右舆论的传播力量，都充分说明互联网正在成为新闻舆论传播的主导者。

（二）传统媒体舆论引导影响力大

尽管从整体上看传统媒体与新媒体的融合仍然处于探索阶段，但是已经有部分主流媒体成功转型。传统新闻媒体依托其原有的品牌优势，逐渐在新媒体平台上形成了一定的影响力。清博舆情平台的公开数据显示，《人民日报》、央视新闻、新华社三家传统主流媒体的微信公众号每篇文章平均阅读量在10万次以上，即通常所称的“10万+”爆款文章。《河南日报》媒体融合的强度和力度虽然远远不及以上中央主流媒体，但是依靠自主研发的融媒中心推出了一系列评价较高的新闻产品。2017年“两会”期间，河南日报报业集团旗下的两微一端产品用VR全景、漫画、H5、沙画等各种手段，在全省范围内唱响了“两会”主旋律。十九大期间，大河客户端配合《河南日报》纸质版推出的10篇述评制作了不同风格的新媒体产品，利用视频+图解的方式让“牢记嘱托　出彩中原”成为全省上下媒体合奏的舆论强音。在2017年报纸融合传播百强榜上，《河南日报》《大河报》分别以81.54分、81.49分获第16、17名。借助在新媒体平台上形成的影响力和传播力，传统新闻媒体在热点舆情事件的舆论引导方面依旧有着强大的引导力。

三　河南省新闻舆论传播的发展趋势

新闻舆论传播是新闻媒体进行的传播活动，因此其发展趋势在很大程度上受到新闻媒体发展趋势的影响。2017年是中国互联网向纵深发展的重要年份，微博、微信等社交媒体稳步发展，同时短视频、直播等新兴媒体形态不断涌现，智能化、大数据已经成为互联网技术驱动下新闻媒体发展的基本趋势。新闻媒体行业的发展方向对新闻舆论传播的态势产生了推进式的影响，可以预见未来一段时期内河南省新闻舆论传播将会朝着短视频化、精准化方向发展。

（一）短视频平台成为影响舆论传播的重要力量

2017年短视频行业在互联网市场迎来了高速发展的初级阶段，其用户规模、资本吸附力、内容发展等多个环节都表现出了非常强大的可增长性。截至2017年12月，中国移动短视频综合平台、聚合平台的月度活跃用户（MAU）规模分别达到了3.34亿人次和1.09亿人次。短视频行业投融资金额、次数在2016年形成顶峰后，2017年依然保持着较高位的姿态，其中快手以3.5亿美元的融资额再次向大家证明了短视频行业的融资生命力。短视频内容创作方面呈现出茁壮发展的态势，内容类型日渐多元化，平台内容创作氛围活跃，“2017年网络十大用语”中“皮皮虾，我们走”“扎心了，老铁”皆出自短视频平台。短视频平台凭借着自身的超高人气，正在成为继“两微一端”后新的舆论场传播核心。以抖音为代表的短视频平台成功吸引了部分政府、国企和官媒的关注，仅仅半年时间内有500多家政务号入驻抖音，其中各级公安系统开通抖音官方账号占比较大，其他较为活跃的政务号多为文化旅游类、地方宣传类、科研机关类的账号。从地域分布来看，陕西省和山东省的政务号投入运营的力度较大。以西安为例，已经有超过70个市政府机构开通了官方抖音号，古都西安成为紧跟时代潮流的“抖音之城”。虽然并未像兄弟省份那样对短视频平台大力投入，但是河南省新闻舆论传播的格局已经悄然被短视频类媒体改变——“梨视频”“秒拍”“一手video”等短视频应用在2017年的TOP300舆情事件中，参与报道次数为29次。短视频平台以不可逆转的崛起之势成长为影响新闻舆论传播的重要力量，地方新闻舆论传播中短视频应用的参与度将会朝着更加深入的方向发展。

（二）大数据技术辅助新闻舆论实现精准传播

互联网技术经过最初的数字化、网络化发展，正在逐步朝着智能化、大数据方向发展，同时这也是新闻传媒业发展的重要方向。大数据与新闻舆论传播产生关联主要是因为新闻算法技术与新闻产品内容推送之间存在辩证关系，技术是内容推送的工具。新闻舆论传播对算法技术拥有选择性，大数据、人工智能技术有助于促进新闻舆论更好地凝聚民心，通过新闻算法技术优化新闻舆论内容来实现精准传播。尤其是在一般舆情事件和重大突发舆情事件发生的初期，采用大数据技术从表象分析到深层次剖析，精确而快速地获取受众特征（如兴趣、地域、主动性等），有助于帮助新闻媒体变换舆论传播的方法和策略，针对受众特点实现分众传播和精准传播。虽然目前大数据分析技术并未在重大复杂舆情事件上显现出更加有效的突出作用，但是新闻算法技术已经在新闻舆论传播中扮演着越来越重要的角色，大数据技术对舆情事件的情绪分析、人工智能算法对新闻舆论的影响将会愈加凸显，进而成为助推新闻舆论实现精准传播的核心。

四　河南省推进新闻舆论传播工作的对策建议

做好新闻舆论传播工作，对于牢牢掌握意识形态工作领导权、全力推进社会主义建设、实现中华民族伟大复兴具有十分重要的意义。河南省新闻舆论传播整体上维持稳中有变的平稳态势，以新浪微博为代表的自媒体成为热点舆情事件主要首发平台，同时传统新闻媒体在舆论引导方面保持强劲的影响力。纵观国内新闻舆论传播的整体趋势，不难发现河南省新闻舆论传播在新兴平台传播力、超级议题设置方面表现乏力，这已经阻碍了河南省加快构建新闻舆论传播新格局和现代传播体系的步伐。为了加快推进中原更加出彩，为河南省构建全国重要文化高地营造健康向上的舆论环境，新闻媒体应努力提升设置超级议题的能力，全力提升新闻舆论传播的引导力和公信力，注重通过新兴媒介平台进行舆论传播与引导，全面提升新闻舆论传播的传播力和影响力。

（一）努力提升超级议题设置能力

超级议题设置能力将是现阶段新闻舆论传播的新的博弈点。提升超级议题设置能力，这是新闻媒体面对新兴传播平台崛起的必然选择。议题设置本来属于新闻媒体的重要功能，但是伴随着互联网技术、自媒体人才对网络传播的理解、运用能力愈加深入和熟练，掌握着众多粉丝的“大V”逐渐有能力左右网络舆情的发展和裂变。针对越来越严峻的现实，新闻媒体应该在法律允许的框架内，从内容创意、技术创新、数据分析等新闻传播的各个环节，热点舆情事件的创造、发酵、议题转折、二次放大、收尾等各个阶段，积极进行舆情预警和舆论引导，在塑造引爆全网的热点舆情中不断培养新闻媒体的舆论引导力和公信力。

（二）注重通过短视频平台进行舆论传播

移动舆论场将大部分年轻网民网罗其中，“帝吧出征脸书”的活动把95后网民开始引入社会舆论的场域。这部分年轻网民社交意愿强烈，乐于传递正能量但同时信息分辨能力有待提高，以此为特征的新一代网民应是新闻媒体舆论传播的重点培养受众。与陕西、山东等相邻省份相比，河南省新闻媒体显然没有将短视频平台纳入重点投入的范围，换言之，这个移动舆论场的新型传播阵地并没有得到足够的重视。河南省新闻舆论传播新格局的建设，必须完善多平台、多渠道的信息传播手段，从而扩大受众范围，全面提升新闻舆论传播在全国范围内的影响力和传播力。

（三）全面做好网络治理工作，营造网络新生态

加强互联网内容建设，营造清朗网络空间，这是打造良好网络舆论环境的必要条件。2017年国家层面动作密集地发布了一系列网络相关的管理规定，如《互联网新闻信息服务管理规定》《互联网跟帖评论服务管理规定》《互联网用户公众账号信息服务管理规定》等，基本上实现了网站、直播、热搜、社交媒体账号等各领域全覆盖式的管理。但是全面做好互联网的治理工作，单靠政府管理往往是不够的，比如一些影响力大的超级平台，需要政府部门、新闻媒体、网民协同治理，方能形成风清气正的网络空间。新闻媒体利用网络平台进行舆论传播，首先必须遵守网络治理的相关规定，其次应该积极承担起更多的社会责任，利用大数据、人工智能技术做好新闻舆论的精准传播工作，增强政府部门、新闻媒体和网民之间的互动性和信任度，通过传播力、影响力、引导力、公信力的提升来构建互联网新闻舆论传播的新生态。

参考文献

［1］沈正赋：《新媒体时代新闻舆论传播力、引导力、影响力和公信力的重构》，

《现代传播》（中国传媒大学学报）2016 年第 5 期，第 1 ~7 页。

［2］新华网：《河南日报社会责任报告（2017 年度）》，http：//www. xinhuanet. com/zgjx/2018 –05/30/c_ 137202835_ 2. htm。

［3］易观：《2018 中国短视频行业年度盘点分析》，http：//www. useit. com. cn/thread –18467 –1 –1. html。

［4］李良荣、袁鸣徽：《2017 年中国网络媒体的基本格局和态势》，《新闻记者》2018 年第 1 期，第 44 ~49 页。

［5］丁柏铨、任桐：《“新闻舆论的传播规律”初探》，《新闻记者》2017 年第 12 期，第 4 ~13 页。

事业产业篇

Cause and Industry

B.14 “以文化城”工作专题调研报告

中共河南省委宣传部、省社科院联合调研组*

摘　要： 推进百城建设提质工程，是省委、省政府贯彻落实习近平总书记打好“四张牌”重要指示精神，促进城市内涵式发展、增强城市发展后劲，走出一条生态、融合、适度、集约、高效的新型城镇化路子，构建多极支撑现代城镇体系的重大决策部署。省委、省政府作出推进百城建设提质工程部署以来，各地高度重视“以文化城”工作，精心组织，积极推进，在融入总体规划、引导城市建设，凸显特色文化、塑造城市灵魂，激活文化遗产、延续城市文脉，完善服务载体、推动以文化人，发展文化产业、促进产城融合等方面取得明显成效。但对照习近平总书记来河南调研工作时提出的“四个着力”

* 调研组长：马正跃、张占仓；调研组成员：张锦、李立新、李建华、陈勤娜、田丹、王惠君、朱明鹏、毕朝杰、王永强、王刚。

“四张牌”“三个起来”重要指示精神，对照建设华夏历史文明传承创新区、构筑全国重要的文化高地决策部署，还存在着思想认识不够高、文化定位不够准、人文内涵不够重、文化产业不够优、人才队伍不够强等问题。应进一步提升思想认识，找准文化定位，制定专项规划，抓好文化项目，聚焦资源转化，涵养人文精神，强化政策保障。

关键词： 百城建设提质工程　“以文化城”　新型城镇化

推进百城建设提质工程，是省委、省政府贯彻落实习近平总书记打好“四张牌”重要指示精神，促进城市内涵式发展、增强城市发展后劲，走出一条生态、融合、适度、集约、高效的新型城镇化路子，构建多极支撑现代城镇体系的重大决策部署。工程实施一年多来，各地在“以绿荫城、以水润城、以文化城、以业兴城”理念的引领下，加强领导，健全机制，精心组织，强力推进，取得了明显成效，得到了全省上下普遍认可。为更好地推动百城提质工程中的“以文化城”工作，省文化体制改革和发展工作领导小组组织省委宣传部、省社科院有关人员，组成联合调研组，先后对平顶山、洛阳、商丘、开封、郑州、许昌、鹤壁、周口等8个省辖市和汝州、偃师、永城、兰考、巩义、禹州、浚县、项城等8个县（市）进行了专题调研，并召开有关专家参加的座谈会进行深入研讨。现将有关情况报告如下。

一　主要做法

省委、省政府作出推进百城建设提质工程部署以来，河南省各地高度重视文化建设在推进百城建设提质工程中的重要作用，将文化元素融入城市定位、城市规划、城市建设、城市经济等方面，取得了明显成效。

（一）融入总体规划，引导城市建设

城市规划在城市发展中起着重要引领作用，文化是城市规划的“元气”所在。在城镇化快速发展进程中，很多城市面临着历史文化衰落与城市特色失落的问题，如何保护好前人留下的文化遗产，传承发展中华优秀传统文化，建设体现地域特征、文化特色和时代风貌的人文城市，实现传统文化与现代文明交相辉映，是城市建设需要思考的关键问题。改革开放40年来，在城市建设和新型城镇化进程中，很多地方在以文化理念规划城市发展，特别是把文化建设融入城市规划、作为城市建设的重要内容和灵魂工程等方面做得还不够，导致城市历史文脉受损，城市风貌雷同。为使文化建设在城市总体规划中“布好棋局落好子”，郑州、洛阳等地在《河南省百城规划建设导则》《河南省县级城市规划建设导则》的引领调控下，将城市主题文化引入城市规划，有效引导了城市的空间布局、景观设计以及产业选择。郑州市将历史文化名城保护纳入《郑州市城市总体规划（2010～2020年）》，划定商都历史文化区、古荥大运河文化区、百年德化历史文化区、二砂文化创意产业园区等四大片区，将郑州古都文化、红色文化、工业文化等融入城市空间布局和产业选择中，多次召开规划编制评审会推动四大文化片区的规划建设，着力打造国际文化大都市。洛阳市强化“千年帝都”“牡丹花城”“丝路起点”等历史文化在城市规划中的表达，明确以隋唐东都洛阳城遗址为核心，打造洛阳历史文化变迁带、洛河生态文化展示带，依据隋唐东都洛阳城外郭城八个城门遗址建设城市“新八门”，结合洛河两岸改造重点打造城市十大景观，形成“一核、两带、八门、十景”的城市框架；孟津、新安等各县（市）在高起点修编城市总体规划中，依据《河南省县城规划建设导则》和“多规合一”的要求，凸显了独具特色的城市风情、城市景观和城市记忆。平顶山市充分发挥规划编制的引领导向作用，把文化元素注入城市规划建设中，编制了北部山体生态修复暨文化休闲区总体规划、历史文化名镇名村规划等特色规划；汝州市、宝丰县等地围绕文化特色，在特色历史文化街区、特色文化小镇、特色文化传承保护、特色文化基地建设等方面，编制了一系列专项规划。

（二）凸显特色文化，塑造城市灵魂

特色是与众不同，是人无我有、人有我优、人优我特。只有凸显城市文化特色，才能塑造城市个性，展现城市魅力。近年来，各地紧紧围绕华夏历史文明传承创新区这一战略定位，立足自身文化积淀，以特色文化为城市注入灵魂。开封市在城建理念上，将宋文化作为现代城市发展的主题文化，运用“文化＋城建”的设计理念，通过宋文化与城市建设的融合发展，在建筑屋顶、建筑立面、桥梁、路灯、标识牌、河湖景观等设计上，唤醒了汴京活力，体现了独特的文化符号；在文化展示上，几大著名景区都围绕宋文化内涵进行了全面展示，如清明上河园展示的民俗文化、龙亭公园的宫廷文化、开封府和包公祠的府衙文化、相国寺的宗教文化等，塑造了独特的城市形象。许昌市依托三国文化资源优势，建设春秋楼、灞陵桥、曹丞相府、藏兵洞等景区景点，开发以曹魏古城为龙头项目的“三国游”，坚持“一楼一风格”、不搞大拆大建，打造了居住、商业、文化、旅游一体的“魏都风情区”，在全国叫响了“三国名城”“曹魏故都”文化品牌，以三国文化凝铸了许昌精神。永城市是“汉兴之地”，作为汉文化的起点，永城市充分挖掘汉文化内涵，实施芒砀山旅游区、造律台、陈寔廉政文化广场、汉文化广场、汉文化产业园等项目，以汉文化培育了永城气质。兰考县以红色文化、焦裕禄精神为主题，着力将裕禄大道沿线（火车站至兰阳河段）打造成为兰考的“红色记忆街区”，让人们走进来，感受历史的红色记忆。汝州市围绕“千年瓷都、一城宋韵”，依托“汝瓷、古寺、温泉、怪坡、曲剧”等资源，通过中大街提质改造等文化建设工程重新唤起老汝州的记忆，通过打造汝瓷小镇、云禅小镇、温泉小镇，形成了以汝瓷为代表的特色文化品牌。

（三）激活文化遗产，延续城市文脉

文物固然是“物”，但关键是“文”。文化遗产见证了城市发展的历史脉络，是城市印记的体现、城市记忆的延续、城市灵魂的承载，是重要的文化资本。郑州、开封、洛阳、商丘、鹤壁等地持续推进文化遗产保护工作，延续城市历史文脉，推动文化资源优势转变为文化发展优势。郑州市全面启动生态保遗专项工程，力求2020年前连片建设中心城区、城市毗邻区、城郊地区3个遗址生态文化公园带，以生态绿化的方式让古遗址“活”起来。开封市注重对古城区的空间体系、街巷肌理、文物古迹、建筑风貌及非物质文化遗产等的整体保护，重点提升“十街”“十馆”“十片区”，塑造了古都的城市文化名片。洛阳市编制完成《洛阳全市域文物保护与利用总体规划》，策划实施“考古洛阳”重大研究工程、全国大遗址保护展示工程，努力将洛阳建设成为早期中国国家形成和发展研究展示中心、夏商周断代工程和中华文明探源工程成果展示基地、全国大遗址保护和考古遗址公园展示基地；洛邑古城非遗文化产业园区将科技创新与传统文化相结合，以唐、宋、元、明、清、民国各时期建筑风格为建设主基调，以园区内文峰塔、文庙、妥灵宫、金元古城墙、四眼井等保护遗址为节点，以新潭、护城河水系为纽带，使古典与现代有机结合，将老建筑与新建筑不被割裂作为整体目标，使老洛阳的物华风貌历历再现，既体现洛邑古城传统文化底蕴又不失现代气息，2017年4月开园以来接待游客已超过200万人次。商丘市把商丘古城作为城市的生命之根、文脉之本，成立高规格的古城保护建设指挥部，以科学保护、复原复兴、永续利用为目的，坚持在保护中更新，在更新中利用，在利用中发展，遵循“地下古城地面化，地上古城故事化，古老文化时尚化，时尚文化产业化，旅游产业生活化”理念，按照《商丘古城旅游区归德府城修建性详细规划》《商丘古城文化旅游产业园区概念规划》，全面做好古城保护和产业开发工作，着力打造“文化古城、特色古城、产业古城、生态古城”等“四个古城”，延续了城市文脉。鹤壁市实施浚县古城保护建设工程、黎阳仓遗址保护展示工程，浚县古城旅游已经成为鹤壁文化旅游的亮点，黎阳仓也于2017年对外开放。

（四）完善服务载体，推动以文化人

人以文名、城以人兴。人创造了有形的城市，城市反过来又以无形的方式陶冶人、塑造人。市民的价值观念、思维方式、道德水准、社会风尚等因

素是城市文化建设的综合反映，也是城市文化建设发挥作用的过程与结果。从这个角度来看，以文化城，关键是要以文化人。公共文化服务和活动是以文化人的重要载体。公共文化设施方面，河南省公共文化服务体系建设协调领导小组各成员单位通力合作，各地不断加大资金投入，通过新建、改建、扩建、置换、盘活存量等方式推动各类公共文化资源不断整合，各类公共文化服务设施网络持续完善，截至2017年底，全省建成各级公共博物馆（纪念馆）305个，公共图书馆158个，公共文化馆（群众艺术馆）205个，公共美术馆7个，乡镇文化站（含街道文化中心）2398个，基层综合性文化服务中心26000多个，各类职工书屋1.3万家，农家书屋46000多个，数字电影广场100多个，初步形成了省、市、县、乡、村五级公共文化服务网络。公共文化活动方面，2015年以来创新实施“中原文化大舞台”演出工程，解决了城市低收入群体的文化需求，与“舞台艺术送农民”“高雅艺术进校园”等公益惠民演出有机衔接，形成了城市、乡村、学校“三位一体”的文化惠民格局，增强了群众的文化“获得感”。文明创建方面，全省文明创建也逐步形成了全域创建、全面创建、全民创建的新局面，树立了一批立得住、行得远、群众叫好的先进典型，全国道德模范、全国文明家庭、“感动中国”年度人物数量均居全国第一。特别是许昌、鹤壁、平顶山、商丘、偃师等地通过公共文化服务和文明创建活动等载体，凝聚了向上向善的精神力量，培育了城市的人文精神。许昌市建成了12个智慧阅读空间，提升了整座城市的书香气质。鹤壁市举办“中原文化大舞台”、“淇水百花苑”新春诗会等文化活动，构建了健康、积极的活力文化生态。平顶山市“文化客厅”、“茉莉芬芳”名家讲读音乐会、“艺行万家”基层文化巡演等社会效果良好。商丘市大力弘扬以“兼容并蓄、勤俭内敛、重德尚义、商道济世”为内涵的商文化，滋养了一批又一批商丘好人，商丘市水上义务救援队、商丘义工联、商丘市造血干细胞捐献者服务队、“跟我来”志愿者服务队等一大批先进个人和群体典型相继涌现，22人荣登“中国好人榜”，7人分别被评为全国、全省道德模范或获得道德模范提名奖，商文化内化为商丘人民的行为准则。洛阳偃师市齐庄家风馆以群众喜闻乐见的形式传承了乡贤文化，体现了社会主义核心价值观。

（五）发展文化产业，促进产城融合

文化产业是文化建设的重要方面，是国民经济的有机组成部分，给现代城市的发展注入了新的活力和内容，对提升城市文化竞争力具有多维价值。最新数据显示，河南省2016年文化产业增加值为1212.8亿元，居中部六省第二位，占GDP的比重为3.0%，规模以上法人单位主要指标均居中部六省前列。特别是郑州、开封、洛阳、禹州、夏邑等地以文化产业提升城市经济实力，走出了一条“以业兴城”的路子。郑州市全力打造“一带四区”的文化产业发展格局，其中郑州国际文化创意产业园区围绕“建设国际化、现代化时尚创意文化新城”的目标，积极引进深圳华强、华谊兄弟等文化投资，2017年园区旅游人次900万，旅游收入就24亿元，同比增长均达20.0%，从业人员达23480人。开封市以“文化+”战略为统领，打造了“一河两街三秀”、“一湖两巷三园九馆”、大宋御河、朱仙镇国家文化生态旅游示范区（一期）、皇宋大观文化产业园“老味·吃街”、城墙景区等一批产业项目，培育了中国开封菊花文化节、中国（开封）清明文化节等一批文化节会，形成了《大宋东京梦华》《千回大宋》等一批演艺品牌，文化产业增加值占GDP的比重接近6.0%，成为当地的支柱产业，其中规模以上法人单位从业人员3.25万人。洛阳市推动文化旅游业由“门票经济”向“城市旅游”转型，2017年全年接待国内外游客1.24亿人次，同比增长8.6%，仅洛阳牡丹文化节旅游收入就达223.5亿元。禹州市把弘扬钧瓷文化和古镇旅游开发有机结合起来，开发和保护并重，通过神垕古镇建设和举办禹州钧瓷文化节，满足了人们的多样性需求，促进了城市经济提档升级。夏邑县坚持产城融合发展，在栗润街改造中融入历史文化元素，城市面貌改善了，群众产权升值了，商户生意兴隆了，取得了良好的社会效益和经济效益。

二 存在的问题

河南省各地在推进百城建设提质工程中，把“以文化城”放在重要位

置，取得了一定的成绩和经验，但对照习近平总书记来河南调研工作时提出的“四个着力”“四张牌”“三个起来”重要指示精神，对照建设华夏历史文明传承创新区、构筑全国重要的文化高地决策部署，当前“以文化城”工作还存在不少问题，需要在今后的工作中引起重视。

（一）思想认识不够高

认识不到位、不全面、不深入，是影响“以文化城”工作的主要障碍。调研发现，各地都很重视“以文化城”工作，都在下功夫抓，但一些地方对“以文化城”认识的高度还不够，主要表现为：一是没有站在新时代这个历史方位，从社会主要矛盾发生转化和满足人民群众对美好生活的需要的视角，从满足人们高品质、高品位精神文化生活需要的高度，提升“以文化城”的文化自觉。二是没有从文化建设塑造城市灵魂、提升城市品位、彰显城市个性的高度，认识到“以文化城”在百城建设提质工程中的重要作用，仅仅把“以文化城”作为一项一般性的工作，停留在建几个场馆的认识上，缺乏用文化理念打造提升城市的深度思考和整体谋划。三是没有从建设华夏历史文明传承创新区、构筑全国重要文化高地的高度认识“以文化城”工作，就“以文化城”说“以文化城”，没有把“以文化城”工作作为贯彻落实省委、省政府文化战略的重要抓手，与建设华夏历史文明传承创新区和构筑全国重要的文化高地贯通起来。

（二）文化定位不够准

河南是中华民族和华夏文明的重要发源地，文化灿烂，种类繁多，尤其历史文化资源非常丰富，地下文物全国第一，地上文物全国第二，素有“中国历史天然博物馆”之称。调研发现，有的地方对当地的文化资源研究不够深入，对地域文化特色辨识不清，文化定位不明晰，文化资源碎片化，导致城市面貌趋同。突出表现为：一是有的地方历史文化资源丰富，但由于缺乏系统深入研究，没有聚焦最有标志性意义的地域文化，导致在工作上眉毛胡子一把抓，特色不鲜明，重点不突出，力量不集中，主打牌不清晰，呈现碎片化状态，甚至出现有的地方在同一文化项目中杂糅多种文化元素，唐式、宋式、明清、徽派建筑混合在一起的有之，中式、西式风格混搭的有之。二是有的地方对文化定位缺乏深度谋划，没有形成科学的认识，以致在不同时期由于地方领导的更换，对文化特色的认识不同，在具体工作中的侧重点也不同，相关政策缺乏连续性。三是对文化资源的认识不全面，只重视对重大文化遗产和文化保护单位的保护，普遍对不同历史阶段、反映城市历史年轮、具有代表性的建筑遗存缺乏保护意识，在城市建设进程中毁坏严重。

（三）人文内涵不够重

没有注入文化内涵的城市如同冰冷运转的机器，缺少灵魂和精神底蕴，缺乏温情和人文关怀。调研发现，有的地方在城市建设中，没有突出以人为核心，着力将城市打造成为市民的精神家园。一是公共文化设施建设水平还不高。县乡村文化设施相对落后，还有个别省辖市和县（市、区）没有建成图书馆、文化馆等公共文化基础设施，建成的一些也有标准不高的问题，与河南省构筑全国重要文化高地的战略不相称；基层综合性文化服务中心2017年年底建成率为52.89%，低于全国平均水平（66.7%），个别省辖市的一些县（市、区）建成率还不到30%。二是公共文化经费投入欠账较多。多年来，河南省人均文化事业经费在全国排名靠后，2016年人均文化事业经费为23.37元，不到全国平均水平55.74元的一半，在全国排名第31位，这其中有河南省财力不强、人口基数大的客观原因，但2016年河南省文化事业费占财政支出比重仅为0.3%，在全国排名第30位，则反映出财政支出结构不合理，文化事业费投入偏少的问题。除事业费投入少之外，公共文化服务体系建设投入还呈现出明显的一次性投入多、持续性投入少，硬件投入多、运营投入少，设备购置经费投入增加、人员经费投入迟滞的问题，一些县级公共文化机构的免费开放经费难以全额配套，导致基层公共文化服务体系陷入一种“有设施、无人管”“有场所、无活动”的境地。三是公共文化服务供需不匹配。有些地方公共文化服务场地气派、设施先进、功能完善、环境优美，但利用率低。其中有选址布局不合理的因素，但主要因素是重硬件轻软件、重建设轻使用，设施运行和保障机制不健全，经营管理者对提高利用效率没有积极性，公共文化服务的形式、内容缺乏吸引力，与群众文化需求脱节。

（四）文化产业不够优

河南省文化产业增加值占 GDP 的比重仅为 3.0%，低于全国平均水平 4.14%，在中部六省中居第 4 位，与 2020 年成为支柱性产业的目标相比差距较大。文化资源是河南省的一大比较优势，各地发展文化产业都具有得天独厚的优势，但像清明上河园那样的转化项目还不多，资源优势还没有转化为产业优势。一是文化资源的开发利用滞后，多数还停留在文化场馆的展厅里，缺乏市场化的途径和方法，没有开发利用形成文化产品，产业化转化有待提高。调研发现，河南省一些国内外知名的重要文化资源仍被闲置，年久失修现象堪忧。上海、浙江、广东等省市文化资源远没有河南省丰富厚重，但文化创意产业发达，文化产业增加值占 GDP 的比重分别达到 6.61%、5.81%、5.26%，成为国民经济的支柱性产业。二是文化与相关产业融合发展不够，“文化 +”模式在产业层面还没有得到广泛应用，文化新业态发展较慢，优秀文化产品有效供给不足。河南省除开封积极实施“文化 +”战略，大力开发历史文化资源，2016 年文化产业增加值占 GDP 的比重达 5.48%，许昌大力发展文化产业，2016 年文化产业增加值占 GDP 比重达 6.13% 外，其他省辖市文化产业增加值占 GDP 的比重均在 4.0% 以下，有的甚至不足 1.0%。三是社会资金进入文化产业不足，有的社会资本认为文化产业项目投资大、周期长、见效慢而不敢轻易投资，有的社会资本在进入文化产业的渠道和寻找优质投资项目方面存在困惑，同时还有一些项目找不到资金，甚至包括政府部门的很多文化项目也面临招商引资难的问题。

（五）人才队伍不够强

人才是第一资源。文化领域内容性、创意性强，人才显得尤为重要。调研发现，河南省文化领域人才较为匮乏，主要表现为：一方面，文化人才严重缺乏。人才储备不足成为制约城市文化繁荣发展的重要因素，文化事业单位编制较少，很多优秀人才无法补充到基层文化事业单位，从事文物保护和研究、文化传承与保护、文化创意、文化贸易与交流等方面的专业技术人才缺乏。另一方面，文化人才流失严重。由于创业环境、工资待遇、生活条件等方面的制约，河南不仅难以从外地招来高端文化人才，本地的文化人才也留不住，河南文化人才匮乏的现状亟待改变。

三　思考建议

通过实地考察调研和座谈交流，对“以文化城”工作有以下几点思考建议。

（一）提升思想认识

思想是行动的先导，思想自觉才能行动自觉。“以文化城”要实现高层次推进，必须解决思想认识这个总开关。深圳改革开放40年来，以“深圳速度”“深圳质量”发展成为国际化大都市的实践充分证明，一座城市的崛起，绝不仅仅是经济现象，也是文化现象。建议以宣传动员、会议部署、现场观摩、督促检查等形式，引导各地各部门站在全局和战略的高度，深刻认识到“以文化城”是学习贯彻习近平新时代中国特色社会主义思想、推动社会主义文化繁荣兴盛的迫切需要，是聚焦社会主要矛盾变化、满足人民对美好生活向往的迫切需要，是打好“四张牌”、推动产业结构优化升级和新型城镇化的迫切需要，是建设华夏历史文明传承创新区、构筑全国重要文化高地的迫切需要。在提升思想认识的基础上，推动各地各单位贯彻习近平新时代中国特色社会主义思想，特别是习近平总书记关于文化自信、关于城市工作的重要论述，以及在河南调研工作时提出的“四个着力”“四张牌”“三个起来”重要指示精神，牢固树立新发展理念，以百城建设提质工程为契机，按照省委、省政府出台的《华夏历史文明传承创新区建设方案》和《河南省“十三五”时期构筑全国重要文化高地规划纲要》等一系列文件要求，把“以文化城”作为建设华夏历史文明传承创新区、构筑全国重要文化高地的重要抓手，与城市建设同谋划、同布局、同推进，采取课题式设计、工程式推进、项目式管理、台账式督查等方式，繁荣文化事业、发展文化产业、传承弘扬优秀传统文化，推动华夏历史文明传承创新区和文化高地建设落实到位。

（二）找准文化定位

文化是城市之根、城市之魂，一座城市的文化定位，应当植根于具有示范性、引领性、代表性的特色文化资源。华夏历史文明传承创新区是国务院确定的河南文化战略定位，构筑全国重要的文化高地是省第十次党代会作出的文化战略部署。建议“以文化城”工作紧扣这一定位和部署，落实《华夏历史文明传承创新区建设方案》和《河南省“十三五”时期构筑全国重要文化高地规划纲要》，着眼建设全球华人根亲文化圣地、中国文化遗产保护传承示范基地、全国重要的文化产业基地、现代文化创新发展新高地、中华文化“走出去”的重要基地和全国重要的文化高地，通过专家论证，形成顶层设计，明确全省“以文化城”的总体布局。建议全省按照核心带动、区块发展、节点提升、形成合力的原则，确定郑州、开封、洛阳、安阳等一批重点建设城市，并以此辐射带动全省各地，构建以郑州、开封、洛阳为核心区，沿京广、陇海发展轴，放射状、网络化、板块式文化发展格局。各省辖市和县（市）要与华夏历史文明传承创新区建设方案和文化高地规划相衔接，紧贴本地文化资源实际，突出区域文化特色，组织专家研究论证，提出各自准确鲜明的城市文化定位，确定主题文化，着力解决好打什么文化牌、打几张文化牌的问题，避免拍脑袋决策和政策缺乏连续性。

（三）制定专项规划

规划是城市建设的“第一粒扣子”，推进“以文化城”工作，必须坚持规划先行、规划引领，先规划后建设，没规划不建设，以科学的规划指导城市建设，以完善的规划防止盲目拆建。建议以市县为单位，在全省范围内开展文化资源普查，全面盘清文化资源家底，包括遗址遗存、建筑遗存、馆藏文物、古树名木、场馆设施等物质文化资源和传统工艺、表演艺术、民俗文化等非物质文化资源等，进而建立文化资源分类分级数据库，为文化资源开发利用和规划保护提供科学依据。要针对目前各地城市规划偏重概念性、缺乏操作性的问题，编制出台文化建设专项规划，将城市文化定位、历史文化资源保护、城市设计、城市双修、城市特色风貌塑造等深度整合集成到一个规划中，为城市的文化建设提供具有整体性、科学性、可操作性的“一揽子”依据，避免城市文化规划的局部性、重复性、碎片化。建议各地依据规划，研究确定城市形象标识，遴选城市文化符号，在城市的重大活动、城市宣传、城市窗口、公共建筑、公共设施、对外交往等领域，统一规范使用城市形象标识和文化符号，宣传推广城市形象，明晰城市文化内涵，彰显城市精神气质。

（四）抓好文化项目

经典的文化项目承载着城市历史，展示着城市风貌，体现着城市品格，是城市魅力的集中展示，是“以文化城”的具体抓手。要立足公共文化设施建设不平衡不充分的现状，着眼推进公共服务标准化均等化，把城镇和乡村贯通起来，着力加快公共文化基础设施建设，全面完成市、县级公共图书馆、文化馆及基层综合性文化中心等公共文化服务设施建设，争取用3～5年时间补齐公共文化基础设施建设的短板。要着眼城镇化进程中城市文脉受损、城市记忆消失的问题，围绕历史文化传承发展，学习西安等地做法，谋划一批遗址遗迹保护项目，特别是不同时期的建筑遗存保护项目，以项目为依托，推动文物古迹、历史地段、古城风貌的保护和展示，讲好城市故事，延续城市文脉。要针对千城一面、万楼一式的问题，借鉴杭州、长沙等地经验，结合城市历史记忆、地域特色，打造一批文化地标项目，复制和承载城市的文化基因，以文化地标吸引异乡客、凝聚本地人。

（五）聚焦资源转化

传统文化是一座城市的精神命脉，是推进高质量发展的重要资源。深度发掘传统文化的价值，推动创造性转化、创新性发展，是加快河南省文化资源优势转变为发展优势、实现高质量发展的重要途径。要按照保护和开发相结合的原则，实施好优秀传统文化传承发展工程，开发文化遗产的现代价值，不搞大拆大建，不拆真建假，不毁坏古迹和历史记忆，把城市的历史文化遗产保护好、传承好、利用好，让历史文化遗产“活”起来。要聚焦文化领域供给侧结构性改革，深入实施“文化+”行动，推动文化与旅游、农业、科技等其他领域的跨界融合发展，提供新的文化体验，不断拓展文化产业发展空间，为打好“产业结构优化升级牌”提供支撑。当前，要以组建文化和旅游机构为契机，推动文化和旅游深度融合，包装推出一批大项目、好项目，让旅游更有内涵、更有味道，让文化更有依托、更有质感，更好满足人们对“诗和远方”的美好向往。要把强县和富民统一起来，引导各地深入研究评估当地可供产业开发的特色文化资源，提出资源利用和转化规划，推动特色文化产业有序集聚，形成一批集聚效应明显、孵化功能突出的特色文化产业基地、园区和集群，打造地方文化名片。要引导和鼓励社会资本投资文化产业，围绕华夏历史文明传承创新区和构筑全国重要的文化高地规划的项目组织开展招商引资活动，同时进一步建立健全多元化、多层次、多渠道的文化产业投融资体系，完善社会资本进入文化领域的政策保障机制，为社会资本投资文化产业创造良好政策环境。

（六）涵养人文精神

“城，所以盛民也”，注重人文建设是国家新型城镇化的重要内容，是提升城市品位的有效举措。文化是城市的阳光雨露，“以文化城”不能仅停留在修场馆建地标，而是要落脚到“以文化人”，向提供丰厚的文化滋养延伸，为打好以人为核心的“新型城镇化牌”、促进从物的城镇化向人的城镇化转变作出贡献。要让文化设施“活”起来，以人民为中心，以群众需求为导向，着眼破解供需脱节不匹配、场馆闲置变“僵尸”的问题，提升公共文化服务设施管理和服务水平，提高文化场馆资源利用率，发挥好公共文化设施对市民群众的教化、涵养作用。要让研学旅行“热”起来，结合河南省历史文化资源丰富、青少年人口多的省情，依托历史文化资源建设一批具有良好示范带动作用的研学旅行基地，打造一批具有影响力的研学旅行精品线路，倡导中小学生因地制宜开展研学旅行等课外活动，接受历史文化的熏陶，培养对优秀传统文化、对家乡的热爱之情。要让文化活动“火”起来，针对河南省群众文化需求和公共文化发展不平衡不充分之间的矛盾，深入实施文化惠民工程，丰富群众性文化活动，持续打造“中原文化大舞台”等全省性群众文化活动品牌，提升市民群众文化素养；同时将百城建设提质工程与群众性精神文明创建结合起来，把社会主义核心价值观融入经济社会发展各领域和社会生活的全过程，深化“践行价值观、文明我先行”主题系列活动，不断深化文明单位、文明家庭、文明校园创建工作，促进社会主义核心价值观更加深入人心，不断提高市民思想道德素质。

（七）强化政策保障

政策措施直接关系到工作的推进和成效，是“以文化城”各项举措落实的关键。各级党委和政府要加强“以文化城”工作在百城建设提质工程考核体系中的分量，作为评价城市发展水平、衡量发展质量和考核领导干部工作业绩的重要内容。立足河南人口基数大、财政负担重的省情，不仅要完善公共财政文化投入机制，稳步提升人均文化事业经费，而且要制定专项政策，鼓励、引导社会资本投入文化建设，动员社会各方面力量参与“以文化城”工作。在完善公共财政投入方面，建议加大公共文化服务机构运转经费投入，逐步提高文化事业费占财政支出比重，尽快达到全国平均水平。社会资本方面，除市场化运作、包装项目招商引资外，出台相关政策。比如2013年国家出台鼓励、支持民办博物馆设立政策之后，河南省民办博物馆雨后春笋般成立，省文物局的最新统计显示，目前河南省340座博物馆中，民办博物馆114座，占到了总量的三分之一，绝大多数都是在国家出台的政策引导下成立的，其中很多展品的质量甚至可与国有大馆媲美，目前各地投建民办博物馆热情不减，建议省政府出台相关政策予以支持。要构建完善紧缺文化人才引进促进机制，制定高端紧缺文化人才引进目录，有针对性地引进一批有较大影响力的名家大师、学科带头人和文化经营管理、文化服务和高级文化技术等方面的人才。

B.15

河南省公共文化服务体系建设工作报告

宋丽萍*

摘　要： 为满足人民过上美好生活的新期待，需要建设好公共文化服务体系。近年来，河南省着力构建全省公共文化服务体系建设政策框架，发挥各级协调领导小组作用，提升服务效能，创建示范区（项目），提升公共文化队伍建设和服务能力。然而，全省公共文化服务体系建设还存在着设施不完善、文化事业投入依然偏低、服务效能不高、供需不平衡等现象。今后，要持续推进公共文化服务体系建设各项重点工作；持续加强各级各类公共文化设施建设；完善省市县乡各级财政投入的长效机制；提高服务效能，加大免费开放力度；深化公共文化服务体系建设与省委省政府相关发展战略的结合。

关键词： 公共文化服务体系　政策框架　文化设施建设

党的十九大报告指出：中国特色社会主义进入新时代，我国社会主要矛盾已经转化为人民日益增长的美好生活需要和不平衡不充分的发展之间的矛盾。为满足人民过上美好生活的新期待，必须提供丰富的精神食粮。完善公共文化服务体系，深入实施文化惠民工程，丰富群众性文化活动。这既是党中央的要求，也是文化工作者的使命。

---

* 宋丽萍，河南省文化厅党组书记、厅长。

一 主要做法

河南省公共文化服务体系建设协调领导小组于2015年正式成立，省委常委、宣传部部长赵素萍任组长。近年来，协调领导小组各成员单位立足本职工作，着眼全省公共文化服务体系建设大局，通力合作，有力地推动了公共文化服务体系建设工作的开展。

（一）以新时代文化建设思想为引领，着力构建全省公共文化服务体系建设政策框架

以中办、国办《关于加快构建现代公共文化服务体系的意见》和省委省政府两办《关于加快构建现代公共文化服务体系的实施意见》（以下简称《实施意见》）这两个纲领性文件为依托，2016年以来，先后推动出台了《河南省政府购买公共文化服务实施办法》《河南省推进基层综合性文化服务中心建设方案》《河南省“十三五”期间贫困地区公共文化服务体系建设实施方案》《河南省“十三五”时期繁荣群众文艺发展规划》《河南省县级公共图书馆文化馆总分馆制建设方案》等一系列规范性文件。这些规范性文件和制度设计，构成了河南省加快构建现代公共文化服务体系的基本政策框架，全省公共文化服务体系建设方面的制度设计和政策保障得以加强。

（二）以各级协调领导小组作用发挥为重点，推动各地加快完善公共文化服务体系建设

近年来，协调领导小组各成员单位在共同推进公共文化服务体系建设方面通力合作，全省各地在公共文化服务设施建设方面不断加大资金投入，通过新建、改建、扩建、置换、盘活存量等方式推动各类公共文化资源不断整合，各类公共文化服务设施网络持续完善，截至2017年底，全省建成各级公共博物馆（纪念馆）305个，公共图书馆158个，公共文化馆（群众艺术

馆）205 个，公共美术馆 7 个，乡镇文化站（含街道文化中心）2398 个，基层综合性文化服务中心 26000 多个，各类职工书屋 1.3 万家，农家书屋 46000 多个，数字电影广场 100 多个，依托乡镇体育协会和乡镇文化站建立基层体育组织 2253 个，初步形成以公共图书馆、文化馆、博物馆、科技馆、工人文化宫、妇女儿童活动中心、乡镇文化站、基层综合性文化服务中心为服务主体的五级公共文化服务网络，为践行党的十九大报告提出的“完善公共文化服务体系，深入实施文化惠民工程，丰富群众性文化活动”的部署和要求，奠定了坚实的基础。

在结合各自工作职责推进公共文化设施建设和内容建设方面，各成员单位也做了大量卓有成效的工作。省发改委将构建现代公共文化服务体系作为重要内容纳入《河南省国民经济和社会发展第十三个五年规划纲要》和《河南省“十三五”基本公共服务均等化规划》，省住房和城乡建设厅将公共图书馆、博物馆、文化馆、基层综合性文化服务中心等公共文化设施的建设纳入《河南省县城规划建设导则》《河南省城市设计导则》，在全省百城建设提质工程中将公共文化服务设施建设同步谋划同步考核，从城乡发展总体规划方面加强对公共文化服务体系建设的统筹；省财政厅会同省文化厅等部门建立健全政府购买公共文化服务机制，积极筹措资金推进全省公益性文化设施免费开放，设立基层综合性文化中心建设奖补资金，联合组织省级公共文化服务体系示范区（项目）创建工作，从资金保障方面助力公共文化服务体系建设；省新闻出版广电局同步推进农家书屋工程、农村公益电影放映工程、全民阅读工程、直播卫星户户通工程、央广工程，努力推动城乡广播电影电视均等化，省体育局以不断完善全民健身公共服务体系为契机，完善体育设施、做好服务保障，先后在 1880 个乡镇、4 万多个行政村建设了体育健身工程，省总工会全面加强职工书屋建设，累计投入 3 亿多元，建成各类职工书屋 1.3 万家，年直接服务职工 500 多万人次，同时将工人文化宫（俱乐部）从依靠出租承包获取经营收益为主转变成坚持为工会、职工和人民群众提供免费开放公益服务为主的文化阵地，这些举措有效地加强了公共文化服务体系的设施建设，扩大了各类公共文化服务设施的开放范围；省委组织部以实施“红色网络教育家园”建设为抓手，推进远程教育工作与基层综合性文化服务中心工作深度融合，省科技厅不断完善文化科技领域创新体系建设，加快推进文化和科技的融合，省科协高度重视科普基础设施在公共文化服务体系建设中的重要作用，通过建载体、搭平台、搞示范，将科普工作纳入全省公共文化服务体系建设之中，省文物局结合自身职责，进一步推进博物馆和文物系统所属纪念馆等的免费开放工作，同时围绕大遗址公园建设工作积极开拓为民服务新领域，共同推进了公共文化服务体系的内容建设；省编办积极履职，在优化公共文化机构设置、完善公共文化单位运行机制方面做了大量工作，省教育厅、省人社厅在引导和加强公共文化服务专业设置及人才培养，促进公共文化单位人才结构进一步优化方面加强协作，有效地支持了公共文化服务人才队伍的建设；省扶贫办会同省文化厅、省发展改革委、省财政厅等部门研究制定了《河南省“十三五”时期贫困地区公共文化服务体系建设实施方案》，将文化扶贫纳入脱贫攻坚总体战略，对河南省贫困地区的公共文化服务体系建设进行重点安排部署，省民委大力推进少数民族文化事业，会同省文化厅等部门加强民族地区公共文化设施建设，开展丰富多彩的少数民族文化活动，省残联积极与省财政厅、省文化厅等部门联系，多措并举保障残疾人群体基本公共文化权益，团省委、省妇联等成员单位也都紧紧结合自身工作，积极搭建平台，强化育人导向，引领广大青少年和广大女性积极参与到公共文化服务体系建设中来，这些措施的推行，有力地保障了特殊人群的公共文化权益，推进了特殊地区的公共文化服务体系建设。

（三）以提升服务效能为核心，进一步推进公共文化领域重点工作任务

1. 充分发挥文化扶贫的扶智扶志作用，加快推进基层综合性文化中心建设

根据国务院办公厅《关于推进基层综合性文化服务中心建设的指导意见》和《河南省推进基层综合性文化服务中心建设实施方案的通知》要求，积极发挥协调领导小组作用，2016 年 11 月，在平顶山和叶县召开全省文化

扶贫暨基层综合性文化服务中心建设推进会，推动各级党委政府提高重视程度，加大资金投入，以贫困地区为重点，全面推进全省基层综合性文化服务中心建设。按照省建设实施方案的工作部署，2017 年 1 月至 2019 年 6 月为基层综合性文化服务中心全面建设期，2019 年 6 月至 12 月为检查验收期，2020 年为整改完善期。在各地政府部门的统一领导，文化部门牵头实施、各地协调领导小组成员单位大力支持下，全省基层综合性文化服务中心建设工作稳步推进。目前，中宣部和省委宣传部在全省 38 个国家级贫困县中，每个乡镇选取 1 个行政村建设 1 个村级综合性文化服务中心示范点，共计 644 个建设任务已基本完成，全省 53 个贫困县乡镇基层综合性文化服务中心建设年底前全部完成。

2. 创新公共文化运行机制，推进重点改革任务

2017 年，在协调领导小组机制框架内，省文化厅联合省新闻出版广电局 5 厅局委联合下发《关于推进县级文化馆图书馆总分馆制建设的实施意见》，明确到 2020 年前完成全省县级图书馆、文化馆的总分馆制建设任务。在全省打造以县（市、区）文化馆、图书馆为总馆，以乡（镇、街道）、村（社区）基层综合性文化服务中心为分馆和基层服务点的总分馆体系，前期确定的 26 个试点单位已经顺利开展工作，有效提升了区域内基本公共文化服务保障水平，拟从 2018 年起在全省进一步推开，全年完成 82 个县（市、区）建设任务。按照《实施意见》中“深化文化体制改革和机制创新”的要求，积极推进公益性文化事业单位改革，强化公共服务功能，增强发展活力，在前期确定的河南博物院等 9 家省级试点单位全部组建了理事会并开展工作的基础上，2017 年又推荐省文化馆等 3 家单位为国家级试点单位，有序推进公共文化服务机构法人治理结构改革工作。

3. 提升公共文化服务现代传播能力，推进公共数字文化服务建设

按照《实施意见》中“推进公共文化服务与科技融合发展”的要求，协调领导小组相关单位积极配合，发挥文化和科技相互促进的作用，加快推进公共数字文化建设，提升公共文化服务的现代传播能力。两年来，文化信息资源共享工程、直播卫星户户通工程、央广工程、数字图书馆工程、电子

阅览室计划、公共数字文化资源配送等公共数字文化工程顺利推进，其中河南省文化信息资源共享工程通过和省委组织部“红色网络家园”的共建共享，目前已经建成1个省级分中心，16个市级支中心，150多个县（区）级支中心，1300个乡镇（街道）基层服务点，48000多个村级基层服务点，每年整合不少于200小时数字资源，通过IPTV电视模式在全省各基层服务点播放。“百姓文化云”“公共文化云”已在部分地区进行试点，下一步将积极做好全面落地工作。

4. 规范、加强和提升公共文化单位绩效考核工作水平

以2013年省文化厅、财政厅出台的《河南省公共图书馆、文化馆（站）免费开放工作绩效考核办法》等规范性文件为依托，每年对全省公共文化机构免费开放工作进行绩效考核。分别对省辖市和县（市、区）的建设情况进行排名，奖优罚劣，以此督促各级政府和文化机构切实履行公共文化建设责任和服务责任，提升各级公共文化机构的服务效能。

（四）以创建示范区（项目）为抓手，带动全省公共文化服务体系建设水平的整体提升

目前河南省有4个省辖市先后创建国家公共文化服务体系建设示范区，8个项目创建国家级示范项目。省文化厅、省财政厅自2014年起启动省级公共文化服务体系示范区和示范项目创建工作，陆续有24个县（市、区）创建省级公共文化服务体系示范区，24个项目成功创建省级示范项目。从近两年国家和省级公共文化服务体系示范区（项目）创建工作开展以来的实践效果来看，最为显著的作用就是极大地提高了地方党委和政府对公共文化服务体系建设的重视程度，利用有限的财政资金投入撬动百倍甚至千倍的地方财政资金投入公共文化服务体系建设。例如，洛阳市在第二批国家公共文化服务体系示范区创建过程中获得中央财政200万元的支持，但市本级财政在各种公共文化设施改扩建和文化惠民活动方面的总投入超过了20亿元，有效带动了整个区域内市、县、乡、村四级公共文化建设服务水平的提升。

各地在示范区（项目）创建过程中，积极对照《实施方案》的建设标准，主动提档升级，强化党委政府主导作用和支持力度，建立和完善本级财政投入机制。在将文化扶贫纳入脱贫攻坚总体战略，健全公共文化机构绩效考核机制，建立群众文化需求反馈机制、引导社会力量积极参与公共文化建设等方面进行了深入研究，因地制宜、因城施策，积累了一些成功的经验和做法，一些长期困扰地方公共文化服务体系建设和发展的突出矛盾和问题得到一定程度的破解，有效地带动了全省公共文化服务体系建设水平的整体提升。

（五）以公共文化队伍建设和服务能力提升为突破口，着力丰富群众性文化活动

1. 按照《实施意见》中“加强基层文化队伍建设”的要求，积极加强县级以下公共文化队伍建设

持续实施基层公共文化队伍服务能力提升工程，出台了《河南省公共文化队伍培训工作方案》，建立公共文化管理服务队伍培训机制，设立公共文化队伍培训基地，采取示范性培训、巡讲等方式，开展培训工作。大力开展文化志愿服务，组织全省文化志愿者开展流动志愿服务。从2016年起，从全省在册文化志愿者中招募1.3万人，组成流动志愿者团队，分赴各地乡村、社区开展全民艺术普及等志愿活动，在全省贫困地区建成111个“乡村音乐厅”，主要面向贫困地区中小学生和基层群众提供音乐表演、艺术教育和普及服务。团省委、省教育厅、省妇联、省残联等单位，也在各自分管领域开展了文化志愿服务活动。联合有关部门，利用“三区”人才文化工作者专项计划，下派800余名人员充实到基层文化队伍。在协调小组框架内积极和教育、人社部门合作，鼓励院校加强公共文化相关专业（学科）和理论研究。目前河南省开设文化市场经营管理、文化创意与策划、文物修复与保护等文化类相关专业7个，文化产业管理、文物与博物馆学等公共文化服务相关本科专业16个，洛阳师范学院在全国率先开设公共文化本科专业。

2. 按照《实施意见》中“丰富优秀文化产品供给，活跃群众文化生活”的要求，深入实施各项文化惠民活动

一是大力开展“舞台艺术送农民”活动。“舞台艺术送农民”活动是河南省首创的公益文化惠民演出活动，曾连续多年被列入省委省政府惠民“十项民生工程”，在省级惠民演出活动的示范引领下，一些省辖市和部分县（区）也参照省里的做法，主动出资购买更多的文艺演出服务送给人民群众，仅2017年，省市县三级财政就投入1540万元，演出剧目共3098场。二是持续打造全省性群众文化品牌。“文明河南·欢乐中原”系列活动，“中原大舞台”系列活动，“春满中原”春节系列文化活动，“百城万场”系列广场文化活动，“群星耀中原”“出彩河南人”群众文艺精品展演活动，“书香河南”“书香中原”全民阅读系列活动等群众文化活动品牌深受人民群众喜爱，引发社会广泛关注。三是通过政府购买服务扶持各地公共文化品牌项目。从2016年起，省文化厅、省财政厅设立了公共文化服务专项扶持资金1000万元，对各地影响力较大、服务效能较高的群众文化活动、读书活动、古籍保护等项目进行扶持，已累计扶持群众文化活动项目284个，读书活动项目76个，古籍保护项目41个。在全省性品牌文化活动的带动和省财政的扶持下，各地结合本地优秀文化资源和群众的文化习惯，打造了一大批公共文化服务品牌和文化惠民活动项目，有效丰富了地方公共文化供给，满足了人民群众日益增长的对优质公共文化服务的需要。

二　对策举措

当然，目前，全省公共文化服务体系建设还存在着设施不完善、文化事业投入依然偏低、服务效能不高、供需不平衡等现象。在下一步的工作中，需要进一步完善协调领导小组的运行机制和各项议事制度，充分发挥好协调领导小组的统筹协调作用，紧紧把握河南省人民群众日益增长的优质文化需要和公共文化发展不平衡不充分之间的矛盾，围绕《实施意见》提出的各

项工作要求，按照“全面提升，重点突破”的整体思路，着力从以下几个方面持续推进全省的公共文化服务体系建设工作。

（一）进一步发挥好各级协调领导小组的统筹协调作用，持续推进公共文化服务体系建设各项重点工作

随着公共文化服务体系建设工作的逐步推进，依靠文化系统单打独斗或是某几个部门的努力深入推进各项工作已经力有不逮。下一步，建议协调领导小组办公室会同各成员单位共同研究推动协调领导小组运行机制和各项议事制度的完善，充分用好各项政策、发挥协同效应、解决具体问题。

（二）以推进基层综合性文化中心建设为重点，持续加强各级各类公共文化设施建设

随着河南省工业化、城镇化和农业现代化进程加快，基层人民群众的精神文化需求呈现出多层次、多元化的特点，现有的基层文化设施和服务已经难以满足广大人民群众的实际需要且呈现出明显的条块分割、重复建设、多头管理、效能低下等问题，基层综合性文化中心建设的重要性日益凸显。如前所述，按照《河南省推进基层综合性文化服务中心建设方案》的工作进度安排，截至 2017 年底，建成率为 52.89%，按照 2018 年建设进度达到 80% 的目标和 2019 年 6 月基本完成建设任务目标来说，目前建设进度较慢，需要协调领导小组加强统筹，分解任务，明确时间节点，层层压实责任，推进基层综合性文化中心建设工作。同时，协调领导小组有关成员单位要积极完善各地博物馆、图书馆、文化馆、美术馆、科技馆、妇女儿童活动中心、工人文化宫、青少年宫等公共文化服务设施建设，至今没有建设的要积极谋划，不达标的要主动改造提升，进一步完善各级公共文化服务设施网络。

（三）加强公共文化设施的管理和运行保障工作，完善省市县乡各级财政投入的长效机制

按照《实施意见》中“强化资金保障”的要求，在协调领导小组框架内，各相关单位应加强协调沟通，按照中央和省里的相关文件要求，完善各级财政对公共文化服务体系的长效投入机制，进一步健全政府购买服务机制，完善资金利用和监督机制，明确各级各类公共文化设施的规划、建设、管理和基层综合性文化中心的各项功能布局，对照标准，推动落实基层综合性文化服务中心文化协管员配备。

（四）以深化各级各类公共文化机构的改革为切入点，加大免费开放力度，提高服务效能

按照《实施意见》中“增强公共文化服务发展动力和活力”的要求，需要深化各级各类公共文化机构改革，着力增强公共文化机构的发展活力和内生动力，要继续深化文化馆、博物馆、图书馆及其他系统公益事业单位的法人治理结构改革，继续推进县级图书馆文化馆总分馆制建设，提高管理服务水平，推动优质文化资源下沉基层，把基层的公共文化服务体系建好用好，满足基层人民群众对优质公共文化服务的需要。下一步，协调领导小组要推动文化系统以外、公共文化服务体系框架以内的科技馆、工人文化宫、青少年宫、体育场馆、妇女儿童活动中心等公共文化设施加大开放力度，争取为更多的人民群众提供免费优质的公共文化服务。

（五）积极沟通多措并举，深化公共文化服务体系建设与省委省政府相关发展战略的结合

省十次党代会提出了“加快构筑全国重要的文化高地”的宏伟目标，公共文化服务体系建设作为打造文化高地的一个重要层面，要深化与省委省政府相关发展战略的结合，相互促进。

一是要加强与脱贫攻坚战略的结合。文化小康是全面小康的重要组成部分，文化扶贫工作在脱贫攻坚战略进程中发挥着重要的扶智扶志作用。下一步将继续把文化扶贫工作作为协调领导小组机制发挥的一个重点，各成员单位协力同心，改变贫困地区落后的文化思想观念，提升贫困人口脱贫致富的文化自信，激发贫困地区内生动力，夯实脱贫攻坚的思想基础。

二是要加强与乡村振兴战略的结合。基于河南省农村公共文化服务体系建设还比较薄弱的现状，发改、住房和城乡建设、农业农村、财政、文化文物、旅游、广电和新闻出版、科协等相关部门在制定长期性的农村文化发展规划尤其是乡村振兴规划时要加强沟通，将农村公共文化服务体系建设作为重要部分予以明确，确保各相关部门为农村公共文化服务体系建设切实做到各尽其责，破解基层公共文化服务体系建设推进力度不够的难题。

三是要加强与文明河南建设的结合。现有的文明城市创建指标体系中，对每百人公共图书藏书量、市属各区文化馆达标情况、室内文化活动场所配备情况、大型广场文化活动次数、群众业余文化活动开展情况、业余群众文体活动团队数量等公共文化服务体系建设情况提出了明确化的建设指标，并明确为文明城市创建考核中的必备条件。要通过文明城市、文明村镇的创建考核工作中对公共文化服务体系建设内容的考核，加大对各地公共文化设施建设的督促力度，推动各类文化设施建设和各项文化惠民活动的深入开展。

四是要加强与百城提质战略的对接。公共文化服务设施建设已纳入全省百城提质工程中同步谋划推进，下一步，要进一步细化、量化百城提质考核评价中公共文化设施建设的考核标准，助推县级公共图书馆、文化馆、博物馆及基层综合性文化服务中心等公共文化服务设施建设，在巩固“县县有文化馆、图书馆”的基础上，对没有建设公共图书馆、文化馆的地方加大督促力度，对面积不达标的图书馆、文化馆进行新建和改扩建，争取县级公共图书馆、文化馆全部达到部颁三级以上标准。

公共文化服务体系建设是党和政府赋予我们的历史责任，是全面建成小康社会的重要任务，也是河南省打造文化高地，建设文明河南的内在要求，全省各级公共文化单位应自觉把这项工作作为学习贯彻落实十九大精神的一项政治任务，作为深入贯彻落实《公共文化服务保障法》的一项法律责任，作为满足人民文化需求和美好生活需要的一项民心、民生工程抓好落实，加快推进。在2020年前，坚决完成好全省现代公共文化服务体系建设各项重点任务，为全省人民交上一份合格的答卷。

B.16
河南省文化产业发展分析报告

李贵峰　孔令惠*

摘　要： 党的十八大以来，在河南省委、省政府的高度重视和正确领导下，全省以新的发展理念引领推动文化产业的发展，推动文化产业结构优化升级，积极培育新型文化业态，文化产业建设取得卓越成就。本文从全省五年间文化产业园区发展建设、文化产业提质增效、文化综合竞争力持续提升等方面，阐述了河南省文化产业发展的规模和效益，在国民经济中的重要地位以及在推动经济发展、供给侧结构性改革中发挥的重要作用和成效。

关键词： 河南　文化产业　新型文化业态

党的十八大以来，在河南省委、省政府的高度重视和正确领导下，全省积极推进文化强省和全国重要的文化高地建设，深化文化体制改革，进一步推动文化产业结构优化升级，培育新型文化业态，文化产业建设得到长足发展，文化产业整体实力和竞争力不断提升，继 2015 年河南省文化及相关产业增加值突破 1100 亿元之后，2016 年再次突破 1200 亿元大关，文化产业发展再上新台阶，初步形成具有文化特色、产业结构基本合理的产业体系，成为河南经济发展的重要力量和新的增长点。

---

* 李贵峰，河南省统计局社会科技统计处处长；孔令惠，河南省统计局社会科技统计处副处长。

一　文化产业单位迅猛增加，园区建设稳步发展

文化及相关产业是指为社会公众提供文化产品和文化相关产品的生产活动的集合。全省文化及相关产业经济普查年份统计对象为全部法人单位和个体经营户，常规年份统计对象为规模以上文化及相关产业企业法人单位。据2015年的统计，全省文化及相关产业法人单位共有5.2万家，比2012年增长1.1倍，年均增长20.8%，占全国的比重为4.6%，居全国第六位、中部六省第一位。个体经营户只有经济普查年份进行调查，2013年全省有证照的文化及相关产业个体经营户达到7.35万户，居全国第六位、中部六省第二位。

河南文化资源十分丰富，近年来，各地区充分利用区位优势，通过整合文化资源、调整产业布局、优化产业结构建设了一批特色鲜明的文化产业园区，稳步提升了文化产业的层次和竞争力。开封宋都古城文化产业园区、许昌钧瓷文化创意产业园、镇平县玉文化产业园区、郑州国际文化创意产业园、漯河市源汇区开源文化产业园区、汝州市汝瓷电子商务产业园、兰考乐器文化产业园、宝丰文化创意产业园、濮阳国际杂技文化产业园、民权县王公庄文化产业园、固始县文化产业示范基地、洛阳古都文化旅游产业园等特色产业园区的建立和发展，进一步放大了集聚效应，增强了文化产品的影响力，为推动各地文化产业繁荣与发展起到了示范带动作用。

二　文化产业增加值再创新高，对经济增长的贡献稳步提升

文化及相关产业增加值，指一个国家（或地区）所有常住单位一定时期内进行文化及相关产业生产活动的最终成果。

2016年河南省文化产业实现增加值1212.8亿元，比2012年增长81.0%，年均增速16.0%（未扣除价格因素影响，下同）；比2015年增长9.1%，比全省GDP增速高1.0个百分点，呈现出稳步增长的态势。2016年

河南省文化及相关产业增加值总量居全国第九位、中部六省第二位。这是继2015年河南文化及相关产业增加值突破千亿元大关之后，再次突破1200亿元，上了一个新的台阶。2016年文化及相关产业增加值占GDP比重为3.0%，比2012年的2.3%提高了0.7个百分点，占比呈逐年提高的态势，文化产业对国民经济增长的贡献稳步提升。

从产业类型看，文化及相关产业分为文化制造业、文化批零业和文化服务业。2016年河南文化制造业增加值达到608.62亿元，文化批零业增加值为157.23亿元，文化服务业增加值为446.95亿元，分别比2012年增长67.5%、358.4%和64.4%，年均增速分别为13.8%、46.3%和13.2%。2016年三者增加值占比分别为50.2%、13.0%、36.9%，文化制造业仍旧占据半壁江山，文化批零业和文化服务业占比不断提高，都分别比2015年提高了1.4个百分点（见图1）。

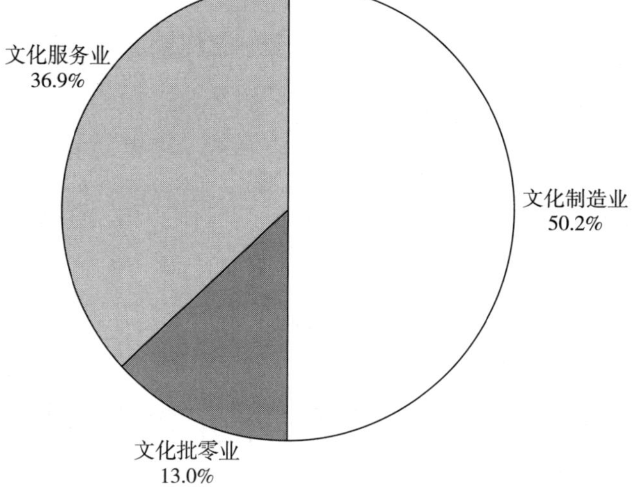

图1　2016年河南省文化产业分产业增加值占比

从活动性质看，文化产业十大类又分为“文化产品的生产”和“文化相关产品的生产”。其中从事新闻出版发行服务、广播电视电影服务、文化艺术服务、文化信息传输服务、文化创意和设计服务、文化休闲娱乐服务、工艺美术品的生产七大类为文化产品的生产和服务单位；从事文化产品生产的辅助生产、文化用品的生产、文化专用设备的生产三大类为文化相关产品的生产单位。2016年以文化为核心内容的“文化产品生产”创造的增加值为718.63亿元，以“文化相关产品生产”创造的增加值为494.17亿元，分别比2012年增长86.1%和74.3%，年均增长分别为16.8%和14.9%，2016年两者占比分别为59.3%和40.7%，“文化产品生产”创造的增加值占比比上年提高了1.6个百分点，从而进一步彰显了文化及相关产业正逐步成为国民经济发展的新动能和增长极。

其中在文化及相关产业的十大类别中，文化用品的生产、工艺美术品生产、文化产品生产的辅助生产、文化休闲娱乐服务、文化创意和设计服务五大类增加值均超过百亿元，分别达到325.36亿元、264.78亿元、150.52亿元、144.79亿元、111.8亿元，分别比2012年增长79.8%、127.0%、65.5%、96.7%、84.4%，年均增速分别为15.8%、22.7%、13.4%、18.4%和16.5%。十大类别中，除新闻出版发行服务与2012年相比回落外，其他行业增幅均超过35%。（见表1）

表1　2012～2016年河南省文化产业增加值十大类情况

单位：亿元

指标名称	2016年	2015年	2014年	2013年	2012年	2016年比2012年增长（+-）%	2012～2016年年均增长（+-）%	2016年比2015年增长（+-）%
文化产品的生产	718.63	640.77	549.89	477.85	386.07	86.1	16.8	12.2
一、新闻出版发行服务	38.67	37.26	37.97	46.05	41.21	-6.1	-1.6	3.8
二、广播电视电影服务	41.00	32.82	21.14	33.74	30.28	35.4	7.9	24.9
三、文化艺术服务	79.26	68.36	63.43	49.19	37.54	111.1	20.5	15.9
四、文化信息传输服务	38.32	38.53	29.63	30.80	26.17	46.4	10.0	-0.6
五、文化创意和设计服务	111.80	94.82	83.64	79.65	60.65	84.4	16.5	17.9
六、文化休闲娱乐服务	144.79	130.26	109.99	86.34	73.60	96.7	18.4	11.2
七、工艺美术品生产	264.78	238.70	204.09	152.08	116.63	127.0	22.7	10.9
文化相关产品的生产	494.17	471.11	434.77	337.84	283.47	74.3	14.9	4.9
八、文化产品生产的辅助生产	150.52	144.19	128.78	115.08	90.93	65.5	13.4	4.4
九、文化用品的生产	325.36	308.83	296.02	209.31	180.94	79.8	15.8	5.4
十、文化专用设备的生产	18.29	18.08	9.97	13.44	11.60	57.6	12.1	1.1
总　计	1212.80	1111.87	984.66	815.69	670.00	81.0	16.0	9.1

三　规模以上文化产业企业较快增长，整体实力稳步提高

规模以上文化及相关产业企业指的是年末从业人员或年主营业务收入达到一定标准的由国家根据2012年制定的文化及相关产业行业标准认定的企业。

1. 企业数量持续增长，文化产品的生产和服务占比提高

2016年，全省规模以上文化及相关产业企业3208家，比2012年增长1.4倍，年均增长24.9%，单位数居全国第六位、中部六省第一位。比2015年增加490家，增长18.0%。其中文化制造业企业1034家，文化批零业企业727家，文化服务业企业1447家，三者分别比2015年增长2.8%、13.6%、35.0%，占比分别为32.2%、22.7%、45.1%。全年增加的单位数主要集中在文化服务业（见表2），占比比上年提高了5.7个百分点，文化制造业和文化批零业占比分别回落了4.8个和0.9个百分点。

表2　2016年河南省规模以上文化产业企业基本情况

指标名称	法人单位数（个）	从业人员期末人数（人）	资产总计（亿元）	营业收入（亿元）	利润总额（亿元）
一、按产业类型分组					
1. 文化制造业	1034	306128	1664.64	2652.55	198.59
2. 文化批发和零售业	727	39635	260.15	483.87	30.86
3. 文化服务业	1447	140058	1335.13	444.47	58.25
二、各产业占比（%）					
1. 文化制造业	32.2	63.0	51.1	74.1	69.0
2. 文化批发和零售业	22.7	8.2	8.0	13.5	10.7
3. 文化服务业	45.1	28.8	41.0	12.4	20.2
总　计	3208	485821	3259.92	3580.89	287.7
三、各产业增长速度（%）					
1. 文化制造业	2.8	-2.4	4.0	9.1	2.6
2. 文化批发和零售业	13.6	33.8	17.9	21.8	51.9
3. 文化服务业	35.0	21.3	27.6	26.5	50.4
总　计	18.0	5.9	13.7	12.6	13.9

按照文化产业十大类分，2016 年，全省从事文化产品生产和服务的规模以上企业达到 2151 家，占全部规模以上文化及相关产业企业的 67.1%，比上年提高了 3.4 个百分点；从事文化相关产品生产的规模以上企业为 1057 家，占比为 32.9%，回落了 3.4 个百分点。文化产品的生产和服务占比的提高，说明了文化产业的改革发展进一步加强，结构进一步优化升级。其中从十大类细分项来看，广播电视电影服务、文化创意和设计服务、文化信息传输服务、文化休闲娱乐服务、文化艺术服务企业的单位数的增幅都在 30.0% 以上（见表 3），文化创意和设计服务、文化休闲娱乐服务、工艺美术品的生产列单位数增加前三位，分别是 158 家、105 家、68 家。

表 3　2016 年河南省规模以上文化及相关产业企业十大类情况

指标名称	2016 年					增长(%)				
	法人单位数(个)	从业人员期末人数(人)	资产总计(亿元)	营业收入(亿元)	利润总额(亿元)	法人单位数	从业人员期末人数	资产总计	营业收入	利润总额
按十大类别分组										
1. 文化产品的生产和服务	2151	265946	2075.74	1657.37	148.16	24.3	10.1	21.2	19.2	24.5
新闻出版发行服务	195	24147	324.63	124.68	20.26	3.7	1.2	4.9	4.3	99.5
广播电视电影服务	113	6060	23.01	21.16	2.94	43.0	34.0	15.9	37.0	12.9
文化艺术服务	116	14780	54.93	22.77	1.49	30.3	23.2	66.5	47.1	107.7
文化信息传输服务	84	21113	127.37	54.60	0.80	35.5	83.9	21.0	19.2	-76.9
文化创意和设计服务	577	43855	267.62	215.70	21.53	37.7	25.8	24.4	25.3	34.5
文化休闲娱乐服务	435	38570	601.37	91.21	13.62	31.8	-0.1	42.4	38.6	44.7
工艺美术品的生产	631	117421	676.81	1127.24	87.52	12.1	1.0	11.3	17.9	14.2
2. 文化相关产品的生产	1057	219875	1184.18	1923.53	139.54	7.0	1.3	2.6	7.5	4.4
文化产品生产的辅助生产	402	82511	365.50	566.20	42.14	11.7	5.1	3.6	7.1	-4.2
文化用品的生产	616	129863	779.28	1266.22	91.13	4.6	-1.6	1.9	7.5	7.0
文化专用设备的生产	39	7501	39.40	91.11	6.27	0.0	15.3	7.0	10.4	40.3
占比情况										
1. 文化产品的生产和服务(%)	67.1	54.7	63.7	46.3	51.5					
2. 文化相关产品的生产(%)	32.9	45.3	36.3	53.7	48.5					
总　计	3208	485821	3259.92	3580.89	287.70	18.0	5.9	13.7	12.6	13.9

2. 就业能力凸显，文化信息传输服务增幅最高

2016 年全省规模以上文化及相关产业企业从业人员 48.58 万人，比 2012 年增长 93.3%，年均增长 17.9%，比 2015 年增长 5.9%。居全国第八位、中部六省第二位。其中，文化制造业企业从业人员 30.61 万人，文化批零业 3.96 万人，文化服务业 14.01 万人，三者分别比上年增长 -2.4%、33.8%、21.3%。以文化制造业吸纳就业人员最多，占比达到 63.0%，但比 2015 年回落了 5.4 个百分点，文化批零业和文化服务业企业从业人员占比分别提高了 1.7 个和 3.7 个百分点。

按照文化产业十大类分，2016 年，从事文化产品的生产和服务企业的人员达到 26.59 万人，占比为 54.7%，比上年提高了 2.1 个百分点；从事文化相关产品的生产企业的从业人员为 21.99 万人，占比为 45.3%。细分看，2016 年文化信息传输服务、广播电视电影服务、文化创意和设计服务、文化艺术服务类企业人员的增速列前 4 位，分别为 83.9%、34.0%、25.8%、23.2%，增速均超过 20%。文化用品的生产、工艺美术品的生产、文化产品生产的辅助生产的从业人员分别为 12.99 万人、11.74 万人、8.25 万人，列十大类从业人员前三位，其余七大类从业人员均在 5 万人以下。

3. 产业规模持续发展，企业资产不断扩大

2016 年全省规模以上文化及相关产业企业拥有资产 3259.92 亿元，比上年增长 13.7%。其中文化制造业企业资产为 1664.64 亿元，文化批零业企业 260.15 亿元，文化服务业企业 1335.13 亿元，分别比上年增长 4.0%、17.9%、27.6%，占比分别为 51.1%、8.0%、41.0%。

按照文化产业十大类分，2016 年，从事文化产品的生产和服务的规模以上企业资产达到 2075.74 亿元，占比为 63.7%，比上年提高了 3.9 个百分点；从事文化相关产品生产的规模以上企业资产达到 1184.18 亿元，占比为 36.3%。细分看，资产总计最多是文化用品的生产、工艺美术品的生产、文化休闲娱乐服务三个大类，资产分别为 779.28 亿元、676.81 亿元、601.37 亿元，其他七类资产均小于 400 亿元。增速最快的是文化艺术服务，比上年增长 66.5%。资产增加最多的是文化休闲娱乐服务，比上年增加 179.05

亿元。

4. 营业收入稳步增长，文化艺术服务增速最快

2016年规模以上文化及相关产业企业实现营业收入3580.89亿元，比2012年增长1.6倍，年均增长26.8%，比2015年增长12.6%。总量居全国第八位、中部六省第二位。其中，文化制造业企业营业收入2652.55亿元，文化批零业企业483.87亿元，文化服务业企业444.47亿元，分别比2015年增长9.1%、21.8%、26.5%，占比分别为74.1%、13.5%、12.4%，文化批零业和文化服务业两者合计占比为25.9%，比2015年提高了2.4个百分点。

按照文化产业十大类分，2016年，规模以上从事文化产品生产的企业实现营业收入1657.37亿元，增长19.2%，占比为46.3%，占比比2015年提高了2.6个百分点；规模以上从事文化相关产品生产的企业营业收入达到1923.53亿元，增长7.5%，占比为53.7%。全年营业收入最多的是文化用品的生产、工艺美术品的生产、文化产品生产的辅助生产，分别为1266.22亿元、1127.24亿元、566.20亿元，其余七大类均低于220亿元。2016年增速超过20%的是文化艺术服务、文化休闲娱乐服务、广播电视电影服务、文化创意和设计服务，分别比上年增长47.1%、38.6%、37.0%、25.3%。营业收入增加最多的是工艺美术品的生产，达到171.25亿元。

5. 实现利润增加，经济效益不断提升

2016年全省规模以上文化及相关产业企业实现利润287.70亿元，比上年增长13.9%。其中文化制造业企业实现利润198.59亿元，文化批零业企业30.86亿元，文化服务业企业58.25亿元，三者占比分别为69.0%、10.7%、20.2%，比上年分别增长2.6%、51.9%、50.4%，文化批零业和文化服务业企业的增速远高于文化制造业。

按照文化产业十大类分，2016年，从事文化产品的生产和服务的规模以上企业实现利润148.16亿元，增长24.5%，占比为51.5%，占比比上年提高了4.4个百分点；从事文化相关产品生产的规模以上企业实现利润139.54亿元，增长4.4%，占比为48.5%。细分看，全年实现利润最多的是文化用品的生产、工艺美术品的生产、文化产品生产的辅助生产，分别达

到91.13亿元、87.52亿元、42.14亿元。增速最快的是文化艺术服务、新闻出版发行服务、文化休闲娱乐服务、文化专用设备的生产、文化创意和设计服务，分别比上年增长107.7%、99.5%、44.7%、40.3%、34.5%。实现利润增加最多的分别是工艺美术品的生产和新闻出版发行服务，分别达到10.86亿元和10.10亿元。

2016年全省规模以上文化及相关产业企业实现增加值796.27亿元，占全部文化产业增加值的65.7%。总量比2015年增长8.0%，比2012年增长1.1倍，年均增长20.2%，呈现出良好的发展态势。其中文化制造业、文化批零业、文化服务业分别为578.74亿元、59.6亿元、157.92亿元，占比分别为72.7%、7.5%、19.8%，规模以上文化制造业占比近3/4，这些企业是河南省文化产业实现较快发展的主体力量，直接决定了规模以上文化产业发展的趋势和走向，增幅高低决定了全省文化产业的发展态势。

6. 规模以上文化产业企业区域集中，引领作用不断显现

河南省历史悠久，传统文化、现代文化与地域特色文化融汇发展，形成了中原文化乃至中华文化的品牌。近年来，全省各地党委政府真抓实干，找准文化产业发展的内生动力，着力谋划，极大地促进了文化产业的快速发展。

（1）全省11个省辖市规模以上文化产业企业数过百

2016年全省各省辖市规模以上文化及相关产业企业个数均超过20家，百家以上的有郑州市、南阳市、许昌市、洛阳市、开封市、商丘市、信阳市、驻马店市、平顶山市、焦作市、周口市11个地区，比2012年多了7个市，单位数合计占全省规模以上企业的87.7%。个数超过200家的有7个地区，分别是郑州市、南阳市、许昌市、洛阳市、开封市、商丘市、信阳市，合计占全省规模以上文化产业企业数的70.7%，其中郑州市、南阳市、许昌市、洛阳市4个地区企业数均超过300个，合计占全省规模以上文化产业企业数的49.8%。

（2）14个省辖市规模以上文化产业企业从业人员过万

2016年全省各省辖市规模以上文化及相关产业企业从业人员均超过千人。过万的有郑州市、许昌市、南阳市、洛阳市、焦作市、开封市、商丘

市、驻马店市、信阳市、新乡市、平顶山市、漯河市、濮阳市、周口市14个地区，比2012年多了5个市，合计占规模以上文化及相关产业企业从业人员的97.5%。郑州市、许昌市、南阳市、洛阳市、焦作市、开封市、商丘市、驻马店市、信阳市、新乡市10个地区超过2万人，合计占全省规模以上文化产业企业从业人员的85.4%，其中郑州市、许昌市、南阳市、洛阳市、焦作市、开封市、商丘市7个地区超过3万人，从业人员占全省规模以上文化产业企业从业人员的71.5%。

（3）11个省辖市规模以上文化产业企业资产过百亿元

2016年全省各省辖市规模以上文化及相关产业企业资产总计均超过亿元，超过百亿元的有郑州市、许昌市、洛阳市、平顶山市、南阳市、焦作市、开封市、新乡市、濮阳市、漯河市、驻马店市11个地区，比2012年多了9个市，占全省的90.6%。郑州市、许昌市、洛阳市、平顶山市、南阳市、焦作市6个地区资产超过200亿元，合计占全省规模以上文化产业企业资产的71.9%。

（4）12个省辖市营业收入超过百亿元

2016年全省各省辖市规模以上文化及相关产业企业营业收入均超过6000万元，超过百亿元的是郑州市、许昌市、南阳市、焦作市、洛阳市、濮阳市、开封市、新乡市、商丘市、漯河市、驻马店市、信阳市12个地区，比2012年多了8个市，合计占全省规模以上文化产业企业营业收入的93.3%。郑州市、许昌市、南阳市、焦作市、洛阳市、濮阳市、开封市等7市超过200亿元，合计占全省规模以上文化产业企业营业收入的75.0%。

B.17
关于河南省文化产业规模小质量不高问题的研究报告

河南省文改办课题组*

摘　要： 党的十八大以来，河南省委、省政府高度重视推动文化产业发展，文化产业持续保持健康快速发展势头，呈现出龙头带动作用突出、跨界融合亮点纷呈、民营企业异军突起、政策环境持续优化等特点。但是，文化产业总体规模偏小、产业层次不高、区域发展不平衡、文化经济政策落实不到位、文化消费潜力尚未激活、文化人才相对匮乏等问题依然比较突出。应从做强特色文化产业、发展新兴文化业态、打造知名文化品牌、推动文化产业集聚发展、引导促进文化消费、打造文化人才高地等方面着力，破解规模小、质量不高这一长期困扰河南文化产业发展的问题。

关键词： 河南　文化产业　新兴文化业态　文化人才

加快发展文化产业，是党中央、国务院站在全局和战略高度作出的重大决策部署。河南认真贯彻落实中央有关精神，高度重视文化产业发展，全省文化产业总量不断发展壮大，呈现出蓬勃发展的良好态势。2016 年，省十次党代会明确提出要加快构筑全国重要的文化高地，为今后一段时期全省文

---

* 课题组成员：王保国、周远方、王惠君、毕朝杰；执笔：毕朝杰。

化产业发展指明了新方向、设定了新目标。按照中宣部大调研的统一安排，围绕省委、省政府部署要求，我们抽调河南省委党校、郑州大学的专家学者组成专题调研组，实地调研郑州、开封、新乡、安阳、济源等地文化企业和文化产业园区，通过召开座谈会、组织实地考察、开展专题研讨等多种方式，抓住“文化产业规模小、质量不高问题”这个牛鼻子，重点对河南省文化产业的发展现状、存在问题、面临形势和下一步对策措施进行广泛调研。现将有关情况报告如下。

一　河南省文化产业发展现状

（一）基本情况

党的十八大以来，河南省委、省政府高度重视发展文化产业，不断推出强有力的政策措施，加大扶持力度，全省文化产业总体规模不断扩大，产业结构逐步优化，区域特色更加鲜明，持续保持健康快速发展势头。文化产业单位迅猛增加，园区建设稳步发展。据 2015 年统计，全省文化及相关产业法人单位共有 5.2 万家，比 2012 年增长 1.1 倍，年均增长 20.8%，占全国的比重为 4.6%，居全国第六位、中部六省第一位。郑州国际文化创意产业园、开封宋都古城文化产业园区、洛阳古都文化旅游产业园、许昌钧瓷文化创意产业园、漯河市源汇区开源文化产业园区、汝州市汝瓷电子商务产业园、兰考乐器文化产业园、宝丰文化创意产业园、濮阳国际杂技文化产业园、固始县文化产业示范基地等特色产业园区的建立和发展，进一步放大了集聚效应。规模以上文化产业企业较快增长，整体实力稳步提高。2016 年，河南省规模以上文化及相关产业企业达 3208 家，比 2012 年增长 1.4 倍，年均增长 24.9%，单位数居全国第六位、中部六省第一位。实现营业收入 3580.89 亿元，比 2012 年增长 1.6 倍，年均增长 26.8%，总量居全国第八位、中部六省第二位。文化产业增加值持续增长，对经济增长的贡献稳步提升。2016 年，全省文化及相关产业实现增加值 1212.8 亿元，占 GDP 比重为

3.0%，比2012年增长81%，年均增速16.0%，居全国第九位、中部六省第二位。文化产品的生产和服务占比提高，产业结构进一步优化升级。2016年，全省从事文化产品的生产和服务的规模以上企业达到2151家，占全部规模以上文化及相关产业企业的61.7%，比上年提高了3.4个百分点；其中，广播电视电影服务、文化创意和设计服务、文化信息传输服务、文化休闲娱乐服务、文化艺术服务企业的单位数增幅都在30%以上。

（二）河南省文化产业发展特点

1. 龙头带动作用突出

2013年以来，省政府组织实施了河南省文化产业“双十”工程，先后命名两届省级重点文化产业园区和重点文化企业，发挥了文化产业“双十”工程单位的龙头引领作用，企业体量不断壮大，产业集聚水平持续提升。中原出版传媒集团连续两年入选“全国文化企业30强”，连续三年进入“全国服务业企业500强”，位列全国出版行业第一方阵。截至2017年底，中原出版传媒集团实现主营业务收入89.82亿元，实现净利润6.27亿元，集团净资产89.82亿元。河南广播电视网络股份有限公司推进县级有线电视网络整合，截至2017年底，河南有线有效用户达到540多万户，数字化率为74.2%，营业收入11.71亿元，实现利润5282万元，净资产总额15.91亿元。河南省杂技集团是河南省最大的以杂技文化为主业的民营杂技集团，现有演职人员1000余人，专业排演馆5个，演职员规模及总资产等稳居全国杂技界第一位，主创剧目多次荣获国际国内杂技大奖。2017年，河南省杂技集团主营业务收入5048万元，净利润1902万元，资产总额9.89亿元。郑州华强方特主题乐园接待游客量增长率领跑全球主题乐园品牌，攀升至全球第五位，2017年接待省内外游客500多万人次，营业收入近8亿元。郑州国际文化创意产业园2017年完成固定资产投资177.5亿元，同比增长36.5%，旅游收入24亿元，同比增长20%。汝瓷电子商务产业园项目建设进展迅速，2017年引进企业20家，园区入驻企业总数达80余家，并入选住建部第二批国家级特色小镇。在“双十”工程的带动下，全省各地充分利用区位优势，通过整合文化资源、调整产业布局、优化产业结构建设了一批特色鲜明的文化产业园区，稳步提升了文化产业的层次和竞争力。截至目前，全省已有国家级文化产业示范园区 1 个、文化产业基地 12 个、文化和科技融合示范基地 1 个，省级重点文化产业园区 6 个，省级文化产业示范园区 12 个。

2. 跨界融合亮点纷呈

大力实施“文化 +”行动，促进文化与旅游、科技、金融等领域跨界融合发展。一是加快文化旅游融合发展。通过影视、演艺、节会等载体，提升旅游的文化内涵，培育了新型文化业态。2017 年河南接待海内外旅游人数高达 6.65 亿人次，同比增长 14.07%，旅游总收入 6751 亿元，同比增长 17.12%，增幅均高于全国平均水平。2017 年《禅宗少林音乐大典》《大宋东京梦华》均演出 200 多场，收入分别达到 7700 万元和 5693.21 万元。2017 年开封清明上河园游客接待量达 297.64 万人次，旅游总收入 2.96 亿元，实现净利润 1.22 亿元。开封市大力实施“文化 +”行动，设置旅游业发展资金，设立开封文化奖章，在政策的鼓励下文化产业发展的质量和效益显著提高，已成为支柱性产业。二是深化文化科技创新工程。实施河南省文化科技融合示范工程，充分发挥 6 个省级文化和科技融合示范基地带动作用，加强文化科技省级工程技术中心和创业孵化服务平台建设，加快了文化与科技融合发展。“买全球、卖全球”跨境电商 e 平台日渐成熟，“喜买网”电商平台政府采购成交额突破 1 亿元，占河南省政府采购网上商城总成交额的 32%。郑州高新区中原广告产业园建设河南省动漫产业科技企业孵化器，打造河南省动漫外包制作基地，加快了动漫产业国际化步伐。另外，河南大象融媒体新闻岛、郑州方特、濮阳《水秀》、汝瓷电商等为文化插上了科技的翅膀，更好地建设和传播了先进文化。三是加强文化产业金融支持。河南文化产业发展基金、中原股权投资基金、河南高成长服务业引导基金等投融资平台的设立和完善，填补了河南省文化产业投资基金的空白，为河南省文化产业发展注入新的活力。以银行保险业来支持推动文化企业发展，交通银行河南省分行通过 PPP 模式为洛阳旅发审批 40 亿元文化旅游基金项目，平安银行与省政府共同发起成立400亿元文化旅游产业发展基金。中原出版传媒集团、开封文投集团在债券市场融资合计15亿元。

3. 民营企业异军突起

自文化强省战略进入实际实施阶段以来，河南省文化改革力度不断加大，积极鼓励和引导民营企业家投资文化产业。目前，在河南省文化产业多个领域发挥主导作用的是民营资本，以动漫产业为例，郑州市已经形成的三个较大的动漫创作和生产基地，民营资本均是主力军。如汇集了70多家民营公司的国家动漫产业发展（河南）基地，其中颇具代表性的郑州小樱桃卡通艺术有限公司、郑州漂亮宝贝动漫文化股份有限公司、河南智睿动漫设计有限公司正是推动河南动漫发展的主力军。再如投资“方特欢乐世界”的郑州华强文化科技产业有限公司以及郑州市天人文化旅游有限责任公司，两者的投资额都在数亿元以上，两者同为河南文化产业领域整体投资额较大的民营企业，对文化产业整体的发展有着较大影响。除了传统文化产业领域，民营资本也频繁活跃在特色文化产业领域。如许昌瑞贝卡发艺制品公司、禹州孔家钧窑有限公司、宝丰赵庄魔术演艺集团、汝阳刘笔业有限公司，以及特色文化村镇中的众多工艺品公司，基本上都是民营企业。一些比较知名的文化品牌也大都是由民营文化企业一手发展壮大的，如镇平玉雕、禹州钧瓷、浚县石雕以及“禅宗少林·音乐大典”、“大宋·东京梦华”等。

4. 政策环境持续优化

围绕华夏历史文明传承创新区建设和构筑全国重要的文化高地，以省委、省政府名义先后印发了《华夏历史文明传承创新区建设方案》《河南省“十三五”时期构筑全国重要文化高地建设规划》，为“十三五”时期文化改革发展提供遵循和保障。省委、省政府召开了全省文化产业发展工作会议，对文化产业冲刺成为国民经济支柱性产业作出了安排部署。近年来，先后出台《关于大力发展文化产业的意见》《文化产业发展战略重点方案》《文化产业“双十”工程实施方案》《文化创意和设计服务与相关产业融合发展规划》《关于支持电影业发展经济政策》《关于支持文化企业发展和经营性文化事业单位转企改制的若干政策》等一系列综合性文件，密集出台的文化经济政策，从财政、金融、税收、科技、土地、人才等方面，为文化产业发展提供了全要素保障。

二　河南省文化产业发展现存问题

虽然河南省文化产业发展实现了质的跨越，但文化产业发展不平衡不充分问题依然突出，不同程度地制约着河南文化产业的发展。

（一）总体规模偏小

近年来，河南省文化产业总体规模虽然不断扩大，增长速度不断加快，但是文化企业规模普遍偏小，产业规模化和集约化程度不高，文化产业总量不大，占全省 GDP 的比重仍然偏低。河南省文化企业大多为单一组织模式，跨地区、跨行业、跨部门、跨所有制兼并重组的尝试仍然比较少，目前文化企业规模仍以中小企业居多，“小、弱、散”现象比较普遍，市场竞争力低。如开封木版年画、宋室风筝等工艺品很多还是家庭作坊式生产，缺少现代大型品牌文化企业集团，市场竞争能力相对较弱。2016 年，河南省文化产业实现增加值为 1212.8 亿元，占全省 GDP 的 3%，比全国水平（4.14%）低 1.14 个百分点，远低于北京、上海、广东、江苏、浙江等文化产业发展较快省份的比重，与周边先进省份也有不小差距。

（二）产业层次不高

一是文化服务业占比不高。2016 年，全省文化制造业实现增加值 608.62 亿元，文化批零业增加值 157.23 亿元，文化服务业增加值 446.95 亿元，占比分别为 50.2%、13.0%、36.9%，文化制造业仍然占据半壁江山，文化服务业增加值占比比全国水平（52.1%）低 15.2 个百分点。2016 年，全省文化产业十大类中，文化用品的生产、工艺美术品的生产、文化产品生产的辅助生产增加值位列前三，而新闻出版发行服务、广播电视电影服务、文化艺术服务、文化创意和设计服务等文化服务业增加值占比均仅为 22.32%。文化服务业所占比重不高，一定程度上制约了河南文化产业核心竞争力的提高。二是新兴文化业态发展不足。河南大部分文化创意产业只限于传统领域、基础环节，而那些高科技含量、高附加值的环节与内容则开发不够，产业链未能得到很好的延伸与整合，缺少高端文化品牌和文化精品作品。如郑州、新乡文化产业增加值都以文化用纸制造、印刷复制服务等传统文化业态为主体，基本处于文化产业链较低端的层次，而文化创意、文化旅游、会展等高成长性新兴文化业态尚处于起步阶段，和文化产业发达地区相比还有很大差距。三是特色文化精品不多。文化产业的文化品位不高，尤其是对历史文化、区域特色文化、地方民俗文化等优势资源的整理和挖掘还很欠缺，特别是文化与旅游的融合不够紧密。如安阳市、新乡市文化资源开发、经营、推广低效粗放，旅游景区景点蕴含的文化内涵品位不高，文化产品特色不够突出，旅游文化场馆设施建设滞后，产业文化品牌打造乏力，品牌效应不强。

（三）区域发展不平衡

就全省来说，省会发展领先，基层地方发展快慢不一。省会城市郑州及区位优势突出、经济条件富裕、文化资源充沛的许昌、开封等省辖市文化产业发展兴旺，规模与质量代表了河南文化产业发展主流。许昌市 2016 年实现增加值 145.87 亿元，占全市 GDP 的 6.13%；开封市实现增加值 96.23 亿元，占全市 GDP 的 5.48%。就单位而言，一些重点单位产业做大、产业链不断延伸，一般单位还没有突破发展的瓶颈，亟待解决观念、资金、改制等基本问题。如安阳殷墟世界闻名，甲骨文青铜器名满天下，可是旅游及文化产业发展不如洛阳龙门石窟与开封清明上河园。就游客数量和门票收入讲，殷墟的游客数量不及洛阳龙门石窟的 1/6，门票收入不及洛阳龙门石窟的 1/8。殷墟的甲骨、青铜文化没有与文化产业有效结合，没有产生丰厚的社会经济效益。陈氏太极拳与少林功夫齐名，两者的文化产业效益异常悬殊。目前，少林寺门票年收入近 1.5 亿元，陈家沟不及少林寺的 1/10。少林寺有自己的国内网站和英文网站，有众多的武校、常年的出国（境）表演、精彩的《禅宗少林·音乐大典》演出，以及禅苑、禅街、禅田、禅食等，带动了当地的饮食、住宿、交通和娱乐产业，而陈家沟文化产业的发展却相对滞后。

（四）文化经济政策落实不到位

从省级层面看，出台的文化产业政策没有形成全面系统的政策体系，尤其是没有完整的系列文化产业发展扶持政策，扶持优惠政策不够具体，文化产业招商难度大。与其他省市相比，河南省在财政、金融、土地、市场准入、人才引进等方面还缺乏一套完整的、具体的、专门的、操作性强的配套政策，细化落实各项政策措施方面还有待进一步加强。如在文化产业专项资金投入方面，河南省仅为6000万元，而同为中部地区和邻近省份，河北2亿元、陕西1.55亿元，湖南1.2亿元，就连省会郑州市文化产业专项资金已达2亿元。在政府引导社会资本投入文化产业领域方面，多数省市已搭建了新型投融资平台，上海、陕西、云南成立了文化产业融资和担保公司，河南省虽成立了文化产业投资有限责任公司，但功能相对单一，投资参股、融资担保等保障措施不够完善，在探索社会力量兴办文化产业机制方面较为欠缺。从市县层面看，各地对文化产业的重视程度不够，对文化旅游大型项目相对比较重视，但是对文化内容产业、文化创意产业没有引起足够重视，过于追求经济效益的快速增长，忽视了文化产业的推动作用。调研发现，新乡市、济源市尚未出台《文化产业发展总体规划》，安阳、新乡还没有设立文化产业专项扶持资金，文化产业的目标定位、产业定向、路径选择、制度安排、支撑体系还没有建立。如从部门层面看，一些部门还不能积极主动地认真贯彻落实中央和省委、省政府有关文化改革发展的系列政策，还存在变相棚架的现象。据开封汴绣厂反映，按照有关规定，非物质文化遗产项目和国家传统工艺美术产品，依法享受国家规定的税收优惠，可是多年来从未执行过。

（五）文化消费潜力尚未激活

2017年，全省城镇居民人均可支配收入和人均消费支出分别为29557.86元和19422.27元，农村居民人均纯收入和人均生活消费支出分别为 12719. 18 元和 9211. 52 元，均低于全国平均水平。据统计，2016 年，河南省城镇居民家庭平均每百户拥有彩电 121. 28 台、摄像机 5. 12 架、照相机 21. 85 台；农村居民家庭平均每百户拥有彩电 115. 08 台、照相机 2. 28 台。从统计数字上看，河南省城乡居民家庭的主要耐用文化消费品拥有量均低于全国平均水平。2016 年，河南省城镇和农村居民人均文化娱乐用品及服务消费支出分别为 2079 元和 949 元，占其全部消费性支出的比例分别为 11. 49% 和 11. 05% 。河南省城乡居民文化消费占比较低，而且增长速度缓慢，与高速发展的经济水平状况不匹配，也制约了全省文化产业的发展。

（六）文化人才相对匮乏

通过与各地市主要相关部门和企业负责人座谈，大家反映最强烈的问题就是文化人才问题。一是党政文化产业干部素质不高。通过座谈发现，一些地市的党政文化产业干部对文化产业的认识不充分，创新意识不强，引领能力不高。二是专业人才缺乏。汴绣国家级非物质文化遗产传承人王素花指出，汴绣技术传承缺乏懂技术、有创意的专业人才，面临后继无人的尴尬处境。开封市豫剧院、开封市歌舞剧院等国有企业，职工只退不进，专业人才逐年减少，企业缺乏后劲和创新能力。三是文化经营管理人才缺乏。河南省当前发展文化创意产业亟待解决的一大难题，便是缺乏能经营、懂专业、会管理的高级复合型人才。河南大学历史文化学院文化产业系主任刘涛说，由于不能吸纳、留住优秀文化人才，河南省文化人才流失现象严重，河南大学培养的文化产业专业优秀大学生，在毕业之后基本上都流向了外省。缺乏文化人才，已经成为制约河南文化产业发展的主要“瓶颈”之一。

三　促进文化产业发展的对策建议

面对依然相当严峻的发展形势，河南应聚焦文化产业供给侧结构性改革，进一步调整发展理念、创新发展模式、优化发展环境、完善发展机制，推动文化产业深入发展。

（一）做强特色文化产业

根据国家文化产业发展的总体规划，依据河南省的文化资源优势，指导各地制定更加符合当地发展实际、更具科学性的文化产业发展规划。在规划内容上，地市发展规划和全省发展规划整体应保持一致，从而能够使全省文化产业发展最终实现跨区域协同发展，将整体优势最大化；同时，要根据具体情况，突出各地的优势和特色，扬长避短、因地制宜，避免出现同质化和空洞化现象。例如，在特色文化产业村镇、文化产业园区、文化改革发展实验区规划和建设的基础上，可以以产业集聚为突破口，合理规划配套功能产业区，从而增强产业链效应。目前河南省已制定了一系列关于促进文化产业发展的政策，当前的主要任务是，推动各地市认真制定发展规划，并将发展规划转化为具体的政策和措施，使其真正转化为实实在在的文化产业成果。

（二）发展新兴文化业态

大力发展文化创意产业，实施“文化 +”工程，积极推进文化与科技、金融、旅游、互联网融合发展，提高相关产业的文化含量和产品附加值，加快文化产业转型升级。实施河南省文化科技创新工程，建立健全以市场为导向、企业为主体，产学研相结合的文化科技创新体系，培育一批文化科技融合示范基地和文化科技骨干企业。积极推进产业业态创新，深化大数据、云计算在文化领域的应用，构建众创、众包、众扶、众筹支撑平台，重点建设国家 863 中部软件园、中原国家广告产业园等，推动文化创新创造。发展文化旅游产业，突出“老家河南”旅游品牌，注重以文化精髓提升旅游内涵，推动文化旅游线路精品化、产品多元化和服务智能化，形成文化与旅游高度融合的产业发展形态。发展工艺美术产业，重点发展雕塑类、陶瓷类、刺绣类、柳藤竹草编类、木艺等工艺美术品，支持特色工艺美术品延伸产业链、提高附加值。发展壮大文化企业，积极实施集团化、规模化发展战略，优化资源配置，推动各地、各行业、各门类形成一批文化龙头企业或企业集团，以企业支撑产业发展。推进文化企业以资本为纽带进行跨地区、跨行业、跨所有制兼并重组，重点推动出版、发行、影视、广电网络等领域的企业交叉持股、并购重组，促进文化资源、要素向优质企业、优势产业门类集聚，向重点文化企业集中。做大做强河南日报报业集团、中原出版传媒集团等国有文化企业集团。支持民营文化企业快速发展，扶持一批“专、精、特、新”的小微文化企业。

（三）打造知名文化品牌

做大做强现有文化品牌，进一步壮大中原媒体品牌、中原动漫品牌、中原演艺品牌、中原工艺美术品牌以及中原名家品牌。创新表现形式，丰富文化内涵，推出一批名家大师，生产一批拳头产品，扶持一批龙头企业，提升品牌的知名度、影响力和竞争力。培育一批新兴文化品牌，坚持以群众需求为导向，加大创新力度，兼收并蓄、博采众长，培育一批时代感和吸引力强的文化品牌。深入实施“五个一工程”、国家舞台艺术精品工程、广播影视精品工程、文学艺术创作工程、精品图书出版等工程，结合中原区域文化特色，不断推出思想性艺术性观赏性相统一、人民群众喜闻乐见、具有中原特色和国家水准的文化艺术精品。大力开展文化品牌宣传推介活动，建设多元文化传播载体，培育中原文化国际国内交流平台，大力推介中原文化品牌，扩大中原文化影响力。

（四）推动文化产业集聚发展

加快文化产业集聚区建设步伐。合理规划、科学布局，为文化产业集聚区发展创造良好环境。建设重点文化产业示范园区。突出特色化和差异化发展，形成一批主导产业清晰、产业链条健全、服务设施完善、经济效益明显的文化产业园区，壮大文化产业集群。重点抓好 10 个省级文化改革发展试验区和 6 个省级重点文化产业园区建设，充分发挥政策引导作用，推动文化资源的整合与开发，提高文化产业的规模化、集约化水平，增强文化产业的整体实力与核心竞争力。支持登封市建设华夏历史文明传承创新示范工程，推动建设郑州现代文化产业创新示范区、开封宋都古城文化核心展示区、洛阳河洛文化展示体验核心区、安阳殷墟大遗址文化旅游体验区、濮阳杂技体验示范区、许昌三国文化展示体验旅游核心区、桐柏——大别山红色旅游区等，鼓励各地积极探索、先行先试。

（五）引导促进文化消费

文化产业的发展离不开消费的支撑。一方面要挖掘河南省作为人口大省、经济大省的文化消费潜力，培育扩大文化消费市场。统筹城乡公共文化设施布局和资源配置，创新公共文化服务体系建设资金投入机制、服务供给机制、效果评估机制，促进公共文化服务提供主体和提供方式多元化。深入推进“百姓文化云”和“文化综合体”平台建设，打造全媒体聚合投送平台。支持县级城市影院、艺术街区、书吧等建设。鼓励有条件的地方为促进文化消费提供适当补贴，进一步拉动文化消费。另一方面要深入研究文化消费市场构成，找准工作着力点，拓展大众文化消费市场。针对不同年龄、不同人群提供个性化、分众化的文化产品和文化服务。顺应网络文化消费的新趋势，推出更多适合在网上体验和消费的文化产品服务，培育形成新的消费增长点。推动文化消费融入综合性多功能的消费场所，将特色文化资源融入大型商业购物中心、宾馆饭店、体育设施等。深入挖掘各地历史文化资源，积极发展特色文化，推出一批特色文化消费产品，打造一批特色文化城市、特色文化街区、特色文化村镇，形成一批特色文化产业园区，吸引国内外游客来豫进行文化消费。

（六）打造文化人才高地

全面完善文化产业人才培养、引进、使用、评价、激励、保障等政策体系，积极营造有利于高素质人才大量涌现、健康成长的良好环境。持续推进“四个一批”人才培养工程、中原文艺人才培养工程、优秀青年社科理论人才培养工程、文化产业领军人物建设工程，培养造就一批文化创意产业发展急需的文化创意人才、经营管理人才、复合型人才，推出一批高水平的拔尖人才、领军人物和文化名家大师。建立健全文化人才培养体系，在普通高校开设文化产业相关学科和专业，鼓励将培养非物质文化遗产传承人才纳入职业教育体系范畴；支持相关行业和文化产业园区、龙头文化企业与普通高校、职业院校及科研机构开展合作，共同建立人才培养基地。加快培养德才兼备、锐意创新、结构合理、规模宏大的文化人才队伍；充分利用各类引才引智计划，引进国内外高端人才；加强人才教育培训，通过集中培训、挂职锻炼、交流任职等方式，提高人才队伍的综合素质。

B.18

河南省文化领域企业家调研报告

河南省社会科学院课题组*

摘　要：　优化文化领域企业家成长环境，弘扬优秀企业家精神，更好地发挥文化领域企业家作用，是河南省推动文化产业健康发展，打造全国重要文化高地的重要课题。课题组通过深入文化企业调研、召开文化领域企业家座谈会、向企业家发放调查问卷等形式，对河南省文化领域企业家基本情况、主要特点、存在问题等进行了深入细致的调研分析，对如何优化文化领域企业家成长环境、弘扬优秀企业家精神、更好发挥企业家作用提出了政策建议。

关键词：　文化领域　企业家　成长环境　企业家精神　企业家作用

为贯彻落实中共中央、国务院《关于营造企业家健康成长环境弘扬优秀企业家精神更好发挥企业家作用的意见》和省委、省政府主要领导批示精神，河南省委宣传部和河南省社会科学院组成课题组，就河南省优化文化领域企业家成长环境、弘扬优秀企业家精神、更好发挥企业家作用进行专题研究。课题组通过召开文化领域企业家座谈会、深入文化企业调研、向企业家发放调查问卷等形式，就河南省文化领域企业家基本情况、主要

* 课题组长：卫绍生；副组长：李立新、杨波；课题组成员：陈勤娜、田丹；定稿：卫绍生。

特点、存在问题等进行了深入系统的梳理和分析，有针对性地提出了相关政策建议。

一 河南省文化领域企业家现状分析

河南省文化领域企业家作为文化市场经济活动的重要主体，在壮大文化产业队伍、繁荣文化市场、打造全国重要的文化高地、满足人们精神文化生活等方面作出了突出贡献，在企业结构、职业结构、人才结构、行业分布、地区分布等方面表现出鲜明特点。

（一）文化领域企业家以内资私营企业为主

从登记注册类型来看，内资私营企业是文化领域企业家从事文化企业经营的主要构成。从全国范围来看，2015 年全国规模以上文化制造业企业共 20079 个，内资企业占比为 82%，内资企业中私营企业占比约为 70%（见图 1）。和全国文化企业经济类型构成相似，针对河南省文化企业家队伍现状进行的问卷调查结果显示，民营企业是河南省文化领域企业的主力军。在参与调查的文化企业中，注册经济类型为民营的企业共有 946 家，在 1407 份有效问卷中占比达到了 67%。其次值得注意的是，国有企业在河南省文化企业领域占比相对较高，在问卷调查中占比为 18%（见图 2）。分析问卷调查结果可知，作为中部六省领军省份的河南省文化领域企业虽然出现了一批有作为、有担当的民营企业家，但是其企业影响力、规模、营业收入和该领域内的国有企业仍旧无法相提并论。

外方独资企业是河南省文化领域企业的一个短板，在接受调查的企业中仅有 23 家显示为外资企业，在数量和地域方面都显示出了极大的不均衡性。有 14 家企业分布在郑州，1 家企业落户在开封，平顶山、许昌拥有的外资企业数量分别是 3 家、5 家。从数据上来看，河南省文化领域的企业家队伍目前还处在“土生土长”阶段，民营企业家、国有企业领导者是文化领域企业家的主要构成部分。

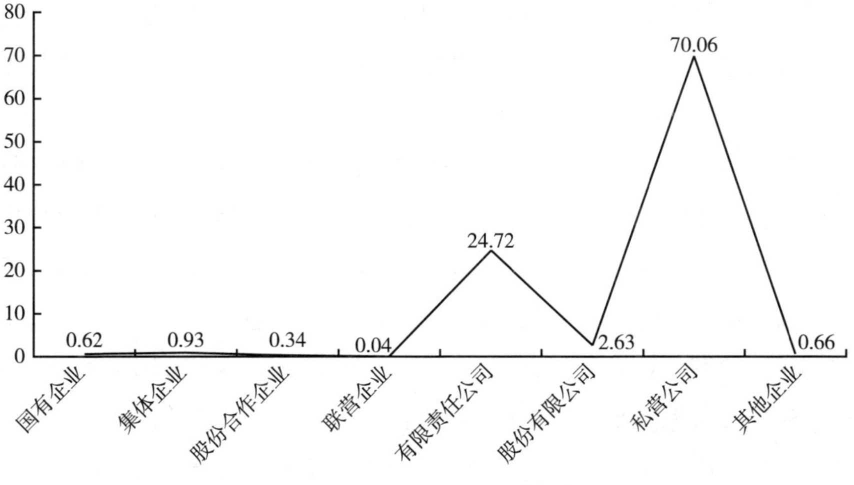

图 1　2015 年全国规模以上文化制造业内资企业中各注册类型企业占比情况

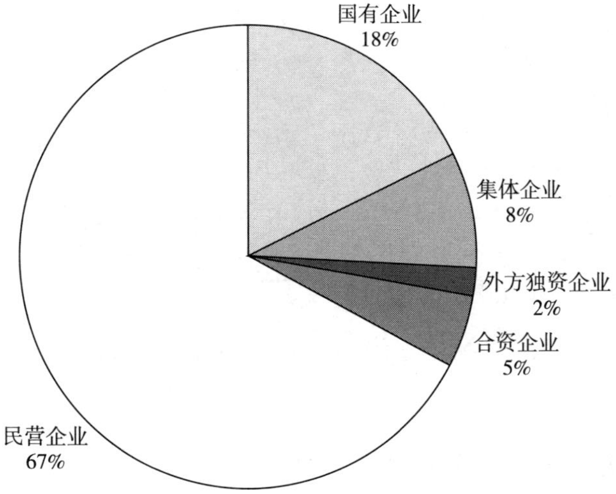

图 2　河南省文化企业中各注册类型企业占比情况

（二）文化领域企业家以自主创业为主

总体来看，自主创业是河南省文化领域企业家创立企业的首选，在调查数据中占比达 52.4%，这也与上文中“民营企业”是文化领域企业主要经济类型的统计结果相符合。在职业结构数据中值得注意的是，“市场化选聘”成为文化领域企业家第二个主要成长路径，占比达 19.3%。这与国有企业是文化领域企业第二大经济类型的统计结果相一致。除了“市场化选聘”，国有文化企业领导者另外一种主要的产生方式为“政府部门任命”，此项在数据统计中占比为 15.9%。如河南日报报业集团、中原出版传媒集团等在国内具有一定影响力的文化企业，其主要领导者都是由政府直接任命的。“家族继承”主要是一小部分民营企业产生企业领导人的方式，占比达到 12.4%。尤其是在郑州、开封、洛阳、许昌等地，由于积淀着丰富的历史文化资源，在此基础上形成了一批以传统工艺为特色的文化企业，其主要依靠“家族继承”来维持文化企业的生产和经营活动（参见图 3）。

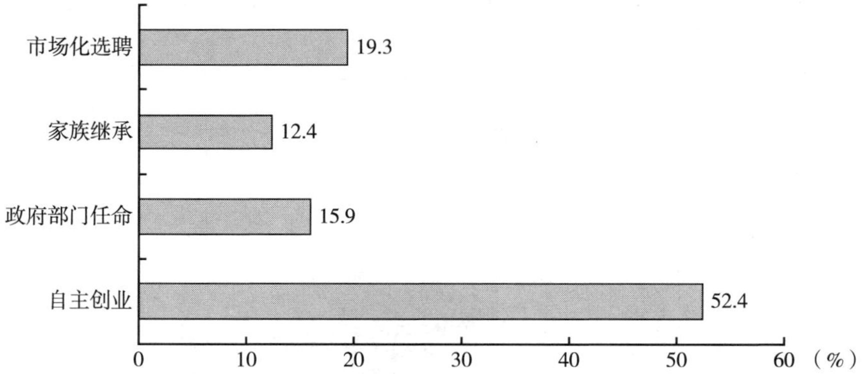

图 3　河南省文化领域企业家职业结构分布

（三）文化领域企业家以本专科学历为主

从调查问卷的统计结果看，文化领域企业家以拥有大专、本科学历的占多数，比例高达 65.8%。高中、中专及以下学历者比例为 22.5%，硕士及以上学历者占比为 11.7%。虽然文化企业有其特殊性，学历层次并不是评价企业家个人能力的决定性因素。但是应该承认的是，作为企业经营者、组织者的企业家，必须具备大的格局，如对文化市场的把控力、对创新技术的预判力以及凝聚企业精神的号召力等。但是，无论是从调查数据结果还是从现实情况来看，河南省文化领域企业家人才结构并不合理，学历结构偏低的现象令人担忧（参见图4）。

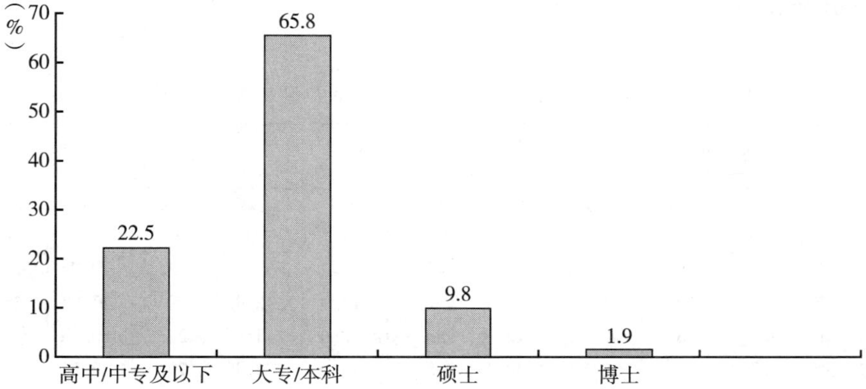

图4　河南省文化领域企业家学历结构分布

（四）文化领域企业家以文化产品生产和服务行业居多

根据国家统计局颁布修订的《文化及相关产业分类（2012）》标准，2016年，河南省从事文化产品生产和服务的规模以上企业达到2151家，占全部规模以上文化及相关产业企业的67.1%；从事文化相关产品生产的规模以上企业为1057家，占比为32.9%。调查问卷的统计结果与上述统计数据基本一致：河南省文化领域企业家的行业分布并不均衡，十个大类共计1475人，分别为新闻出版发行服务153人、广播电视电影服务86人、文化艺术服务178人、文化信息传输服务113人、文化创意和设计服务197人、文化休闲娱乐服务207人、工艺美术品的生产235人，占比达79.26%；而从事文化产品生产的辅助生产117人、文化用品的生产140人、文化专用设备的生产49人，总计306人，占比仅为20.74%。

（五）文化领域企业家以郑汴洛和南阳、许昌居多

任何一个企业家在成长过程中都会受到各种不同因素的制约，其中区域地理环境和行业发展水平对于培育优秀的文化企业家和企业家精神影响至

深。2016 年全省 18 个省辖市和 10 个直管县规模以上文化及相关产业企业的统计情况，与河南文化领域企业家的地区分布情况基本吻合，较为直观地反映出各地文化领域企业家的总体概况。（见表 1）

表 1 2016 年河南省各市（县）规模以上文化及相关产业企业情况

地 区	法人单位数		从业人员期末人数		资产总计		营业收入		利润总额	
	总量（个）	增速（%）	总量（人）	增速（%）	总量（亿元）	增速（%）	总量（亿元）	增速（%）	总量（亿元）	增速（%）
郑州市	584	8.6	91716	-0.7	942.24	11.2	761.58	3.1	79.95	9.4
开封市	264	19.5	31450	20.1	135.81	11.3	232.90	19.6	27.63	26.2
洛阳市	304	6.7	42274	-14.7	298.79	22.6	245.99	21.7	10.85	4.1
平顶山市	163	24.4	19183	32.1	285.81	73.0	72.35	70.4	5.54	52.8
安阳市	38	0.0	4728	-18.3	33.66	11.8	43.79	-8.2	5.33	18.0
鹤壁市	26	4.0	2766	23.6	14.12	19.1	19.04	88.8	1.35	187.8
新乡市	91	13.8	20936	1.4	129.17	-3.8	163.83	0.4	7.45	7.2
焦作市	106	39.5	32692	16.1	203.81	18.5	287.73	7.9	15.32	53.4
濮阳市	84	6.3	13480	7.5	122.08	-4.1	241.85	5.7	22.99	6.6
许昌市	331	9.2	73991	7.2	342.32	4.0	624.00	21.4	39.66	11.1
漯河市	70	0.0	13910	-12.5	118.32	-4.5	129.16	-3.4	8.54	-34.1
三门峡市	58	34.9	3306	27.7	37.99	31.1	19.07	6.1	1.26	-18.2
南阳市	377	29.1	44933	23.1	270.58	14.6	291.82	19.4	19.95	30.7
商丘市	208	79.3	30261	42.6	65.09	26.2	133.31	50.4	11.98	57.9
信阳市	200	9.3	22450	-18.0	83.83	-1.9	107.42	-3.9	10.08	3.2
周口市	101	27.8	11939	35.4	58.28	29.9	78.43	32.3	9.84	26.9
驻马店市	176	22.2	24392	1.7	103.78	2.7	122.37	15.5	9.37	6.2
济源市	27	80.0	1414	12.7	14.24	15.3	6.24	-34.4	0.63	-20.2
省直管县										
巩义市	34	17.2	5146	1.8	33.52	73.7	61.38	12.2	5.57	12.3
兰考县	64	16.4	6897	11.2	28.44	-10.2	35.22	13.9	4.66	2.8
汝州市	56	86.7	3562	109.8	13.29	107.7	24.51	442.8	1.94	264.5
滑县	6	20.0	855	-60.0	3.75	-36.9	1.78	-81.7	0.14	-84.5
长垣县	12	9.1	648	9.6	1.34	9.7	1.94	-15.6	0.08	7.5
邓州市	10	-9.1	1783	-0.9	7.72	-11.4	10.93	1.6	0.49	16.8
永城市	31	138.5	4368	227.7	10.85	403.9	21.07	731.4	2.42	706.2
固始县	19	-29.6	2191	-73.3	4.80	-44.0	8.20	-68.6	0.70	-64.1
鹿邑县	26	36.8	2809	16.0	4.48	15.0	4.76	32.0	0.54	50.9
新蔡县	35	16.7	1071	7.9	3.14	9.1	7.79	24.0	0.73	-8.8
总计	3208	18.0	485821	5.9	3259.92	13.7	3580.89	12.6	287.70	13.9

数据来源：河南省统计局《2017 年统计报告》第 25 期。

从文化及相关产业的地区分布情况来看，全省 18 个省辖市规模以上文化产业企业个数在百家以上的有 11 个，即郑州市、开封市、洛阳市、平顶山市、焦作市、许昌市、南阳市、商丘市、信阳市、周口市和驻马店市，其中郑州市、南阳市、许昌市、洛阳市 4 个地区单位个数分别为 584 个、377 个、331 个、304 个，占全省规模以上文化产业企业数的 49.8%；开封市、商丘市、信阳市 3 个地区企业个数都在 200 家及以上，占比为 20.9%。在 10 个省直管县中，规模以上文化产业企业数位居前三名的分别是兰考县 64 家、汝州市 56 家、新蔡县 35 家，分别占全部省直管县的 21.8%、19.1%、11.9%，合计占比达 52.8%。

二　河南省文化领域企业家主要特点分析

结合河南省文化产业统计数据和此次问卷调查结果进行综合分析，河南省文化领域企业家呈现出以下四个方面的特点。

一是中小微文化企业家占居多数。2013 年，河南省共有文化及相关产业法人单位 35082 个，而属于规模以上、限额以上的“三上”法人单位仅有 1638 家。按行业划分，经营性文化产业法人单位 23998 个，小微文化产业企业 23399 个，占全部经营性文化企业的 97.5%。其中小型企业 6926 个，占 29.6%；微型企业 16473 个，占 70.4%。河南省规模以上文化及相关产业法人单位较少的情况近年有所改变，2014 年增加到 2176 家，2015 年为 2718 家，2016 年为 3208 家，增速显著提升。但中小微文化企业占居多数的情况没有明显改变。

二是国有文化企业家撑起半边天。从数量上来看，河南省国有和国有控股文化企业在文化及相关产业法人单位中的占比并不高。截至 2013 年末，国有文化企业为 385 家，占全部经营性文化产业法人单位的 1.6%。也就是说，国有文化企业家在河南省文化领域企业家中的占比仅有 1.6%。但是，这些国有文化企业有不少是大型骨干文化企业，如河南日报报业集团、中原出版传媒集团、河南广电传媒控股集团、河南电影电视剧制作集团、河南有线电视网络集团、河南文化影视集团等，无论总资产、营业收入还是利税总额等经济指标，都在行业中居于领先地位，在满足全省人民精神文化需求方面发挥着举足轻重的作用，为打造全国重要的文化高地作出了突出贡献。

三是学历和职业结构比较集中。河南省文化领域企业家的学历结构比较集中。在1500份调查问卷中，拥有大专和本科学历的企业家占比高达65.8%，高中、中专及以下学历者占比为22.5%，硕士及以上学历者占比仅为11.7%。从职业结构来看，自主创业者居多，达52.4%，“市场化选聘”仅为19.3%，“政府部门任命”的占15.9%，“家族继承”主要是部分民营企业产生企业领导人的方式，占12.4%。文化产业属于内容和创意产业，文化领域的企业家也是创业者占多数。对文化产业来说，这是一个有积极意义的发展趋势。

四是探索文化规律适应市场需求。文化产品既具有商品属性，又具有意识形态属性。河南省文化企业家在适应市场的同时，还要积极探索文化发展规律，把握文化产品与服务生产供给的特殊性，了解广大民众的精神文化需求，了解文化市场的变化。所以，相比较而言，文化企业家在探索文化发展规律、适应市场需求方面，要付出更多的心血和努力。文化企业家既要把握文化发展规律，又要了解文化产品的意识形态属性，因此在文化产品与服务的生产供给方面，不仅要注重产品的工艺和科技，更要注重文化创意，注重文化产品的思想文化内涵和社会属性。

三　河南省文化领域企业家面临问题分析

伴随着文化产业的快速发展，河南省文化领域企业家迅速成长，产生了一些在业界有重要影响的文化企业家。但是，由于文化的特殊性，文化领域企业家对文化的认识、了解和把握需要一个过程，对文化市场的适应也需要一个过程。所以，河南省文化领域企业家的成长环境和作用发挥存在着以下一些突出问题。

（一）家族式作坊多企业家少

从前面引用的数据可以发现，河南省的文化企业绝大多数是小微企业。在这么多的小微文化企业中，有许多是家族作坊式企业。这类企业大多数是因为家族中有一人或数人精通某种传统文化工艺或技术，从而形成家族式文化企业。尤其是在瓷器、陶器、玉器、柳编、刺绣、砚台、毛笔、麦秸画、青铜器加工制作等工艺美术行业，家族式作坊更为普遍。不少家族式企业的工艺或技术都是代代相传，有的甚至还恪守着“传男不传女”的家训。一些家族式企业信奉“一招鲜吃遍天”，固守家传的工艺或技术，执着于某一文化产品的生产，多少年都没变化。如此一来，这些家族式作坊的掌门人或管理者实际上就成了艺人或工匠。他们虽然在企业的生产技术等方面有很高的权威性，但在企业规划、企业管理、市场运作、资本运作、新技术运用、新产品开发等方面，却很难符合现代企业家的要求。这一情况客观地造成了河南省文化领域企业家族作坊式多而企业家少的现状。

（二）政府指派多企业产生少

许多国有文化企业都是从原来的事业单位转企改制而成的，这些国有文化企业的董事长、总经理等主要领导，由于有行政级别要求，大多是由组织人事部门考察，政府任命或指派。他们中的许多人原本是公务员或事业单位的领导，既不是企业家也不是职业经理人，不熟悉企业管理经营和市场化运作模式，甚至对所在企业的主要产品、技术工艺等也所知甚少，对所在企业缺少必要的了解。课题组在调研中了解到，一些国有文化企业领导并不认为自己是企业家，而是自称国有文化企业负责人，言外之意，他们只是暂时负责某家国有文化企业的管理和运作。这种现象在省属和市属国有文化企业中比较普遍。

（三）自学成才多专业训练少

无论国有文化企业、中小微文化企业，还是家族式文化企业，其负责人或管理者不仅对于文化发展规律和市场规律有一个认识与了解的过程，有一个适应和顺应的过程，而且对文化产品与服务、企业经营管理，以及与企业发展相关的市场营销、资本运作、技术创新、产品研发等，也有一个熟悉和学习的过程。一些文化领域的企业家，尤其是中小微文化企业的管理者，有很多都是自学成才，在生产经营中探索，在企业发展中成长。即使是一些国有文化企业的负责人，有不少只是经过短暂的培训就匆忙上岗，上岗之后再补习企业经营管理的相关知识。经过系统的专业训练和培训的文化领域企业家相对而言比较少。不经过专业训练和培训，就能够成为真正的文化领域企业家，虽有先例，但毕竟不具有普遍性。

（四）身份介入多企业家较少

从河南省文化领域企业家抽样调查的结果来看，文化企业的董事长或总经理等高级管理人员，原来的身份比较复杂，有的是公务员，有的是事业单位编制，有的是合伙经营人，有的是家族企业的家长或掌门人，有的是某种专门技术的持有者。不可否认，这些文化企业的负责人有一些经过专业训练和市场历练已经成为合格的企业家，但确实也有很多人没有实现身份的转变，在企业经营管理中依然是身份介入，没有成为真正的企业家。迄今为止，这种现象仍然没有得到根本改观。

（五）转企改制后遗症比较多

当初一些文化单位只是在规定期限内完成了名义上的转企改制，而公司股份构成、治理结构、管理模式、运作方式等并没有按照公司制的要求进行相应的改变，法人治理结构始终没有建立起来。这就给转企改制后文化企业带来诸多问题，如员工身份虽然由事业转为企业，但相应的政策保障措施并没有同步跟上；公司经营管理者不是由出资人按照市场经济规则进行遴选或招聘，而是由政府按照公司对应的行政级别指派；代理人和委托人之间的责任权利边界不是很明确，缺少应有的考核、激励和容错机制；有的文化企业甚至在负责人更换之后无法完成法人变更手续；企业在选人用人等方面受到诸多条条框框的限制，缺少必要的用人自主权。这些问题与转企改制之后的后续政策措施没有同步跟上有直接关系，在一定程度上影响了企业家的成长和企业家作用的发挥。

四　优化文化领域企业家成长环境的政策建议

文化产业具有较强的意识形态属性，必须把社会效益放在首位，实现社会效益和经济效益相统一。文化领域企业家肩负着更多的责任和义务，对于文化领域企业家的健康成长，需要给予更多的关注和呵护。

（一）优化企业家成长环境

中国的市场经济是在计划经济的土壤中生长起来的，存在着这样那样不利于企业家特别是文化领域企业家健康成长的环境，亟待优化，着力营造良好的政策环境、市场环境、法制环境和人文环境，形成企业家想干事、能干事、干成事的良好氛围。

一是创造宽松的政策环境。研究制定有利于国有和非公经济人才协调发展政策，进一步打破人才身份、单位、部门和所有制界限，营造开放的用人环境。深化文化企事业单位用人制度改革，采用公开招聘、竞争上岗、法人代表负责制等用人机制，加快运用市场机制配置人才和智力资源，加快培育人才市场，形成能上能下、能进能出、合理流动的人才激励机制。破除人才流动的体制性障碍，形成有利于人才流动的管理服务体系。实施优秀文化人才奖励制度，逐步形成一套以竞争为核心、让文化人才脱颖而出的科学管理新机制。完善按劳分配为主体、多种分配方式并存的分配制度，实现劳动、资本、技术和管理等生产要素按贡献参与分配，允许有特殊才能、有自主知识产权、有突出贡献的人才以其管理、技术、专利、品牌等参与收益分配。为人才充分施展才华、发挥作用提供更为宽松的政策、更为优越的环境、更为广阔的平台，使河南成为优秀文化人才的“孵化器”，让事业成为留住文化人才的“拴马桩”。

二是营造公平的市场环境。充分发挥政府“有形之手”和市场“无形之手”的作用，提高资源配置效率和公平性。反对垄断和不正当竞争，反对地方保护，优化权利平等、机会平等、规则平等的市场环境，促进各种所有制经济依法依规平等使用生产要素、公开公平公正参与市场竞争、同等受到法律保护；建立企业家诚信经营机制，弘扬中华民族的诚信美德，使诚信守法、以信立业、依法经营蔚然成风。建立企业家个人信用记录和诚信档案，塑造企业家的诚信品格；加强宣传教育，营造人人秉持诚信理念的社会氛围。加强法制建设，为诚信规范提供坚实的法制基础。建立现代企业制度，为诚信的确立创造良好的体制环境；进一步规范文化市场的监督管理，确保文化市场的规范有序竞争。加强对市场主体的监督管理，通过实施实行年检年审制度、专业证书上岗制度、违法违规警告制度、奖励制度等，把依法经营的责任落在企业家肩上，让他们具有敢于担当的责任感。加强市场交易行为和市场商品交易的监督管理。无论是物质形态的还是非物质形态的文化产品和文化服务，政府都必须依照法律法规对其内容进行监督管理，以保证其积极的社会效益。要提高监管的公平性和简约性，探索建立鼓励创新的审慎监管方式，清除多重多头执法，提高综合执法效率，减轻企业负担。

三是提供公正的法制环境。全面贯彻落实中共中央、国务院《关于完善产权保护制度依法保护产权的意见》与《中共河南省委、河南省人民政府关于完善产权保护制度依法保护产权的实施意见》，依法保护企业家财产权。加大知识产权保护力度，营造全社会重视和支持产权保护的良好环境。进一步完善现代产权制度，着力解决产权保护方面存在的突出问题，推进产权保护法制化，在事关产权保护的立法、执法、司法、守法等各方面各环节体现法治理念，增强文化领域企业家的创业创新动力；依法保护企业家自主经营权，维护文化领域企业家依法进行自主经营活动，给文化企业家留出更大的自主管理空间，最大限度减少企业负担，这样文化企业才有动力、有活力；依法保护企业家创新权益。文化产业是创意产业、头脑产业，智慧经济、大脑经济，创意是其灵魂。著名经济学家罗默指出，新创意会衍生无穷的新产品、新市场和财富创造的新机会。要保护企业家的创新权益，研究制定商业模式、文化创意等创新成果的知识产权保护办法，重视和保护他们知识产权的无形资产，确保其无形资产在作为贷款抵押、损害赔偿等方面的公平性、合理性。

四是创造和谐的人文环境。建设服务型政府，构建“亲”“清”新型政商关系，切实改变政府职能缺位、越位的现象。要在“亲”字上下功夫，各级党政机关干部要摆正自己的位置，树立服务意识，真心实意同企业家交往，想企业家所想，急企业家所急，了解企业经营情况，帮助解决企业实际困难，让企业家感受到政府的温暖，感受到干部的亲情。要在“清”字上显坚守，各级党政机关干部要同企业家建立真诚互信、清白纯洁、良性互动的工作关系。畅通政企沟通渠道，规范政商交往行为。引导企业家通过正常渠道反映情况、解决问题，依法维护自身合法权益，成为奉公守法守纪、清正廉洁自律的模范；大力营造鼓励企业家干事创业的文化环境，倡导买卖公平、童叟无欺，恪守承诺、信誉至上，货真价实、价廉物美，礼貌待人、和气生财等优秀传统文化，努力形成“尊重劳动、尊重知识、尊重人才、尊重创造”的良好氛围，树立对企业家的正向激励导向；推动形成尊重文化领域企业家的舆论氛围，在劳动模范、劳动奖章和五四青年奖章、三八红旗手等评选表彰活动中，要注重选拔优秀企业家，树立一批文化企业家的典型人物，提高他们的知名度，扩大他们的影响力。营造尊重企业家价值、鼓励企业家创新、发挥企业家作用的舆论氛围。

（二）弘扬优秀企业家精神

中共中央、国务院2017年9月8日下发的《关于营造企业家健康成长环境弘扬优秀企业家精神更好发挥企业家作用的意见》，要求弘扬企业家爱国敬业遵纪守法艰苦奋斗的精神，创新发展专注品质追求卓越的精神，履行责任敢于担当服务社会的精神，实际上就是引导企业家以修身律己为本分，以壮大企业为天职，以报国惠民为责任。

一是引导企业家以修身律己为本分。企业家的个人修养对企业的发展方向、对社会的责任担当至关重要。要引导企业家严于律己、勤于修身，加强个人思想道德修养，树立崇高的理想信念，强化自觉遵纪守法意识，鼓励保持艰苦奋斗的精神风貌。首先，引导企业家树立崇高的理想信念，引导企业家正确处理个人、企业、社会、国家的关系，自觉地将个人理想融入民族复兴的伟大实践。其次，强化企业家自觉遵纪守法意识，依法依规经营企业，清清楚楚做事，明明白白做人。党员企业家应自觉遵守党的政治纪律、组织纪律、廉洁纪律、群众纪律、工作纪律、生活纪律，争做遵纪守法的模范和表率。最后，鼓励企业家保持艰苦奋斗的精神，引导企业家培养健康向上的生活情趣，勤俭节约，主动抵制享乐主义和奢靡之风。强化企业家的竞争意识，在文化领域企业经营中要居安思危、谦虚谨慎、力争上游。

二是支持企业家以壮大企业为天职。弘扬企业家创新发展、专注品质、追求卓越的精神。首先，支持企业家创新发展。鼓励企业家推进产品、技术、商业模式、管理、制度的创新，依据相关法律法规保护企业家拓展创新空间，在资金、技术方面提供支持，激发企业家的创新活力，发掘企业家的创新潜能。鼓励企业家提高技术水平和科学素养，联合高校和科研院所，加大企业创新力度，加速专利技术和科技成果的转化利用。其次，引导企业家专注于文化产品品质，力争打造“百年老店”，强化企业家“以质取胜”的战略意识。弘扬工匠精神，提高企业家对企业的忠诚度和对职业的执着度，引导他们做好产品和服务，有坚守、踏实干，保质保量，注重企业信誉。扶持骨干文化企业和优秀文化品牌做大做强，树立高品质产品和服务榜样，发挥老字号文化企业的榜样作用。最后，鼓励企业家勇于尝试追求卓越。鼓励企业家保持积极向上的精神风貌，锐意进取，开拓拼搏，敢为天下先。鼓励企业家坚定信念，勇于攻坚克难，争创一流产品、一流服务、一流品牌、一流企业，发扬拼搏奋斗精神，带领企业员工战风险、渡难关、趟激流、过险滩，提供具有核心竞争力的文化产品和服务。

三是鼓励企业家以报国惠民为责任。鼓励企业家在带领企业发展的同时，积极回报国家，自觉履行社会责任，主动以带动国家进步发展为己任，积极投身于国家重大战略实施，为社会和国家作出更大贡献。首先，引导企业家增强社会责任感和使命感，培养企业家的大局意识和全局眼光，引导企业家认清社会发展与企业发展相辅相成相得益彰的关系，正确处理企业利益与社会利益、短期利益与长期利益的关系，顾大局、识大体，敢于担当，积极参与，自觉履行社会责任。其次，鼓励企业家积极参与服务社会，引导企业家参与公益慈善事业，提高生态环境保护意识，自觉节能减排；参加精准扶贫行动，热心救急救灾，积极捐款捐物；构建和谐的劳动关系，扩大就业、关爱员工，增加培训和学习机会，积极培养人才；依法缴纳税收，支持国防建设。国有文化企业在履行社会责任、经济责任、政治责任上应发挥模范带头作用。最后，引导企业家积极投身国家战略实施，积极参与粮食生产核心区、中原经济区、郑州航空港经济综合实验区、郑洛新国家自主创新示范区、河南自贸区、中国（郑州）跨境电子商务综合试验区等六大国家战略实施，积极融入“一带一路”建设，积极投身华夏历史文明传承创新区建设，为经济发展和文化传承作出更大贡献。

（三）积极发挥企业家作用

企业家对企业和社会的发展具有引领、示范和带动作用。支持企业家更好地发挥主导作用，帮助企业家解决遇到的困难和问题，建立并完善考核激励和容错机制，满足企业家正当成长诉求，积极发挥企业家作用。

一是引导企业建立现代企业制度。引导企业以市场经济为基础，以企业法人制度为主体，以公司制度为核心，建立产权清晰、权责明确、政企分开、管理科学的现代企业制度。首先，发挥市场配置资源的决定性作用，营造公平竞争诚信经营的良好环境，让企业家的才华能力得以施展，激发企业家的开拓活力和拼搏精神。其次，支持企业家发挥主导作用，给予企业更多经营自主权。在建立健全企业家监督机制的基础上，确保企业家的权利和责任。尤其是国有文化企业，要完善国有企业自主经营机制，继续推进简政放权，依法落实国有企业法人财产权和经营自主权，激发国有企业家抓改革、促发展的主动性和创造性。最后，深化“放管服”改革，促进企业家健康成长。该放手的地方要果断放手，大胆地让遵循市场规律的创业家去创新创造，为企业家提供支持和服务，保驾护航，依法保护企业家合法权益。

二是帮助企业家解决实际问题。首先，提高服务水平和资金支持力度。建立健全企业投资项目高效审核机制，简化投资审批程序，规范企业投资行为。提高监管的公平性、规范性和简约性，明确规范监管程序，提升监管效率。优化企业家办事流程，推进窗口单位精准服务。加大资金投入和支持，通过贷款贴息、项目补贴等方式进行财政帮扶，鼓励金融机构加大金融支持力度，拓宽融资渠道。落实税收优惠，减轻文化产业负担。其次，完善涉企信息政策公开机制，加大涉企信息数据公开力度，让企业家能够及时准确了解政策动向，适时调整企业经营方式方法方向，了解最新企业发展政策，以便于准确把握良好机遇。最后，加强文化人才的培养和引进力度，尤其是要加强符合市场需要的复合型人才的培养，培育和引进一大批既懂技术又会管理的文化企业人才。

三是建立考核激励和容错机制。首先，以市场业绩、经济因素制定企业家薪资待遇，改变目前非经济因素的不合理干预，引入绩效工资体系，建立按岗取酬、按劳分配、优劳优酬的科学待遇制度。考虑到不同行业、企业的现实情况，采用差异化薪酬设计，将个人工作能力、企业发展风险、企业业绩与企业家收入相关联。对于文化企业特别是国有、国有独资、国有控股、国有参股等企业，按照市场规律，根据其创造价值的多少，给予合理的股权激励和薪酬激励，要让企业家在合理程度内有当家做主的感觉，充分激发其带领团队发家致富的责任感和使命感。其次，制定科学的激励政策和考核机制，让企业家获得的报酬与企业家承担的风险相适应，与企业家的责任、经营业绩相称。建立健全文化企业家尤其是国有文化企业家的考核机制，按照社会效益和经济效益相统一的原则进行考核。最后，形成鼓励文化企业家敢闯敢试的容错机制，尤其是针对国有文化企业，营造直面困难勇于担当、推动改革敢于突破的良好氛围，形成支持改革、鼓励创新、允许试错、宽容失败的良好环境，最大限度调动企业家的积极性、主动性和创造性。对企业家合法经营中出现的失败失误给予充分的理解和宽容。

四是满足企业家正当成长诉求。首先，加强企业家培训，建立更加科学的培训规划，针对企业家的特点，精准系统进行教育培训，并形成企业家长期培养和培训机制，不断培养更多企业管理人才，持续提高企业家的执行力和创新力。构建企业家联系与交流平台，加强企业家之间的沟通和交流，创造学习与提高的平台，让企业家在交流中不断自我提升。其次，保障企业家政治权利，进一步打通企业家的参政议政通道，提升企业家的政治待遇和社会地位，拓宽企业家参与国家政治生活和管理社会公共事业的渠道。积极推荐卓越企业家、优秀企业家参选各级党代表、人大代表、政协委员等，支持他们参政议政、建言献策，给企业家更多的发声机会。选聘有突出实践创新能力的企业家加入政府“智囊团”，以政府参事等身份提供决策服务和高端咨询。最后，建立健全企业家参与涉企政策制定的机制。涉企政策的制定要多听取企业家意见，重大经济决策要主动向企业家问计求策。政府部门制定事关文化企业的政策、规划和法规，要主动听取文化企业家的意见和建议。

优化文化领域企业家成长环境，需要创造宽松的政策环境，营造公平的市场环境，提供公正的法治环境，创造和谐的人文环境。弘扬企业家精神，就要引导企业家修身律己，树立崇高理想信念，爱岗敬业遵纪守法，艰苦奋斗；以壮大企业为天职，注重创新发展，弘扬工匠精神，勇于追求卓越；履行社会责任，以报国惠民为责任。更好地发挥企业家作用，需要遵循市场规律，引导企业建立现代企业制度，让企业家发挥主导作用，帮助企业家解决实际问题，建立合理的薪资待遇、考核激励和容错机制，满足企业家培训学习、参政议政、参与政策制定等正当成长诉求。

B.19
推动中原文化“走出去”的调查建议

——以河南杂技为中心的文化考察

河南省社会科学院课题组*

摘　要：　推动中原文化“走出去”是一项提升中原文化影响力的系统工程。本文以河南杂技为中心，对如何推动中原文化“走出去”进行了深入调研，认为河南杂技凭借其深厚的文化积淀和非凡的艺术吸引力，在推动中原文化“走出去”方面成功探索出具有中原文化特色的路径。河南杂技注重发挥市场主体作用，积极融入国家战略，加强渠道平台建设，发挥龙头企业作用，注重艺术创新创造，形成了政府主导为主兼顾多种渠道、龙头带动为主兼顾多轮驱动、驻场演出为主兼顾多种形式、艺术创新为主兼顾传统节目等成功经验。应借鉴河南杂技的成功经验，从积极融入国家战略、强化渠道平台建设、强化市场主体意识、发挥中原文化优势、加强中介组织作用等方面入手，更好地推动中原文化“走出去”。

关键词：　中原文化　河南杂技　“走出去”

推动中原文化“走出去”是一项提升中原文化影响力的系统工程。从

* 课题组长：袁凯声；课题组成员：卫绍生、李立新、卢冰、郭海荣；执笔：卫绍生、卢冰。

主体层面讲，需要政府、企业、社会组织凝聚共识，形成合力，相向而行；从内容层面看，需要文化产品、文化服务、文化贸易、文化交流相互交融，相互协作，同步推进；从渠道平台方面讲，既需要主动融入国家战略，借重国家搭建的渠道平台，又需要发挥主动性，利用河南已有的郑州航空港经济综合实验区、中国（河南）自由贸易试验区、郑洛新国家自主创新示范区以及已经开通数年的中欧班列（郑州）等有利条件，积极进取，开拓创新，搭建更多推动中原文化“走出去”的渠道平台。推动中原文化“走出去”是一个涵盖范围甚广的大课题。所以，本调研课题以在推动中原文化“走出去”方面成就较为显著，同时又具有一定典型意义的河南杂技为主要研究对象，通过对河南杂技在推动中原文化“走出去”方面的做法、经验及存在的主要问题进行分析探讨，为推动中原文化“走出去”提供一些有针对性的政策建议，供有关方面参考。

一　河南杂技发展现状分析

河南杂技以其深厚的历史传承和精湛的表演技艺在全国的杂技行业中处于领先地位。河南省杂技院团数量多、从业人员多，各种所有制形式并存，杂技节目深受欢迎，在国内外屡获大奖。河南杂技不仅为繁荣河南文化、推动河南文化产业发展作出了重要贡献，而且在推动中原文化“走出去”方面积累了一些成功经验，值得认真加以分析总结。

（一）河南杂技占全国半壁江山

目前，河南省共有周口市、濮阳市、濮阳市东北庄、宝丰县、开封市等五个市县村荣获中国杂技家协会授予的“中国杂技（魔术）之乡”称号，约占全国总数的一半。据河南省杂技家协会普查数据，截至 2016 年底，河南省共有中国杂协会员 209 人，省杂协会员 2004 人。全省杂技、魔术、马戏类表演团体约有 1456 个，从业人员 41918 人。2016 年，全省各大杂技团队在国内演出 81635 场次，演出收入 7.43 亿元；国外演出 8370 场次，演出收入4.37亿元。[①] 在近年来国内外杂技演出市场出现下滑势头的背景下，河南杂技能够取得这样的成就，实属不易（见表1、表2）。

表1　2014～2016年河南省杂技、魔术、马戏类表演团体演出、收入基本情况[②]

时间	国内演出		收入合计（万元）	支出合计（万元）	政府采购的公益演出活动	
	观众人次（万人次）	农村（万人次）			演出场次（万场次）	观众人次（万人次）
2014年	1793.38	619.16	16195.3	12396.9	0.07	73.70
2015年	6712.10	602.15	21198.2	16735.1	0.07	69.38
2016年	556.25	163.46	6478.9	6083.1	0.06	33.07
全国2016年	5711	3926	112323	97978	0.4	235.8

表2　2014～2016年河南省杂技、魔术、马戏类表演团体演出基本情况

时间	剧团数（个）	从业人员（人）	本团原创首演剧目（个）	演出场次（万场次）		
					国内演出	
						农村
2014年	51	1899	2	8.07	8.05	3.17
2015年	60	2463	1	7.44	7.43	5.55
2016年	56	2032	1	6.19	6.17	2.44
全国2016年	803	18225		30.1	29.6	21.8

（二）濮阳周口杂技领先全省

濮阳杂技和周口杂技在全省乃至全国都有重要地位。这两个市的杂技从业人员众多，占全省行业总人数的八成以上。濮阳有100多家杂技团队，约占全省的40%，从业人员超过15000人，此外与杂技行业相关的道具、服装、音响、灯光、舞台装置、布景、化妆等团队也有30多家。周口杂技在全省杂技行业名列前茅，有专业杂技团体150多个，约占全省的

① 相关数据由河南省杂技家协会提供。

② 数据依据《河南统计年鉴（2015）》《河南统计年鉴（2016）》《河南统计年鉴（2017）》，由于统计指标的选取标准不同，年鉴的数据与河南杂技家协会的数据有所差异。

42%，其中规模较大的有30多个，从业人员7000余人，业余杂技团（班）近700个，还有众多的杂技户、杂技村、杂技培训班等，从业人员超过万人。

濮阳是河南省确定的杂技改革发展试验区，是河南省杂技文化出口基地、教育基地，肩负着引领杂技发展的重任。近年来，濮阳市委、市政府大力围绕杂技做文章，依托杂技拓展文化旅游产业，建立濮阳杂技文化产业园，推出《水秀》等精品剧目，使濮阳文化旅游的知名度和影响力进一步扩大。濮阳市依托东北庄杂技资源，筹划旅游线路和杂技旅游节庆活动，计划分阶段将东北庄建成中国第一个原生态杂技保护旅游景区，第一个民俗体验杂技旅游基地，第一个杂技农家乐园，第一个杂技旅游文化名城，第一个“活”的杂技文化与技艺展示博物馆。

濮阳杂技教育工作走在了全国前列。1994年，濮阳市成立了杂技学校，这也是河南省第一所以杂技为主的中专类学校。河南省杂技集团联手新组建的濮阳杂技学校，开启校企合作新模式，实现从培训、创作、演艺到推向市场的一条龙产业链，充分发挥人才优势和市场优势，推动杂技产业实现新的发展。多年来濮阳的杂技艺术学校为全国的杂技院团培养了众多专业杂技人才，成为全国大规模的杂技人才培训基地之一。杂技学校的成立，使得杂技行业形成教学、演出一体化的链条。1999年成立的濮阳东北庄杂技学校，学校负责培养学员、排演节目，另外有演出经纪人负责联络演出市场。杂技学校有四支演出队伍，其中两支队伍在温州和浙江的都市舞台作巡回演出，另外一支则在美国的新墨西哥州进行商业演出。

周口的“余家杂技”被评为河南省非物质文化遗产保护项目，以此为主体组建的项城市越野杂技团，有7个演出分团、5个演出队、1所专业学校，是豫东地区最大的民营杂技团。以杂技团为依托成立的项城市杂技艺术中等专业学校创建于2005年，河南杂技家协会依托该校成立了河南杂技教育基地。学校坚持走“以企养校、以校促企、优势互补”的可持续发展道路，发展迅速。此外，周口还成立了占地50亩、总投资约3700万元的杂技艺术研发中心。中心建有多功能杂技研发厅、排练及演艺厅、演艺设备研发制作生产车间、办公楼、餐厅、宿舍等，建筑面积约9000平方米，兼具杂技艺术培训、杂技节目研发、演艺设备研发制作等功能。研发中心投入使用后，年培训人员可增加两倍，可以有效缓解周口地区杂技人才短缺的现状，并可向全国各地的杂技院团输送杂技人才。

（三）各种形式所有制并存不悖

伴随着文化体制改革的深入推进，河南杂技业演出团体大都完成了体制改革。目前，从所有制形式来看，河南杂技院团主要有国有、民营和杂技个体户三种形式。

河南省杂技团原为国有性质的有6个，其中省级杂技团1个（河南省杂技团也叫濮阳杂技团），现并入濮阳杂技艺术学校；地市级杂技团5个（郑州、开封、漯河、新乡、驻马店各1个）。开封、新乡、驻马店的三个杂技团已改制为国有文化企业；郑州杂技团处于事转企改制中，漯河杂技团目前尚未改制。

河南数量众多的是民营杂技团。此类杂技团多是由股份制或家族式企业等构成，比较有影响的民营杂技团有：濮阳杂技艺术中心、周口项城越野杂技马戏团、河南省青年杂技团（即南乐县杂技团）等。民营杂技团主要集中在濮阳、周口、南阳等地。这些民营杂技团有在旅游景区为国内外游客作驻场演出的，但更多的则是活跃在茶楼会所、公园景点、城镇庙会、大小商场等基层演出场所，成为丰富群众文化生活、增加城市文化活力的一支重要力量。民营杂技团队伍庞大，演出形式灵活多样，演出范围更为广泛，目前已经成为河南省杂技演出的主要力量。

杂技个体户是国有杂技院团和民营院团的重要补充。那些掌握一些杂技和魔术技艺的演员，或走村串巷，或在农村集市、庙会上演出，用他们的技艺丰富了农村文化生活。除“杂技之乡”濮阳、周口有不少杂技个体户外，“玩猴县”新野、“驯兽之乡”清丰等都是比较有特色的杂技、马戏、魔术的集中地。杂技个体户在这些地方也比较活跃。

（四）国内国外两个途径并重

河南杂技院团多，从业人员多，杂技节目具有创新性，在国内外演出市场都有较大影响。在国内，河南杂技团体与上海白玉兰外宾场、方特欢乐世界等机构积极合作，开展驻场演出。除了商业性质的杂技演出，还有公益演出。仅2016年政府采购的杂技、魔术类公益演出就达600场，观看人数超过33万人次。在杂技之乡濮阳，当地政府聘请杂技演员节假日在公园演出，极大地丰富了当地人民群众的精神文化生活。

河南杂技走出国门的时间很早，早在20世纪20年代，濮阳东北庄乔治清就曾率班众到日本、朝鲜、俄国等国作巡回演出。[①] 近年来，在文化部组织的赴国外文艺演出活动中，河南杂技作为特色文艺名片也曾多次随河南艺术团在摩洛哥、阿尔及利亚、苏丹等国进行文化交流活动。此外，更多的是商业演出。早在20世纪末，河南很多杂技团体已开始与国外的演出单位合作。河南杂技集团除了在杭州宋城集团、濮阳绿色庄园等国内固定场所演出，在美国玲玲马戏团、美国迪斯尼乐园、日本大阪环球影城、美国百老汇剧院等知名场馆均有驻场演出。2005年成立的濮阳华晨杂技团也先后派出十多支分团到美国、日本、马来西亚、挪威等国进行商业演出，不仅在海外市场逐渐站稳脚跟，而且取得了不错的成绩。近年来，河南杂技乘“一带一路”建设东风，积极拓展海外市场，成效较为明显。在国内杂技市场呈现下滑趋势的2016年，河南杂技的海外演出收入仍能达到4.37亿元，表明河南杂技在“走出去”方面已经取得了可喜的成就。

二　河南杂技“走出去”的主要经验

河南杂技与少林功夫、太极拳等体现中原特色的优秀文化一样，是中原

① 黄亚琪：《河南东北庄杂技的调查与研究》，硕博研究生论文库。

文化“走出去”的排头兵。河南杂技与少林功夫、太极拳“走出去”的路径方式虽然不尽相同，但若放在中原文化“走出去”和中华文化“走出去”的大背景下来看，河南杂技取得的显著成就，是充分发挥政府、企业、社会组织等各方面的积极性，积极融入国家战略，加强渠道平台建设，发挥龙头企业作用，注重艺术创新创造而取得的。其主要经验表现在以下四个方面。

（一）政府主导为主兼顾多种渠道

河南省委省政府高度重视中原文化“走出去”。2013 年，河南省政府制定了《河南省文化产业发展战略重点方案》，明确提出要扩大文化交流合作，支持国家级、省级文化产品出口示范基地建设，重点支持武术、杂技、魔术、演艺、影视作品、工艺品等优秀文化产品和服务出口，并把提升杂技节目《水秀》的品牌价值写进了方案。2016 年河南省文化厅发布了《2016 年全省文化工作要点》，提出要积极组织省内文化企业参加中俄文化大集、台湾文化产品手工艺展、深圳文博会等国内外重要文化产业交易活动，鼓励和支持演出剧目、少林功夫、太极、杂技等文化产品“走出去”。《2017 年全省文化工作要点》则表示要加强统筹规划，加快中原文化“走出去”步伐。除了落实文化部对外文化交流任务，组织河南文艺团体赴日本、泰国等 20 个国家开展演出交流，河南省还积极组织文化艺术团体赴意大利、西班牙等国家和地区开展文化交流演出，积极推动中原文化“走出去”。与此同时，河南杂技企业注重发挥市场主体作用，积极拓展“走出去”的渠道，努力开拓国内外市场。2016 年 8 月，河南省杂技集团在美国成立分公司，收购位于美国密苏里州的布兰森国际大剧院，打造美国训演基地。同年 9 月，河南杂技集团又与温哥华市中国文化中心签署战略合作协议，将在加拿大开展巡回演出。在国内，则加强与方特世界等国内知名文化企业的合作，通过创新经营模式，更多地占领国内市场。同时，河南杂技团体注重整合资源，畅通“走出去”的渠道平台，探索“走出去”的新模式，在为杂技企业赢得国内外市场的同时，也为推动中原文化“走出去”提供了新的范式和经验。

（二）龙头带动为主兼顾多轮驱动

杂技龙头企业在推动中原文化“走出去”方面发挥了龙头带动作用。河南省杂技集团与美国迪斯尼乐园签订了长期演出协议，每年向美国输送演员百余人。与日本大阪环球影城签订了常年演出协议。截至目前，该集团已与美国海洋公园、美国布什集团、德国国家马戏团等多家单位达成合作协议，在推动河南杂技“走出去”方面发挥了龙头带动作用。在龙头企业带动下，河南杂技院团在“走出去”方面各显神通。如濮阳东北庄杂技学校除了负责培养学员、排演节目，还有演出经纪人，负责联络演出市场。杂技学校的一支队伍在美国的新墨西哥州进行商业演出。项城市余家杂技有限公司在“走出去”与“引进来”相结合方面大胆创新，他们不仅多次在美国、加拿大、韩国、俄罗斯、乌克兰等20多个国家演出，还积极融入国家“一带一路”建设，特邀俄罗斯、乌克兰、肯尼亚、埃塞俄比亚等国的知名杂技演员来项城演出，并在周边县市巡回演出，让河南观众在家门口就能够观看到世界级的杂技艺术。这种“走出去”与“引进来”相结合的方式，对推动中原文化“走出去”有积极借鉴意义。

（三）驻场演出为主兼顾其他形式

河南杂技对外演出的形式，基本是以驻场演出为主，即杂技团体与当地剧院或艺术中心达成合作协议之后，长期在合作场所演出。河南杂技团体在国内外的演出，直至目前仍是以这种驻场演出模式为主。2016年河南省杂技集团收购布兰森国际大剧院，打造杂技文化美国训演基地，在文化“走出去”方面做出了新的探索；在安徽黄山旅游景区，河南省杂技集团与杨丽萍文化传播有限公司联合出品了大型情景剧《黄山映像》。该剧以杂技和舞蹈为主要表现形式，向观众呈现了秀美的黄山风光和动人的爱情故事。为适应人们欣赏习惯与审美需求不断发生的变化，河南杂技的演出形式与时俱进，不断适应新形势、新变化，走出剧场和演艺中心，把度假村、酒店、会所、茶馆、动物园等休闲娱乐场所变为杂技演出场地。近年来，随着各地建设文化产业园区热潮的兴起，河南杂技出现了集杂技表演、观光游览、餐饮住宿等休闲娱乐于一体的杂技产业园区。目前，省内已经投入建设的有濮阳国际杂技文化产业园、周口龙都杂技文化乐园、宝丰赵庄魔术休闲小镇等。这些文化产业园融杂技表演、杂技人才培训、服装道具研发销售、餐饮住宿于一体，形成了一条完整的产业链，对于打造特色文化品牌，推动地方文化产业优化升级，促进中原文化“走出去”，具有积极推动作用。

（四）艺术创新为主兼顾传统节目

杂技是表演艺术，杂技艺术要赢得国内外年轻人的喜爱，就要不断创新，用具有创新性的节目吸引观众。河南杂技院团为了使杂技艺术行稳致远，赢得更多的国内外观众，既注重艺术创新，又兼顾传统节目，通过艺术创新与传统节目的有机结合，使杂技艺术更加符合当下人们的欣赏习惯与审美需求。近年来，河南杂技在国内外杂技赛事中屡获大奖，如《女子柔术》《荡杆飞绳》《草帽》《空中大飞人》《空中圈操》等分别荣获恩斯柯德国际马戏节杂技大赛“金小丑”金奖、蒙特卡洛国际马戏节“铜小丑”奖、中国杂技金菊奖等，魔术节目《鸽影魔影》《天山上的红花》《花海传奇》在中国杂技金菊奖全国魔术比赛和全国杂技大赛中获奖。《蹦床爬杆》将传统杂技中的爬杆和现代体育中的蹦床相结合，突破平面舞台限制，创造出更高的技巧，并荣获金菊奖创新奖。这些杂技节目都是河南杂技人对杂技艺术孜孜不倦探索创新的成果。同时，河南杂技还注重对传统的柔术、平衡、高空、幻术、驯兽等技艺的传承创新，充分运用现代声光电等高新科技，借鉴其他艺术门类的元素，求新求变求美，在观赏性和艺术性方面都达到了很高的水准。对传统杂技节目如车技、顶碗、爬杆、柔术等，也注重在传承基础上的创新，赋予新的时代内容与表现形式，丰富了杂技的文化内涵与审美价值，为杂技艺术能够赢得更多的国内外观众创造了条件。

为推动中原文化“走出去”，河南杂技打破了传统杂技都是由单项小节目构成的惯例，用具有叙事功能的杂技剧和杂技主题晚会的形式，丰富杂技的文化内涵，提升杂技的审美价值，彰显杂技的时代精神。河南杂技院团编创了10余部文化内涵丰富、题材多样、综合运用各种艺术手段的杂技剧和杂技主题晚会，如河南省杂技集团有限公司的《水秀》，省杂协会与开封市杂技团打造的杂技剧《槐树爷爷》，濮阳市杂技团的《神龙部落》等。其中《水秀》荣获第八届中国杂技金菊奖优秀剧目奖，《槐树爷爷》获得2017年国家艺术基金项目支持，《追寻太阳》荣获评委会特别奖。

三　从河南杂技看中原文化“走出去”的主要问题

河南杂技凭借其技压群芳的艺术魅力和创新创造精神，在推动中原文化“走出去”方面一直充当着重要角色，在向国内外宣传中原文化、推介中原文化方面发挥着重要作用。但是，不可否认，在推动中原特色文化“走出去”方面，无论是较为成功的功夫文化还是杂技文化，都还面临一些亟待解决的问题。概括而言，主要表现在以下几个方面。

（一）融入国家战略主动性不足

多年来，在中央一系列重大工程的强力推动下，中华文化“走出去”取得了显著成效。如文化部主导的海外中国文化中心自1988年开始建设以来，已建成运营35个；1999年以来，国务院新闻办公室先后在20多个国家举办了以“感知中国”为主题的系列文化交流活动；2004年国家汉语国际推广领导小组办公室在韩国开设首家孔子学院，此后已经在全世界101个国家建立了300多所孔子学院和400多个孔子课堂；2006年由国新办和国家新闻出版总署实施的“中国图书对外推广计划”启动；2007年，商务部、中宣部、文化部等10部委推出了文化产品和服务出口重点企业和重点项目；2009年国新办又推出了“中国文化著作翻译出版工程”。在这些国家战略中，河南只是参与者角色，被动地按照要求出团队、出节目、出产品。近年来，这种状况在河南有所改变，如中原出版传媒集团组建了中原文化海外发展中心，并在澳大利亚、柏林建立了分中心，在吉尔吉斯斯坦建立了中原文化交流中心。另外，中原文化借助“一带一路”建设、郑州航空港经济综合实验区、中国（河南）自由贸易试验区等国家战略，在推动中原文化文化“走出去”方面也都做了一些尝试。但是，总体而言，在融入国家战略，借助国家战略推动中原文化“走出去”方面，河南的文化企业和有关方面主动性明显不足，自然也就无法达到预期效果。

（二）渠道平台建设丰富性不足

推动中原文化“走出去”，需要国家政策层面的支持，更需要河南主动加强渠道平台建设。只有搭建了丰富畅通的渠道平台，才能使中原文化“走出去”变得更加便捷、更有成效。就目前情况而言，中原文化“走出去”的渠道平台主要有三种：一是海外少林文化中心和太极拳会。据不完全统计，全球自发成立的各种少林文化机构近 10 万个，有 70 多个国家和地区建立了太极拳团体组织。二是中原文化海外发展中心等。三是利用国家搭建的渠道平台。由政府文化部门主导的“中原文化海外行”，是中原文化“走出去”的一种形式，也是一种行之有效的措施，可惜并没有形成固定的渠道或平台。而且，就渠道平台建设主体来看，则是政府主导居多，企业或社会组织自主搭建的平台较为有限。中原文化“走出去”，有政府、企业和社会组织等不同主体，有文化贸易、文化服务、文化交流、文化产品生产等不同类型，有电影、电视、新闻、出版、歌舞、戏曲、杂技、工艺美术等不同部门。搭建中原文化“走出去”的渠道平台，可以而且应该是主体、类型、部门等多管齐下。但是，从目前中原文化“走出去”的渠道平台来看，明显比较单调。

（三）市场主体意识自主性不足

文化“走出去”，就是借助文化贸易和文化交流的形式，把本土文化产品和文化服务推向国内外。文化产品和文化服务都是由企业提供的，所以，推动中原文化“走出去”，除了发挥政府部门的主渠道作用，作为市场主体的文化企业担负着非常重要的责任。但是，由于河南的外向型文化企业很少，而且已有的文化企业也大多把目光盯向国内市场，在推动中原文化

“走出去”方面主动性不足。以河南杂技为例，虽然河南杂技团体和从业人员占了全国半壁江山，但演出市场主要在国内。从有关数据来看，2016 年，河南各大杂技团体在国内演出 81635 场次，国外演出仅有 8370 场次。尽管国内外演出每一场次收入差别很大，但是，由于国内市场的拓展相对来说要简单一些，所以许多杂技团体宁愿在国内用相对低廉的场次收入维持运营，也不愿意冒着风险到国外去演出。当然，更多的情况是，有些杂技团体虽然有到国外驻场演出的意愿，却苦于找不到合适的途径和渠道，因而也就放弃了努力。虽有意愿而不主动寻找“走出去”的路径和渠道，因而只好面对国外市场望洋兴叹。这种情况在其他文化企业中也较为常见。

（四）如何借力引智创意性不足

推动中原文化“走出去”，需要政府、企业和社会组织共同努力。在政府和企业因各种政策原因而受到种种限制的情况下，就需要广开思路，在利用中介组织方面下功夫。随着中外文化贸易和文化交流的需求越来越强烈，社会上有一些专门负责对外文化贸易、文化交流的组织，如对外友协、对外文化交流协会等官方组织，但更多的是民间或社会组织。它们不仅在对外文化贸易与交流方面有自己独特的渠道平台，而且在如何促进文化“走出去”方面积累了不少经验，有较为丰富的人脉资源和社会资源，有富有活力和创意的团队。由于文化“走出去”的渠道平台不够畅通，同时又由于文化企业“走出去”的主动性不够、主体性不强，在引力借智方面，文化企业缺少主动性和创意性，不知道或不愿意借助中介组织，不知道或不愿意通过中介组织的渠道平台和创意团队，帮助文化企业“走出去”，因而在推动中原文化“走出去”方面，有的企业显得束手无策，无所适从。

四　推动中原文化“走出去”的政策建议

推动中原文化“走出去”是一项系统工程，需要政府、文化企业和社会组织共同努力，形成走出去的合力。应在中华文化“走出去”战略的总体框架下，充分发挥政府的主导作用、文化企业的主体作用、社会组织的引导作用，积极加强渠道平台建设，形成便捷高效的对外文化贸易和文化交流渠道，推动更多的具有中原特色的文化产品和文化服务“走出去”。

（一）积极融入国家战略

积极融入国家战略，是推动中原文化“走出去”的重要选项。譬如，商务部、中宣部等10部委组织的国家文化出口重点项目和重点企业的评选，其标准和门槛并不是很高，按照2012年修订的标准，传统出版物境外发行重点企业出版单位境外年发行营业额10万美元以上；出版单位版权输出重点企业年出口额3万美元以上或版权输出种类达到30种；电视类重点企业年出口额50万美元以上；演艺及相关服务类重点企业年出口额10万美元以上；动漫类重点企业年出口金额50万美元以上，或版权输出金额10万美元以上，皆可入选。对于外向型文化企业来说，达到这些要求并不难。可是，自2007年开始评选以来，河南省入选的重点企业和重点项目不是很多，如2015～2016年，河南省共有6家重点企业、2个重点项目入选；2017～2018年，河南省共有3家重点企业、3个重点项目入选。对于河南这样一个文化大省来说，这样的成绩单显然不能令人满意。造成这种现象的原因是多方面的，但没能主动融入国家战略是一个重要原因。因此，积极融入国家战略，借助国家战略推动中原文化“走出去”，是文化企业的首选，也是义不容辞的职责。河南也拥有国家战略的便利，如郑州航空港经济综合实验区、中国（河南）自由贸易试验区、郑洛新国家自主创新示范区等，都含有文化方面的内容，在推动中原文化“走出去”方面都有许多可以借鉴或利用的政策红利。文化企业和有关部门应高度重视，积极融入。

（二）加强渠道平台建设

推动中原文化“走出去”需要畅通高效的渠道平台。借助国家的渠道平台固然十分重要，但被动性不言而喻。所以，推动中原文化“走出去”，一定要把握主动权，打好主动仗，切实加强渠道平台建设。一是充分发挥政府在文化“走出去”方面的主导作用，利用政府外事部门沟通文化贸易交流渠道，搭建文化贸易交流平台；二是发挥文化企业市场主体作用，通过并购、重组以及与海外文化企业合作等形式，加强渠道平台建设，为文化企业把更多的文化产品和文化服务推向海外市场创造条件；三是发挥中介组织的桥梁纽带作用，利用中介组织与海外企业、社团等建立良好的关系，引导更多的文化企业“走出去”，从而推动中原文化“走出去”；四是充分发挥中国（河南）自由贸易试验区、郑州航空港经济综合实验区等的作用，利用国家给予河南的战略机遇，沟通文化贸易交流渠道，搭建推动中原文化“走出去”的渠道平台。

（三）强化市场主体意识

文化“走出去”，主要是通过文化贸易和文化交流让更多的文化产品和文化服务“走出去”，而文化产品和文化服务主要是市场主体——文化企业提供的。因此，在推动中原文化“走出去”的进程中，一定要充分发挥市场主体的积极性，强化文化企业的主体意识，自觉地把推动中原文化“走出去”作为省内文化企业的责任担当。一是根据海外文化市场的需要，生产外向型文化产品，为中原文化“走出去”提供更多更好的适销产品；二是积极拓展海外文化市场，通过建立海外中原文化中心和文化产品贸易交流基地等形式，为推动中原文化“走出去”提供载体平台；三是在市场机制条件下，通过并购、重组、参股、控股等形式，加强与海外文化企业的合作，形成紧密的合作联盟，发挥海外文化企业在当地的优势，推动中原文化“走出去”；四是强化文化与科技融合发展，通过具有创新性与竞争力的文化产品和文化服务，打造文化品牌，进一步抢占国际国内两个市场，扩大文化产品和文化服务的市场占有率，进而推动中原文化“走出去”。

（四）发挥中原文化优势

中原文化悠久厚重，博大精深。一些中原文化元素，如老子《道德经》、禅宗文化、少林文化、太极文化、陶瓷文化、河南杂技等，在海内外都广有影响。据联合国教科文组织统计，在被译成外文发行量最大的世界文化名著中，老子《道德经》仅次于《圣经》，排名第二；少林禅武文化和太极文化在改革开放之后迅速走出国门，在世界范围内产生了很大影响；陶瓷文化则伴随着钧瓷、汝瓷、北宋官窑的海外巡展，在海外引起了较大反响；美国利用中原文化元素拍摄的《功夫熊猫》和《花木兰》电影，叫好又叫座，投资商赚得盆满钵满，对包括河南文化企业在内的中国文化企业产生很大震撼，让许多文化人认识到发掘特色文化资源内涵的重要性。因此，推动中原文化“走出去”应充分发挥中原文化优势，在内容和创意上下功夫，譬如，借助老子《道德经》在世界上的广泛影响，拍摄以老子和《道德经》为主要内容的影视产品；借助禅武文化和太极文化的巨大影响力，向海外推介与中原功夫文化相关的文化产品和服务；借助杂技剧的形式，把河南杂技推向全球市场；通过创造性发展和创新性转化，把具有世界影响力的中原文化元素制作成影视、图书、动画、杂技节目或工艺产品，不断推陈出新，用具有内容优势、创意优势和科技制作优势的文化产品和文化服务，吸引更多的海外读者和观众，从而推动中原文化“走出去”。

（五）发挥中介组织作用

中介组织在拓展海外市场方面有其独特的渠道，可以发挥特殊的作用。许多文化企业往往专注于产品的设计、生产和销售，在拓展海外市场方面，既没有精力，也缺少人才。因此，发挥中介组织的作用就显得尤为重要。中介组织尤其是专门从事对外文化贸易和文化交流的中介组织，长期专注于对外文化贸易和文化交流，大多都建立了自己的渠道平台，有较为丰富的海外人脉资源。如果文化企业与中介组织精诚合作，共谋发展，在推动中原文化“走出去”方面则可以收到 1+1 > 2 的效果。为更好地发挥中介组织的作用，政府相关部门可以发挥主导作用，经常组织文化企业与中介组织联谊交流，促进文化企业与中介组织相互合作；文化企业和中介组织之间，应把推动中原文化“走出去”作为自己分内的事，放下身段，主动寻求合作，实现互赢多赢。对于在推动中原文化“走出去”方面作出重大贡献的文化企业和中介组织，政府应给予精神鼓励和物质奖励，以更好地调动文化企业和中介组织推动中原文化“走出去”的积极性。

B.20
项城余家杂技调研报告

卢　冰*

摘　要：　项城余家杂技历经四十年的发展，规模不断壮大，实现了年均演出8000余场、年均收入3000多万元的良好经济效益。在发展过程中，余家杂技逐渐探索出了“以企养校、以校促企、优势互补”的发展模式，对民营杂技产业在新时期的发展壮大具有重要的借鉴意义；“以艺扶贫”的办学思路也帮助部分贫困家庭脱贫，对社会福利事业有所贡献。在取得成绩的同时，余家杂技同时也存在节目文化含量不足、整体品牌效益不强以及产业链不够完善等问题，需要进一步改善。余家杂技应通过积极融入国家战略平台，进一步开拓市场，培养高素质人才，创新节目内容，完善产业链，以取得更大的成就。

关键词：　余家杂技　人才培养　品牌创建　创新发展　产业链升级

河南省共有5个地市荣获中国杂技家协会授予的“中国杂技（魔术）之乡”称号，周口市即是其中之一。周口市杂技在全省的杂技行业也名列前茅，有专业杂技团体150多个，约占全省的42%，其中规模较大的团体有30多个，从业人员7000余人，业余杂技团（班）近700个，还有众多的杂技户、杂技村、杂技培训班等，从业人员万余人。项城余家杂技是周口杂技行业的中坚力量。

* 卢冰，河南省社会科学院文学所助理研究员，研究方向为图书史与明清文化。

一　余家杂技的历史传承与发展现状

项城杂技的历史源远流长，可以远溯到汉代，1977 年老城汉墓出土的陶楼所展现的正是杂技艺人表演“抛丸”的场景。余家杂技的历史可以追溯到清代，余家杂技起源于项城市秣陵镇，秣陵镇是项城县旧县治所在地，乾隆年间余家上祖余思明得到一册祖传秘籍，书中有三十项杂技秘诀和图片。余思明苦心钻研之后终得要领，于是招收门徒，带领余家班众跑江湖卖艺。余家的独门技艺在家族中传承了 12 代，历经 240 多年。至民国时，局势动荡，余家杂技被迫处于偃旗息鼓的状态，直至改革开放之后才重新恢复演出。1983 年余帅返乡，带领兄妹六人成立了“项城市越野杂技马戏团”。余氏兄妹凭借祖传绝技，从拉架子车走村串户摆地摊演出起步，发展到开汽车去城市广场在专业大篷表演，再到后来乘坐飞机奔赴国内外各大城市的大型剧院进行舞台演出。从当初摆摊演出到后来的组建杂技团，经过多年的艰苦奋斗，目前杂技团总资产已经达到 7000 多万元，年均演出 8000 余场，年均收入 3000 多万元，成为豫东地区最大的民营杂技企业之一。

2009 年，“余家杂技”被评为河南省非物质文化遗产保护项目，项城市越野杂技团有六个演出分团、九个演出队、一所专业学校。作为民营杂技团，周口项城越野杂技马戏团有针对游客的驻场演出，更多的则活跃在茶楼会所、公园景点、城镇庙会、大小商场等基层演出场所，成为丰富群众文化生活、增添城市文化活力的一支重要力量。相较于国有杂技团体，民营杂技团体总体队伍庞大，演出形式更加灵活多样，演出地点广泛，具有不可替代性。此外，在周口市委市政府及主管部门的组织下，余家杂技还分别在周口一元剧场、项城市人民会堂等地进行惠民演出，丰富当地人民群众的精神文化生活。

以杂技团为依托成立的项城市杂技艺术学校创建于 2005 年，先后投资 2740 万元，占地面积两万多平方米。学校建有教学楼、宿舍楼、综合培训楼和练功大厅，在校生 300 人，教职工 48 人，荣获“周口市文化产业示范基地”“河南省民办基础教育最具创新力榜样学校”，河南省杂技家协会也在此成立了河南杂技教育基地。学校坚持走“以企养校、以校促企、优势互补”的可持续发展道路。2017 年 3 月，中央电视台“文明密码”栏目组来校专访余家杂技，对学生的学习、生活、练功情况等作了深入详细的记录，2017 年 12 月 11 日在央视播放。

此外，项城市越野杂技团创建的项城市国际杂技培训演艺中心，被省文化厅命名为“河南省重点文化产业项目”，投资 1400 万元的一期工程 2005 年 8 月投入使用，建筑面积为 3800 平方米，有教学楼、办公室、公寓楼、排练厅等基础设施。为满足国际、国内杂技市场的需求，项城国际杂技培训演艺中心预计投资 2617. 89 万元建设二期工程，建设多功能训练厅、多功能演艺厅、动物训练场等项目，完工后项城国际杂技培训演艺中心将成为豫东最大的杂技艺术演艺培训中心，可容纳学生 600 人，每年向社会和杂技艺术团输送专业人才 200 人，解决就业人员 200 人，每年预计演出 300 场，接纳观众 12 万人次，年均经济收入达 3500 余万元。培训演艺中心集新型杂技剧目创作、国际杂技演艺、非遗传承保护、杂技文化体验为一体。杂技培训演艺中心建成之后，对于发扬杂技文化、打造周口杂技品牌、提升城市文化品位、推动全市产业结构优化升级具有重要意义。

二　余家杂技的主要经验与优势分析

余家杂技之所以逐步壮大，产生良好的经济效益和社会影响力，是因为在多年的杂技演出中探索出了杂技艺术可持续发展的道路，即创办专业的杂技学校为企业持续输送人才、企业为学生提供工作机会这样双向互补的运行模式。在培养人才的同时，也有效解决了部分家庭的贫困问题，为社会福利事业做出了贡献。

（一）企校互助，创新发展模式

面对竞争日益激烈的市场，人才的匮乏是阻碍企业发展的最大障碍。在中国杂协、河南省杂协和项城市委市政府的支持下，2005 年余帅以项城市越野杂技马戏团为依托创办了项城市杂技艺术学校。学校实行的是校内训练与校外顶岗实习相结合的培养方式，在开设与杂技有关的基本功训练和节目训练之外，还与九年义务教育同步开设基础文化课程。学校与国内各演出团体签订定向培养协议，分批安排学生到深圳华强集团、苏州天平山景区、横店影视城、武当功夫团学习，让学生增长才干，积累演出经验。目前已经为社会培养 1000 多名杂技演艺人才。每年由毕业生组建演出队，积极开拓国内外演出市场。

（二）以艺扶贫，担当社会责任

受传统观念的影响，加上现代生活条件的提高，大多数家长不愿意让孩子学杂技，作为民营学校，办学遇到的第一个难关就是生员问题。针对招生难的问题，学校与市镇两级政府结合，深入社区及农村贫困家庭中招生，对学生一律实行免费教育，免除学生的学费、住宿费、生活费，并为学生办理医疗保险，与学生家长签订定向培养合同，学生毕业后为学校带薪服务三年，以回报学校投入的教育成本。学校不仅为贫困家庭的学生提供了学习机会，拓展了孩子们成才就业的道路，同时也缓解了部分家庭的贫困问题，为社会福利事业做出了贡献。

（三）联合演出，加强对外交流

项城市越野杂技团曾先后赴日本、韩国、加拿大、美国、澳大利亚 20 多个国家进行演出，已成为中外文化交流的使者，世界了解中国的窗口。为了响应国家“一带一路”倡议，余家杂技有限公司还特别邀请了俄罗斯、乌克兰、肯尼亚、埃塞俄比亚等国的知名杂技演员进行联合演出。这些来自外国的杂技演员不仅带来了独具域外风情的演出形式，给观众带来全新的体验，同时也促进了中外文化之间的交流，推动余家杂技走向世界。这次联合演出不仅在项城及周边县市巡回演出，让项城人民在家门口就可以观看到世界级的杂技艺术，更逐步扩展到外省，目前该项目已经在福建、湖北、浙江、湖南、安徽、贵州等多个省份演出，满足人民群众不同层次的精神文化追求。这是中原文化对外交流的另一种形式。

三　余家杂技的不足之处

尽管余家杂技经过多年的奋斗取得了一定的成就，获得了良好的社会效益和经济效益，但仍存在着不足之处，制约着余家杂技未来的发展。余家杂技整体上节目形式比较陈旧，缺乏科技含量和文化含量，没有叫得响的品牌，同时产业链不够完善。

（一）品牌效应不佳

余家杂技在周口乃至河南都是名列前茅的杂技演艺机构，在河南省的杂技大赛上也屡获大奖，2011 年在河南省第八届杂技大赛中，余家杂技的《火箭飞人》获得金奖，《滑稽手技》获得银奖；2014 年在河南省第九届杂技大赛中，余家杂技参赛节目《特技组合》同时荣获金奖和创新奖；2015 年在郑州国际马戏邀请赛中，杂技节目《死亡轮》获得银奖；2017 年在河南省第十届杂技大赛中，参赛节目《悬空飞人》荣获金奖，实现三连冠。但是总体而言余家杂技缺乏有代表性的节目，缺乏叫得响的品牌，缺乏全国乃至世界级的大奖。河南省内的大型演出项目，如开封的《东京梦华》、登封的《禅宗少林·音乐大典》、濮阳的《水秀》，都是斥巨资打造的高水准文艺演出。余家杂技虽然技艺精湛，但节目形式还是不够新颖，没有形成具有地域特色、风格鲜明的精品节目。

（二）产业链需要进一步优化升级

余家杂技企校互助的模式，其实也是以产业链的形式来运作杂技产业。“以企养校，以校促企”的模式确实在一定程度上保证了生员的稳定性，保证了企业的可持续性发展。新建成的培训演艺中心将人才培训基地和杂技演艺舞台结合在一起，有效地保证了杂技产业的连续性。但是产业链不够完善，缺乏与其他文化资源的相互融合。如濮阳城市文化会客厅和水秀宴项目是将杂技产业延伸到旅游文化、历史文化、非遗文化、商业文化、餐饮文化最为成功的典范。濮阳的城市文化会客厅项目以文化为核心，以市场为依托，全面整合濮阳特色文化资源，将杂技与美食、非物质文化遗产等融合，既满足本地市民的各种需求，增加文化自豪感，同时也吸引更多的外地游客来到濮阳，品味濮阳味道，拉动旅游业及相关产业的发展，实现经济效益与社会效益的双赢。[①] 余家杂技应学习这些成功的经验，进一步拉长产业链。

（三）科技含量和文化内涵不足

习近平总书记2016年4月26日在知识分子、劳动模范、青年代表座谈会上的讲话中指出，面对日益激烈的国际竞争，我们必须把创新摆在国家发展全局的核心位置，不断推进理论创新、制度创新、科技创新、文化创新等各方面创新。余家杂技流传至今的三十多个代表节目也包含了杂技的各个品类，有软功，有巧工，有高空，有百戏。余家杂技的节目来自民间，源于生活，能体现豫东人民乐观向上的精神、坚毅勇敢的性格和勤劳智慧的美德。但整体而言，节目的科技和文化含量不足，应该深入挖掘中华传统文化的精髓，努力吸取当地的优秀文化，将传统杂技中的技巧与新的科技手段结合起来，与当地独特的人文景观融合在一起，创造出独具特色的品牌。

四　余家杂技扩大发展的对策与建议

针对余家杂技品牌效应不佳、节目文化内涵不足、产业链不够完善等问题，应从培养人才、树立品牌、打造精品、优化产业链等方面着手，同时要深入发掘传统杂技技艺以及地方文化资源，树立多元化市场的思想，加强杂技与旅游、餐饮等行业的融合，带动区域经济协调发展。

---

① 《濮阳水秀宴第一天：人潮涌动，美食馋人》，http：//mini.eastday.com/mobile/171126233144653.html。

（一）打造精品节目

作为一个文化企业，不能没有代表作，不能没有精品，一个优秀节目的诞生，不仅要花去创作者大量的心血和时间，而且还要不断突破，不断超越，敢于创新，敢为人先。艺术生产才能形成良性循环，并以外销带动内部生产，使杂技艺术不断向前发展。余家杂技的节目在河南省的杂技大赛中多次获奖，有一定的水准。但不得不说，有些节目过于重视杂技的技巧技艺，过于追求技巧的高度和难度，而忽视了整个节目的艺术水准和观赏效果；另外，节目在创作编排方面观念落后，包装手法陈旧。社会发展需要艺术不断自我更新，求新求变，以适应人民群众高层次的审美需求。

杂技节目的形式、内容、表现手段都有一个变革的过程，自觉的创新追求，来源于杂技艺术观念的改变。杂技在坚持自身艺术特色的同时，还要借鉴吸收其他艺术门类如音乐、舞蹈、戏曲等的元素，兼容并蓄才能大放异彩。不仅是节目内容方面的创新，而且包括技巧之外的音响、灯光、服装、化妆、道具等辅助手段，也都需要及时更新，要以市场为导向，设计、编排、包装、开发新的杂技节目，为杂技的创新注入生命力。广州军区战士杂技团的《对手顶·东方的天鹅》将舞蹈引入杂技，从结构到编排，从肢体语言到角色造型，都借鉴了芭蕾的表现形式。在引进芭蕾的艺术形式的同时，节目始终贯穿的是传统杂技中顶技的技巧，后来经过修改提炼，更名为《肩上芭蕾》，更加追求节目的文化意义和美学价值。引进“舞”的概念，为杂技从单纯的技的表演转换为艺的表演，成为杂技节目创新的一个支点，荣获 2002 年蒙特卡罗世界杂技大赛“金小丑”奖。

杂技节目的创新对行业中的每个人都是挑战，教练要根据演员自身的特点编排节目，而演员作为编创内容的实践者，要努力去实现安排的技巧和动作。现代科技对于提高技巧、增强艺术表现力有重大的作用，在文化走向产业化的过程中，应该强化艺术与科技相结合的观念，提高文化产品和文化服务的科技含量，通过现代科技手段打造全新的节目，提炼文化元素，以优秀的节目带动品牌，以优秀的品牌带动整个杂技产业的发展。另外，要创新节目形式，杂技节目由之前的单个短节目逐步发展成为综合性的主题晚会、主题剧目，如河南杂技集团的《槐树爷爷》，有完整的故事情节、角色设计等，给人带来全新的观赏享受、崭新的演出境界。

在杂技创新的过程中，要深入研究本区域的文化资源，结合当地的风土人情，创造有区域文化特色的节目。如浙江曲艺杂技总团获得罗马“金色戏节”金奖的节目《苏堤春晓·双人蹬伞》，就将传统的蹬伞与江南独特的水乡文化相结合，身着翠衣手执绿伞的演员在丝竹声中起舞，伞在这种独特的意境中具有了荷花荷叶的象征意义，观赏效果极佳。

（二）树立品牌意识

品牌建设是现代企业增强市场竞争力的重要方式，品牌意识正成为企业经营理念的核心，品牌本身所蕴含的高质量、高水准、高品位都是吸引观众的因素。品牌的市场占有率高，企业盈利收入将增加。积极推动品牌的创建，从战略高度认识到品牌对开拓市场的重要作用，作为企业必须对品牌持续不断地完善发展，才能跟得上时代的发展。

在努力创造品牌的同时，应该多做调查研究，树立多元化市场的思想。多元化市场与多种艺术手段是一个统一体，多元化的演出市场，为杂技综合艺术手段的广泛利用提供了广阔的空间。真正的民族与传统的杂技艺术，应该随着时代的进步而不断出新。时代呼唤变革，多元化市场需要风格各异的艺术品和文化服务去满足观众日益增长的审美需要。河南是杂技大省，濮阳、宝丰等地的杂技产业发展势头也很迅猛，在树立品牌的过程中，应该明确自身定位，进一步细化、优化品牌；同时也要尽量做到差异化竞争，减少行业内不必要的竞争，减少资源浪费，避免对省内杂技产业的不良影响。余家杂技应该加强资源统合能力，整合地方民俗文化资源，树立企业品牌，结合地域文化形成品牌特色。同时要加强品牌推广，扩大品牌覆盖面。

（三）优化升级产业链

杂技品牌价值链是指以杂技品牌价值提升为导向和目标，运用产业发展理论与方法，杂技产业在纵向、横向、关联向所形成的系统产业链条，它贯穿了杂技产业发展过程的所有环节。目前杂技产业的品牌价值链建设还处在形成期，基本的纵向产业链条延展潜力还没有深入挖掘，品牌核心优势还未形成，同时横向只拓展了旅游、教育、道具制作、演出等产业，杂技应首先理顺产业各发展环节的关系和利益，深入挖掘杂技本身潜在的经济和文化效益，进一步延长品牌价值链。横向上，一方面进一步加强与已有四大产业的合作，平衡各种经济纠纷和矛盾，进一步拓展合作领域；另一方面，扫除制度障碍，创新合作方式，与更多相关行业建立密切关系，最终形成杂技大产业发展格局，带动区域经济、社会和文化更快发展。

产业链条延伸是一种资源，它体现了产业集聚的规模效应。产业链的模式是现代企业优化资源的手段，同时可以有效地降低企业成本，打造企业品牌。旅游业关联带动性极强，与文化、商业等密切相关，政府应该充分挖掘旅游产业的潜力，开发更加多元化的旅游景点，特别是互动性强、体验性强的旅游项目。余家杂技也应加强与相关部门的合作，整合杂技与其他旅游项目的结合，如传统的节庆庙会等，应充分利用旅游所搭建的产业平台，推动杂技与旅游、餐饮等跨界结合，打造杂技品牌的“组合拳”，使多元集聚发展成为新的城市名片。

主导产业突出、产业链条健全，才能实现良好的经济效益。整合地域文化资源、产业资源，制定区域文化产业发展战略，同时还要拉长产业链条，需要加强衍生产品的开发，可探索开发的杂技衍生品主要有杂技道具、文具、游戏、影视、卡通、出版、休闲、体育等类型。

（四）建立人才机制

现代杂技需要高素质的人才，在杂技艺术如此繁盛的今天，如何在较短的时间内培养出更多优秀的杂技业人才以满足市场的需要，是新一代杂技人急需面对的问题。过去师徒之间口传身教、以团带班的培养方法显然已经不能适应今天快速发展的社会。后来出现的杂技学校在传承技艺方面起到了很大作用，但杂技培训行业没有全国统一的教材大纲，也没有形成完整的专业体系，杂技教育其实缺乏专业的理论指导和系统的训练方法。因此我们要提升杂技专业的理论研究水准，建立系统的训练方法，为培养优秀人才提供科学的指导。

杂技行业不仅缺乏优秀的表演人员，还缺乏优秀的创意编导和熟悉国内外杂技市场的经纪人。在加强杂技学校教育，培养高素质的杂技人才的同时，也要加强交流，聘请国内外的大师对当前的杂技从业者进行技能培训，也要与国内外知名的经纪公司、经纪人加强长期合作，或者引进熟悉国内外杂技市场运作的经纪人，保证演出市场的稳定。在学习交流的过程中，要吸收这些好的经验，最终建立起一套行之有效的体系，逐渐掌握与杂技相关的各个环节，使培训、编创、表演、经纪等各个部门之间相互衔接顺畅，为杂技的规模化、产业化发展提供强有力的人才储备。

在加强学校培养机制的同时，也可以开展定向招生和招聘活动，引进高素质的杂技从业人员，为企业注入活力。在培养人才的同时，也要建立科学的管理机制，包括人才的工作、生活和学习以及目标任务、创作环境等，均建立起系统的责任制，从多方面落实发挥人才的优势，扬其所长，补其所短。

（五）挖掘传统技艺

余家杂技从清代起传承至今，历经二百多年的岁月，有深厚的历史积淀和文化积淀，应该组织人员成立专门的杂技艺术相关的研究机构，深入挖掘杂技的传统技艺和文化积淀，对相关文献资料进行搜集、整理、研究、出版。对余家杂技的历史演变以及前代的技法进行系统全面的整理，建立数据资料，设置专门的展示场所，保证余家杂技传统技艺以及前代文化精华的传承，这也是余家杂技作为非物质文化遗产项目义不容辞的责任。另一方面通过对传统技艺的挖掘整理，取其精华，古为今用，也可以对现代杂技的创新发展起到借鉴作用。

参考文献

[1] 余帅：《传承发展中的“余家杂技”》，《杂技与魔术》2013 年第 2 期。
[2] 河南省余家杂技有限公司：《余家杂技联合多国杂技演员巡演项城》，《杂技与魔术》2017 年第 1 期。

区 域 篇

Regional reports

B.21
建设全球华人根亲文化圣地 打造中华民族共有精神家园

——郑州市城市文化定位研究

河南省社会科学院课题组 *

摘 要： 根亲文化是中华优秀传统文化的重要内容，实施全球华人根亲文化圣地建设工程是“十三五”时期河南文化建设的重要任务。近年来，郑州市依托当地独特的文化资源优势，紧紧围绕国家赋予河南的文化使命，开展了丰富多彩的根亲文化主题活动，产生了良好的社会效益和经济效益，但仍然存在着文化战略定位尚不明确、黄帝品牌效应亟待提升、根亲文化资源整合乏力、文化产业发展相对滞后、基础理论研究支

* 课题组长：李立新；课题组成员：卫绍生、李乔、陈东辉、杨波、袁漱寒；整理：袁漱寒、杨波。

撑不够等一系列亟须解决的问题。要想在促进人类命运共同体建设、传播社会主义核心价值观、增强中华民族文化凝聚力、构筑全国重要文化高地、促进郑州国家中心城市建设等方面发挥更大作用，郑州应以黄帝故里拜祖大典为龙头，在明确根亲文化为城市文化定位、提升拜祖大典祭拜规格、整合根亲文化资源、开发根亲文化产品、深化根亲文化理论研究、建设根亲文化主题园区、推进根亲文化平台建设、宣传推介根亲文化优势等八个方面持续发力。

关键词： 根亲文化　黄帝文化　中华民族共有精神家园　城市文化定位

根亲文化是中华优秀传统文化的重要内容，是中华文明数千年薪火相传、文脉不断的重要标志。中华民族特别注重血脉因袭和文化传承，拥有强烈的尊祖敬宗、报本反始传统，并且在这种对共同祖先宗教般的崇敬过程中产生了“根”的文化认同。通过对血脉之根和文化之根的探求追溯，可以解决“我从哪里来，我是谁，我到哪里去”的重大哲学命题，并由此形成中华民族的文化认同、民族认同和国家认同。经过多年的积淀和快速发展，人们逐渐认识到，把根亲文化作为郑州市的城市文化定位，确立建设全球华人根亲文化圣地，打造中华民族共有精神家园这一发展目标，是符合郑州发展实际的。

一　郑州建设全球华人根亲文化圣地的基本状况

（一）背景意义

文化是一个城市精神风貌的集中体现，是一个城市持续发展的不竭动力，其形成往往与国家的发展方略密不可分，与当地的历史积淀息息相关。2016 年 9 月 30 日，河南省委、省政府印发了《华夏历史文明传承创新区建设方案》，把全球华人根亲文化圣地作为五个战略定位之一。河南省第十次党代会提出“构筑全国重要的文化高地”的宏伟目标，明确指出要加快建成全球华人根亲文化圣地。2017 年 1 月 17 日，中共中央办公厅、国务院办公厅印发了《关于实施中华优秀传统文化传承发展工程的意见》，表明中华优秀传统文化的传承发展已经上升到国家战略层面，郑州作为中国的八大古都之一，在中华优秀文化传承发展方面应大有作为。2017 年 1 月 22 日，国家发改委印发了《国家发展改革委关于支持郑州建设国家中心城市的指导意见》，其中明确提出要把郑州建设成为国际文化大都市。2017 年 8 月，中共郑州市委召开十一届四次全体（扩大）会议，全面部署加快建设国家中心城市工作，明确提出郑州建设国家中心城市的文化定位是把郑州建设成为华夏历史文明传承创新中心，建设国际文化大都市和世界华人共同精神家园。作为中原文化的腹心城市，郑州应根据中央和省委、市委有关精神，凭借自身厚重的历史文化积淀，围绕华夏历史文明传承创新区和全国重要文化高地构建，以建设华夏历史文明传承创新中心和国际文化大都市为重点和抓手，加快打造全球华人根亲文化圣地，使郑州成为中华民族的心灵故乡、信仰之都。加快推进郑州市建设全球华人根亲文化圣地，在促进人类命运共同体建设、传播社会主义核心价值观、增强中华民族文化凝聚力、构筑全国重要文化高地、促进郑州国家中心城市建设等方面，具有重要的现实意义和深远的历史意义。

（二）文化资源优势分析

郑州地处中原，历史悠久，文化灿烂。这里是中国国家的滥觞之地，是中华民族的祖根地，是中华文明的发祥地，具有独特的文化资源优势。

1. 地缘上居天下之中，是中国国家的滥觞地

郑州地区位居天下之中，自古以来就是中华文明形成和起源的核心地区，具有良好的自然条件和重要的区位优势。这里有温和的气候、肥沃的土

壤以及丰富的生物资源和水资源，为生物的生长、农业的发展、人类的居住提供了良好条件。荥阳织机洞遗址、老奶奶庙遗址、新密李家沟遗址、裴李岗遗址、大河村遗址等众多历史文化遗存，就是10万年前至5000年前中原先民们生产生活发展状况的真实见证。5000年前，人文始祖黄帝在郑州出生、创业、建都，肇造了中华文明。郑州还是夏、商、周三代的建都之地和立国中心，与登封市告成镇八方村东侧土岗上的王城岗遗址、新密市刘寨镇的新砦遗址、荥阳市的大师姑城址、郑州商城遗址等历史遗址有关的中国现代考古学成果，已经证实了司马迁“昔三代之居，皆在河洛之间”的说法。作为中国八大古都中建都最早的古都，郑州在文化辐射和吸纳、人类迁徙和民族融合等方面发挥了重要作用。

2. 血缘上总华夏之源，是中华民族的祖根地

郑州是中华民族的祖根地，主要表现在三个方面：一是黄帝文化积淀丰厚。黄帝是华夏民族由史前蒙昧时期进入文明时期的一位杰出氏族部落首领，被尊为中华民族的人文始祖。据文献记载，黄帝出生之地轩辕丘、建国之地有熊均在今河南新郑境内。作为黄帝的重要活动地，新郑、新密境内留存有很多历史遗迹和传说，如新郑市境内除留有轩辕庙、轩辕宫、南崖宫等遗址外，还流传着黄帝向大隗真人问道处、避暑洞、御花园、黄帝饮马泉等传说；新密市内有古城寨遗址、轩辕黄帝宫、黄帝拜祖的天爷洞、黄帝三女冢的天仙庙、风后顶、摩旗山、卧龙台、拜将台等与黄帝有关的遗迹；而当地每年农历“三月三，拜轩辕”的风俗由来已久，表达出人们对黄帝的敬仰之情。20世纪90年代以来，国内外的专家学者也从不同角度、不同侧面对相关问题进行考证，也用文献研究证明新郑与黄帝文化深厚的渊源。二是姓氏文化资源丰富。姓氏文化是中华传统文化的重要内容，黄帝在中国姓氏发展史上具有举足轻重的地位。明儒方孝孺《逊志离集·重谱》中的说法最具代表性：“四海之广，百氏之众，其初不过出于数十姓也。数十之初，不过出于数人也，数人之先一人也。故今天下之受氏者，多尧舜三王之后，而皆始于黄帝。”在中华姓氏形成的重要时期，很多诸侯国的公族后裔或以国为氏、或以邑为氏、或以地为氏、或以谥为氏、或以官为氏、或以名为

氏、或以次为氏，衍生出众多姓氏，郑、潘、许、韩、何、冯、史等姓氏的源头在郑州或部分源头在郑州，仅郑国公族后裔就有郑、京、司、段、游等93个姓氏，而“天下郑姓出荥阳”“荥阳郑氏遍天下”的说法更是声名远播。三是历史名人遗存众多。郑州的历史名人灿若星辰，既有人文始祖轩辕黄帝，隐士鼻祖许由，治水英雄大禹，政治家子产、申不害、韩非、高拱，农民起义军领袖陈胜，文学家潘岳、白居易、杜甫、李商隐，建筑学家李诫，理学家、教育家许衡等生于郑州者，又有一些虽不生于郑州但曾经生活在郑州并做出突出贡献者，如汉初纪信、北宋欧阳修、元朝郭守敬等，为后世留下了很多至今仍为人们所津津乐道的文化胜迹。

3. 文缘上集文化大成，是中华文明的发源地

一是中华文明在这里孕育诞生。学术界普遍认为，城市、青铜器、文字等是文明形成的重要标志。而郑州的西山古城址、登封王城岗古城址、新密古城寨和新砦古城址、荥阳大师姑古城址表明，这里是中国城市文明的最早发祥地。郑州牛寨遗址中发现的青铜器冶炼坩埚残片，反映了至少在4500年前中国人就已熟稔青铜冶炼之术。而郑州商城遗址等地发现的多例骨刻符号、甲骨文和其他形式的文字资料，也充分表明当时郑州地区已出现文字雏形。

二是黄河文化在这里沉淀集聚。郑州处于黄河文化的核心位置，黄河文化内容十分丰富。黄河干流在郑州市境内有160公里长，自巩义市杨沟入郑州辖区，流经巩义、荥阳、惠济、金水、中牟等五县（市、区），在中牟县东狼村东入开封境内，有人用“悬河头、华北轴、百川口、万古流”来形容郑州河段的特点，其地理位置的重要性不言而喻。无论是过渡性河道、宽浅性河道、地上悬河等地文景观，还是黄河沿岸的洛汭、伏羲八卦台遗址、桃花峪、隋唐洛口仓遗址、虎牢关、飞龙顶、郑王庄、刘禹锡墓、李商隐墓等人文景观，都见证着郑州在中华民族发展史上举足轻重的地位。

三是儒释道在这里融合。在嵩山方圆数平方公里的范围内，分布着享誉天下的道释儒著名建筑，即道教的中岳庙、佛教的少林寺、儒学的嵩阳书院。中岳庙位于嵩山南麓太室山黄盖峰下，是我国创建最早的道教庙宇，也

是五岳中现存规模最大、保存完整的古庙宇建筑群，张道陵、寇谦之等道教人士先后在此传播道教事迹或主持道场，影响范围较广。少林寺位于嵩山五乳峰下，始建于北魏太和年间，因菩提达摩在此首传禅宗、唐初十三棍僧救驾李世民等影响极大，历代屡毁屡建，最盛时有楼台殿阁5000余间，现存天王殿、大雄宝殿、藏经阁、塔林、初祖庵、达摩洞、二祖庵等建筑，有“禅宗祖庭”“天下第一名刹”之美誉。嵩阳书院原来是北魏太和年间创建的嵩阳寺，五代时期改为太乙书院，北宋仁宗赐名嵩阳书院，是宋代四大书院之首，宋儒程颢、程颐长期在此讲授理学，范仲淹、欧阳修、梅尧臣、司马光等人也曾在这里留下彪炳史册的名篇力作。道释儒在嵩山能够和睦相处、共同发展，体现出中原文化和民族文化的缩影和特性，彰显了中华民族海纳百川、包容万物的胸怀。

四是功夫文化从这里走向世界。少林寺不仅在佛教界有着极高的地位，而且因少林功夫而名扬天下，素有“天下功夫出少林，少林功夫甲天下”之说。少林功夫既具有中国武术特征，又体现了学佛修禅方式和佛教思想，形成了独具特色的武术体系。少林武术在传播过程中，因师承不同、区域不同以及习武者个体秉性的不同，衍生出各种各样的类型，还逐渐传播到了国外。据不完全统计，嵩山少林寺武僧团已经出访了全球60多个国家和地区，表演超过6000场次，在国外产生了较大的反响，新加坡、泰国、马来西亚、印度尼西亚、韩国、澳大利亚、美国、加拿大、墨西哥、巴西、法国、荷兰、保加利亚、西班牙、葡萄牙等几十个国家和地区还成立了传授和学习少林武术的组织。

二　郑州建设全球华人根亲文化圣地取得的显著成效

近年来，郑州市紧紧围绕国家赋予河南建设华夏历史文明传承创新区的文化使命，在突出高规格、代表性和影响力的同时，开展了丰富多彩的根亲文化主题活动，全方位、多角度、零距离地展现郑州文化优势，产生了良好的社会效益和经济效益。

（一）新郑黄帝故里拜祖大典影响力日益增强

如果说河南是中华民族和华夏文明的重要发祥地，是中华民族的血脉之根、华夏文明的文化之源，那么黄帝文化就是根之主干、源之中流。黄帝故里拜祖大典自2006年由河南省政协主办，郑州市人民政府、新郑市人民政府承办以来，已经连续成功举办了13届拜祖大典和12届黄帝文化国际论坛，在提高河南区域竞争力、提升中原文化软实力、增强中华民族凝聚力的过程中蓬勃发展，取得了丰硕成果。2007年以来，中央电视台三个频道同时对黄帝故里拜祖大典进行直播，迅速扩大了大典的海内外影响力；2008年，黄帝故里拜祖大典被国务院列入国家级非物质文化遗产名录，持续提升了大典的正统权威性；2014年，黄帝故里拜祖大典成为国家免审的保留举办项目，充分体现了大典的建设推动力；2016年大典期间，中国台湾、香港、澳门及美国、澳大利亚等地也在当地举办了“同时同像同主题同拜黄帝大典”，引起了海内外华人的高度关注；2017年，来自40多个国家和地区的华人华侨及国内8000多位社会各界人士参加了拜祖大典，在促进河南对外开放、推动两岸和平发展、增强中华民族的凝聚力和向心力等方面产生了巨大影响。如今，黄帝故里作为“世界华人寻根拜祖圣地、中华民族共有精神家园”的思想理念正逐渐深入人心，新郑故里拜祖大典已经成为河南具有世界影响力的重要文化品牌。

（二）四大文化片区规划建设初见成效

为贯彻落实中央在郑州建设国家中心城市的指示精神，更好地保护中原城市的历史文脉，增强城市的持续发展能力，2017年3月，郑州市政府印发了《关于进一步加强文物工作的实施意见》，提出郑州到2020年将建成商都历史文化区、古荥大运河文化片区、文化创意产业集聚园区、百年德化红色旅游文化片区四大文化片区，推动文物保护工作与多个领域深度融合，在创新发展理念、打造城市精神、树立对外形象、凝聚人心共识方面做了不少扎扎实实的工作。一是不断创新发展思路，努力加强文物保护利用与生态保遗工程的深度融合。全面推进中心城区、城郊结合区、城郊地区三个圈层遗址生态文化公园建设，力争早日形成“地上绿树葱茏，地下气象万千”的遗址生态文化公园集群，以促进土遗址文化内涵展示与休闲空间拓展、生态环境改善、城市文脉延续相结合。二是充分论证科学规划，持续优化人文发展空间。在充分调查研究的基础上开展科学论证，尽量发挥文物资源在城镇建设中的文化传承作用，进一步优化郑州历史底蕴厚重、时代特色鲜明的人文空间，追求遗址保护与新型城镇化之间的协调平衡。三是深入挖掘文化内涵，精心布局生态文化公园。一方面，依托“生态保遗”工程，把一批凸显中原文化特色的元素符号纳入城市规划设计和城镇化建设，合理应用于城市雕塑、广场园林等公共空间；另一方面，积极推进郑州商城国家考古遗址、大河村遗址、郑韩故城遗址等考古遗址公园的建设与开放，着力打造全方位、多层次的生态文化公园框架布局。

（三）一批高端文化品牌初步形成

在持续不断的探索实践过程中，郑州市逐渐形成了一批内涵丰富、元素鲜明、美誉度高、影响力大的高端文化品牌。一是以嵩山文化为主题的文化品牌，以“嵩山论坛”和《禅宗少林·音乐大典》为代表。“嵩山论坛”是由中国国际文化交流中心、北京大学高等人文研究院、华夏历史文明传承创新基金会等联合主办的国际性高端文化论坛，总主题是“华夏文明与世界文明对话”，旨在“把华夏文明推向世界，推动华夏文明向全球多元文明开放、交流、对话、反思、学习、创新”，自 2012 年 9 月首次举办以来，已经成为登封建设华夏历史文明传承创新示范工程的重要平台，被誉为河南省建设华夏历史文明传承创新区的破题之作。《禅宗少林·音乐大典》则是以中岳嵩山的自然景观为天然舞台，以展现禅宗文化内涵为核心主题，以音乐、舞蹈、武术为载体的大型山水实景演出。这是河南历史上投资最大的文化旅游项目，自 2007 年至 2017 年正式运营的十年间，共演出 2600 多场，接待国内外游客 360 万人次，为郑州赢得了“国家文化产业示范基地”“中国创意城市——城市文化名片”等多项荣誉，成为展现河南文化形象的一张靓丽名片。二是以黄帝文化为主题的文化活动或艺术创作，以新郑故里拜祖大典、豫剧精品剧目《轩辕大帝》、大型动画连续剧《黄帝史诗》、电影《轩辕大帝》为代表，用不同的艺术形式演绎出血肉丰满、栩栩如生的人文始祖黄帝形象，共同丰富着中原文化的时代内涵。

（四）文物保护开发成效显著

河南省文物资源非常丰富，国家“十一五”期间确定的100处重要大遗址中，河南就占14处，其中5处分布在郑州地区，分别是郑州商城遗址、新郑郑韩故城、新密古城寨遗址、巩义宋陵、巩义窑址。近年来，郑州紧紧围绕决策大局，以创新发展理念带动文物保护开发工作，取得了一系列不俗的成绩。一是围绕决策大局开展中心工作，迅速出台加强文物保护工作的实施意见。郑州是著名的历史文化名城，省级以上的文物古迹很多。在加快建设国家中心城市、提升人民生活水平的过程中，如何避免对各级文物造成破坏和影响，也是郑州市城市建设者们重点考虑的内容。为了让更多的文化遗产保护成果惠及民生，郑州市人民政府出台了《关于进一步加强文物工作的实施意见》，尽量兼顾城市建设和文物保护的协调与平衡。二是持续加大文物考古和大遗址保护工作力度。积极推进郑韩故城、郑州商代遗址等大遗址保护利用和考古遗址公园建设，力争在做好重点文物保护利用的同时，做好非物质文化遗产的整体性保护、生产性保护与活态传承，科学合理地提升城市的文化品位，为建设华夏历史文明传承创新区提供有力支撑。三是积极探索文物保护与经济发展双赢的路子，为建设国家中心城市、国际商都提供强有力的文化支撑。如新郑市将郑州市文物保护单位裴度墓的部分土地划拨给文物部门作为文物保护用地，由郑州华南城有限公司投资890万元建设成裴度公园，新郑市旅游和文物局又筹集60余万元资金在公园内建设了配套设施，既为郑州华南城商业综合体项目提升了文化品位，又为前来购物的市民提供了休闲、休憩的场所，从而将文物的保护与开发、城市的规划与建设有机结合起来，成为文物保护与经济发展双赢的典型。

（五）根亲文化资源成为河南招商引资的靓丽名片

习近平2014年在北京大学师生座谈会上的讲话中说过："一个民族、一个国家的核心价值观必须同这个民族、这个国家的历史文化相契合，同这个民族、这个国家的人民正在进行的奋斗相结合，同这个民族、这个国家需要解决的时代问题相适应。"[①] 多年的实践与探索表明，根亲文化资源是当前河南最具时代性、最具吸引力、最具影响力的文化资源之一。为助推中原更加出彩，郑州市依托根亲文化谋划了一系列的经贸洽谈活动，大批海内外客商纷纷到郑州投资兴业，每年一次的"黄帝故里拜祖大典经贸洽谈活动"带来了喜人的综合效应。其中2016年，新郑市共签订项目35个，总签约额达739.8亿元，创历年项目签约额之最；2017年，新郑市在会上就集中签约8个项目，总签约额达385亿元。统计数字显示，从2006年至2016年，新郑市累计新招项目977个，协议金额达4521亿元，已到位资金914亿元，年均增长15.7%，极大地增强了郑州市和河南省的发展后劲。根亲文化作为河南省招商引资的亮丽名片，一步步锤炼成传承弘扬中华优秀传统文化的金字招牌，充分说明一个事实：经济的发展离不开文化的引领，文化的创新也离不开经济的支撑，二者只有互相融合，互为补充，才能相得益彰。

三　郑州建设全球华人根亲文化圣地存在的主要问题

近年来，郑州市深入贯彻落实中央和省委关于弘扬优秀传统文化的相关精神，持续推进全球根亲文化圣地建设，文化影响力显著提升。但面对新形势新任务新要求，郑州市根亲文化建设仍然存在着一些亟须解决的问题。

（一）文化战略定位尚不明确

文化战略定位关乎城市文化内涵提升，关乎城市文化发展设计，关乎城

① 习近平：《青年要自觉践行社会主义核心价值观》，《人民日报》2014年5月5日。

市文脉传承。丰富的文化资源是郑州建设国家文化大都市和世界华人共同精神家园的突出优势，但在一定程度上也为其文化战略定位带来困扰，从而导致出现文化建设龙头工程模糊、发展合力不足等问题。具体来说，一是缺少龙头品牌意识。郑州市文化资源丰富，嵩山文化、黄河文化、黄帝文化、商都文化、少林文化、客家文化、象棋文化、姓氏文化等叫得都很响，但究竟谁是龙头并不清楚。近年来，市委市政府文件习惯上把“嵩山文化”排在最前面，但没有明确“嵩山文化”就是龙头，而且“嵩山文化”能不能担当起郑州文化发展的龙头品牌还需要进一步探讨。二是没有形成雁阵效应。大雁在飞行时总是结队为伴，由一只头雁与其他大雁排成不同的队形，飞行中每只大雁的羽翼都能借助前一只大雁的羽翼所产生的动力，使飞行更省力。这就是雁阵效应。如果把郑州的文化资源比作一只只大雁，那么这些大雁仍然处于“各自飞”的状态，作为其中文化源头最悠久的黄帝文化，还没有成为这群大雁的领头雁。三是城市精神缺少文化意蕴。郑州市在以往提炼城市精神时缺少应有的文化关照，如 1996 年提出的“团结奋进、务实创新、加压负重、勇争一流”几乎没有文化气息，2008 年提出的“博大、开放、创新、和谐”也没有叫响，甚至很多市民都不知道自己的城市精神，归根结底就在于没有提出最能代表郑州文化的城市精神。

（二）黄帝品牌效应亟待提升

黄帝文化是中华文明的源头，新郑是黄帝的出生地，具茨山是黄帝部落的栖息地。经过多年的持续努力，黄帝文化已经成为郑州的靓丽名片和响亮品牌，但这个品牌还是粗放的、低层次的，远没有达到高质量、高信誉、高效益、低成本的程度，其文化认同和文化影响力均有很大的提升空间。一是拜祖大典效应没有充分发挥。尽管中央电视台进行现场直播，其他媒体也进行铺天盖地的宣传，但因为拜祖大典仅限于每年三月三的官方组织祭拜，来自海内外的拜祖者在新郑停留的时间非常短暂，对黄帝文化缺乏深入直观的了解，加之大典之后去黄帝广场祭拜者不多，所以拜祖大典仍然没有形成带动效应。二是黄帝文化资源没有充分利用。郑州黄帝资源丰富，新郑、新密和荥阳都有分布，但相关部门在着力打造拜祖大典的时候，并没有很好地利用具茨山、黄帝宫、嫘祖祠等文化遗迹。海内外炎黄子孙即使到黄帝像前祭拜之后，也很少有人专门去考察具茨山、参观黄帝宫、拜谒嫘祖祠，使得这些宝贵的资源没能发挥文化传播作用。三是黄帝文化元素没有充分体现。与山东曲阜到处都能感受到的孔子气息不同，作为黄帝故里的郑州市却缺少黄帝文化元素。尽管新郑市有一条轩辕路，黄河边有炎黄二帝像，但是人们无论是在新郑机场或郑州高铁站，还是郑州市区或周边的重要窗口，根本看不到与黄帝相关的道路、广场、塑像、河流等，甚至从南到北一连串的“南龙湖”“北龙湖”“龙子湖”等，却从未有人建议叫“轩辕湖”，很难看到黄帝文化元素。

（三）根亲文化资源整合乏力

改革开放以来，郑州市围绕根亲文化资源保护利用做了大量工作，也取得了一定效果，但仍然存在开发理念落后、资源开发碎片化、产业整合力度不够等问题，没有形成穿透性合力。一是市内根亲文化资源没有形成联动发展态势。近年来，郑州市立足本地根亲文化资源，举办了轩辕黄帝拜祖大典、世界客属恳亲大会、炎黄文化节、郑氏文化节等根亲文化活动，吸引了大量海外游子寻根问祖，提高了郑州市的文化影响力。但不容回避的是，这些根亲文化资源并没有有效整合起来，每一个活动相对孤立，根亲文化发展合力还没有真正形成。二是市内根亲文化资源与其他传统文化资源没有形成联动发展态势。文化具有融通性，不同性质的文化之间具有密切的内在关联。如根亲文化与圣贤文化、古都文化、河洛文化等关系密切，我们在弘扬“同源同根同祖”的根亲文化时，却没有充分利用现有的其他文化资源，文化资源的联动优势没有得到很好地发挥。三是与省内其他地市没有建立根亲文化资源联动机制。一方面，郑州市是中华人文始祖黄帝的诞生地，在“打造全球华人根亲文化圣地”这一战略中应该处于龙头地位；另一方面，省内其他地市也都有自己的文化优势，如周口的伏羲文化、陈胡公文化、李姓文化，新乡的比干文化、姜太公文化，信阳的固始根亲文化，濮阳的张姓文化等，在海内外都具有很强的影响力。郑州市还没有和省内这些地区建立起根亲文化发展联动机制，根亲文化的龙头地位和牵引作用没有显现出来。

（四）文化产业发展相对滞后

文化产业属于智慧产业的范畴，肩负着社会效益和经济效益双重功能，智力投入大，发展周期长，效益增长慢。国家提出将文化产业打造成为国民经济的主导产业后，郑州市高度重视文化产业发展，取得了很大的成绩，但仍存在不少问题。一是根亲文化产业发展“有冲动，无规划”。郑州市虽然有推动根亲文化产业发展的冲动，希望将根亲文化产业与旅游产业、文化产业结合起来，创新产业发展模式，以文化产业开发促进文化事业繁荣，但是缺少严谨的顶层设计，没有中长期发展规划，没有形成根亲文化产业统筹发展“一盘棋”的战略。二是根亲文化“有产品，没产业”。河南市场上现有的不少根亲文化产品，如各个姓氏的读本、纪念章、黄帝塑像等，都属于低端、低附加值产品，没有形成以创新创造为动力的内容产业、创意产业，缺乏能够激发创新创造热情、带动经济持续发展的文化产业。三是拜祖大典可持续发展的路径选择还有很大困惑。拜祖大典影响力不断增强，但市场化程度一直不高，持续性发展的经济支撑堪忧。目前，拜祖大典仍然是官方主办，拜祖形式单一，缺乏叫得响、吸引人的文创产品，没有找到一条吸引社会资本投入、具有造血功能的长远发展路径。

（五）基础理论研究支撑不够

实践是理论的基础，理论是行动的指南。由于相关部门对理论研究重视度不够，在发展中遇到一些瓶颈性问题，究其原因正在于理论研究支撑不够。一是黄帝文化与马克思主义的关系。这是拜祖大典上升为“国拜”必须解决的重大理论问题。如果这个问题说不清楚，上升为“国拜”就缺少必要的理论依据。马克思主义中国化和黄帝文化时代化，必然会在人的头脑中形成碰撞。他们在现实中是什么关系，对中国特色社会主义理论体系的形成有哪些影响？到目前为止，我们还没有开展这方面的研究工作。二是黄帝文化与社会主义核心价值观的关系。价值观是一个国家或民族赖以在这个世界上安身立命的根本性问题。中华文明之所以绵延五千年从未中断，就是因为贯穿其中的价值观一脉相承。当前，我们大力弘扬社会主义核心价值观，而核心价值观和黄帝文化的关系问题，还没有看到相关的研究。三是黄帝文化与构建人类命运共同体的关系。习近平总书记提出“构建人类命运共同体”，为人类发展提供中国方案，贡献中国智慧。英国著名历史学家汤因比也说：“世界现在最需要的是中国文明的精髓——和谐，如果中国不能取代西方成为人类的主导，那么整个人类的前途是可悲的。”和谐是黄帝文化的主要内容。如何构建人类命运共同体，如何发挥黄帝文化的作用，也是当前必须开展的研究课题。

四　推动郑州建设全球华人根亲文化圣地的对策建议

郑州市要在加快构筑全国重要的文化高地、打造全球华人精神家园中发挥引领和带动作用，就应依托根亲文化资源优势，以黄帝故里拜祖大典为龙头，把根亲文化打造成为郑州的城市文化定位，围绕根亲文化，在以下几个方面持续发力，以进一步提升黄帝文化和根亲文化的影响力，提升郑州市在全国乃至世界上的文化地位，加快把郑州建设成为国际文化大都市。

（一）在确立根亲文化为郑州市文化定位方面持续发力

把以黄帝文化为代表的根亲文化确定为郑州市的文化定位，并围绕根亲文化对郑州市域城市建设进行顶层设计、统一规划、集中打造。依托居天下之中的地理优势，地下古都成群、文物丰厚的资源优势，以及黄帝故里拜祖大典的文化优势，围绕根亲文化这一主题，以新郑黄帝故里拜祖大典为引领，筹建“郑州优秀传统文化传承创新示范区”，争取列为省级乃至国家级示范区。全面启动优秀传统文化活化工程、根亲文化输出工程、黄帝文化传播工程、文化复兴创意工程，加快把郑州打造成为“世界华人拜祖圣地，中华民族精神家园”，成为中华民族的心灵故乡、信仰之都。

（二）在提升拜祖大典祭拜规格方面持续发力

进一步彰显郑州市在根亲文化资源与建设方面的已有优势，明确黄帝文化在中华根亲文化中的根祖地位，以域内相关黄帝文化资源为支撑，不断丰富黄帝故里拜祖大典的文化内涵，扩大黄帝故里拜祖大典的影响力，提升拜祖大典的祭拜规格，争取让黄帝故里拜祖大典上升为国祭。同时，要在规范运作的前提下开放黄帝故里拜祖大典民间祭祀，使黄帝故里的各种拜祖敬宗活动持续活跃，争取做到月月有拜祖、周周有祭祀，为升格拜祖大典提供必要的民意和舆论支持。

（三）在根亲文化资源整合开发方面持续发力

要加大根亲文化资源整合力度，变多点发力为重点发力，形成重点突破、龙头带动、联动发展的良好局面，促成规模优势和集合效益。同时，在根亲文化资源开发方面，要选择与黄帝文化能够相辅相成、互为促进的根亲文化资源，如古都文化、列子文化、佛教文化、书院文化等，通过既有文化的创新性发展和创造性转化，形成新的根亲文化品牌，进一步提升黄帝文化的影响力和带动力。

（四）在根亲文化产品产业开发方面持续发力

根亲文化产业与其他文化产业相比，既有相同点，又有独特之处。针对郑州市根亲文化资源开发方面有产品无产业、有活动无效益、有影响无品牌等现象，建议进一步加大根亲文化产品开发力度，形成具有中原特色的根亲文化产业。要着眼于根亲，立足于文化，注重“五个结合”，即要把根祖、郡望、家族结合起来，把寻根、拜祖、兴业结合起来，把家风、家训、祠堂、祖庙结合起来，把名人、名家、名作结合起来，把历史、传统、当下结合起来，把要素、产品、市场结合起来，从文化产业上游抓起，在产业中游发力，努力提高根亲文化产品质量，形成根亲文化产业链条，进一步提升以黄帝文化为代表的根亲文化影响力。

（五）在深化根亲文化系统研究方面持续发力

无论是提升规格、整合资源还是产业开发，都需要对现有根亲文化资源进行深入系统的研究。为进一步提升黄帝文化的影响力，建议对郑州市根亲文化资源进行系统梳理，组织编纂黄帝文化丛书和根亲文化丛书，对黄帝在中华民族产生发展进程中的地位、作用和影响，黄帝文化在中华文化中的地位、作用和影响，黄帝时期的国家形态、民族形态、文化形态，黄帝出生地、建都地、游历地、安葬地等问题进行系统研究，对那些悬而未决的问题进行科学而权威的阐释，对郑州市的根亲文化在华夏历史文明传承创新区建设中的价值与作用进行科学评估，以科学严谨而富有说服力的研究成果，为郑州市提升拜祖大典规格、整合根亲文化资源、开发根亲文化产业提供理论支撑。

（六）在根亲文化主题园区建设方面持续发力

传承以根亲文化为主题的郑州文脉，强化中华民族精神记忆，应加强根亲文化主题园区建设。一是加强根亲文化标志性建筑物建设，突出郑州城市文化个性。结合郑州城市建设，设立黄帝文化广场，树立黄帝塑像；在通往新郑黄帝故里拜祖大典的主要道路建设黄帝文化廊道，在进出郑州的主要道路沿线建设黄帝文化景观带。二是依托四大文化片区，建设根亲文化特色园区。如可以在商都历史文化区建设古城文化园区，在古荥大运河文化区建设“一带一路”源头文化园区，在百年德化历史文化片区建设现代商业文化园区，在二砂文创广场则可以建设类似于北京 798 和上海田子坊那样的文化创意产业园区，形成各有特色又相互呼应、相互补充的综合型根亲文化主题园区，把郑州市的文化产业推向一个新的高度，在河南省加快构筑全国重要的文化高地方面发挥示范作用。

（七）在推进根亲文化平台建设方面持续发力

抓住河南省建设华夏历史文明传承创新区和郑州市建设国家中心城市的

历史机遇，着力推进和提升根亲文化平台建设。一是依托新郑黄帝文化景区，建设以黄帝祭拜大殿为主体的中华文明博物院，以姓氏寻根为主题的中华姓氏文化园（其中包括以各姓氏祠堂为主体的中华姓氏祠堂群），以各姓氏族谱展示为主要内容的中华家谱博物馆，为进一步提升根亲文化影响力、带动力提供支撑；二是加强软件建设，设立黄帝与中华文化论坛、黄帝与根亲文化论坛，每个论坛每两年召开一次，在每年的拜祖大典期间轮流召开；三是开设黄帝文化网站，把有关黄帝文化的历史文献、研究成果、祭拜活动、寻根活动、根亲文化等作为主要内容；四是联合省内外专家学者设立郑州市根亲文化研究中心，为根亲文化的后续开发提供理论支撑；五是设立专门的高规格根亲文化组织协调机构，负责黄帝故里拜祖大典及根亲文化相关活动的日常组织管理工作。

（八）在宣传推介根亲文化优势方面持续发力

郑州市在黄帝文化和根亲文化的对外宣传方面已经取得了一定的成就，但是和黄帝文化应有的高度和影响力相比，还有很大的提升空间。建议充分利用郑州国际航空港、自贸区、国际陆港、郑欧班列等已有平台，积极发挥国家主流媒体、省内主流媒体和境外媒体的传播作用，在发挥现有文化传播交流贸易优势的基础上，组建黄帝文化和根亲文化海外传播公司，加强对外宣传力度，创新对外宣传模式，努力提升黄帝文化和根亲文化的世界影响力。

参考文献

［1］阎铁成：《重读郑州》. 科学出版社，2015。
［2］刘庆柱：《中国古代都城考古发现与研究》，社会科学文献出版社，2016。
［3］杨宽：《中国古代都城制度史研究》，上海人民出版社，2016。
［4］周孝正：《黄帝文化要永续发展》，《郑州日报》2014 年 4 月 1 日。
［5］张广智：《把嵩山论坛打造成中原文化和华夏文明展示平台》，《郑州晚报》

2015 年 9 月 12 日。
[6]《中共中央办公厅、国务院办公厅印发〈关于实施中华优秀传统文化传承发展工程的意见〉》，人民网 - 人民日报，2017 年 1 月 26 日。
[7]《国家发展改革委关于支持郑州建设国家中心城市的指导意见》，河南日报网，2017 年 1 月 24 日。
[8]《河南省第十次党代会谢伏瞻工作报告全文公布》，《河南日报》2016 年 11 月 7 日。
[9]《河南省委省政府关于印发〈华夏历史文明传承创新区建设方案〉的通知》，河南文物网，2016 年 10 月 27 日。
[10]《2017 年郑州市国民经济和社会发展统计公报》，郑州市统计局网站，2018 - 03 - 13，http：//www. zhengzhou. gov. cn/tjgb/715921. jhtml。

B.22

唱响英雄主义文化的主旋律

——新乡市城市文化定位研究

郭树伟*

摘　要：　新乡具有独特的文化资源优势，主要包括山水文化资源、历史文化资源、英雄主题文化资源三大类。这些优势资源相互映衬，相互补充，不仅是新乡市“以文化城”的宝贵资源，同时也是全力推进新乡文化旅游名城建设的物质基础。整合新乡的文化资源，确立英雄主题文化为城市文化定位，聚焦新乡文化品牌的建设，围绕“大旅游、大文化、大产业”培养或引进发展人才，依托郑州建设新型航空港口建设的历史机遇，加快郑州新乡的路网建设，参与到郑州国际商都的建设中去，是新乡文化资源开发利用的关键措施。

关键词：　新乡　文化资源　“以文化城”

新乡具有独特的文化资源优势，主要包括山水文化资源、历史文化资源、英雄主题文化资源三大类，这些优势资源相互映衬，相互补充，不仅是新乡市“以文化城”的宝贵资源，同时也是全力推进新乡文化旅游名市建设的物质基础。“天地英雄气，千秋尚凛然”，在中国古代史上，那些为人民大众谋福利，反抗统治阶级的压迫，抵抗外族侵略，维护本民族人民独立的历史人物，都是

* 郭树伟，河南省社会科学院文学研究所副研究员，研究方向为唐代文学。

时代的英雄人物；近现代以来，毛泽东同志在人民英雄纪念碑上给英雄做了定义：“三年以来，在人民解放战争和人民革命中牺牲的人民英雄们永垂不朽！三十年以来，在人民解放战争和人民革命中牺牲的人民英雄们永垂不朽！由此上溯到一千八百四十年，从那时起，为了反对内外敌人，争取民族独立和人民自由幸福，在历次斗争中牺牲的人民英雄们永垂不朽！”无论是在中国古代史还是中国近现代史上，新乡市都是一个英雄人物辈出的地方。其中，以忠臣比干、武圣太公为代表的牧野英雄主义历史文化，以太行抗战文化和先进群体文化为代表的革命文化资源和社会主义先进文化古今贯通，一脉相承，都是英雄主题文化，应以此作为新乡市的主题文化定位，加以研究、挖掘，开发利用。

河南省第十次党代会报告提出“加快构筑全国重要的文化高地”的目标，要求全力打造包括道德高地、文艺高地、文化产业高地在内的“三个高地”。作为紧邻省会郑州、具有深厚文化底蕴和历史积淀的新乡，如何打造全省重要的文化高地？如何突出新乡文化特色、精准定位文化产业、大力发展红色旅游、实施“文化+”项目带动战略等是文化研究工作的题中应有之义，也是新乡六百万父老乡亲的殷切期盼。

一　新乡三大文化资源的基础优势

新乡，历史悠久，人文荟萃，风景秀丽，景色宜人，其文化资源涉及人类思想创造的方方面面。新乡市委领导研究认为，相比周边地区，新乡有太行文化可称之为山文化；黄河、卫河文化可称之为水文化；牧野文化可称之为农耕文化；太行抗战文化可称之为革命文化；先进群体文化可称之为社会主义先进文化。这样的总结基本涵盖了新乡文化的主要方面，是合适的，但是也需要进一步地提炼。

（一）以太行山景区为代表的南太行山和以黄河为代表的河山文化资源

新乡地区自然环境优美，南太行景区雄奇秀丽，黄河水流奔腾豪迈，一绿一黄，一山一河、为新乡市自然景观增添了无穷的魅力。南宋初期，岳飞在黄河北岸新乡一代抗击金兵的历史故事主要就发生在这片土地上，他著名的书法之作“还我河山”，其中的“河山”就是特指巍巍太行和滔滔黄河。雄奇秀丽的自然景观使得新乡成为其他区域不可比拟的生态乐园。新乡市林业局2010年公布的数据显示，全市森林覆盖率达20.92%，林地面积205.26万亩，野生动物大约260种。新乡市目前已开发了万仙山、八里沟、关山等生态景区，并建立了黄河故道湿地自然保护区以及白天鹅湿地自然保护区、太行山猕猴国家级自然保护区。黄河流经新乡区段恰是黄河中上游向下游转折的河道，历史上此河道多次发生重大水利灾害，新乡人民兵来将挡，水来土掩，前赴后继，为治理黄河做出了巨大的牺牲。中华人民共和国成立初期，毛泽东主席伫立邙山之巅，发出了“一定要把黄河的事情办好！”的号召，新中国黄河水利委员会就驻地新乡，此乃新乡独特的历史遗存和文化特色，因此要打造在全国叫得响的新乡文化品牌，必须全力打出“太行山”“黄河水”两个牌子。新乡市委市政府提出了“太行魂”这个概念，“太行魂”就是太行精神，是太行文化的精髓。“太行魂”的内涵是艰苦奋斗，自强不息，英勇无畏，坚忍不拔，勇于担当，与时俱进。“太行魂”和黄河文化也是一脉相承的，黄河文化就是一往无前，战胜困难，蔑视困难的大无畏精神。人文资源与自然资源交相辉映，生成了新乡太行人敢为人先、创业有为、坚忍不拔、奋发图强的“太行魂”精髓，南太行的“扁担精神”和焦作济源的愚公移山文化均属于太行文化精神子系列的故事，是太行山和黄河水给予新乡人民独特的自然馈赠，弥足珍贵。

（二）以忠臣比干、武圣太公为代表的牧野英雄主义历史文化资源

新乡历史悠久，从人文始祖、“三皇”之一的共工开始到如今，时间跨度长达七八千年，文化资源丰富。其中既有千年古村落的延续，也有各地代表性历史人物故事流传，而牧野文化则是新乡这座城市成长的名片，这张文化名片有足够的容量和内涵承载新乡的过往历史记忆和今天的文化定位。牧野文化由众多故事系列组成，其中主要包括共工怒触不周山、商汤伐夏桀鸣

条之战、忠臣比干强谏纣王、武王灭商牧野之战、武圣太公著述六韬、张良博浪椎击秦始皇、岳飞抗金保家卫国等。这些故事以牧野之战为核心叙事内容组成了一个牧野文化故事群，这些事件不但有很高的知名度，而且都有着值得传承的精神和文化内涵。牧野文化主要借由牧野之战而得名，牧野之战是牧野文化的核心叙事内容。牧野之战是代表先进生产力的周王朝取代腐朽没落的殷商王朝的战争，牧野文化是王者吊民伐罪，为民请命，救民于水火的英雄文化。牧野之战在历史上极具影响力，于历史纪年极具关键性，因此以牧野文化作为新乡的文化名片，适得其名。鲁迅先生说过："我们从古以来，就有埋头苦干的人，有拼命硬干的人，有为民请命的人，有舍身求法的人。"在牧野文化系列故事中，以忠臣比干为代表，以商汤伐夏桀鸣条之战、武王太公伐纣为代表，是王者吊民伐罪，救民于水火的代表，是为民请命的代表。平原大地，表里山河，雄奇俊秀的自然风物则是孕育此种英雄文化的土壤。概言之，新乡的山文化、水文化、牧野文化、太行抗战文化、先进群体文化无不体现了一种英雄文化的主旋律，是不同历史时期英雄主义的体现，英雄主义是牧野文化的精髓。

（三）以太行抗战文化和先进群体文化为代表的革命文化资源和社会主义先进文化资源

太行山，这座阅尽人间沧桑的历史名山，多次出现在历代诗人的歌赋之中。魏武帝曹操有"北上太行山，艰哉何巍巍"之诗句，唐代大诗人李白曾有"欲渡黄河冰塞川，将登太行雪满山"之语。巍峨雄伟、气势磅礴的太行山在抗日战争中更是成为华北抗日根据地的中枢，以朱德、彭德怀为司令的八路军总部就建立在太行山上，围绕八路军总部，共产党人建立了陕甘宁、晋察冀、晋冀鲁豫等 19 块革命根据地领导中华民族的抗日战争。朱德有诗曰："群峰壁立太行头，天险黄河一望收。两岸烽烟红似火，此行可当慰同仇。"太行儿女在共产党人的带领下，保卫家乡、保卫黄河、保卫全中国，敢于抗争、敢于牺牲，中华民族不可战胜的太行抗战文化精神至今仍是我们民族前进的巨大动力。

中华人民共和国成立以来，河南新乡先后涌现出史来贺、刘志华、吴金印、张荣锁、裴春亮、许福卿、范海涛等一大批以基层党组织书记为代表的先进典型，形成了新乡独特的“先进群体现象”及模范和典型人物，在全省乃至全国都产生了广泛社会影响。这其中最著名的有新乡县七里营镇刘庄村党委书记、农村党支部书记的好榜样史来贺同志，在五十年的奋斗生涯中，他带领全体村民使刘庄由贫困落后村步入小康行列，他也多次受到毛泽东、江泽民等党和国家领导人接见，成为全国人民学习的榜样。此外，还有卫辉市唐庄镇党委书记“太行公仆”吴金印；“全国十大女杰”之一的京华实业公司总经理刘志华；“富而思进”，带领全村人改变山区贫穷面貌的辉县市上八里镇回龙村党支部书记张荣锁；带领辉县人民战天斗地的原辉县县委书记郑永和；驻新某部班长、见义勇为的英雄徐洪刚；感动中国十大人物、全国最好村干部裴春亮。这些典型和榜样人物，他们的英雄事迹不仅为新乡人民争了光，也创造了值得全国人民永远汲取的精神财富。

二　新乡三大文化资源的开发现状

新乡市委市政府弘扬太行文化精神，坚持旅游引领，推动旅游与文化融合发展，着力打造百亿传统文化及旅游产业集群，带动全区域服务业的大发展，新乡的三大文化资源的开发都取得了新进展。

（一）新乡市委市政府的“以文化城”顶层设计和规划

作为紧邻省会、具有深厚文化底蕴和历史积淀的新乡，如何打造全省重要的文化高地？如何响应省十次党代会报告明确提出的“加快构筑全国重要的文化高地”的目标？如何全力打造包括道德高地、文艺高地、文化产业高地在内的“三个高地”？新乡人在思考，2017 年 12 月 1 日，新乡市委宣传部组织召开了一次由全市宣传文化系统相关单位、驻新高校及部分文化企业负责人参加的宣传思想文化战线务虚会，就新乡如何打造文化高地进行热烈的研讨，与会人员畅所欲言，就突出新乡文化特色、精准定位文化产业、大力发展红色旅游、实施“文化+”项目带动战略等方面提出了许多好的意见和建议。“习近平总书记在‘七一’讲话中提到，文化自信包括三个方面，中国优秀传统文化、革命文化、社会主义先进文化。”新乡市委宣传部部长丁同民认为，新乡这三个文化要素和基因，进一步激活牧野文化、太行抗战文化、先进群体文化，放大新乡文化高地建设的效应，就是在激活新乡文化高地建设的基因。他要求全市要进一步加强新乡文化高地的谋划、研究、宣传、规划和建设，进一步激活牧野文化、太行抗战文化、先进群体文化，放大新乡文化高地建设的效应；要加强新乡文化高地的精准推介与宣传，优化文化资源配置，统筹与整合全市文化资源。

（二）依托太行山，凝聚太行魂打造新乡南太行文化旅游

新乡南太行旅游有限公司总经理王洪昌认为，旅游是文化的载体，文化是旅游的灵魂。在现代化背景下，对旅游产品的打造不仅要体现生态、环保理念，更要加大力度注入文化，依据各地的文化资源禀赋，推进文化与旅游的充分融合。新乡南太行紧紧锁定南太行特色资源，打造了一批具有鲜明南太行特色且深受游客喜爱的旅游文化产品。如：围绕郭亮、崖上人家、齐王寨等传统古村落打造太行民俗民居文化；借势《举起手来》《清凉寺的钟声》等在景区拍摄经典影视作品的影响力打造影视基地文化；利用国家攀岩公园、挂壁公路、国际登山健身步道等独一无二的旅游资源开发山地户外运动文化；借势老爷顶和西莲寺在中原地区和民间的影响力打造宗教旅游文化；利用太行山红色精神和修建挂壁公路的“愚公移山”精神开发红色教育文化。根据游客调查与市场数据分析，每年郭亮、崖上人家太行民俗和影视文化吸引的游客约60万人次，户外运动约30万人次，宗教文化和红色文化约20万人次，带动综合社会效益约5亿元。为进一步打造“新乡南太行”旅游文化品牌，新乡南太行还计划借助南太行独特的地貌特征，联合新乡市高校深入开发研究学习旅行产品；以新乡南太行大健康产业园为载体，联合新乡市平原示范区大健康产业自贸产业园，发展

中医药医疗保健服务，做大做强健康养老服务产业；已规划了13项文化产业项目，总投资约30亿元的“太行铁顶”老爷顶道教文化基地、国家登山健身步道系统、太行崖上人家民俗度假村落、郭亮文化艺术中心等项目。进一步形成大文化产业，彰显巍巍太行、滔滔黄河的独特魅力，展示新乡太行厚重的历史文化和时代变迁，使太行山文化和黄河文化成为新乡的新名片。

（三）以抗战文化精神为代表的红色旅游开发和新乡先进群体文化得到社会关注

新乡市区域内的南太行重要节点是宝泉景区，这里留下了商道古票号、八路军后方医院、陈赓抗战日记、新乡城工委旧址等历史遗迹，还有宝泉水库、潭头电站等实物例证，已经被新乡市确定为红色教育基地。宝泉景区重点围绕红色遗迹进一步完善了标牌标识，为推动红色教育基地建设，整修了道路，初步形成了一条起于裴寨、延至宝泉，可看、可学的红色教育线路。在宝泉，又分为崖上和崖下，即以抗战遗迹为依托的崖上抗战精神教育和崖下以潭头水电站、宝泉水库为依托的“辉县人民干得好”的革命传统教育，崖上崖下以陈赓抗战秘密小道相连接。同时，为了使广大党员干部更好地认识太行、了解太行，还投资建设了抗战展览馆、陈赓日记摩崖石刻、干部培训教育基地等，并规划了黄河干部学院宝泉教学基地项目。2017年以来已累计接待各类培训班60余期，受教人数3000余人。新乡市计划围绕刘庄、京华、龙泉、七里营毛主席视察田等新乡先进群体精神教育基地现场教学点，与周围党建教育基地如红旗渠干部学院、焦裕禄干部学院、大别山干部学院进行横向联合，培训互补，让新乡县的先进经验和先进典型走向全国。同时，谋划胡韦线两侧旅游线路，建设从刘庄到京华园沿胡韦线经大召营到合河再到南太行景区的旅游路线，充分利用开发沿线的旅游资源，尽快将当地文化旅游资源融入全市文化产业发展大规划中。

三　新乡文化资源开发利用存在的问题

相对于周边区域市来说，无论从区域经济发展的整体战略思路方面，还是微观的具体执行操作层面，新乡市在三大文化资源开发利用方面已取得不少成效。但是，就新乡文化资源整体开发利用而言，还存在如下一些问题。

（一）文化资源的主题优势和品牌打造不够突出

环顾新乡四周，在新乡之北，有安阳殷墟文化和河北燕赵文化高地；新乡之南，有郑州商都文化和许昌的三国文化高地；新乡之东，有濮阳的龙文化和开封大宋文化高地；新乡之西，则有洛阳的河洛文化和焦作的太极文化高地。而新乡虽然打出了牧野文化的品牌，但是还存着文化资源的主题优势和品牌打造不够突出的问题。新乡到底要打造纯粹的自然山水景观品牌还是要打造人文资源景观品牌，或者二者兼之，这就需要理顺三大文化资源的层次性、结构性，围绕新乡战略发展思路，把三大文化资源合理聚焦，认真思考文化资源的主题优势，打造一个主题优势品牌的工作势在必行。牧野文化不能泛泛称之为农耕文化，牧野具有地域特指性，相关景观与资源极具开发性，在当地市民中又具有广泛认知性，因此牧野文化是新乡文化品牌的战略选择，但是在这个问题上，尚需要深度挖掘牧野文化的内涵，突出牧野文化英雄主义的主旋律。

（二）基础设施有待进一步完善提升，产业链条有待进一步拉长

景区基础设施有待进一步完善提升，产业的结构性问题仍然突出。目前景区基础服务设施已不能满足日益增长的游客的需求，很大程度上制约了景区的发展。目前景区仍以门票、车票、索道、船票收入为主，“住、玩、购、娱”等后期二次消费产品或项目基本没有，景区产业链条短，效益低，不能为游客休闲度假和深度消费提供强有力的资源支撑和服务保障。这就需

要采取措施，提高服务质量，美化景区环境，让游客有“进入新乡即进入景区”的美好感受。

（三）“大旅游、大文化、大健康”产业发展的人才短缺，平台需进一步完善

“大旅游、大文化、大健康”产业的核心竞争是人才的竞争。新乡区位优势、中医药资源优势、高校科研人才储备以及正深入推进的南太行旅游，都为大健康产业发展提供了扎实的基础和良好的环境，但是如何把这些高校和研究机构的人才吸引到大旅游、大文化、大健康产业发展上来，给他们打造创业平台，把他们的理论和技术力量转化为文化产业的生产力，则是政府需要思考的重要课题之一。

四　推动新乡文化资源开发建设的建议

习近平总书记认为：文化自信包括三个方面，中国优秀传统文化、革命文化、社会主义先进文化。新乡在沿着“大旅游、大文化、大健康”的战略发展思路上已经迈出了坚实的第一步，如何突破自己认识的瓶颈、发展的瓶颈，搭乘中原崛起的快速列车，加入郑州建设国际商都的序列，需要大家同心同力，凝聚共识，对新乡文化资源开发利用提出如下对策建议。

（一）做好顶层设计，加快新乡文化高地的谋划与研究

新乡市委要求全市要进一步加强新乡文化高地的宣传、规划、谋划、研究和建设，尽快拿出牧野文化发展报告、黄河文化发展报告、太行文化发展报告、先进群体文化发展报告等一批研究成果，统筹与整合全市文化资源，优化文化资源配置。新乡市委宣传部领导表示，新乡打造文化高地，是加快郑新融合的需要，也是加快新乡转型发展与产业升级的需要。新乡要在组合型大都市地区协同发展中奋勇争先，就必须加快构筑与新乡区域板块快速崛起相适应的文化高地。从转型发展和产业升级方面来说，新乡要向文化上

“转”，向文化上“升”，无疑是砥砺前行的趋势所在。因此，要通过一台大型舞台艺术、一个影视基地或者主题公园、一部文化大片、一个文化连锁品牌等，逐步形成文化产业链，让群众在欣赏学习的过程中体验、消费、传承文化，推动新乡“大旅游大健康大文化大体育”文化综合高地建设。顺应大势、乘势而上，武装干部头脑、丰富群众生活，进一步深化改革、扩大开放，加快转型发展、产业升级，加快推进“创新新乡、富裕新乡、文明新乡、绿色新乡”建设，具有长远性、战略性、先导性、基础性的意义。

（二）发挥新乡文化资源独特优势，打造特色文化品牌，推进文化与旅游充分融合

要充分发挥新乡市的独特人文历史和山水资源优势，在原有的基础上继续做强做大文化产业，围绕“大健康、大旅游、大文化”发展战略，积极打造“看得见山、望得见水、留得住乡情”的美丽新乡、人文新乡，以“旅游依托、健康带动、文化支撑、产城共融”为主题，以创建国家全域旅游示范区为载体，努力擦亮“山水旅游”“文化旅游”“健康旅游”的亮丽名片，打造中原大健康产业示范基地，努力建设国家健康养老产业示范基地和中外游客的旅游目的地。依托全市水系建设的整体规划，利用合河乡极富特色的卫河源头历史民俗文化、内陆水乡文化、文化古迹等优势资源，打造临河文化旅游经济区，通过合河乡境内的水系恢复改造工程，让卫河重新展现清澈秀美的动人风貌。

（三）围绕“大旅游、大文化、大健康”引育发展人才

坚持人才优先发展战略，实施重大人才工程，努力培养一支规模宏大、结构优化、布局合理、素质优良的人才队伍。一是实施高层次人才引进计划。完善人才引进配套措施，做好企业人才需求的征集、推介、洽谈、对接、跟踪服务工作，打造人才集聚良好平台。重点围绕大健康、大旅游、大文化、电子信息等产业领域以及互联网、电子商务、创意设计、文化旅游等领域，通过采取柔性引进、建立企业服务团等形式，大力引进集聚高层次创新管理

团队和复合创新型人才。二是实施全民职业技能训练计划。加快筹建 3～5 家高水平、高标准的应用型院校，建立适应市场和企业用人需求的、有发展前景的热门专业，树立新乡职业教育知名品牌。三是完善落实各项人才政策。制定和完善落实各项人才政策，设立人才发展专项资金，健全人才培养选拔、评价选用、流动配置、激励保障机制，多渠道、多方式吸纳科技人才和创新团队，推动各个领域创新。建立人才引进“绿色通道”，完善人才入境、落户、社会保障、子女入学、配偶安置等政策措施，保障引进人才的各项待遇。

（四）加快郑州新乡路网建设，参与到郑州国际商都的建设中去

“酒香也怕巷子深”，新乡要充分利用郑州、新乡的区位连接优势，加强基础条件连接、优势产业对接、都市生活联通，优先推动基础设施项目连接，推动公共服务共享，强力推动要素区域流动。积极衔接郑州航空港经济综合实验区、郑欧班列、郑州跨境贸易综合试点，大力推动郑新一体化，将新乡建设成为郑新融合发展先行区，加快郑州新乡路网建设，参与到郑州国际商都的建设中去。建设现代综合交通。实施综合交通提速升级工程，优化交通网络布局，提升道路互联互通能力，实现过境通道高速化、区域干线快速化、城乡交通一体化、交通管理信息化。加快铁路建设。完善高速公路网络。加强农村公路和重要旅游公路建设。实施全区旅游道路改扩建工程，规划沿太行旅游通道，加快重要旅游节点公路、美丽乡村、古村落等交通设施建设。努力提高农村公路的通行能力和通达深度。积极完善城乡公交服务。实施智慧公交工程，加大公交优先投入，适时更新置换智能化、环保型公交车辆，增加城镇公交线路密度。合理规划旅游公交线路，实现旅游公交通达县域全部景区。这些交通规划在新乡“十三五”规划中已经确定下来，目前的任务就是要尽快地落实下去。

结　语

2015 年，习近平在纪念中国人民抗日战争暨世界反法西斯战争胜利 70

周年大会上讲道："今天，中国正在发生日新月异的变化，我们比历史上任何时期都更加接近实现中华民族伟大复兴的目标。实现我们的目标，需要英雄，需要英雄精神。"英雄主义文化是新乡独有的一份弥足珍贵的资源，唱响英雄主义文化的主旋律是新乡市"以文化城"的历史进程中进行城市文化定位不可或缺的内容，也是建设大山大水大平原、建设美丽新乡的题中应有之义。

参考文献

[1] 李虎成、代娟：《新乡，如何打造"文化高地"?》，《河南日报》2016 年 12 月 12 日。
[2] 张新斌：《牧野文化：新乡城市文化品牌的战略选择》，《河南科技学院学报》2016 年第 11 期。
[3] 李新：《新乡地域文化资源的分布及特点》，《新乡学院学报》2013 年第 3 期。
[4] 胡继冬、张利：《浅论新时代革命文化的传承——以新乡先进群体精神为例》，《河南科技学院学报》2018 年第 1 期。

B.23
淇水诗韵　生态鹤壁
——鹤壁市城市文化定位研究

李建华*

摘　要： 找准鹤壁城市的文化定位，打造鹤壁城市文化品牌，是提升鹤壁文化软实力的需要，也是推进鹤壁城市高质量发展的需要。鹤壁城市的文化定位应从淇河文化中提炼城市文化内涵，把“淇水诗韵，生态鹤壁”作为鹤壁市的城市文化定位，并围绕这一文化定位进行文化建设，塑造与鹤壁地域特色和时代特征相适应的城市文化形象。

关键词： 鹤壁　淇河　诗韵　生态

城市是人类文明的结晶，是人类为满足自身的生存和发展而创造的人工环境，城市的发展既是一个物质环境的建设过程，也是一个文化积淀的过程，每个时代都在城市建设中留下了一个时代特有的痕迹。城市的吸引力和魅力，主要来自城市的文化，城市独特的文化内涵和文化品位是支撑城市魅力的基础。当今城市竞争不仅仅是单一经济层面和生产要素的竞争，还包括城市文化软实力的竞争，城市已经从“拼经济、拼管理”发展到“拼文化”的阶段，文化对于城市社会经济发展的推动、引导和支撑作用日益增强。在这个城市以文化论输赢的时代，国内很多城市都在积极寻找自己的城市文

* 李建华，河南省社会科学院城市与环境研究所助理研究员，研究方向为城市经济与文化。

化特质，并通过准确鲜明的城市文化定位，提升城市发展的软实力，促进了城市经济社会的发展。对于鹤壁这样一个内陆资源型城市，如何充分利用丰富的历史文化资源，找准城市文化定位，塑造城市文化品牌形象，在激烈的城市竞争中赢得战略主动，促进城市转型发展，是一个紧迫而现实的问题。

一　城市文化定位的内涵解析

城市文化有广义和狭义之分。广义上的城市文化，是指在城市发展过程中人们所创造的物质财富和精神财富的总和；狭义上的城市文化，是指在城市长期的发展中培育形成的独具特色的共同思想、价值观念、基本信念、城市精神、行为规范等精神财富的总和。城市文化是一个城市的精神与灵魂，城市的发展，小到一座城市建筑，大到整个城市的空间布局和形态，都作为城市文化的物质载体，是城市文化重要的表现方式。对一个城市而言，城市文化定位就是要寻找这个城市与其他城市的差异，确立具有本地民众基础且有自身发展特色的文化个性。城市文化定位能够表现出城市独有风格、鲜明的个性与特点，如何找准城市文化特色、提炼城市精神，是明确城市文化定位的关键。

二　城市文化定位对鹤壁的影响与作用

一个城市的文化定位就是一个城市的靓丽名片、金字招牌，文化定位的确立，有利于塑造鹤壁市的城市形象、突出城市特色、增强城市综合竞争力和核心吸引力。

（一）文化定位有利于彰显鹤壁城市竞争力

城市竞争力反映的是城市的综合实力，主要包括硬实力和软实力。硬实力主要指城市的经济、科技、基础设施等物质力量，软实力则主要指城市的文化、价值观念、社会制度等影响城市自身发展潜力和感召力的人文精神力量。在城市竞争力的各个要素中，文化因素占据重要地位，文化是衡量城市软实力的核心内容。文化展示城市的品位和风尚，文化不仅能够为城市经济社会发展提供强大的精神动力和智力支持，而且文化本身也具有巨大的创造力，城市的文化产业能够产生巨大的经济效益和社会效益。一个没有文化底蕴的城市不可能具有持久的吸引力和竞争力。城市核心文化所体现出来的先进价值观和独特的城市文化特质，是文化软实力的重要内容，在城市发展中具有重要作用，是支撑城市发展永不耗竭的动力源。由城市文化底蕴所构成的软实力，比城市的硬实力更具有原创性、独特性、创新性和持久性，更能持久地吸引人。因此，在鹤壁推进百城建设体质工程和文明城市创建实践中，加强城市文化建设，不仅是鹤壁政治、经济、文化、社会、生态五位一体协调发展的现实需要，而且是丰富鹤壁城市文化内涵，提升鹤壁城市竞争力和影响力的战略举措。

（二）文化定位有利于凸显鹤壁城市特色

城市的魅力在于特色。特色是城市品牌、城市优势的集中体现，也是城市竞争力的核心所在。一个没有个性和特色的城市，肯定也是缺少竞争能力的城市。城市特色越鲜明，它的知名度和影响度就会越高。由于地理位置、历史文化、传统习俗等情况的不同，决定了不同的城市有自己独特的城市特性。要在竞争中体现出城市的特色和优势，就必须有非常鲜明的城市文化功能的定位。国内外有许多城市都具有非常鲜明的特色或特征。比如，说起意大利的威尼斯，人们就会想到“水上城市”，说起法国巴黎，人们就会想到“浪漫之都”，说起上海，就会想到外滩的建筑群，说起成都，就会想到休闲城市。这就是城市文化的特色和魅力所在，它会在人们的记忆中留下深刻的印象。鹤壁现在正处在资源型城市转型发展的关键阶段，必须要准确找到自己的城市定位。鹤壁是一个历史文化名城，就要充分挖掘和展示自己的城市文化特色，一方面突出历史文化特色，另一方面突出生态环境优势，鹤壁城市的个性特色就会凸显出来。

（三）文化定位有利于塑造鹤壁城市形象

城市形象是公众对城市的具体感知、总体看法和综合评价。通俗地说，城市形象就是城市给予公众的感受或感觉。城市形象包括政治、经济、文化、生态以及市容市貌、社会秩序、市民素质、历史文化等很多方面。城市形象也是一种竞争力。良好的城市形象能产生巨大的凝聚力和吸引力，可以使资金、技术、人才、企业等各类资源聚集于此。而展示城市形象最重要的是靠文化的魅力。其实，城市形象建设的许多方面都可以归结到文化上，无论是城市形象的硬件建设如城市广场、街道公园和绿地等城市景观，还是软件建设如理想信念、价值观、伦理道德、城市精神等，都离不开文化的支撑。在城市的经济社会发展的各个领域，无论是生产、消费，还是城市治理和城市居民日常行为素质，都能够折射出文化的内涵，反映出这个城市的文化底蕴和文化水准。文化作为一种精神力量，正在深刻影响和塑造着城市形象，改变着城市的面貌。鹤壁是一个文化底蕴深厚的城市，要将优秀的历史文化基因厚植到城市基础设施和标志性建筑、人文景观建设和城市精神的培育之中，有利于塑造鹤壁城市形象，提升鹤壁城市文化品位。

（四）文化定位有利于提高鹤壁城市聚集度

当今城市之间的竞争不仅仅是地理位置、基础设施、资源和成本的竞争，更重要的是人的素质和地区文化的竞争。从各个城市正在掀起的“抢人才大战”就可以看出来，文化竞争力已经成为地区的核心竞争力。以长三角和珠三角为例，很多跨国公司和创业者进驻该地区的理由不仅仅是因为那里得天独厚的区位优势、较为发达的经济和较为先进的技术装备等“硬实力”，更看重的是那里的文化、人文环境等背后的“软实力”，是那些城市自强不息、艰苦创业、勇于创新的城市人文精神，以及这种精神塑造的优良“软环境”吸引人们去那里生产和生活。现在区域经济一体化向纵深层次推进，城市之间的竞争更加激烈，如何打造城市软环境，发挥文化在提升城市竞争力中的作用，将决定这个城市的聚集度与区域辐射力。鹤壁目前如果能够在城市文化定位基础上，弘扬城市精神，营造良好的城市软环境，就能大大增强鹤壁的吸引力和聚集力，促进城市进一步发展。

三　鹤壁城市文化定位的资源基础

鹤壁市物华天宝，人杰地灵，历史文化积淀丰厚，这里有淇河文化、古运河文化、名人文化、民俗文化等，是鹤壁市的优势文化资源。

（一）淇河文化

淇河发源于山西省陵川县棋子山，属于海河流域，是卫河的支流。淇河向东流经河南省辉县、林州、鹤壁市淇滨区、淇县及浚县，最后注入卫河。淇河自太行山深处奔涌而出，淇河两岸千峰竞秀，景致优美，有北国漓江之称。据国家地质部门实测记载，淇河形成于下奥陶纪，距今已有五亿年的历史。淇河干流全长161.5公里，是我国北方地区没有被现代工业污染的河流。淇河是一条盛产诗歌的河流。“淇水汤汤，渐车帷裳”“淇水悠悠，桧楫松舟”，都是《诗经》里描写淇河两岸美丽风光的诗句。在《诗经》中，共有39篇诗歌都是直接描写淇河风光的。除了《诗经》描写淇河风光，还有很多脍炙人口的诗词歌赋和文学作品描写淇河风光。据考证，现存历代游览吟咏淇河的诗文有300多首。古代规模最大的诗集《全唐诗》中有咏淇诗歌近40首。淇河是名副其实的“诗河、史河、生态河”。

（二）古运河文化

鹤壁境内的大运河始于东汉末年的白沟运河，西南—东北走向，全长约71公里。隋炀帝时开通永济渠，北宋更名为御河，明初又改称卫河并一直沿用至今，历史上一直是华北平原上沟通南北的重要水上通道。20世纪70年代初断航，通航近1800年。大运河鹤壁段留下了大量的物质文化遗产和非物质文化遗产，主要有卫河浚县段、黎阳仓遗址、浚县古城、云溪桥、枋城堰遗址、大伾山、浮丘山文化景观、屯子镇码头村古村落等自然历史文化遗产。其中黎阳仓遗址是隋朝永济渠沿线规模最大的官仓，为隋朝漕运的历史见证。卫河浚县段河道走向清晰，基本保持了历史上卫河的原有风貌，是中国古代运河的典型代表。

（三）名人文化

鹤壁历史悠久，人才辈出，曾养育了鬼谷子、孙思邈等众多历史文化名人。在这里，商纣王帝辛在位前期，重视农桑，社会生产力得到大发展。大禹率民治水，登临大伾山。东汉光武帝刘秀神坛祭天，后赵皇帝石勒雕凿大石佛，形成华北第一古庙会的雏形。孔子周游列国，在淇水设坛讲学。鬼谷子王婵创建中国古代第一座军事学校收徒授课，培养了很多优秀弟子如孙膑、庞涓、尉缭子、苏秦、张仪、毛遂、范蠡等。罗贯中曾隐居在距鹤壁市区西北1.5公里处的庞村镇许家沟村，创作了经典名著《三国演义》。历史上有记载的第一位女诗人许穆夫人，在这里创作了《诗经》中《竹竿》《泉水》《载驰》等作品。另外，子贡辞令救鲁兵，荆轲白衣渡河、孤身刺秦等历史事件也发生在此。

（四）民俗文化

鹤壁悠久的历史积淀了源远流长的民俗文化，其中以庙会文化最为盛行。鹤壁的庙会文化已经有几千年的历史，它是乡村群众极为重视的一项民间活动。浚县每年正月的古庙会从正月初一一直举办到二月初二，吸引游客量曾达30万人次，有“华北第一古庙会”的美誉。目前鹤壁已经举办了10届中国（鹤壁）民俗文化节，节会上社火、舞狮、书会、降香等活动接连不断，也有美食、灯盏、民间艺术品等吸引周边5省近100个市县的500多万游客到此休闲旅游。此外，还有灵山的泼水节，每年的7月15日至8月15日，是古灵山景区为期一个月的盛大泼水节活动。人们怀着美好的愿望和喜悦的心情，到古灵山参加泼水，以此祈福祝愿，消除盛夏酷暑的烦躁，释放工作、生活的压力。

四　鹤壁城市文化定位的思考依据

城市文化定位是一个城市文化的高度提炼和集中体现，能够反映一个城市的特色和内涵，是该城市的灵魂所在。鹤壁的淇河文化、古运河文化、名人文化、民俗文化等都是非常宝贵的财富，鹤壁城市的文化定位必须依托这些历史文化资源。本文认为鹤壁城市的文化定位应该是“淇水诗韵，生态鹤壁”。之所以这样定位，是基于以下几点思考依据。

（一）淇河的地位和影响

淇河是中华民族的一条古河，是鹤壁的母亲河，历史非常悠久，商周时期就已存在，距今有4000年之久。淇河也是中国历史上的名河，中国传统典籍四书五经、《战国策》、《说文解字》等都有记载。历代都有文人墨客为淇河泼墨书写了大量的诗词、书画作品，反映了不同时代淇河的风貌和文化。淇河也因在我国文化、文学历史发展中所产生的影响而被中国诗歌学会命名为“中国诗河”。进行城市文化定位，必须要找出一个社会大众普遍接受的文化概念，并通过这个概念去辐射、去影响、去吸引国内外更多的人，让这座城市的基本文化特质得到大众的认同。淇河就有这样的特质，它的诗韵文化内涵得到大家的普遍认可，能够代表鹤壁的地域文化特征，鹤壁也因为这条诗河而被国内其他地方更多的人所知晓。

（二）淇河的自然生态条件

淇河流域的自然生态条件优良。鹤壁历任政府都特别重视淇河的环境保护，淇河的水质良好。监测显示，鹤壁淇河多年来保持国家二类以上水质标准，境内沿河的两个饮用水水源地水质达标率始终在100%。近年来，河南省环保厅11次公布的河南省辖市城区内60条河流季度水质状况，淇河水质就有10次排名第一。淇河不仅水质良好，两岸生态环境也是优良。淇河流域有一个面积达1.2万余亩的河流湿地。监测显示，已经查明的淇河鱼类达

64 种，是河南省鱼类种类最多的河流。淇河沿岸野鸟种类已增加到 150 余种，其中数十种是近年来新监测到的。南方常见的一些水生植物，如茭白、慈姑等也开始在淇河湿地茁壮成长。淇河沿岸生态环境越来越好，2014 年淇河生态旅游区被评为“国家生态旅游示范区”。淇河由于其优良的水质和生态环境，正渐渐成为本地居民和周边游客观光休闲的良好场所。由此也形成了文化和生态辉映、一河清水一河诗的局面，这也正好契合了“淇水诗韵，生态鹤壁”的总体定位。

（三）广泛的基础支撑

城市文化定位离不开现实基础条件的支撑，“淇水诗韵，生态鹤壁”的定位基于以下几方面条件的支撑：一是基础建设项目支撑。鹤壁市近年来围绕淇河做了很多工作，建了很多项目和工程。在淇河沿线规划建设了淇水诗苑、淇水乐园、森林生态主题公园、生态湿地主题公园、生态植物主题公园等“一河五园”工程，将淇河的诗经文化更加凸显出来，让这条古老河流焕发出勃勃生机。除了基础工程项目，鹤壁还创作了文化项目，联合河南博物馆共同演绎了中国首台古乐吟诵情景剧《淇水恋歌》，将古代乐器演奏、传统诗词吟诵和现代多元艺术相融合，让现代人更容易了解鹤壁文化。二是舆论宣传基础。近年来，鹤壁政府层面对外宣传也特别重视淇河和淇河文化，从 2013 年开始，鹤壁就以“淇水”为着力点，在各大媒体、重点网站、户外广告牌上不断推出“诗意淇水，生态鹤壁”的旅游宣传口号，鹤壁城市旅游的知名度和吸引力与日俱增。三是群众基础。鹤壁人提到淇河自豪感就油然而生，对淇河的热爱和呵护也是自发形成的。每天在淇水诗苑都能看到诗歌爱好者在对游人做义务讲解，在淇河岸边也能看到捡拾垃圾的志愿者和作诗、朗诵的诗歌创作者和爱好者。淇河和诗歌在鹤壁具有广泛的群众基础，已经成为鹤壁的城市名片。无论是在物质建设方面还是在精神文化方面的项目载体建设，都给鹤壁城市的文化定位提供了坚实的基础条件。

五　落实鹤壁市文化定位的保障措施

（一）保护传承和发展淇河历史文化

完整地保护昨天的历史和文明，是现代社会进步、文明发达的重要标志。保护昨天的历史和文明，也是为了今后更好地发展。淇河的历史文化保护要树立全新的保护理念，让淇河的碑刻、石桥、石板古道等历史遗迹在展示利用中得到保护。在加强保护的基础上，也要深入挖掘淇河地域历史文化资源，挖掘淇河文化中具有时代意义的东西，赋予其新的时代内涵。比如：对淇河文化的研究，就是要弘扬淇河文化，爱护母亲河，做淇河的优秀儿女；对历史名人的研究，就是要学习他们的爱国主义精神，维护国家统一、爱国爱民、敢于改革、勇于创新、高风亮节等优秀品质；对民俗文化、科技文化等的研究，就是要继承优良传统，推陈出新，为当今社会经济建设服务。

（二）提升淇河生态环境质量

良好的生态环境质量，能够保障“生态鹤壁”永续发展。淇河目前是鹤壁重点打造的旅游生态休闲区，在发展过程中要防患于未“染”。要对淇河实施功能分区，沿淇河划分红线区、黄线区、绿线区。对禁止开发区域，只能实施生态修复项目，其他任何建筑施工项目都要禁止。禁止开发区域除有机农业外，也不适合从事任何种植业、养殖业项目。对限制开发区域，积极倡导公益性休闲旅游项目，限制商业性休闲项目，尤其要限制旅游地产项目，可以适当发展观光农业。对重点开发区域，主要是淇河新区段，充分发挥现有公共设施的作用，利用大赉店遗址、花窝遗址等建设各种滨水城市主题公园，拓展人们休闲游玩的空间。借助国家级海绵城市试点、节能减排试点政策优惠，合理优化各项水源管网。倡导低碳交通，投放环保电动观光车和共享单车，减少燃油动力车在淇河休闲旅游区内行驶。加大行政执法力度，及时纠正到淇河洗衣洗车、沿河乱丢垃圾等不文明行为，坚决查处乱搭乱建、乱采乱捕及向淇河排污等违法甚至犯罪现象。

（三）建立城市文化标识系统

城市文化标识系统包括城市形象标志、标志性建筑、雕塑等方面。城市文化标识系统是城市文化定位的外在表现形式，也是城市形象的缩影。城市文化标识系统集中体现了鹤壁人民的精神追求，它对于提升鹤壁城市的地位，彰显鹤壁城市的文化个性，都具有非常重要的作用。鹤壁城市形象标志的设计要有仙鹤这一元素，可以让人联想到“仙鹤栖于南山峭壁”，想到鹤壁非常诗意的名称由来。淇河被命名为“中国诗河”，可以在淇河边显著位置设立诗河的标志物，也可以设计诗河纪念物，树立与淇河有关的诗人、名人雕像等，让诗河的称号看得见、摸得着。

（四）培育高素质的市民群体

一个有文化的城市，必然拥有具备较高素质的市民群体。鹤壁城市文化的定位与发展最终要通过高素质的市民来传承和弘扬。通过多种形式的舆论宣传，让鹤壁人了解自己城市的历史渊源，通过地域文化的熏陶产生对文化的认同和归属感，并形成巨大的向心力和凝聚力，进而营造出勤奋进取、开拓创新、诚实守信、扶危助困的鹤壁人文精神氛围，进一步激发人们的自豪感和责任感，实现地域文化传承发展和人文素质提升的完美结合。

（五）完善政策法规保障体系

鹤壁城市的文化定位需要有完善的政策法规体系来保障落实。城市文化定位需要制定一系列规划，规划的实施就要有具体的法律法规来约束。要制定完善的地方法规，以法规的形式保证已纳入城市发展规划的城市文化形象建设的权威性，用法律的手段保证各项文化建设指标的实施与实现。完善城市文化形象建设方面的法规，这些法规是便于实施操作的程序性法规，这些法规体系还应与鹤壁城市文化定位的总体设计及其各类规划要求相配套，才能更加有效地推进“淇水诗韵，生态鹤壁”城市文化定位整体方案的落实。

参考文献

1. 李郁香：《大庆城市文化定位研究》，《大庆社会科学》2009 年第 5 期。
2. 李隽：《连云港城市文化定位研究》，《连云港职业技术学院学报》2011 年第 3 期。
3. 罗纪宁、侯青：《城市文化系统结构与城市文化品牌定位》，《城市观察》2015 年第 12 期。
4. 罗纪宁、彭颖：《城市文化资源与城市品牌定位》，《上海城市管理》2017 年第 5 期。
5. 《淇河地域文化浅谈（下）》，http：//wanhetai. blog. sohu. com/188729678. html。
6. 孙小珂：《打造淇河生态文化旅游产业带的思考》，http：//baijiahao. baidu. com/s？id = 1603953307063096186&wfr = spider&for = pc。

B.24

附录：2017年河南省文化发展大事记

李玲玲*

1月

1月4日　河南省郑州国际文化创意产业园建设工作领导小组组长、副省长张广智赴中牟调研郑州国际文化创意产业园发展建设情况。位于郑汴核心地带的郑州文创园成立于2013年，已成为河南省文化创意产业发展的新名片。截至目前，园区已签约项目58个，累计完成固定资产投资360亿元，累计接待游客量突破2000万人次。

1月6日　由河南省委宣传部、省委网信办联合举办的全省新闻发言人论坛在郑州举行。与会代表围绕"讲好河南故事，做好新闻发布和舆论引导"这一主题，为推动河南省新闻发布工作上台阶上水平献计献策。

1月6日　第六届中国·鄢陵蜡梅梅花文化节在"花都"鄢陵启幕。从1月6日至2月16日，来自全国各地的蜡梅、梅花品种将在鄢陵争奇斗艳。

1月7~9日　第十二届中国传媒大会在广西南宁举办。河南媒体斩获多项荣誉。《河南日报》荣获"金长城传媒奖·2016中国十大党报"第二名，河南日报报业集团总编辑王亚明荣获"金长城传媒奖·2016中国传媒融合创新年度人物"，副总编辑肖建中荣获"金长城传媒奖·2016中国广告经营年度贡献人物"。《河南法制报》荣获"金长城传媒奖·2016中国十大专业报"，河南法制报社社长王庆礼荣获"金长城传媒奖·2016中国传媒融合创新年度杰出人物"。

---

* 李玲玲，河南省社会科学院历史与考古所助理研究员，研究方向为先秦史与中原文化。

1月8日 大别山红色资源与文化发展研究院成立仪式在信阳师院艺术楼报告厅举行。河南省政协学习和文史委员会副主任杨雪琴、湖北省政协学习和文史委员会副主任曾成贵、信阳市政协副主席陈伟琳和来自湖北、安徽、河南三地的高校、党史部门专家出席了成立仪式。

1月10日 在北京举行的中国社会科学院考古学论坛上揭晓了2016年度"中国六项考古新发现"，河南省洛阳市西朱村曹魏墓入选。

1月12～13日 河南省宣传部长会议在郑州召开。会议学习传达了全国宣传部长会议和省委常委会精神，总结经验、分析形势，安排部署2017年工作。省委常委、宣传部部长赵素萍出席会议并讲话，张广智主持会议。

1月12日 全省文化工作会议在郑州召开。2017年，河南省将围绕"加快构筑全国重要的文化高地"这一目标，以公共文化服务体系建设引领城乡文化一体化发展，以"互联网＋"引领现代文化创新发展，加快全省现代公共文化服务体系、文艺产品生产与传播体系、优秀传统文化保护传承体系、文化产业发展体系、现代文化市场体系、对外文化交流合作体系等"六大体系"建设，开创全省文化工作新局面，引领中原文化繁荣发展。

1月15日 2017年"回老家过大年"暨"文明旅游看河南"活动在全省同时展开。各地纷纷推出了具有河南特色的春节民俗文化节会活动和冬季休闲度假产品，以及免票、打折等优惠措施。

1月份 在"十二五"文物保护科学和技术创新成果评选中，由河南省文物考古研究院申报的"考古出土干缩变形木质文物润胀复原关键技术"获得表彰，荣获二等奖。这是河南省继2005年获文物保护科技创新奖二等奖后，又一次获此殊荣。

2月

2月6日 新郑郑国车马坑三号坑考古发掘正式启动，并且发掘全过程向公众开放。这是河南省首次进行考古发掘过程向公众零距离展示的尝试。

2月16日 教育部下发《教育部办公厅关于公布首批深化创新创业教

育改革示范高校名单的通知》（教高厅函［2017］3号），河南省郑州大学、河南大学、黄淮学院、黄河科技学院4所学校荣获“全国首批深化创新创业教育改革示范高校”称号。

2月17日 由郑州歌舞剧院排演的大型舞剧《水月洛神》在郑州艺术宫上演，拉开了河南省2017年度“中原文化大舞台”活动的大幕。河南省委常委、宣传部部长赵素萍出席启动仪式。“中原文化大舞台”活动是本省创新开展的一项文化惠民活动。自2015年7月以来，组织舞台演出1273场，放映电影2.1万多场，惠及群众1300多万人次，受到群众的热烈欢迎和一致好评。

2月21日 由最高人民检察院、教育部联合组织的“法治进校园”全国巡讲团走进郑州高新区，开启了河南巡讲活动。

2月27日上午 由中国非物质文化遗产保护中心、省文化厅、周口市人民政府共同主办的“第八届中原古韵——中国（淮阳）非物质文化遗产展演”活动正式拉开帷幕，来自贵州、山西、四川等13个省、市、自治区具有鲜明地方特色的项目同台亮相，为中原百姓奉上一场非遗文化盛宴。此次活动以“保护文化遗产、延续历史文脉、留住美丽乡愁”为主题，展演、巡游、展示同时进行，旨在大力弘扬中原优秀传统文化，提升全社会的非遗保护意识。非遗展演将持续到3月30日。

2月28日 河南省正式启动传统技艺抢救保护工程，这是继稀有剧种抢救工程、传统美术抢救保护工程之后，河南省非物质文化遗产分类保护工作的又一重要举措。

3月

3月4日 以“虚拟与现实·传统与创新”为主题的2017河南首届游乐设备+VR/AR产业发展论坛在荥阳中原智谷创新创业综合体隆重举行。中科院自动化所科学艺术研究中心研究员王宇心，全球虚拟现实产业专家、清华大学虚拟现实研究院主任研究员、和君资本合伙人文钧雷等诸多VR/

AR 行业专家和游乐设备行业大咖出席了本次论坛。

3 月 6 日 河南歌舞演艺集团 2017 年“舞台艺术送农民”活动在巩义市北山口镇北山口村启动。2017 年该集团将为全省广大农民群众带来 215 场各类演出。“舞台艺术送农民”是省委、省政府部署的一项文化惠民活动，旨在进一步充实、完善全省公共文化服务体系，发挥专业艺术院团的资源优势，切实保障广大农民群众的基本文化权益，满足农民群众日益增长的精神文化需求。该活动由省文化厅、省财政厅联合组织实施，文化部门负责演出组织，按照“政府购买、院团演出、农民受惠”的运作模式，由省、市、县（市）区政府共同采购优秀舞台艺术作品，让广大农民群众免费观看。

3 月 11 日 由中国博物馆协会、省文物局主办，河南博物院、省博物馆学会承办的“当代社会进程中博物馆的角色与使命”馆长座谈会在郑州举行。省政协副主席张广智、国家文物局副局长关强出席并讲话。

3 月 12 日 纪念老子诞辰 2588 周年拜典在老子故里鹿邑县隆重举行，来自海内外的上万名人士聚集函谷关，举行纪念老子诞辰公祭典礼。为期一个月的老子庙会正式拉开帷幕。同日，由省文化厅主办，省非物质文化遗产保护中心、鹿邑县人民政府承办的第二届老子生日拜典·河南省非物质文化遗产（传统戏剧）展演也一起拉开帷幕。

3 月 12 日 新创办的河南手机报（京华版）上线。河南手机报（京华版）由河南日报报业集团、河南省人民政府驻京办、大河网络传媒集团主办，河南手机报、北京河南经济信息咨询服务中心承办，是新版河南手机报上线以来创办的第 71 个分刊，也是 2017 年继河南手机报旅游版、许昌版之后创办的第三个分刊，更是利用移动媒体特点走出河南、走向省外的第一个分刊，为团结天南地北河南人、关注家乡发展、共创美好河南找到了新的途径，具有开创性和里程碑意义。省委常委、宣传部部长赵素萍参加了当天的启动仪式。

3 月 13 日 开封市人民政府与河南日报报业集团签署战略合作协议，双方围绕共同搭建中国（河南）自由贸易试验区国际艺术品交易中心开展合作，开启构筑文化新高地的新引擎。省第十次党代会提出“加快构建全国重要的文化高地”的奋斗目标，此次开封市人民政府与河南日报报业集团签署战略合作协议，正是贯彻落实省第十次党代会精神的一次积极尝试。

3月16～17日 2017年列子文化研讨会在河南省郑州市郑东新区召开，国内知名文化专家齐聚一堂。在畅谈列子精神瑰宝的同时，更关注到飞速发展的郑东新区，不仅产业集聚经济腾飞，更注重文化归属的寻求和城市灵魂的铸就。

3月17日上午 “河南李树建戏曲艺术中心”“郑州大学树建艺术研究中心”在郑州大学南校区举行揭牌仪式，全国政协教科文卫体委员会副主任王全书、省军区司令员卢长健出席揭牌仪式。

3月18日 中国青少年运动兴趣培养普及工程（简称CIC工程）启动仪式在郑州市经济技术开发区实验中学召开，来自教育界、体育界、各公益合作单位以及河南中小学的近2000名代表参加了本次活动。

3月19日上午 河南省2017年社工宣传周在紫荆山公园广场拉开帷幕，全省近30家社工机构、400余名社会工作者和志愿者欢聚于此，各出奇招展示河南社工风采。此次宣传周主题为“社工让社区更美好”，时间为3月19日至26日。宣传周期间，全省社会工作机构将陆续组织开展“社工进机关”“社工进社区”“社工进校园”和“社工进企业”活动，并将举办“推进三社联动，助力社区发展——河南省社区治理创新与社会工作高峰论坛”。

3月21日 省法学会组织召开河南省法治智库专家暨优秀中青年法学家座谈会，省社科院院长张占仓、省政府发展研究中心主任谷建全等25人受聘为河南省法治智库专家。省人大常委会副主任、省法学会会长刘满仓出席会议并讲话。

3月22日 省委常委、宣传部部长、省文明委副主任赵素萍在省文明委全体会议上强调，深入贯彻落实中央、省委关于加强精神文明建设的部署要求，以精神文明建设新进展新成效，推动河南更文明、中原更出彩。省人大常委会副主任李文慧主持会议，省政协副主席张广智、省军区副政委冷志义出席会议。

3月22~23日 商丘市举办了商丘好人文化系列活动。省人大常委会副主任、省文明委副主任李文慧，来自中国伦理学会、中国社科院、北京师范大学、省委党校、商丘师院的专家学者，以及来自天南地北的“商丘好人”代表，出席了3月23日举行的商丘好人文化推进会。

3月27日 丁酉年黄帝故里拜祖大典“老家河南”文化活动周启动仪式暨优秀书法美术作品展开幕式在河南省美术馆举行。省领导叶冬松、赵素萍、蒋笃运、史济春、张广智、李英杰、高体健、靳克文、钱国玉，全国政协科教文卫体委员会副主任王全书和省政协原副主席靳绥东等出席启动仪式。

3月28日上午 河南日报报业集团与河南工业职业技术学院战略合作协议签约仪式在南阳举行。按照协议，双方将在共建创业孵化平台、毕业生就业分市场、校外实习（就业）基地、创新创业大楼、汽车学院以及品牌建设等方面进行深度合作。

3月29日 作为第十一届中国（河南）国际投资贸易洽谈会的“重头戏”，中英经济贸易合作论坛在郑州举行。省长陈润儿出席并作主旨演讲。此次论坛由河南省人民政府、英国国际贸易部、英中贸易协会、中国驻英国大使馆、英国驻华大使馆联合主办，主题是“创造经贸合作新机遇、推动中英共赢黄金时代”，旨在探讨新的国际经济形势下深化豫英双边经贸交往、推进全面务实合作的新途径。

3月29日 “老家河南”文化活动周——“乡音如歌”河南地方戏专场演出在河南艺术中心大剧院举行。省委常委、宣传部部长赵素萍，青海省副省长田锦尘，甘肃省政协副主席李沛文，省政协副主席张广智、靳克文等观看演出。为了更好地向参加拜祖大典的海内外游子展示河南优秀文化发展成果，省委宣传部等7家单位精心组织了“老家河南”文化活动周活动。“老家河南”文化活动周活动包括优秀戏剧作品展演、优秀影视作品展映（播）、优秀书法美术作品展览、精品图书展等4大类12项文化活动，涵盖了戏剧、影视、美术、书法、图书等多个门类。

3 月 28～29 日 第十一届黄帝文化国际论坛在新郑举行。从 2007 年创办以来，黄帝文化国际论坛连续举办了十一届。每届论坛的主题都紧扣时代发展脉搏，充分展现了现代文化与传统文化的深度融合。本届论坛的主题即为“‘一带一路’与文明互鉴”，旨在传承和弘扬以黄帝文化为源头的中华优秀传统文化，服务于国家“一带一路”建设和河南“华夏历史文明传承创新区”建设。

3 月 28 日 主题为“关注民生·精准扶贫”的河南省第二届民生发展论坛在郑州举办。北京师范大学政府管理研究院院长唐任伍，中国人生科学学会会长关山越，河南省政协提案委副主任王永苏，中国国际贸易促进会河南分会原会长李宜堂，河南省商务厅原副厅长魏国庭，河南省企业经济贸易促进会会长王志德、执行会长宋建勋，河南省商业经济学会会长宋向清等嘉宾出席本届论坛。此外，来自省内外 30 多家商协会会长、秘书长，企业负责人，专家学者以及 20 多家主流媒体的共 150 余人参加了本次论坛。

3 月 28 日 由中国人民大学人文社会科学学术成果评价研究中心、中国人民大学书报资料中心联合制作的《2016 年度复印报刊资料转载指数排名》发布。河南省的《中州学刊》2016 年共有 43 篇文章被中国人民大学书报资料中心“复印报刊资料”全文转载，转载量在全国学术期刊中排名第 12 位。

3 月 30 日 丁酉年黄帝故里拜祖大典在新郑市隆重举行。全国政协副主席、民建中央第一副主席马培华，十届全国人大常委会副委员长、中华炎黄文化研究会会长许嘉璐出席大典。

3 月 30 日 在中宣部最近命名的第五批全国爱国主义教育示范基地中，河南省鄂豫皖革命纪念馆、桐柏革命纪念馆入选。

3 月 镇平县文化产业示范园区被文化部提名入选国家文化产业示范园区，2017 年获得提名的全国有 8 家，镇平文化产业示范园区是河南省唯一获得提名的文化产业园区。

3 月 省人力资源社会保障厅下发《河南省 2017 年专业技术人才知识更新工程任务计划的通知》，提出河南省 2017 年计划培养培训高层次、急需紧缺专业技术人才 10 万人次。

4月

4月1日上午 第35届中国洛阳牡丹文化节赏花活动启动暨《丝路花都（第三组）》邮票发行仪式在洛阳市中国国花园举行，洛阳市各牡丹观赏园赏花游园活动随即拉开帷幕。本届牡丹文化节将于4月5日至5月5日举行，主题为“相约千年帝都、共享国色天香”，共安排开幕式、“文惠洛阳”系列文化活动等8项主体活动。

4月1日 由中国文联、河南省人民政府、中国民间文艺家协会主办，省委宣传部、省文明办、省文联和开封市委市政府承办的2017中国（开封）清明文化节在开封清明上河园开幕。中国文联副主席潘鲁生，省委常委、宣传部部长赵素萍，省人大常委会副主任蒋笃运等出席开幕式。为期10天的2017中国（开封）清明文化节以“传承文明、拥抱春天”为活动主题，共组织4大类、63项活动。其中，清明民俗文化重点活动17项，重大文化旅游演艺活动10项，开封特色文化艺术精品展系列活动19项，群众文化活动17项。

4月1日上午 河南省京剧艺术中心与国家京剧院结对共建签约仪式在郑州举行。今后五年，双方将以演员培养、剧目教学、合作演出等形式进行合作，进一步弘扬优秀传统文化，振兴京剧艺术。

4月2日 2017亚太旅游协会探险旅游大会及交易会暨河南洛阳探险旅游与装备博览会投资项目洽谈会在洛阳召开。本届博览会户外精品展会布展面积1.1万平方米，设展位300个。国际参展商有美国、英国、德国、法国、意大利、荷兰、加拿大、澳大利亚、俄罗斯等30多个国家的参展商130多家。国内参展商包括北京、上海、天津、重庆、广东、云南、福建、山东、吉林、河北、山西、四川等20多个省区市的参展商160多家。

4月5~7日 全省戏曲进校园经验交流会在郑州召开。2016年9月，全省“戏曲进校园”活动启动，并遴选了郑州、洛阳等10个市县开展试点工作。活动开展以来，各级各部门高度重视，结合实际制订工作方案，并将其纳入相关考评考核体系。同时，不断加大支持力度，设立戏曲进校园专项经费并列入财政预算，将戏曲进校园演出纳入政府购买公共演出服务项目，丰富戏曲进校园活动形式。

4月6日上午 河南省人民政府与清华大学在北京签署《省校战略合作协议》。当天下午，河南日报报业集团就与清华大学慕华教育投资有限公司签署《清华大学在线教育战略合作协议》，依托“学堂在线”“爱学堂”，建设“河南省在线教育课程（MOOC）平台”，将清华大学、清华附中、清华附小和教育部在线教育研究中心的优质教育资源，通过互联网传递到河南广袤的大地上，无论繁华的城市，还是偏远的乡村，每个孩子都可以均等地享受清华提供的优质课程。

4月6日上午 由洛阳市老城区政府主办的洛邑古城项目一期文峰塔非遗文化产业园举行新闻发布会。洛邑古城项目是老城区以“留住老洛阳底片，建好新洛阳客厅”为引领，积极打造历史文化传承创新示范区，最大限度实现“民生改善与资源保护深度融合，历史文化与经济发展共同繁荣”而实施的重点项目。

4月8日 河南省人民政府印发《河南省推进国家大数据综合试验区建设实施方案》，提出打造郑州大都市区核心发展区，重点布局建设郑东新区龙子湖智慧岛产业园区，使智慧岛成为大数据高端人才集聚地、大数据创新应用中心和大数据产业发展高地，形成引领试验区加快发展的核心增长极。

4月8日 有着600多年历史的辉县市百泉药交会开幕，同时第六届南太行旅游文化节也在当日开幕。羚锐制药、宛西制药、东阿阿胶等200多家医药企业代表参加了盛会。

4月8日 “文明探秘中华源”2017全国百家网络媒体河南行启幕仪式在开封朱仙镇举行。从8日至12日，在为期一周的时间里，来自人民网、央广网、大公网、京报网等100多家网媒记者，先后走访了开封朱仙镇启封故园、南阳方城县七十二潭、七峰山景区、洛阳中农富源高科技农业展示馆等地，探寻河南厚重的历史文化。

4月10日晚 由文化部与河南省人民政府共同主办的第35届中国洛阳

牡丹文化节在洛阳市体育中心广场举行。十届全国政协副主席李蒙出席开幕式并宣布开幕。文化部党组成员、部长助理于群，省委常委、洛阳市委书记李亚，省人大常委会副主任蒋笃运，副省长舒庆，省政协副主席高体健出席开幕式。

4月10日上午 首届中国洛阳古城国际摄影大展在洛阳老城区古城改造一期项目文峰塔非遗文化园举行了开展仪式。来自印度、英国、菲律宾、斯里兰卡等国家的近百名知名摄影家，来自中国摄影家协会、中国新闻摄影学会、河南省摄影家协会的相关人员及百余名摄影爱好者共同参加了开幕式、观看影展。

4月14日下午 由郑州市文物考古研究院与河南省中视新科文化产业有限公司共同打造出品的网络大电影《殷商传奇之再生缘》上线启动仪式在郑州举行。这是中国首部考古网络大电影，该片是郑州考古研究院继《剪纸上的郑州》《九鼎传奇》《考古公益广告》《如是漫说》等作品之后，又一次在公共考古学传播方式上的创新尝试。

4月15日下午 省政府与教育部在郑州举行省部联席会议，就持续深化省部合作、推进河南教育改革发展进行会商。教育部部长陈宝生、省长陈润儿出席会议并讲话。

4月15日 全民国家安全教育日集中宣传活动在郑州市紫荆山公园广场举行。省委常委、政法委书记、省国家安全领导小组副组长许甘露，省军区副政委兼政治部主任、省国家安全领导小组副组长冷志义参加活动。

4月24日 首届世界汉字节在鲁山县仓头乡开幕，众多来自海内外热爱汉字文化的人士参加了本次活动。此次活动由中国民主建国会中央委员会、文化部中国乡土艺术协会、平顶山市委宣传部主办。开幕式上，“世界汉字节发源地”正式揭牌，鲁山县还被授予“仓颉文化研究会”牌匾。

4月24日上午 河南省全民艺术普及周活动启动仪式在省文化馆举行。本周内全省文化馆系统将为群众推出千余场各类艺术普及活动。“全民艺术普及周”活动覆盖城乡、惠及全民，普及内容包括艺术知识、艺术欣赏、艺术精品、艺术技能、艺术活动及艺术审美提高等。

4 月 27 日下午　全省文艺工作座谈会在郑州举行，学习贯彻习近平总书记在文艺工作座谈会和中国文联十大、中国作协九大开幕式上的重要讲话精神，总结经验，交流体会，共商河南省文艺繁荣发展大计。省委书记、省人大常委会主任谢伏瞻主持会议并讲话，强调要贯彻落实习近平总书记重要讲话精神和省委决策部署，坚定正确方向，把准创作导向，多出精品力作，为推动中原文艺繁荣发展、构筑全国重要的文化高地，为决胜全面小康、让中原更加出彩作出新的更大贡献。

4 月 28 日　许昌第十一届“三国文化旅游周”开幕。省人大常委会副主任蒋笃运、省政协副主席张广智等出席开幕式。开幕式上，《建安文学》邮票同时发行。许昌“三国文化旅游周”为期 6 天，目前已连续举办 11 届，成为许昌市弘扬三国文化、加强经贸合作的高水准平台。

4 月 28 日　信阳第 25 届茶文化节暨信阳茶业博览会开幕。第 25 届茶文化节由中国茶叶流通协会和信阳市人民政府联合主办。中华全国供销合作总社党组成员、监事会主任宋璇涛，省人大常委会副主任储亚平、副省长王铁、省政协副主席史济春、中国国际茶文化研究会常务副会长孙忠焕等出席开幕式。

4 月 28 日　南阳第十四届玉雕节暨玉文化博览会、第八届南阳月季花会开幕。省委常委、宣传部部长赵素萍，省政协副主席靳克文出席了当天的活动。本届玉雕节包括玉雕精品展览展销、“十三五”南阳玉文化产业重点项目推介展示、第五届中国玉石雕刻“玉华奖”评选及颁奖、中国玉雕高峰论坛等活动。

5月

5 月 1 日　为期 5 天的 2017 郑州航展暨世界编队特技飞行年度颁奖盛典在郑州上街机场圆满落幕。5 天来，航展接待观众近 30 万人，整个活动安全顺利，无一事故。参展飞机 158 架，参展商 176 家，累计表演飞行时间 398 小时，表演起降 680 架次。签约 32 个项目，金额达人民币 280 亿元。

5月6日 《河南能源发展报告（2017）》（简称能源蓝皮书）出版发布暨能源转型发展研讨会在郑州举行。这是河南省第一部能源蓝皮书，该书预计2017年全省能源消费总量增长2.9%。

5月初 为加快发展动漫、创意设计、网络文化等新型文化业态，推动文化产业结构优化升级，培育形成文化产业发展新亮点，省财政近日下达5000万元资金，用于扶持46个新型文化业态项目。这46个项目主要包括动画、动漫、舞台剧和传统产品创意提升、升级改造以及传统产品与新技术融合发展项目，分布在12个省辖市和4个省直管县（市），其中郑州市有24个，占项目总数的52%。5月12日，省财政厅又下达2017年度文化产业项目补助资金近6000万元，共支持项目32个。支持的重点是：省政府命名的“双十”工程项目、传统媒体和新兴媒体融合类项目、弘扬优秀传统文化或社会效益突出的内容文化产业项目。截至目前，省财政厅已经下达资金1.1亿元用于扶持河南省文化产业发展。

5月10日 洛阳市第四届河洛英才论坛暨河洛英才计划专项科技成果发布会在洛阳市洛龙区举行。中国工程院院士、国内知名兽医专家夏咸柱，中组部千人计划专家、牛津大学博士后、洛阳现代生物技术研究院院长白仲虎以及来自中国动物卫生与流行病学中心、农业部中国兽医药品监察所、河南省畜牧局等单位的150名国内畜牧兽医领域的知名专家、学者齐聚洛阳，以“科技引领产业”为理念，围绕行业发展和科学研究积极建言献策。

5月11日 在深圳文博会上，数字出版展示交易会同时举行，参展单位为获财政部“中央文化企业资本预算”“文化产业发展专项资金”等国家财政支持的新闻出版单位。河南日报报业集团凭“全媒体数据中心建设项目”参展，是河南省唯一应邀参展的媒体机构。河南日报报业集团展厅分为迎宾区、视频播放区、VR互动体验区、采访装备展示区、洽谈区等5个分区，展览设计采用大量影、音、图、文四维相结合，完美展现了河南特色及发展史。

5月11日 中宣部召开深化文化体制改革座谈会，发布了第九届全国“文化企业30强”名单。中原出版传媒集团再度获得这一殊荣，这也是该集团第三次入选此名单。

5月16日 由中国食品工业协会、中国商业联合会、中国食品和包装机械工业协会联合主办，漯河市人民政府、河南省工业和信息化委员会、河南省商务厅、河南省食品工业协会共同承办的第十五届中国（漯河）食品博览会开幕。本次博览会有来自匈牙利、波兰、印尼、马来西亚等10个国家的20多家企业，国内的近900家企业参展，其中包括双汇、百事、蒙牛、维维、光明、统一、雅客等60多家食品百强企业和驰名商标企业，参展产品涵盖13大类6000多个品种，吸引了近万名投资商、采购商。

5月16～17日 中国特色社会主义宗教理论研讨会在郑州召开。国家宗教局局长王作安，省委常委、统战部部长陶明伦出席会议并讲话。会议上，河南、广州等8个省市宗教工作部门代表、各全国性宗教团体有关负责人及部分专家学者分别发言。会议还对《中国特色社会主义宗教理论干部读本（征求意见稿）》提出意见建议。

5月19日 世界五百强企业中国华信能源有限公司签约洛阳市唯一国有旅游投融资平台洛阳旅游发展集团，双方提出将共同致力于洛阳“旅游+”的发展，构建“旅游+互联网+金融”大平台，以推动洛阳旅游产业上新台阶。为洛阳加快全面开放步伐，构建现代产业体系，建设国际文化旅游名城提供了新的动能。

5月20日 “国际文化旅游名城研讨会”在开封举行。河南文化旅游研究院专家团队发布最新研究成果《国际文化旅游名城研究报告》，在国内首次系统性地对国际文化旅游名城的评价指标进行了界定，对指导国际文化旅游名城建设具有现实的指导意义。

5月22日 由省文联、省作协主办的“喜迎十九大中原更出彩——著名作家看河南”采风活动启动仪式在郑州举行。20名采风团成员由来自湖北、浙江、山西等十几个省份的茅盾文学奖、鲁迅文学奖、骏马奖得主组成。省委常委、宣传部部长赵素萍出席启动仪式并为采风团授旗。

5月23日 郑州市中级人民法院知识产权巡回法庭在位于郑州市金水区的国家知识产权创意产业试点园区挂牌，这是郑州市成立的首个知识产权巡回法庭。该园区由国家知识产权局批准，于 2011 年 10 月落户郑州，是全国唯一一家创意产业试点园区。2016 年 8 月，中国郑州（创意产业）知识产权快速维权中心在园区设立，新成立的巡回法庭就放在该维权中心。

5 月 24 日 河南企业文化论坛在洛阳举行，论坛由省委宣传部、省政府国资委和省思想政治研究会联合主办，旨在推进社会主义核心价值观与企业文化建设更好融入融合，以企业文化建设助推企业改革攻坚、转型升级、提质增效。

5 月 25 日 第九届安阳航空运动文化旅游节重要组成部分——中国研学旅游目的地联盟大会在安阳市举行，来自全国 20 多个省市和地区的旅游企业代表 200 余人参加会议，探索新常态下文化、教育和旅游的跨界融合，共同推动研学旅游健康快速发展。本次大会由河南省旅游局和安阳市政府共同主办。会议宣读了中国研学旅游目的地联盟倡议书——《中国研学旅游目的地城市安阳宣言》。北京、绍兴、黄山、井冈山、曲阜、神农架、桂林、绵阳、敦煌、安阳等十大研学旅游目的地城市代表联合绘制联盟地图，标志中国研学旅游目的地联盟正式成立。

5 月 26 日 第二十三届三门峡黄河文化旅游节和第五届中国特色商品博览交易会在三门峡市文博城开幕。国家旅游局副局长杜江宣布开幕，副省长舒庆等出席开幕式。本届节会内容丰富，包括将举办第五届中国特色商品博览交易会、央企合作交流推介暨项目签约仪式、中国黄金珠宝产业发展论坛、第八届横渡母亲河活动等 10 项主要活动，以及第二届豫晋陕黄河金三角“互联网 + 特色农产品”采购对接会、首届豫晋陕会展合作论坛、第八届全国山地自行车邀请赛等 10 项专题活动。

5 月 26 日 中国研学旅行联盟成立大会暨红旗渠研学旅行论坛在红旗渠召开。此举旨在落实教育部、国家旅游局等 11 部委《关于推进中小学生研学旅行的意见》，加强红旗渠研学旅行资源宣传，促进中国研学旅游健康快速发展。联盟大会提出，将红旗渠定为联盟的常设会址、副理事长单位，并围绕红旗渠制定了《中国研学旅行联盟团体系列标准》和《中国研学旅行联盟红旗渠宣言》。大会形成“中国研学旅行从红旗渠走来”的共识，并决定将每年的5月26日确定为“中国研学旅行日”。

6月

6月3日　京豫两地20所高校在郑州签约，将通过“一对一”模式开展全方位交流与合作。此举将进一步提升河南省高等教育发展水平，加快河南省高水平大学的建设步伐。这20所高校将在学术交流、人才培养、协同创新、学科共建等方面开展合作。早在2016年8月，京豫两地教育部门已签订《京豫高等教育合作协议》，先后推选出了此次牵手的20所高校。

6月4日　由省社会科学联合会、省社会科学院、华夏文明基金会联合主办的“《大嵩山》出版研讨会”在郑州举行。省政协副主席张广智、省社会科学联合会主席李庚香、省社会科学院党委书记魏一明、省文联党组书记王守国、河南日报报业集团总编辑董林、河南大学副校长张宝明、省作家协会副主席张鲜明、大象出版社社长王刘纯、郑州大学教授王保国、登封市文物局副局长宫嵩涛，以及《大嵩山》一书的主创人员参加会议。《大嵩山》的一个突出创新之处在于提出了“大嵩山学”概念，并对“大嵩山”的地理疆域与文化涵盖面做了界定与延展。囊括了嵩山文明的方方面面，被视为诠释嵩山文明的扛鼎之作。

6月5日　庆祝香港回归20周年法学研讨会在郑州召开。本次研讨会由中国法学会主办，中国法学学术交流中心、河南省法学会、中国法学会台港澳事务办公室、中国法学会香港基本法澳门基本法研究会、中国法学会法治研究所承办。中国法学会副会长、全国人大常委会委员、法律委员会副主任委员张鸣起，省委常委、政法委书记、省公安厅厅长许甘露出席会议并致辞。省法学会会长、省人大常委会副主任刘满仓主持会议。与会专家学者就“一国两制”与基本法实施、香港法治发展与政府管治等议题进行了深入研讨。

6月9日　由省纪委、省委宣传部牵头，国内顶级创作拍摄力量精心打造的历史廉政文化教育片《兴衰之鉴》在省人民会堂举行观影仪式。省领导王炯、赵素萍、任正晓、孔昌生、赵建才、史济春、梁静和省高级人民法院院长张立勇出席观影仪式。中纪委委员尹晋华也出席了观影仪式。

6 月 10 日　我国首个“文化和自然遗产日”。文化遗产日期间，河南省共有 300 余家博物馆、纪念馆和文物单位向公众免费开放或优惠开放，全省各地举办了 250 多场丰富多彩的“文化遗产日”宣传活动，通过现场展演、互动体验、展览展示等多种形式进行。

6 月 10 日　由国家文物局和省政府联合主办的 2017 中国文化和自然遗产日主场城市活动开幕式暨文化遗产与“一带一路”论坛在洛阳举行。国家文物局局长刘玉珠，省委常委、洛阳市委书记李亚，副省长戴柏华等出席。联合国教科文组织、世界银行等相关国际机构代表，部分“一带一路”沿线国家驻华使馆、相关部委代表及各省（区、市）文物部门负责人等参加活动。

6 月 13 日　2017 首届中国高校创新创业教育联盟年会新闻发布会在郑州大学举行。记者从会上获悉，首届中国高校创新创业教育联盟年会将于 6 月 24 日至 26 日在郑州大学举办，清华、北大等约 600 所高校将凝聚共识、发挥合力，共谋我国创新创业教育发展。中国高校创新创业教育联盟 2015 年 6 月 11 日在清华大学成立，首批成员由 137 所高校和 50 家企事业单位、社会团体组成。本次年会是该联盟成立以来的首届年会，为国内规格最高、规模最大的创新创业教育盛会。年会期间将举办创新创业教育校长论坛、学术研讨会、创新创业教育成果展及优秀论文展等一系列活动。

6 月 18 日　旅行故事文化传播有限公司联合旗下河南旅行故事旅行社有限公司，在郑州举办旅行风向标论坛暨旅行故事全球产品发布会，来自美国及我国 10 个省份 70 多位旅行故事旅行社合伙人齐聚一堂，共同见证这一盛况。

6 月 19 日　在濮阳市开发区，一个占地 153 亩、总投资 13.5 亿元、年产 5 万吨丁二烯项目正在热火朝天地施工。该项目是由中国化工学会、河南省科协和濮阳市政府联合主办的一次“学术论坛”——中国（濮阳）石油化工产业精细化发展大会引过来的。这是省科协围绕河南省产业发展，通过举办高端学术会议引进相关项目，促进科技与经济紧密结合的一个缩影。

6月21日 省委书记、省人大常委会主任谢伏瞻到宣传思想文化系统调研，主持召开文化改革发展工作座谈会，总结交流工作经验，对文化改革发展进行再动员、再督战。并在座谈会上提出要领会好贯彻好习近平总书记重要讲话精神和中央决策部署，推动河南省文化改革发展在新形势下取得更大进展，加快构筑全国重要的文化高地。

6月22日 国务院南水北调办主任鄂竟平前往河南省社科院，慰问看望南水北调精神研究课题组全体人员，并主持召开座谈会。副省长王铁出席会议并讲话。

6月22日 省政府发展研究中心、平顶山市人民政府、平煤神马集团、平高集团、平顶山学院合作共建“资源型城市转型发展研究院”“平煤神马学院”“平高学院”签约暨揭牌仪式在平顶山学院中心会议室隆重举行。省政府发展研究中心、平顶山市人民政府、平煤神马集团、平高集团相关负责同志及平顶山学院全体校领导、中层干部、师生代表参加了活动。成立“资源型城市转型发展研究院”“平煤神马学院”“平高学院”是平顶山学院深入推进转型、全面融入区域经济社会发展的重要举措。为平顶山资源型城市可持续发展示范区建设提供人才保障和智力支持。

6月23~24日 以“跨界·融合——战略性新兴产业崛起与人才培养机制改革”为主题，由教育部学校规划建设发展中心、应用技术大学（学院）联盟主办，驻马店市人民政府、黄淮学院承办的第四届产教融合发展战略国际论坛在驻马店市嵖岈山国际会议中心召开，来自政府机构、国际组织、行业组织、应用技术大学学院联盟成员高校、地方本科高校、职业教育集团、国外应用型高校的专家400人参会。中国科学院院士、清华大学副校长施一公，美国大学大气研究联盟（UCAR）主席托尼等国内外知名专家作了主场报告。会议发布了中英高水平应用型高校建设、中美“彩虹计划”、VR国育华渔世界实验室等产教融合项目。“产教融合发展战略国际论坛”是由教育部和河南省政府支持，于2014年春季创设的专题性论坛，至今已举办四届，是我国高等教育和职业教育领域有国际影响力的高水平论坛。

6月24日上午 中原工学院南校区体育馆，中原工学院中原彼得堡航空学院揭牌暨中原彼得堡航空智能仪器与复合材料协同创新中心签约仪式隆重举行。河南省副省长徐济超、国家大飞机重大专项专家咨询委员会主任张彦仲院士共同为中原工学院中原彼得堡航空学院揭牌。中原彼得堡航空学院是河南省首家经教育部批准，引进世界一流大学的中外合作办学机构。

6月28日 “海峡两岸黄埔同学及亲属后代纪念全民族抗战爆发80周年”书画巡展在郑州升达艺术馆开幕。省委常委、统战部部长陶明伦，省政协副主席、民革省委主委李英杰出席开幕式。此次书画展由黄埔军校同学会、河南省黄埔军校同学会主办，河南日报报业集团、大河网络传媒集团、民革河南省中山书画院协办。

7月

7月2日 2017年金砖国家网络大学年会在郑州开幕。来自“金砖五国”中国、俄罗斯、印度、巴西、南非的教育部官员，以及金砖国家网络大学22所成员高校的专家学者等100余人汇聚一堂，共商高等教育合作、交流、发展大计。此次会议由教育部国际合作与交流司主办，河南省教育厅、河南省参与建设“一带一路”工作领导小组办公室协办，金砖国家网络大学成员高校华北水利水电大学承办。会议以“国际化办学与务实合作”为主题，旨在推进成员高校间的合作与交流，共同探讨金砖国家网络大学的可持续发展战略。7月3日中国、俄罗斯、南非、巴西、印度等“金砖五国”的5位代表签署了《2017年金砖国家网络大学年会郑州共识》，标志着金砖国家网络大学成员高校相互信任、紧密合作进入了一个新时期，也意味着河南学子今后享受国际教育及出国留学机会更多、更便利。

7月5日 由外交部政策规划司和省政府外事侨务办公室共同主办的2017年版《中国外交》白皮书推介会在郑州举行，这标志着2017年版《中国外交》白皮书正式向全球首发。《中国外交》白皮书始创于1987年，每年出版一卷，向国内外公开发行，是全面总结年度国际形势与中国外交工作、权威解读中国外交政策与实践、系统介绍中国对外关系的公开出版物，是公认的了解世界和中国外交的“百科全书”。

7月7日上午 中原技术转移产业创新联盟在郑州高新区举行了启动仪式。共计41家省内外高校科研院所、技术转移服务机构和科技类企业成为首批联盟成员。该联盟是在国家技术转移郑州中心的平台和综合服务业务之上所搭建的优势互补、利益共享、风险共担的创新合作组织。

7月10~15日 来自中亚、东南亚、北非7个国家的16名科技主管部门官员和专家学者参加了在郑州举办的2017“科技政策与管理国际研修班”，进一步加深了河南省对外开放合作交流的力度。本次研修班由科技部国际合作司与中国科学技术交流中心主办，旨在加深研修人员对我国科技和社会发展的认识和了解、共同分享科技创新政策和管理经验，促进我国与其他发展中国家间的科技合作与交流。

7月12日 许昌市政府新闻办发布消息，“许昌人”考古遗址公园建设工作正式启动，机构设置、人员配备和首批360万元文物保护建设专项资金已经到位，计划到2020年基本完成项目建设并对外开放。

7月13日 国家新闻出版广电总局在郑州召开全国广播电视传媒机构管理工作会。国家新闻出版广电总局党组成员、副局长田进出席会议并讲话，省委常委、常务副省长翁杰明致辞。

7月14日 “2017新郑骨骼考古国际培训班”在郑开班，河南考古事业在国际合作方面又开拓了一个新的领域。在接下来的20天里，从加拿大阿尔伯塔大学、武汉大学和郑州大学遴选出的9名学生和省考古研究院的部分青年学者，将以考古发掘出土的人骨为实例，共同探讨人骨的基础测量和记录、性别年龄鉴定、牙齿的观察和记录等方法和骨骼考古研究国际前沿理论。

7月18日 《河南省现代公共文化服务体系建设发展报告（2016）》（以下简称“蓝皮书”）出炉，这是河南省首部公共文化蓝皮书（蓝皮书通常指由第三方完成的综合研究报告）。该书由国家图书馆出版社出版，采取

“政府+高校”的合作模式，由河南省公共文化研究中心依托洛阳师范学院专家教师团队，经过一年多实践调研完成，分序言、总报告、专题报告、理论探索、政策解读、地方实践六大部分，全面客观地反映了河南省公共文化建设的成绩、问题和发展趋势。

7月19日 河南省赴蒙古国联合考古项目启动仪式在郑州举行。河南省考古人员将与蒙古国考古人员联手，对该国的一处汉代匈奴贵族墓群进行联合发掘。这是河南省考古人员首次组团赴境外考古，是一次具有里程碑意义的走出国门。此次考古项目为“古代北方游牧民族文化研究”，由河南省文物考古研究院、洛阳市文物考古研究院与蒙古国乌兰巴托大学三方合作，为期三年。

7月25日下午 2017年马达加斯加新闻媒体人员研修班一行对河南日报报业集团进行考察访问。研修班学员均是马达加斯加政府新闻出版、广电等单位的新闻官员、媒体记者。在参观了河南日报报业集团“中央厨房”和河南日报报史馆后，研修班学员与河南日报报业集团及所属媒体相关负责人进行了座谈。

7月25日 郑州郑东新区举行世导大数据中心签约仪式，标志着世导大数据中心正式入驻郑东新区白沙大数据产业园，该项目将打造成郑州乃至河南的大数据中心。

7月26日 由省委宣传部、省文明办主办的“德耀中原·道德模范在身边”巡演巡讲巡展活动在郑州启动。省委常委、宣传部部长赵素萍出席启动仪式。

8月

8月3日上午 省长、省文明委主任陈润儿主持召开省文明委主任会议，听取全省精神文明建设工作情况汇报，研究部署下一步重点工作。陈润儿强调，要以人民为中心、以共建为基础、以城市为重点全面深入推进精神文明建设，把文明城市创建作为总抓手，通过“三全”“三带”、开展“三大提升行动”，为决胜全面小康、让中原更加出彩凝聚强大正能量。

8月4日晚 第四届中国豫剧节在郑州河南艺术中心大剧院开幕。省委副书记王炯，省委常委、宣传部部长赵素萍，副省长戴柏华和全国政协教科文卫体委员会副主任王全书等出席了开幕式。本届豫剧节由文化部艺术司、省委宣传部、省文化厅、河南中华豫剧文化促进会共同主办，以“喜迎十九大——豫剧的盛会，人民的节日”为办节宗旨，力求全面展现近年来我国豫剧艺术继承与创新的优秀成果。从8月4日至9月11日，将有来自全国8个省市（地区）21个演出院团的29台优秀剧目30场演出呈现给观众。展演剧目包含全部获国家文华大奖、艺术节大奖、全国优秀保留剧目奖的豫剧剧目。

8月7日 “中国豫剧优秀剧目北京展演月”活动在北京长安大戏院拉开大幕，至9月7日，将有25台豫剧优秀剧目在北京进行展演。为贯彻落实习近平总书记系列重要讲话特别是关于文艺工作的重要讲话精神，全面展现近年来我国豫剧艺术继承与创新的优秀成果，为党的十九大胜利召开营造良好氛围，省委宣传部、省文化厅、河南中华豫剧文化促进会主办了此次活动，由河南豫剧院承办。

8月8日 依托洛阳丝绸之路文化交流中心项目，洛阳唯一国有文化旅游产业领域投融资运营主体洛阳旅游发展集团在其旗下上阳宫文化园举行专题研讨会，邀请十余名国内文化、旅游、规划、演艺、传媒等领域专家学者、资深人士齐聚一堂把脉支招，增添丝绸之路文化交流中心建设的新力。

8月8日 省人力资源社会保障厅发布消息称，将与德国莱比锡工商联合会、德国德累斯顿工业大学合作，在河南省设立职业教育考试鉴定（河南）中心，此外还有8所技师学院与德国有关机构开展职业教育合作，这标志着河南省全面开启技能人才国际化培养新模式。

8月11日上午 “2017中国（河南）—波兰经贸合作洽谈会”在优美的绿色首都——华沙举办，河南省旅游推介会作为其中一项重要活动，在洽谈会上进行了专题推介。河南省副省长舒庆、波兰经济发展部国际合作司司长卢卡什·布拉日斯基、卢布林省省长索斯诺夫斯基、中国驻波兰大使馆参赞刘丽娟等出席了洽谈会。

8月16日 由省总工会、省教育厅共同主办的河南省2017“金秋助学”活动启动仪式在郑州举行。省委副书记王炯，省人大常委会副主任、省总工会主席王保存，副省长徐济超，省政协副主席张广智出席启动仪式。

8月21日 “圆梦中国人”百姓宣讲活动全国巡回宣讲团来豫宣讲。团省委机关全体同志、郑州铁路局职工、基层干部群众代表等800余人现场聆听了报告。全国巡回宣讲活动由中宣部、全国总工会、共青团中央、全国妇联共同主办。宣讲团成员由“全国劳动模范”“全国道德模范”“全国向上向善好青年”“中国青年五四奖章”等荣誉获得者组成。此次活动由省委宣传部、省总工会、团省委、省妇联、郑州铁路局共同承办。

8月22日 河南欧美同学会（河南留学人员联谊会）成立大会在郑州举行。省委常委、统战部部长陶明伦出席会议并讲话。中共中央统战部发来贺电。欧美同学会（中国留学人员联谊会）副会长马颂德到会致辞。

8月22日 由中国考古学会主办，郑州中华之源与嵩山文明研究会、河南省文物考古学会承办的第一届中国考古·郑州论坛在郑州开幕。这是继2016年首届中国考古学大会之后，又一个高端考古盛会落户河南。来自北京大学、复旦大学、中国社科院考古研究所等全国40多家高校、科研院所和文博单位的百余位专家共襄盛会。此次论坛为期三天，议题是“区域互动与文明化进程”。

8月23日晚 由省委宣传部、省文联、省戏剧家协会主办的第一届“戏聚中原”演出季在省人民会堂启动。全国政协教科文卫体委员会副主任王全书、省人大常委会副主任蒋笃运等出席活动。此次演出季内容包括交流演出、剧目研讨会、评选“常香玉表演艺术奖”等三个方面。

8月27日下午 第十届禹州钧瓷文化旅游节暨神垕古镇品牌发布会在北京钓鱼台国宾馆举行。发布会宣布，第十届禹州钧瓷文化旅游节将于9月29日在禹州市神垕镇钧瓷文化主题公园开幕。这是第一次在钧瓷发祥地神垕古镇举办钧瓷盛会。原国家外经贸部副部长龙永图、国家旅游局副局长魏洪涛出席发布会。

8 月 30 日 “香港特别行政区成立 20 周年巡回展览”郑州站在郑州市图书馆开幕。展览以“同心创前路 掌握新机遇”为主题，从 8 月 30 日至 9 月 24 日免费向公众开放。

9月

9 月 10 日上午 2017 年河南省社科普及周开幕式在郑州举行。省领导赵素萍、蒋笃运、戴柏华、张广智等出席开幕式。按照《河南省社会科学普及条例》规定，每年 9 月第三周为全省社会科学普及周。2017 年河南省社会科学普及周活动由省委宣传部、省社科联、郑州市委宣传部、郑州市社科联联合举办，主题是“改革创新铸就新河南，共享发展喜迎十九大”。开幕式上，赵素萍等为郑州市社科普及基地授牌，为社区、贫困村、社科普及基地代表赠送社科类书籍。

9 月 13 ~ 14 日 全国人大常委会办公厅举办的第 27 届中国人大新闻奖评审会暨人大新闻舆论工作座谈会在河南省林州市召开。全国人大常委会副秘书长窦树华，省人大常委会党组书记、副主任刘春良出席会议。

9 月 13 日下午 欧美同学会首届“双创”峰会在郑州举行。省委常委、统战部部长陶明伦，欧美同学会副会长韩方明出席会议，欧美同学会党组书记、秘书长王丕君主持会议。

9 月 16 日 嵩山论坛 2017 年会在登封举行，本届年会主题为“成己成人：共建天下文明”。由中国国际文化交流中心、中国文物学会、北京大学高等人文研究院、河南省华夏历史文明传承创新基金会主办，嵩山论坛秘书处、登封市人民政府、河南省国际文化交流中心承办。

9 月 17 日 “2017 传媒中国年度盛典暨传媒中国百强指数发布”会在黑龙江漠河召开，河南日报报业集团一举斩获三项大奖：《河南日报》荣获“2017 传媒中国融合创新十大品牌影响力省级党报”称号，集团党委书记、董事长、社长赵铁军被评为“2017 传媒中国年度领军人物”，集团总经理薛德星被评为“2017 传媒中国年度经营杰出人物”。

9月17日晚 由省旅游局和洛阳市人民政府共同主办的2017洛阳河洛文化旅游节开幕。省委常委、洛阳市委书记李亚出席开幕式，副省长戴柏华宣布开幕。本届河洛文化旅游节按照“以节促建、以节促管、以节惠民、全面提升”的办节理念，将举办首届书香洛阳·河洛诗词大会、《河洛家风》主题系列活动、洛阳博物馆之都畅游活动、第五届中原旅游商品博览会暨2017洛阳文化旅游产业经贸洽谈会、洛阳市优秀戏剧剧目展演、第九届河洛大鼓曲艺周、2017中国·洛阳关公文化艺术周等丰富多彩的文化、经贸活动。文化旅游节将持续至10月7日。

9月18日上午 2017年河南省网络安全宣传周启动仪式在河南信息广场举行，省委副书记王炯，省委常委、宣传部部长赵素萍，副省长张维宁，省政协副主席史济春，省军区副司令员宋存杰等出席启动仪式。

9月19日上午 由省委宣传部主办的“喜迎十九大·印象河南省外媒体中原行”集中采访活动正式启动。省委常委、宣传部部长赵素萍出席启动仪式，来自陕西、吉林、山西的16家主流媒体、重要网站、主要新媒体和河南省属主流媒体的30余名记者参加采访活动。此次集中采访活动为期四天，媒体记者将深入郑州市、开封市、三门峡市、兰考县进行调研采访，实地体验河南厚重的人文历史。

9月19日 由省文化厅主办、省文化馆承办的“群星耀中原”2017年河南省群众文化系列活动暨河南省首届乡村艺术展演在河南艺术中心文化广场举行。省委常委、宣传部部长赵素萍出席观看。“群星耀中原”群众文化活动自5月初启动以来，经过18个省辖市、10个省直管县（市）100多场基层选拔以及28场集中展演和东南西北四个片区的巡演，从2000多个作品中选出了15个老百姓喜闻乐见的文艺作品进行最后的展演。

9月19日上午 第二届中国（安阳）国际汉字大会在安阳中国文字博物馆开幕。全国人大常委会副委员长张宝文致辞并宣布大会开幕。出席开幕式的还有中国人民对外友好协会副会长户思社，省人大常委会副主任储亚平、副省长戴柏华，中日韩三国合作秘书处副秘书长韩梅。尼泊尔前副总理、前外长苏加塔·柯伊拉腊，圭亚那驻华大使贝尼·卡伦等应邀出席并在开幕式上致辞。本届大会以“汉字与世界”为主题，由中国人民对外友好协会、河南省人民政府联合主办。来自25个国家的70位外国驻华使节代表、外国知名汉学家、国内知名高校外国专家和留学生、国外华文教育机构代表和来自国内20余家大学、研究机构的190余位文化文字专家学者等参会。

9月21日 教育部公布世界一流大学和一流学科（简称“双一流”）建设高校及建设学科名单，河南省郑州大学、河南大学榜上有名——郑州大学进入一流大学建设高校行列，河南大学进入一流学科建设高校行列。这是继“985工程”“211工程”之后我国高等教育领域的又一国家战略，郑州大学、河南大学迎来新的历史发展机遇。

9月21日 为期4天的第五届中原旅游商品博览会在洛阳会展中心开幕。省委常委、洛阳市委书记李亚，省政协副主席张广智共同启动开幕装置。本届博览会由省旅游局和洛阳市政府主办。博览会以专业化、市场化、品牌化为导向，构建集旅游商品研发、展示、交流、交易于一体的旅游商品展示交易与合作采购平台，吸引了来自河北、山东、山西、安徽、湖北、陕西、河南等地的旅游商品企业参展。

9月21日上午 2017海峡两岸周易文化论坛暨第28届周易与现代化国际讨论会在汤阴羑里城广场开幕。省政协副主席梁静，中华全国台湾同胞联谊会副会长杨毅周，国台办、省台办和来自海峡两岸及海外的专家、学者和中华两岸文教经贸交流促进会商贸考察团的代表共3000余人出席了开幕式。此次论坛的主题是：传承中华优秀传统文化，弘扬周易文化科学精神。

9月25日 由省委网信办和省扶贫办主办的2017“网上看河南”采风活动在郑州市启动。省委常委、宣传部部长赵素萍出席启动仪式，并向采风团授旗。

9月25日 第三届中原创新发展论坛在郑州举行，论坛主题是“建设新河南、中原更出彩，喜迎党的十九大胜利召开”，来自国内的20余位知名专家学者围绕主题展开对话。第三届中原创新发展论坛由省社科联、河南日报社、省政府发展研究中心、黄河科技学院主办，省国企创新发展研究院、省经济学会、省高校双创协会、中国（河南）创新发展研究院承办。

9月26日 第十七届中国·中原花木交易博览会在鄢陵国家花木博览园开幕。国家林业局副局长刘东生、副省长王铁、省政协副主席张亚忠等领导和嘉宾出席开幕式。本届花博会按照“政府统筹、企业参与、市场运作”的原则，致力于打造“专业化、市场化、信息化、国际化”的花事盛会，彰显“中国花木之都”的特色。

9月28日 省委宣传部、河南大学共建新闻与传播学院签约仪式暨院务委员会第一次全体会议在河南大学举行。省委常委、宣传部部长赵素萍出席会议并讲话。省委宣传部、省教育厅、中央驻豫和省直主要新闻出版单位、河南大学负责同志出席会议。

9月29日 第十一届中国（郑州）国际园林博览会在郑州航空港区开幕。省委书记、省人大常委会主任谢伏瞻，省政协主席叶冬松，住房和城乡建设部副部长倪虹，省委常委、郑州市委书记马懿，省委常委、省委秘书长穆为民，省人大常委会副主任赵建才，副省长徐光等出席开幕式。本届园博会由河南省人民政府、住房和城乡建设部共同主办，以“引领绿色发展，传承华夏文明”为主题，突出“百姓园博、文化园博、海绵园博和智慧园博”的特色，立足中原地区深厚的历史文化底蕴，发挥郑州全国综合交通枢纽的区位优势，为地方文化、国际文化和园林文化的充分融合搭建交流平台。

10月

10月12日 郑州市2017年重大文化产业项目《只有河南》启动仪式在中牟举行。省委常委、郑州市委书记马懿，省政协副主席张广智，以及建业集团董事局主席胡葆森、著名导演王潮歌等出席仪式。《只有河南》依托河南悠久厚重的历史文化，将河南精神与河南文化以剧场组群演出及室外演艺相结合的方式展现，打造以演艺为特色的戏剧主题公园。项目计划投资约30亿元，预计2019年建成公演。

10 月 12 日 2017“感动中原”十大年度人物宣传推介活动暨“河南好人”启动仪式在郑州举行，作为弘扬河南人精神的重要人文品牌活动，从2005 年开始，“感动中原”人物宣传推介活动已成功举办 12 届，先后选出120 多个（组）先进典型人物和英雄群体。

10 月 12 日 由河南省委宣传部、河南省委外宣办联合组织实施的“老家河南”微视频工程正式启动，面向社会公开征集“讲述河南故事、传播河南声音、展示河南形象”的原创微视频作品。本次征集以“展示河南好形象，讲述河南好故事”为主题。

10 月 13 日 省政协召开月协商座谈会，就“推动文化产业园区高效发展”提出意见建议。省委常委、宣传部部长赵素萍，省政协副主席史济春、龚立群、钱国玉和秘书长王树山出席会议。

10 月 13 日 由中国摄影家协会、郑州市人民政府等主办的第三届“文明郑州”全国摄影大展、庆祝香港回归祖国 20 周年摄影巡展、2016 中国国际摄影艺术节回顾展在郑州市升达艺术馆拉开帷幕。中国文联党组成员、副主席李前光和法国著名摄影师皮埃尔·萨日等嘉宾出席开幕式。

10 月 13 日 平顶山市政府与 IDG 资本战略合作暨天瑞集团与 IDG 资本、观印象艺术发展有限公司文化旅游综合体框架合作协议签约仪式在郑州举行。平顶山市委书记胡荃、市长周斌，IDG 资本全球董事长熊晓鸽等高管团队，鲁山县委书记杨英锋、县长李会良，天瑞集团董事长李留法、副董事长李和平、副总经理付顺利，天瑞旅游集团董事长徐二川等出席签约仪式。根据平顶山市政府与 IDG 资本战略合作协议，双方决定共同开发文化旅游产品，推动区域产业升级发展。

10 月 16 ~ 20 日 中央党校第 69 期厅局级干部进修班在河南省焦裕禄干部学院、红旗渠干部学院开展为期 5 天的党性教育体验式教学。参加此次教学活动的 37 名学员分别来自中央国家机关、部分省（市、自治区）和国有企业。

10 月 17 日上午 中国开封第 35 届菊花文化节开幕式在开封市龙亭景区举行。省人大常委会副主任蒋笃运，副省长戴柏华，省政协副主席张广智，中国文联副主席、中国杂技家协会主席边吉发等领导出席。本届菊花文化节以喜迎党的十九大为主线，以“菊韵开封·美丽中国”为主题，会期是10月18日至11月18日，历时一个月，共有国际菊花精品展等21项主要活动。

10月17日下午 “喜迎十九大全国党端联动再出发”暨全国党媒公共平台首批党端签约入驻仪式在人民日报“中央厨房”大厅举行，河南日报客户端应邀首批入驻。

10月21日 2017中国旅行服务产业发展峰会暨“一带一路”城市旅游联盟年会在开封举行，会上国内第一个关于文化旅游的发展报告——《中国文化旅游发展报告（2017）》正式发布。该报告由河南文化旅游研究院的专家团队编写，回顾了2016年和2017年上半年的文化旅游发展状况，对旅游演艺、主题公园、主题酒店、文旅小镇、博物馆旅游、文化节庆等进行了详细分析，并对发展趋势进行了研判。

10月28日 第四届中原（鹤壁）文化产业博览交易会在鹤壁市鹿台阁广场隆重开幕。本届文博会以“交易、交流、交融”为主题，立足中原、面向全国，集中展示中原文化特质和地方特色文化。省委常委、宣传部部长赵素萍出席开幕式。中原经济区晋冀鲁豫24个省辖市和河南省10个直管县（市）把最能代表地方文化特色的艺术产品带到文博会现场，使中原文化绽放出独特魅力。

10月初 省教育厅发布消息，为加强高校青年骨干教师培养，优化教师队伍结构，河南省启动“青年骨干教师培养计划”，2017年将资助培养300名高校青年骨干教师。“青年骨干教师培养计划”每年选拔一次，培养期为3年，采取竞争择优、项目资助，培养人和支持项目有机结合的方式，对青年骨干教师进行重点培养，培养经费采取省教育厅拨款和学校自筹相结合的方法进行筹集。

10月 省发改委发布消息，经国家发改委组织专家评估，确定河南省新乡南太行创业精神红色旅游景区郭亮洞等14个项目纳入全国红色旅游经典景区三期总体建设方案，将获得项目基础设施建设的配套资金和政策支持。

10 月　省文化厅发布消息，中国图书馆学会日前公布 2016 年全民阅读相关称号的决定，河南省少儿图书馆荣获“全民阅读示范基地”称号，全国共 24 家单位获此殊荣。至此，河南省已有 7 家图书馆荣获“全民阅读示范基地”称号。此前获此殊荣的图书馆分别为：河南大学图书馆、郑州大学图书馆、郑州升达经贸管理学院图书馆、中原工学院图书馆、南阳师范学院图书馆、黄淮学院图书馆。

11月

11 月 1 日　由省商务厅、省人力资源社会保障厅、省文化厅、省食品药品监督管理局等 11 个省厅局委联合主办的首届中原餐饮博览会在济源市拉开帷幕。省人大常委会副主任段喜中、省政协副主席龚立群出席开幕式。

11 月 3 日　第二届两宋论坛在开封开幕。河南省委原书记、两宋论坛组委会顾问徐光春，浙江省委原常委、杭州市委原书记、两宋论坛组委会主任王国平，省政协副主席张广智，省人大常委会原副主任王文超，省人大常委会原副主任、两宋论坛组委会主任张大卫出席会议。两宋时期在中国历史长河中有着重要地位，其间更推动了“海上丝绸之路”的发展繁荣。本届论坛由河南大学中原发展研究院、杭州国际城市学研究中心主办。参加论坛的近百名专家学者围绕“南北融合：两宋与‘一带一路’建设”的论坛主题进行了深入探讨和交流。

11 月 8 日　省政府召开大运河文化带建设研究工作推进会，贯彻落实习近平总书记关于大运河文化遗产保护传承利用的重要批示精神，安排部署河南省推进大运河文化带建设相关工作。省委常委、常务副省长翁杰明主持会议并讲话，副省长戴柏华出席。

11 月 9 日　宋城·黄帝千古情项目签约仪式在郑州举行，标志着该项目正式落户黄帝故里新郑。宋城·黄帝千古情项目由新郑市政府与宋城演艺发展股份有限公司、河南竹桂园旅游集团联手打造，是宋城演艺在中原地区的首个项目。该项目位于新郑市龙湖镇西部区域，占地面积约 260 亩，计划

2020年3月实现公演。宋城·黄帝千古情项目以中华民族五千年文明历史长卷为背景，以黄帝历史典故、黄河流域文明为基点，再现从黄帝时期至新时代几千年间中原儿女创造的华夏文明。

11月9日 省教育厅、省财政厅、京东集团三方代表在职业教育产教融合战略合作框架协议上签字。京东集团计划未来两年内投入全部资源价值约2.6亿元，支持在河南省100所职业院校建设100个电子商务实训基地，打造校企人才培养“直通车”。

11月17日 首届晋冀鲁豫传统戏剧展演在安阳市拉开大幕，演出为期9天，共有18场剧目精彩上演。本次展演由省文化厅、安阳市人民政府主办。省非物质文化遗产保护中心、省文化艺术研究院、安阳市文广新局承办，山西省文化厅、河北省文化厅、山东省文化厅协办。

11月17日 “河南稀有剧种北京公益展演周”在北京正式拉开帷幕。本次展演有9个河南稀有剧种参加，11月17日至23日在北京梅兰芳大剧院演出。除了沁阳怀梆，还有清丰柳子戏、永城柳琴戏、内乡宛梆、安阳淮调、陕州蒲剧、平舆丝弦道、太康道情戏、范县四平调及商丘四平调等剧种参加展演。其中有7个剧种是国家级非遗项目，集中了河南稀有剧种的精华。此次活动由省文化厅、中国艺术报社主办，河南李树建戏曲艺术中心、梅兰芳大剧院承办。这是继2017年3月份河南省首次举办河南稀有剧种公益展演月活动之后，推动河南稀有剧种走向全国的又一次重大行动。

11月21日 河南牧业经济学院爱尔兰研究中心揭牌仪式在郑州举行。副省长徐济超出席活动并致辞。爱尔兰研究中心的成立，将推进河南省教育国际合作迈上重要台阶，也将为河南省与爱尔兰开展全方位合作打下良好基础。

11月22日 应河南省国际文化交流中心邀请，美国伯克利音乐学院副院长、音乐学部主任詹姆斯·奥戴尔一行来豫访问，并开展音乐文化教育与交流活动。这是美国伯克利音乐学院首次访问河南。

11月27日 以“深入贯彻落实党的十九大精神，强化知识产权创造、保护、运用”为主题的2017年第十一届中国专利周河南地区活动正式启动。

在专利周活动中，河南省将召开省重点产业知识产权运营基金媒体见面会，举办强县工程、高校知识产权能力提升及企业专利信息等培训班，举办全省知识产权质押融资经验交流大会、河南省首批专利导航实验区工作座谈会、第十一次中欧知识产权论坛，建立河南省知识产权质押融资联盟、国家自创区大学堂，举办知识产权军民融合观摩活动，成立审协河南中心郑州高新区服务工作站等。通过举办这些活动，助力河南省知识产权强省试点省建设。

11 月 联合国教科文组织公布了最新一期“世界记忆名录”名单，出土于安阳殷墟的甲骨文入选。“世界记忆名录”又称世界文献遗产或世界记忆遗产，是继“世界文化遗产”和“世界自然遗产”之后，联合国教科文组织于 1992 年启动的一个文献档案保护项目。该名录主要收录具有世界意义的手稿以及图书馆和档案馆保存的各种介质的珍贵档案、文件等，每两年评选一次。

12月

12 月 4 日 2017 第三届中国殷商文化高峰论坛在中国文字博物馆开幕。在为期两天的时间里，东北师范大学教授、中国甲骨文研究专家马如森等 300 名与会代表，带着《中国篆书的起源在汉字史上地位和作用》《试探甲骨文生僻字隶释》等 170 多篇论文，交流了各自领域的研究成果，对释读甲骨文、弘扬殷商文化进行了有益探索。

12 月 8 日 总投资约 30 亿元的郑州 · 中国文谷项目在郑州国际文化创意产业园正式启动。省市相关领导、北京中书控股董事长李亚鹏，以及于丹、王立群、王维生等文化名人齐聚一堂，并共同开启“书院河南公益计划”。郑州 · 中国文谷项目位于郑州国际文化创意产业园，占地约 500 亩，包括“中国书院小镇”“艺莲文创小镇”和“泰迪城”三大板块，将以“主题公园带动、文化产业驱动、旅游服务联动”为发展战略，形成“两镇一城”格局，打造集居住、消费、娱乐于一体的文化创意生态圈。

12 月 12 日 河南大学古代文明研究中心揭牌仪式暨“旧大陆青铜时代

比较考古研究”国际研讨会开幕式在河南大学举行。该中心由中国社会科学院学部委员、中国考古学会理事长王巍担任主任。来自美国、英国、俄罗斯、意大利、埃及等十余个国家以及国内的考古专家与会。

12月16日 由河南大学、郑州市郑东新区管理委员会、河南省测绘学会共同主办的首届时空大数据产业技术发展高峰论坛在郑州召开。河南省时空大数据产业技术研究院当天揭牌，中国工程院院士王家耀担任院长。2016年10月8日，国家发改委、工信部、中央网信办发函批复同意河南省建设国家大数据综合试验区。随后，河南省全面启动郑东新区龙子湖智慧岛建设。2017年5月，省发改委批复了河南省时空大数据产业技术研究院的建设方案。

12月21日上午 第四届“好记者讲好故事”河南巡回演讲活动首场报告会在省人民会堂举行。此次巡讲活动由中宣部、中国记协主办，共有40名优秀记者分4路深入全国各地开展巡讲，来河南省巡讲的是第三组宣讲团。

12月22日 河南省文化产业现场会在南阳召开。会议对全省文化产业发展现状进行了回顾总结。目前河南省有近10家文化企业走出国门，在美国、加拿大、德国等国家进行投资，有8家企业和3个文化项目先后进入国家文化出口重点企业及重点项目目录。2017年前7个月，河南省文化产品出口8139万美元（不含文化服务出口），同比增长82.86%。

12月23日 炎黄学学科建设暨信阳师范学院炎黄学研究院成立大会在北京中国国学中心举行。这是全国首家正式成立的炎黄学学术研究机构。河南省委原书记徐光春，湖北省人大常委会副主任周洪宇，来自中国社会科学院、中国人民大学、北京师范大学、中央民族大学、北京语言大学等院校30余位专家学者，以及中华炎黄文化研究会、中国孔子基金会、国际儒学联合会等文化团体负责人出席大会。第十届全国人大常委会副委员长许嘉璐担任名誉院长，徐光春受聘担任首任院长兼专家委员会主任，中国社会科学院历史研究所研究员王震中被聘为学术委员会主任。

（本大事记所有资料均来源于《河南日报》）

Abstract

In 2017, culture construction in Henan province has progressed toward development of high-quality. Guided by the spirit of the 19th CPC National Congress and in accordance with the plan of Constructing Important National Cultural Highland in Henan province during the 13th five-year Plan, Henan has been focused on fostering China's national character and the trend of times to put forward the whole provincial publicity and ideological work, promoting cultural soft power to support a more splendid Zhongyuan and keeping the cultural construction of Henan in a good momentum. Henan has consistently persisted in making the construction of cultural cause keep pace with the development of cultural industry and endeavoring to integrate Zhongyuan humanism and socialist core values. Meanwhile, Henan has implemented ideological and moral construction project deeply, carried out the education and training programs of "Three Schools and Three Bases" in all respects and put forward the demonstration projects of the integration of culture and technology creatively. We have basically built public cultural service network covering five levels of province, city, county, town and village. Our public culture service level has constantly been improved and cultural exchanges and cooperation with other countries have been enlarged both in depth and breadth respectively. All the measures above have indicated the cultural voluntariness and responsibilities of Henan in promoting national character and times spirits. In 2016, the added values of culture and related industries reached ￥121.280 billion yuan, among which the added values of Kaifeng city and Xuchang city have accounted for more than 5% of their respective GDP targets. We have created a number of Zhongyuan cultural brands which are becoming more and more prominent in the world. With the new historical conditions, we will adhere to the high-quality development path under the guidance of President Xi Jinping's thought on socialism with Chinese characteristics for the new era, adjust Henan's new targets, missions and layout according to the new ideas on national cultural development, proactively promote the deep integration of "Internet +" and cultural construction, continuously improve our capacity of cultural governance and strive to the development of high quality.

Keywords: Henan Province; Zhongyuan humanism; "Three Schools and Three Bases"

Contents

Ⅰ General Reports

Abstract: In 2017 year, Henan cultural construction has progressed toward development of high-quality. Under the theme of the strategic objectives and major tasks stressed in " The plan to build an important national cultural highland in Henan province during the 13th Five-Year", we have been striving to promote the dynamic integration of Zhongyuan humanistic spirit and socialist core values, adhere to develop the cultural career and the cultural industry in an equivalent level, thoroughly implement the construction project of ideology and morality, carry on intensive training work of "Three Schools and Three Bases", gradually improve the public cultural service efficiency, promote the protection for cultural heritage in an orderly way. We have made innovations to promote the supply-side structural reform of cultural industry, constantly to strengthen cultural exchanges and cooperation with foreign countries, so that we can create a number of excellent Zhongyuan cultural brands to step onto the international stage. All of these show the sense of mission taken by Henan to vigorously foster China's national character and promote the underlying trend of the times. That Henan presents a good development trend in culture results from long-time cultural accumulation in Zhongyuan District and the specific development goal given by our Chinese party in the new era. Under the guidance of Xi Jinping thought on socialism with Chinese characteristics for a new era, Henan should make timely adjustments to the new targets, tasks and layout according to the new features and situations of the new era, not only following the new development idea on national culture, but also keeping our native cultural characteristics. Only constantly improving the system of cultural governance, continuously improving the capacity of cultural governance, and achieving the deep integration of "Internet +" and cultural construction, can we keep abreast of the trend in the process of cultural construction, and then achieve the grand goal of "building an important cultural highland of China".

Keywords: Cultural Highland; Zhongyuan Humanistic Spirit; "Three Schools and Three Bases"

Abstract: At the end of 2012, basing on the advantages of local spiritual resource, Henan province began to plan red spiritual education bases. These bases are JiaoYulu Cadre School, Dabie Mountain Cadre School, YuGong Spiritual Education Base, Cadre Education Base of Xinxiang Pioneer Group, the South-North Water Spiritual Education Base, which generally refer to "Three Schools and Three Bases". In the five years since the establishment of the double Threes, they have played an indispensable role in the party educational training in the province and even in the whole country, so that the majority of students have become more resolute in party orientation, more strengthened in "Four Consciousness" and all of which have provided strong and powerful spiritual power for impelling the great career of socialism with Chinese characteristics for a new era and realizing the Chinese dream of national rejuvenation. We should adhere to the leadership of President Xi Jinping thought of socialism with Chinese characteristics for a new era, adhere to the party school named party and highlight political leadership. In order to ensure a full improvement in capability and level of party education training, we will accelerate hard construction and enhance training capacity, deepen communication and cooperation and integrate educational resources. We will focus on team building and optimize talent structure, strengthen theoretical research and provide foundation support. We will intensify organizational leadership so as to provide strong protection, to improve the training ability and the level of party education.

Keywords: Three Schools and Three Bases; Party Education; Spiritual Resources; Evaluation of Model

Ⅱ Special Researches

B. 3 To Inherit Jiao Yulu Spirit and Strengthen Cadre Public Servant Consciousness

Zhang Pei / 056

Abstract: Jiao Yulu spirit is a valuable spiritual wealth of our Chinese Communist Party and also a powerful force for upholding and developing the theory of socialism with Chinese characteristics in this New Era. It has rich connotation mainly reflected from three aspects—the nature of Jiao Yulu spirit is serving people, the core of the spirit is dealing with concrete issues and the key is free of corruption. The spirit of Jiao is an integral part of our Chinese national spirit. To inherit this spirit not only efficiently carries on the core socialist values, but also strengthen the party's style of work in this New Era. And entering the new era, all party members and cadres should carry forward Jiao Yulu spirit and strengthen public servant consciousness, represent the will of people, and forever believe in our party.

Keywords: Jiao Yulu Spirt; Cadre; Public Servant Consciousness; New Era

B. 4 To Carry forward the Red Flag Canal Spirit and Keep Style of Hard Work

Guo Jiaru / 068

Abstract: As an import part of Chinese national spirit and valuable spiritual wealth of our Chinese nation, the red flag canal spirit has rich cultural connotation. It has been motivating our Chinese people from generation to generation to work hard to build a beautiful and prosperous homeland. Today, for the socialism with Chinese characteristics in the new age, the red flag canal spirit is still of great importance. To inherit and carry forward the long-lasting red flag canal spirit in the new era can invigorate spiritual motivation much stronger in accomplishing Chinese dream of great rejuvenation of the Chinese nation.

Keywords: the Red Flag Canal Spirit; New Era; Chinese Dream

Abstract: Dabie Mountain spirit is a revolutionary spirit formed in long-term practice of revolutionary struggle in the area of Hubei, Henan and Anhui which are three provinces, during the period of China's new democracy. Dabie Mountain spirit contains its connotation of faith, sacrifice, courage, responsibility and a belief of following the party forever. It has not only become valuable spiritual wealth of Chinese nation together with the spirit of Jinggang Mountain, Long March, Yan'an and Xibaipo, but also become a significant spirit together with the Jiao Yulu construction and the red flag canal spirit, inspiring millions of people from Zhongyuan district to build Henan into a strong economic province, successfully forge "three highlands" and realize "three improvements". To inherit and carry forward the Dabie Mountain spirit, we should properly deal with the relationship between the local and the country, the individual and the whole and the history and the reality. We should also combine the inside and outside classroom, connect the theory with the practice, combine the history and the reality, and consider the individual and the whole, thus can we provide more spiritual support for the booming of Henan .

Keywords: Dabie Mountain Spirit; Ideal and Faith; Age Meaning; Inherit and Carry Forward

B. 6 Cultural Meanings and Modern Values of Yugong Spirit

Lu Bing / 090

Abstract: The renowned fable of the Foolish Old Man named Yugong who moved mountains has been quoted and interpreted from generation to generation and in the late stage of Qing Dynasty, the fable became the cultural source that inspired all the Chinese to defeat the powers who invaded our country. At the closing ceremony of the 7th National Congress of the Communist Party of China, President Mao Zedong delivered a report titled by the Foolish Old Man who Moved Mountains to call for all the Chinese people to learn from the foolish old man, then, the spirit became the significant spiritual power in attaining the victory of New Democratic Revolution through Chinese people's common efforts and unity. Since the 18th CPC of National Congress, President Xi Jinping has proposed on many occasions that we should continuously to learn from the old man. In the new era of socialism with Chinese characteristics, Yugong spirit has been endowed with new meanings and it is still the spiritual power to inspire communists to unite and move on firmly in aspects such as poverty alleviation, ecological civilization and anti-corruption.

Keywords: Yugong Spirit; Cultural Meanings; Modern Values

B. 7 Spiritual Meanings and Social Functions of Pioneer Groups in Xinxiang City

Li Zhongyang / 100

Abstract: "Pioneer Groups in Xinxiang City" is a general name for large batches of pioneer communist leaders at grassroots level emerged in Xinxiang city, Henan province, since the founding of China, and the groups have enjoyed great attention due to their completeness and continuance. The majority of the groups are communist leaders at grassroots level featured in collective structure, social practices and continued development from generation to generation. The spirits of the groups consist of abundant meanings such as the outlook on life that communists should be loyal to the Communist Party of China, the value outlook that communists should serve the people heart and soul and have the functions of value integration, guidance and cohesion.

Keywords: Pioneer Groups in Xinxiang City; Communist Leaders at Grassroots Level; Serving the People

B. 8 Spirits of South-to-North Water Diversion will Last Forever and Produce Profound Influence on Human Society

Chen Qinna / 113

Abstract: Brilliant projects nurture brilliant spirits. The South-to-North Water Diversion Project is the largest-scale drinking water diversion project whose construction lasted the longest time in human history. The project is a great produce of national scientific overall planning and coordination, the spirit of people living in reservoir area who migrated from their homeland to support the national planning, the spirit of dedications and sacrifices of leaders who organized the migrate affairs, the innovation spirit of engineers and construction workers. The spirits which the South-to-North Water Diversion Project contain embody the meanings of four levels which include national overall planning, people's supremacy, innovation and the pursuit of the best works, devotion and shouldering the responsibility voluntarily. The four levels are closely connected and integrated with each other. They collectively form the complete spiritual system of South-to-North Water Diversion and echo with the Project. The spirits of South-to-North Water Diversion will last forever and produce profound influence on human society.

Keywords: Spirits of South-to-North Water Diversion; National Overall Planning; People's Supremacy; Innovation and Purswit of the Best Works; Devotion and Shouldering the Responsibility Voluntarily

Ⅲ Literature, Arts and Communication

B. 9 Analyses of Henan Novel Development Trend in 2017

Guo Hairong / 124

Abstract: In 2017, with the advancement of Henan culture, novel writing in Henan province has steadily developed. With the collective efforts of authors of 3-tier ages, there have appeared a lot of excellent novels which have won many awards and obtained great achievements. However, novel creation in Henan is still faced with some problems such as the thinner sense of city, the lack of deep subjects and the inferior quality of online novels. The literature circle of Henan has conducted introspection on the problems above and meanwhile has conducted beneficial explorations on the relationship between novel and life, and cultivated more young talents, especially online authors. All the efforts have laid a solid foundation for the healthy development of novels in Henan province.

Keywords: Henan; Achievements of Novels; Novel Works

B. 10 Development Report on Poetry and Prose in Henan Province from 2016 -2017

Jin Ruixia / 137

Abstract: Since recent two years, the quality of poetry and prose has steadily improved in Henan province. There have appeared famous and new collections of poetry and prose respectively. The amount of single piece of the works has reached an unprecedented number. The activities on poetry are abundant and colorful. However, from the perspective of award and influence, there is still a space for Henan poets and prose authors to improve especially in gaining domestic related awards. The phenomenon of abundant works without peak works still exists. After the 19th CPC National Congress, Henan poets and prose authors should be clear about the creation direction and spare no efforts to climb the peak of the creation under the guidance of President Xi Jingping's thought on the new era of socialism with Chinese characteristics.

Keywords: literature of Henan; Poetry; Prose

B. 11 Report on Henan Opera in 2017

Abstract: In recent years, Henan province has strengthened the adaptation of classical Henan opera, reinforced the protection and cultivation of opera talents, popularized the opera knowledge, advanced the innovation development of the traditional opera and built national cooperation and exchange mechanism, all of which are aimed at actively pushing Henan opera to walk onto the international stages. Addressing the following problems such as the lack of talents, the declining consumption market, the conservative subjects and less various forms, we can conduct opera reform innovation, improve the comprehensive capabilities of actors and the financial investment by government and strengthen the integration with modern techniques. The solutions are aimed at improving the performance level, increasing the appeal of Henan opera and enlarging the spread scope of Henan opera so as to attract more young audience.

Keywords: Henan Opera; Innovation of Opera; High Quality Repertoire; Opera Talent

B. 12 Report on Movie Industry of Henan in 2017

Abstract: In recent years, there have appeared more and more outstanding movies in Henan province and the development trend is sound. The movies are more various in types and more colorful in contents. The mechanism reform has deepened and the movie industrial integration has developed. The cooperation and exchange has been strengthened and the development platform has been widened. However, compared with pioneer provinces and taking the current demands into account, there still exist some problems in Henan movie industry such as the product quality which should be improved and weak scene which should be injected with energy in industrial integration, in movie corporations and in cultivation of talents and team construction. The development of Henan movie industry requires more investment, guidance, works especially outstanding works as well as cultivating corporations to promote the movie spread and talents cultivation and team building.

Keywords: Movie Industry; Industrial Integration; Outstanding Works; Talent Team

B. 13 Report on Henan News Public Opinion Spread in 2017

Tian Dan / 169

Abstract: The four major productivity factors of press public opinion are the ability of spread, guidance, influence and public trust. President Xi Jinping has proposed the significant statement on press public opinion whose contents are mainly the respect on the laws of news public opinion and high priority to the construction and innovation of spread instrument. In 2017, the circle of news public opinion of Henan has actively explored the spread laws of news public opinion and has devoted abundant energy in some aspects such as advancing media integration, completely promoting theme reports and the quality of news comments and continually improving media supervision report. The efforts above have weaken the social conflicts, making the social public opinion appear a stable trend and the characteristics of news public opinion gradually become clearer. Through the analyses of the spread trend of Henan news public opinion, we propose advice on news public opinion spread affairs, with which to lay a solid foundation for the healthy environment of public opinion.

Keywords: News Public Opinion; Public Opinion Spread; Media Integration

Ⅳ Cause and Industry

Abstract: Promoting the project of improving quality of city construction is a significant decisive deployment for Henan provincial party committee and government in implementing the important instructive spirit of playing well "the four cards" put forward by President Xi Jinping, in which we must promote the connotative development and foster the development potentiality of cities so as to open a new efficient urbanization road of ecology, integration, moderation, intensification and high efficiency and establish a multipolar supportive modern urban system. Since the deployment of this project by Henan provincial party committee and Henan government, governments at all levels have attached great importance to the work of "using culture to promote city development", elaborately organized and actively promoted the work to develop forward. Significant results have been obtained in many aspects, such as overall planning, leading city's construction, highlighting distinctive culture, shaping city soul, invigorating the cultural legacies, sustaining the cultural pulse of city, perfecting service carrier, promoting the work of using culture to cultivate citizens, developing cultural industry and facilitating the integration of industries and cities. However, compared with the major indicative spirits of "four focuses, four cards and three combinations" put forward by President Xi Jinping when he inspected in Henan province, and compared with the policy and deployment of establishing the innovative areas for the inheritance of Huaxia civilization history and constructing important cultural platforms all over the country, we found that there still exist some problems. They include the following: The ideological awareness is insufficient, the cultural position is inaccurate, the connotation of culture and humanity is not profound, the cultural industry is not excellent and the talent team is not strong enough. So, we should further improve our ideological understanding, identify our cultural position, formulate specific plans, firmly hold cultural projects, focus on resource transformation, cultivate humanistic spirit and strengthen policy guarantees.

Keywords: Cities Construction and Quality Improvement Project; Using Culture to Promote city's Development; New Urbanization

B. 15 Work Report on Establishing Public Cultural Service System in Henan Province

Song Liping / 195

Abstract: In order to meet the new expectation for people to live a better life, establishing a sound public cultural service system has become a necessity. In recent years, Henan has been focused on building a policy framework for the public cultural service system construction in the whole province, giving roles to the coordinated leading groups at all levels, improving service efficiency, creating demonstrating areas (projects) and enhancing the public cultural team construction and service capacity. However, there are still some problems in the construction of public cultural service system, such as incomplete facilities, relatively low investment in cultural undertakings, low service efficiency and the imbalance between supply and demand. In the future, we will continuously promote all kinds of major works of the public cultural service system. We will continuously strengthen the construction of public cultural facilities at all levels and of various types. We will complete the long-term effective mechanism at different levels of province, city, county and township. We will improve service efficiency and increase the strength of free opening, and we will deepen the combination of the public cultural service system construction with relevant development strategies of Henan provincial party committee and Henan provincial government.

Keywords: Public Cultural Service System; Policy Framework; Cultural Facilities Construction

Abstract: Since the 18th CPC of National Congress, under the high attention and correct leadership of Henan provincial party committee and Henan provincial government, the whole province has gained such remarkable achievements as applying a new vision to promote the development of cultural industry, optimizing and upgrading the structure of cultural industry and actively cultivating new cultural industry forms. From the prospective of the development of cultural industry park, the quality improvement and efficiency enhancement of cultural industry and the continuous enhancement of culture in comprehensive competitiveness in the past half-decade all over our province, this paper expounded the cultural industry of Henan province in scale and benefits and its significant status in the national economy as well as its major role and effects in promoting economic development and the supply-side structural reform.

Keywords: Henan; Cultural Industry; New Cultural Industry Type

Abstract: Since the 18th CPC of National Congress, Henan Provincial

Party Committee and Henan provincial government have attached great importance to the development of cultural industry so that it has still maintained healthy and rapid development momentum, featuring with prominent leading roles, the bright spots in cross-boundary integration, the emergence of private enterprises and the continuous optimization of the policy environment. At the same time, there are still some problems in the cultural industry, such as, the relatively small scale, low industrial levels, unbalanced regional development, inadequate implementation of cultural and economic policies, not so strong cultural consumption potential, and the relatively scarce cultural talents. In order to solve the long-term problems of small scale and low quality in the development of Henan's cultural industry, we should focus on strengthening the cultural industry with its own characteristics, developing the emerging cultural industry types, building well-known cultural brands, promoting the integrated development of the cultural industry, leading and promoting cultural consumption and creating the highland for talents.

Keywords: Henan; Cultural Industry; Emerging Cultural Formats; Cultural Talents

Abstract: Optimizing the growing environment of entrepreneurs in the cultural field, carrying forward the excellent entrepreneurship, and giving better play to the role of entrepreneurs in the cultural field are important study topics to promote the healthy development of the cultural industry and build the nationally important cultural highland for Henan province. Through conducting deep research on cultural enterprises, taking forums for entrepreneurs from cultural regions and issuing questionnaires to entrepreneurs and other forms, the research group has taken deep and detailed investigation and analyses on the main characteristics and the current problems appearing in cultural field of Henan province, and it has also putted forward policies and suggestions on how to optimize the growing environment of cultural region entrepreneurs, how to carry forward the excellent entrepreneurship and how to bring the entrepreneurs into full play.

Keywords: Cultural Field; Entrepreneurs; Growing Environment; Entrepreneurship; Role of Entrepreneurs

Abstract: Driving Zhongyuan culture out is a systematic project which can improve its influence. This paper takes Henan acrobatics as the center and conducts an in-depth research on how to make Zhongyuan culture walk out. It is believed that Henan acrobatics have explored the path with Zhongyuan cultural characteristics. Having given a great attention to the market as the principal role, Henan actively integrated itself into national strategy, with its force mainly focusing on the construction channel platforms, on the role playing by leading enterprises and on the creation and innovation of art. At present, we have gained a lot of successful experience, such as the multi approaches with the government as the domination and other channels as necessary supplement, the multi-wheel driving with leading enterprises as the main and taking into account of other small ones, multi-form performances with theater fixed as the main, and giving priority to artistic innovation and giving consideration to traditional program. We can learn from the successful experience of Henan in acrobatics to push Zhongyuan culture outside onto the international stage through the way of actively integrating into national strategy, strengthening the construction of channels and platforms, strengthening the construction of channels and platforms, intensifying the market awareness, and heightening the role paly by intermediary organizations.

Keywords: Zhongyuan Culture; Henan Acrobatics; Walk Out

B. 20 Research Report on Acrobatics of Yu's in Xiang Cheng

Lu Bing / 261

Abstract: Yu's acrobatics in Xiangcheng, Henan province, has experienced a development of 40 years with its scale continuously becoming more and more expanded and consolidated. Now, Yu's has achieved a good economic benefit of an annual income of more than 30 million Yuan at more than 8000 performances annually. In the process of development, Yu's has gradually explored the development mode of "raising schools by enterprises, promoting enterprises by schools and complementing each other with advantages", which has important reference significance for the development and expansion of private acrobatics industries in the new era. The educational idea of "helping the poor through art" not only helps some poor families walk out of poverty but also contributes to social welfare. Although achieving these achievements, Yu's also has some problems, such as insufficient cultural content of programs, overall weak brand efficiency and imperfect industrial chain, which all need further improvement. Yu's should actively integrating itself into the national strategic plan, thus can it further expand the market, cultivate high-quality talents, innovate the program content and complete the industrial chain till to achieve greater achievements.

Keywords: Yu's Acrobatics; Talent Cultivation; Brand Establishment; Innovative Development; Industrial Chain Upgrading

V Regional reports

Abstract: The root affinity culture consists of important content of excellent Chinese traditional culture. To implement the construction project of root affinity culture holy land for global ethnic Chinese is an important task of Henan cultural construction during the 13th five-year plan period. In recent years, relying on the unique local cultural resources and keeping in mind the cultural mission, Zhengzhou has conducted a diversity theme activities of root affinity culture, which have produced good social and economic benefits. But there still exist a series of problems, such as the ambiguous strategic orientation, the urgency for the cultural brand of Yellow Emperor to be popularized, the lack of cultural integration for root affinity cultural resources, the less developed cultural industry and the inadequate support for basic theoretical research. To promote the construction of a global community with a shared future for mankind, spread socialist core values, strengthen the cohesion of the Chinese national culture, build the national important cultural highland and promote the construction of Zhengzhou as a core city in the country, we should take the annual grand ceremony for Yellow Emperor in his hometown as the leading, clearly orientating the city on the axle of root culture, raising the specification of Yellow Emperor Ceremony, integrating root resources, exploiting root products, developing an in-depth study of the root culture from theoretical research, building theme parks for root culture, carrying the construction of root platforms forward, and making great effort to broadcast the advantages of root affinity cultural.

Keywords: Root Affinity Culture; the Yellow Emperor Culture; Shared Spiritual Homeland of Chinese Nation; Urban Cultural Orientation

Abstract: Xinxiang city is famous for unique advantages in cultural resources mainly including landscape culture, historical culture and hero thematic culture. Supporting each other, these superior resources have at last form precious resources of "using culture to build the city", and meanwhile, they have also become the material foundation for Xinxiang in constructing itself into a cultural tourism city. We think the key measures for Xinxiang to develop and make full use of its cultural resources should be: to integrate its cultural researches, establish the theme of the heroism culture as its urban orientation, focus on the construction of Xinxiang cultural brand, cultivate and introduce talents with the theme of "tourism, culture and industry", rely on the new historical opportunity of building a new type of airport in Zhengzhou to accelerate the road-network construction between Zhengzhou and Xinxiang and take part in the construction of international business in Zhengzhou.

Keywords: Xinxiang; Cultural Resources; Cultural City

Abstract: To orientate Hebi city in cultural development and to construct cultural brand for Hebi city is the need to promote cultural soft power of Hebi and

（本书英文摘要和目录翻译者为河南农业大学外国语学院教授张莉，其主要研究方向为英语翻译与文化传播）

S 基本子库
SUB DATABASE

中国社会发展数据库（下设 12 个子库）

全面整合国内外中国社会发展研究成果，汇聚独家统计数据、深度分析报告，涉及社会、人口、政治、教育、法律等 12 个领域，为了解中国社会发展动态、跟踪社会核心热点、分析社会发展趋势提供一站式资源搜索和数据分析与挖掘服务。

中国经济发展数据库（下设 12 个子库）

基于"皮书系列"中涉及中国经济发展的研究资料构建，内容涵盖宏观经济、农业经济、工业经济、产业经济等 12 个重点经济领域，为实时掌控经济运行态势、把握经济发展规律、洞察经济形势、进行经济决策提供参考和依据。

中国行业发展数据库（下设 17 个子库）

以中国国民经济行业分类为依据，覆盖金融业、旅游、医疗卫生、交通运输、能源矿产等 100 多个行业，跟踪分析国民经济相关行业市场运行状况和政策导向，汇集行业发展前沿资讯，为投资、从业及各种经济决策提供理论基础和实践指导。

中国区域发展数据库（下设 6 个子库）

对中国特定区域内的经济、社会、文化等领域现状与发展情况进行深度分析和预测，研究层级至县及县以下行政区，涉及地区、区域经济体、城市、农村等不同维度。为地方经济社会宏观态势研究、发展经验研究、案例分析提供数据服务。

中国文化传媒数据库（下设 18 个子库）

汇聚文化传媒领域专家观点、热点资讯，梳理国内外中国文化发展相关学术研究成果、一手统计数据，涵盖文化产业、新闻传播、电影娱乐、文学艺术、群众文化等 18 个重点研究领域。为文化传媒研究提供相关数据、研究报告和综合分析服务。

世界经济与国际关系数据库（下设 6 个子库）

立足"皮书系列"世界经济、国际关系相关学术资源，整合世界经济、国际政治、世界文化与科技、全球性问题、国际组织与国际法、区域研究 6 大领域研究成果，为世界经济与国际关系研究提供全方位数据分析，为决策和形势研判提供参考。

法律声明